유다의 고백

다자이 오사무 전집 3

유다의 고백

駆込み訴え

다자이 오사무 지음 | 김재원 옮김

도서출판 b

| 일러두기 |

1. 이 전집은 저본으로서 『太宰治全集』(ちくま文庫[치쿠마문고], 1994, 全10巻)과 『決定版 太宰治全集』(筑摩書房[치쿠마서방], 1999, 全13巻)을 기초로 하고, 新潮文庫[신초문고], 岩波文庫[이와나미문고] 등 가장 널리 읽히는 판본을 참조하여 번역했으며, 전 10권으로 구성했다.
2. 이 전집은 다자이 오사무의 모든 소설 작품을 발표 시기 순서에 따라 수록했다. 단, 에세이는 마지막 권에 따로 수록했다.
3. 일본고전 패러디는 이후 출간될 예정인 6~9권에 배치하기로 함에 따라, 1940년 6월 발표된 작품 「맹인독소」는 제3권 번역에서 제외, 제6권에 수록되었다.

| 차 례 |

유다의 고백

八十八夜
팔십팔야

太宰治

「팔십팔야」

1939년 8월, 잡지 『신조新潮』에 발표됐다. 처음 발표될 당시 '여름도 가까워지고—'라는 에필로그가 있었으나 단행본 『피부와 마음』(1940, 4, 다케무라서방竹村書房)에 수록되면서 삭제되고 '단념하라, 내 마음이여. 짐승의 잠에 빠지려무나.'로 바뀌게 된다.

'팔십팔야'는 일본의 잡절雜節 중 하나로 입춘부터 88일째 되는 날 밤을 일컫는다. 봄에서 여름으로 넘어가는 시점으로, 이즈음부터 서리도 내리지 않고 기후가 안정된다고 하여 농가에서 매우 중요시하는 날 중 하나이다.

답답한 현실 생활에 염증을 느낀 작가 '가사이 씨'의 충동적인 여행기를 그린 작품으로, 당시 안정적인 생활을 하면서도 작가로서는 늘 자괴감에 빠져 있던 다자이 오사무의 자기비판과 자조가 고스란히 녹아 들어가 있는 작품이다. (자세한 설명은 해설 참조)

단념하라, 내 마음이여. 짐승의 잠에 빠지려무나.

—C.B.[1]

가사이 하지메 씨는 작가다. 매우 가난하다. 최근에는 꽤 열심히 통속소설을 쓰고 있다. 하지만 생활은 전혀 나아지지 않는다. 괴로움에 발버둥 치다 보니 머리가 이상해졌다. 그래서 지금은 아무것도 모른다. 아니, 가사이 씨의 경우 아무것도 모른다고 하면 그건 거짓말이다. 한 가지는 알고 있다. 바로 한 치 앞에 어둠이 있다는 것. 그것만은 알고 있다. 나머지는 아무것도 모른다. 문득 정신을 차려보니 그런 오리무중이었고, 자신이 있는 곳이 산인지 들판인지 거리인지 그것조차도 알 수 없었다. 단지 주위에 감도는 불쾌한 살기만이 뼛속까지 느껴질 뿐이었다. 어찌 됐건 일단은 앞으로 나아가야 한다. 긴장을 늦추지 않고 조심조심 앞으로 나아간다. 하지만 여전히 아무것도 알 수가 없다. 굴하지 않고 두려움을 쫓고 또 쫓으며 안간힘을 다해 거친 몸놀림으로 또 조금 나아가본다. 여기는 도대체 어디인가. 아무런 소리도 들리지 않는다. 가사이 씨는 그처럼 무한한 정적이 흐르는 새까만 어둠 속에 있었다.

1_ 샤를 피에르 보들레르Charles-Pierre Baudelaire(1821~1867). 프랑스의 시인. 에필로그는 「허무의 맛」의 한 구절임.

앞으로 나아가야만 한다. 아무것도 모른다 해도 쉼 없이 조금씩, 아주 조금씩이라도 몸을 움직여 나아가지 않으면 안 된다. 팔짱을 끼고 고개를 숙인 채로 넋을 놓고 우두커니 서 있는다면—. 단 한 순간이라도 회의懷疑와 권태에 몸을 맡긴다면—. 순식간에 쇠망치 같은 것으로 쾅 하고 머리를 얻어맞고, 주위에 한꺼번에 몰려든 살기로 인해 가사이 씨의 몸은 금세 벌집이 되어버릴 것이다. 가사이 씨는 그러한 생각들 때문에 견딜 수가 없었다. 그런 까닭에 긴장을 늦추지 않고 이를 악문 채로 비지땀을 흘리며 조금씩, 천천히 새까만 어둠을 헤치며 나아가고 있다. 열흘. 석 달. 일 년. 이 년. 가사이 씨는 한결같이 그렇게 나아갔다. 칠흑 같은 어둠 속을 살았다. 나아가지 않으면 안 된다. 죽는 것이 싫다면 나아가야만 한다. 난센스 같은 일이었다. 가사이 씨도 이제 넌더리가 났다. 어찌할 방법이 없다고 한다면 그것 또한 거짓말이다. 나아갈 수 있다. 살 수 있다. 칠흑 같은 어둠 속에서도 한 치 앞 정도는 보인다. 한 치만큼만 나아간다. 위험은 없다. 한 치씩 나아가는 정도라면 괜찮다. 이건 정말 확실하다. 하지만— 끝도 없이 펼쳐지는 암흑 일색의 풍경이라니, 어찌 된 노릇인가. 아아, 티끌만큼의 변화도 없구나. 빛은 물론 폭풍우조차 없다. 가사이 씨는 어둠 속을 손으로 더듬어가며 아주 조금씩 애벌레처럼 나아갔고, 그러는 사이에 조용히 광기狂氣를 의식했다. 이래서는 안 된다. 어쩌면 여기는 단두대로 향하는 외길인 것은 아닐까? 이렇게 한발 한발 나아가다가 어느새 처참한 자멸의 골짜기로 떨어져 내리는 것은 아닌가. 아아, 소리를 내어 외쳐볼까. 하지만 잔인하게도, 가사이 씨는 너무 오랫동안 비굴하게 지내 온 탓에 자신의 언어를 잊어버렸다. 고함소리가 나오지 않았다. 달려볼까. 죽는다고 해도 좋다. 사람은 왜 살아 있어야 하는가. 그러한 소박한 명제가 문득 머릿속에 떠올랐다. 그리고 어둠 속을 한 걸음씩 나아가는 그런 생활을 더 참지 못하고, 5월 초 수중에 있는 돈을 긁어모아 여행길에 올랐다. 이 도피가 잘못된 것이라면 나를 죽여라. 죽게 되더라도 나는 미소 짓고 있을 테다. 나는 지금 여기서 인내의 사슬을 끊어낼 것이고, 그로 인해 그 어떤 비참한 지옥으로 떨어진다 해도 후회하지 않을 것이다. 더는 안 되겠다. 이제 더 이상 스스로를 비굴하게 만들 수 없다. 자유!

그리하여 가사이 씨는 여행을 떠났다. 왜 신슈[2]를 골랐는가 하면, 다른 곳을 모르기 때문이다. 가사이 씨는 신슈와 유가와라[3]에 각각 한 명씩 아는 여자가 있다. 안다고는 해도 잠자리를 함께한 것은 아니고 그저 이름을 아는 정도다. 둘 다 여관의 여종업원이다. 신슈에 있는 사람과 이즈에 있는 사람 둘 다 얌전하고 배려심이 깊어서, 말주변이 없는 가사이 씨는 두 사람에게 신세를 많이 졌다. 유가와라에는 안 간 지 삼 년이 됐다. 이제 그 여자는 유가와라의 여관에 없을지도 모른다. 그 사람이 없다면 결국 헛걸음을 하는 셈이다. 신슈의 가미스와 온천에는 작년 가을 형편없는 작업을 마무리하기 위해 갔다가 닷새 정도 신세를 졌다. 분명 아직 그 여관에서 일하고 있을 것이다.

터무니없는 짓을 하고 싶다. 과감하게, 터무니없는 짓을 해보고 싶다. 내게도 아직 로맨티시즘이 남아 있을 터다. 가사이 씨는 올해로 서른다섯이다. 하지만 머리숱도 적고 이도 빠져 아무리 봐도 마흔 살은 더 되어 보인다. 처자식을 위해, 또 어느 정도는 세속에 대한 겉치레를 위해, 아무것도 모르는 채로 그저 열심히 글을 쓰고 돈을 받으며 살다 보니

2_ 현재의 나가노현.

3_ 관동지방 가나가와현 서남단에 위치한 마을. 오래전부터 온천 도시로 잘 알려져 있다.

어느새 늙어버렸다. 동료 작가들은 모두 가사이 씨를 행실이 바른 신사라 믿고 있다. 사실 가사이 씨는 좋은 남편이자 좋은 아버지이다. 타고난 겁쟁이 기질과 지나치게 책임감 강한 성격이 가사이 씨로 하여금, 말하자면 남편의 정조를 굳게 지키도록 만들었다. 말주변이 없고 행동은 둔하기 그지없는데, 그런 면은 스스로도 포기했다. 하지만 고구마 벌레 같은 자신의 모습을 더 이상 참을 수 없어서 여행길에 올랐고, 아주 터무니없는 결심을 했다. 제발 빛을.

시모스와까지 가는 표를 끊었다. 집에서 나오자마자 곧장 가미스와로 가서 한달음에 여관으로 달려가 숨을 헐떡이며 그 사람 있습니까? 그 사람 있습니까? 하고 소란을 피우는 모양새가 되는 것이 싫어서, 일부러 가미스와의 바로 앞 정거장인 시모스와까지 가는 표를 산 것이다. 가사이 씨는 아직 한 번도 시모스와에 가본 적이 없다. 일단 내려서 괜찮아 보이면 거기서 하룻밤을 묵으며 이래저래 시간을 좀 보낸 후에 가미스와에 있는 여관에 가는 식의 같잖고 한심한 허세를 부리려는 것이었다. 부끄러운 마음도 있었다.

기차에 올라탔다. 들판과 밭의 녹음에서는 농익은 바나나에서 나는 시큼한 냄새가 느껴질 지경이었고, 보이는 모든 곳에 봄이 지저분할 정도로 무르익어, 수태水苔가 질척하게 녹아 넘쳐흐르고 있었다. 이 계절은 숨 막힐 만큼 끈적끈적한 체취를 품고 있다.

기차 안에서 가사이 씨는 묘한 슬픔에 빠졌다. 내게 구원이 있기를. 고개를 들고 아주 진지하게 그런 과장된 말을 중얼거릴 정도였다. 주머니 속에는 오십 엔이 조금 넘는 돈이 있었다.

"안드레아 델 사르토[4]의……."

갑자기 누군가가 무척 큰 목소리로 그런 말을 하기에 가사이 씨는 뒤를 돌아보았다. 등산복을 입은 청년이 두 명, 같은 옷차림의 소녀가 세 명. 지금 큰 소리를 낸 남자는 그 무리의 리더 격인, 베레모를 쓴 미청년이다. 햇볕에 피부가 조금 그을린 멋쟁이지만 품위가 없다.

안드레아 델 사르토. 가사이 씨는 그 이름을 살그머니 가슴속으로 읊어보고는 몹시 당황했다. 아무것도 떠오르지 않았다. 잊어버렸다. 언젠가 그 이름에 대해 동료들과 함께 밤새 이야기하며 이런저런 논쟁을 했던 것 같기도 한데, 그게 아주 오래전 일처럼 느껴졌다. 분명 화제의 인물이었던 듯하나, 지금으로선 아무것도 모르겠다. 기억이 되살아나지 않는다. 심각하다. 이토록 말끔히 잊어버릴 수도 있는 것인가. 어이가 없었다. 안드레아 델 사르토. 생각이 나질 않는다. 도대체 어떤 사람인가. 알 수가 없다. 가사이 씨는 언젠가, 언제인가 분명 그 사람에 대한 수필을 쓴 적도 있다. 하지만 잊어버렸다. 떠오르지 않는다. 브라우니 —. 뭐세. 기억의 단서를 더듬어 어떻게든 그의 생김새를 떠올린 다음, 앗, 그렇지, 그 사람이었어, 하고 마음을 가라앉히고 싶어서 몸부림을 치며 애썼지만 무리였다. 그 사람이 어느 나라 사람이고 언제 적 사람인지 그런 것들은 생각나지 않아도 괜찮다. 언젠가, 아주 오래전 그때 그 사람에게 느꼈던 공감을, 오로지 그것만을, 생생하게 다시 한번 살짝 붙잡아 느껴보고 싶었다. 하지만 아무리 애써도 불가능했다. 우라시마 다로. 정신을 차려보니 백발의 노인이 되어 있었다.[5] 너무 멀다. 안드레아 델 사르토와 두 번 다시 마주칠 일은 없을 것이다. 이미 지평선 저

4_ Andrea del Sarto(1486~1530). 이탈리아 르네상스 전성기의 피렌체파 화가.

5_ 일본 각지에 존재하는 용궁 신화이자 동화인 '우라시마 다로'의 주인공. 어느 날 우연히 거북이를 구해준 일을 계기로 용궁에 초대받아 며칠을 보내게 되나 그 후 현실 세계로 돌아와 보니 이미 삼백 년이 지나 있었다는 이야기다.

너머로 가버렸다. 구름과 연기 사이로 어렴풋이 보일 뿐이다.

"앙리 베크[6]의……."

등 뒤에 있는 청년이 다시 말했다. 가사이 씨는 그 말을 듣고 또 얼굴을 붉혔다. 모르는 것이다. 앙리 베크. 그게 누구더라. 가사이 씨는 분명 언젠가 그 이름을 입에 담고, 또 글로 쓴 적도 있는 듯한 기분이 들었다. 포르토리슈. 제랄디. 아니야, 아니야. 앙리 베크……. 어떤 남자였더라. 소설가인가? 화가 아닌가? 벨라스케스. 아니야. 벨라스케스라니 그게 뭐야. 너무 엉뚱하지 않나. 그런 사람이 있긴 한 거야? 화가다. 정말로? 왠지 마음이 불안해지기 시작했다. 앙리 베크. 어라? 모르겠군. 에렌부르크 아닌가? 말도 안 돼. 알렉산더? 러시아인이 아니야. 당치도 않지. 네르발. 케아라. 슈토름 메러디스? 무슨 말을 하는 거야. 앗, 그렇지. 뒤르페. 아냐. 뒤르페는 도대체 누구야?

아무것도 모르겠다. 엉망진창, 그야말로 산산조각이 났다. 여러 이름들이 두서없이 불현듯 떠올랐다가 다시 흐트러지며 둥둥 떠다녔지만, 가사이 씨는 그 수많은 이름의 실체를 어느 것 하나 또렷이 떠올릴 수가 없었다. 이제는 안드레아 델 사르트와 앙리 베크, 이 두 가지 이름만의 문제가 아니다. 아무것도 알 수가 없었다. 무의식중에 입 밖으로 튀어나오는 예전 선생님의 이름 같은 것들. 그 모든 것들에는 냄새도, 맛도, 색도 없었다. 가사이 씨는 그저, 어디서 들어본 듯한 이름인데, 누구더라,라는 생각만 멍하니 되풀이하는 지경에 이르렀다. 도대체 너는 최근 이삼 년 동안 뭘 한 건가. 살았습니다. 그건 알고 있어. 아니요. 그것만으로도 벅찼습니다. 생활에 대해서는 조금 터득한

6_ Henry François Becque(1837~1899). 19세기 프랑스의 극작가.

게 있습니다. 하루하루를 사는 노력은 심하게 휘어진 못을 다시 펴서 곧게 만들려는 노력과 비슷한 것입니다. 워낙 작은 못이라 힘을 줄 곳이 없기 때문에 구부러진 곳을 곧게 펴기 위해서는 상당히 강한 압력이 필요합니다. 남들 눈에는 대수롭지 않게 보였겠지만, 애면글면 얼굴을 붉혀가며 힘을 쏟았습니다. 그리하여 가사이 씨는 스스로 생각해도 변변치 않은 소설을 줄줄이 쓰느라 문학에 관한 것은 완전히 잊었다. 멍청해지고 말았다. 가끔 남몰래 체호프의 작품만 읽었다. 심하게 휘어진 쇠못이 조금씩 곧아지고 빚도 줄어들기 시작했을 즈음, 될 대로 되라지! 하는 생각이 들었다. 가사이 씨는 이제껏 쉬지 않고 계속해온 소소한 노력을 울먹이며 내던지고 실성한 듯 집을 뛰쳐나와 목숨을 걸고 여행길에 올랐다. 이제 더 이상은 싫다. 참는 것에도 한계가 있다. 더 이상 참을 수가 없었다. 가사이 씨는 글러 먹은 남자다.

"와아, 야쓰가타케산이다. 야쓰가타케산이야."

뒤에 있는 무리가 다시 큰 소리로 말했다.

"굉장한걸."

"장엄한데." 무리의 청년과 소녀들이 제각각 고마가타케산의 위용에 감탄사를 내뱉었다.

야쓰가타케산이 아니다. 고마가타케산이었다. 가사이 씨는 조금 구원을 받았다. 앙리 베크를 모르고 안드레아 델 사르트를 기억해내지는 못해도, 그 뾰족한 삼각형 모양의 은색 산, 그리고 지금은 석양을 받아 장밋빛으로 빛나고 있는 그 산의 이름만큼은 알고 있다. 그것은 고마가타케산이다. 단언컨대 야쓰가타케산이 아니다. 초라하고 어리석은 자긍심이었지만, 그래도 가사이 씨는 은근한 우월감을 느끼고 조금 안심했다. 가르쳐줄까, 하고 몸을 조금 엉거주춤 일으켰다가 안 돼 안 돼, 하고 자제했다. 어쩌면 저들은 잡지사나 신문사 사람들일지도 모른다. 대화 내용을 들어보면 아무래도 문학에 무관심한 사람들 같지는 않다. 극단 관계자일지도 모른다. 혹은 수준 높은 독자일지도 모른다. 어쨌든 가사이 씨의 이름 정도는 알고 있을 법한 사람들이었다. 태연스레 그런 사람들에게 다가가는 건, 왠지 형편없는 자신의 이름을 팔아보려는 속셈처럼 느껴져서 내키지 않았다. 틀림없이 나를 깔볼 것이다. 조심해야만 한다. 가사이 씨는 한숨을 쉬고 다시 창밖의 고마가타케산을 올려다보았다. 왠지 모르게 부아가 났다. 쳇, 꼴좋다. 앙리 베크라는 둥 안드레아 델 사르트라는 둥 건방진 말을 해대지만, 결국 고마가타케산을 보고 와아, 야쓰가타케산이다, 웅장한걸, 같은 말을 지껄일 뿐이다. 야쓰가타케산은 말이야, 조금 더 신슈 쪽으로 들어간 다음에 이 반대쪽에 보이는 거예요. 남들이 들으면 웃어요. 이건 고마가타케산. 별칭은 가이고마. 해발 2,966미터. 어떠냐. 가슴속으로 그렇게 큰소리를 쳐봤지만, 정말이지 스스로도 자랑스럽지 않았다. 세속적이고 하잘것없는데다 문학적인 고상함이 티끌만큼도 없다. 나도 변했군, 하고 가사이 씨는 쓴웃음을 지었다. 가사이 씨도 오륙 년 전까지는 새로운 작풍을 가진 작가로서 선배 두세 명의 지지를 받았고, 독자들도 가사이 씨를 반역적이고 멋있는 작가라 평하며 박수를 보냈다. 하지만 지금은 눈에 띄게 형편없어졌다. 그런 모험적이고 세련된 작풍 같은 건 이제 부끄럽기 짝이 없다. 도통 흥이 나질 않는다. 그래서 굉장히 비양심적이고 그때그때를 대충 때우는 식의 작품을 줄줄 장황하게 써서, 그걸로 페이지 수만을 흥정하며 살아왔다. 예술상의 양심이란 결국 허영의 다른 이름일 뿐이다. 천박하고 차갑고 무자비한 에고이즘이다. 생계를 위한 일에만 애정이 존재한다. 누항[7]에서 느껴지는 소박하고 정겨운 느낌의 애정이 존재하는 것이다.

그런 변명을 중얼대면서, 가사이 씨는 눈을 질끈 감고 굉장히 형편없는 작품을 아무렇게나 휘갈겨 써서 발표했다. 생활을 향한 순애殉愛라고 하면서. 하지만 요즘 들어 '아니야, 그렇지 않아. 너는 결국 저열해진 거야. 교활하긴.' 하는 속삭임이 소곤소곤 귀에 들려오기 시작했고, 가사이 씨는 무척 진지해졌다. 예술의 존엄성, 자아에 대한 충성 같은 단어가 지닌 가혹함이 조금씩, 조금씩 다시 떠오르니, 이게 대체 어찌 된 일인가. 한마디로 표현할 수 있지 않은가. 가사이 씨는 이제 통속적인 것에서마저 막다른 골목에 다다른 것이다.

기차는 느릿느릿 움직이고 있다. 산의 오르막에 접어든 것이다. 기차에서 내려서 뛰는 게 빠르겠다 싶을 만큼 아주 느리다. 이제 곧 열차의 북쪽에 야쓰가타케산이 산봉우리 여덟 개를 쭉 거느리고 모습을 드러낼 것이다. 가사이 씨는 눈을 빛내며 산봉우리를 올려보았다. 역시 멋진 산이다. 이제 곧 해가 질 시간이라 잔광을 받은 산봉우리가 흐릿하게 빛났고, 완만하고 느긋하게 흐르는 능선은 온화한 느낌을 자아냈다. 후지산의 거만한 수려함에 견주어 볼 때 몇 배는 더 훌륭하다고 생각했다. 2,899미터. 가사이 씨는 요즘 산의 높이나 도시의 인구, 도미의 가격 등에 대해 묘하게 관심을 가지게 되었고, 또 그것을 잘 기억해둔다. 원래는 가사이 씨도 그러한 조사調査 기록이나 사실적인 숫자를 무척 경멸했고, 꽃 이름, 새 이름, 나무 이름조차도 다 세속적이라 여기며 일절 관심을 주지 않고 건성건성 넘어갔다. 말하자면 항상 플라토닉했던 것이며, 세상 사정에 어두운 자신을 남몰래 사랑하고 고상하다고까지

7_ 陋巷. 논어에 나오는 말로, 가난한 삶 가운데서도 학문을 닦으며 도를 추구하는 즐거움을 즐기는 공간을 일컫는다. 일반적으로는 좁고 지저분한 거리 혹은 자신이 사는 동네를 겸손하게 이르는 말로 사용된다.

생각하면서 안이한 자부심에 빠져 살았는데, 요즘 들어 완전히 달라졌다. 식탁에 오르는 생선의 가격을 일일이 아내에게 캐묻고, 신문의 정치면을 닥치는 대로 읽고, 중국 지도를 펼쳐서는 그것을 진지하게 검토하면서 혼자서 고개를 끄덕이기도 한다. 또 정원에 토마토를 심거나 나팔꽃의 가시를 다듬기도 하고 더 나아가 식물도감, 동물도감, 일본지리풍속대계 같은 것들을 틈틈이 펼쳐서 길가에 핀 풀꽃의 이름, 정원에서 놀고 있는 작은 새의 이름, 심지어는 쓸데없이 일본 곳곳의 명소와 유적까지 조사하고는 의기양양한 표정을 짓곤 한다. 모든 방탕함이 사라졌다. 용기도 없다. 분명, 틀림없이 망령이 난 것이다. 은거하는 노인과 다를 바가 없다.

그리하여 지금도 가사이 씨는 그저 야쓰가타케산의 위용을 홀린 듯이 바라보고 있다. 아아, 정말 멋진 산이구나, 생각하며 등을 구부리고 턱을 쑥 내밀고는 슬픈 듯이 눈썹을 찌푸린 채로 시선을 빼앗겼다. 가엾은 모습이다. 눈앞의 평범한 풍경을 바라보며, 자비를 베푸소서, 하고 절실하게 기도하고 있다. 게와 닮았다. 사오 년 전까지만 해도 가사이 씨는 결코 이런 사람이 아니었다. 모든 자연 풍경을 이성과 지혜로 차단하고 솎아내어 조금도 그것에 심취하는 일 없이, 이를테면 '기성 개념적'인 정서, 장미, 제비꽃, 벌레의 울음소리, 바람, 그 모든 것을 그저 히죽히죽 비웃으며 멀리했다. '나는 사람이다. 인간의 일이라고 하면, 좋든 나쁘든 남 일 같지 않고 절로 마음이 소용돌이친다.'라는 말처럼 사람의 마음속 깊은 곳을, 오로지 그것만을 상대로 무딘 칼을 무기 삼아 고군분투해 왔지만, 이제는 다 틀렸다. 멍하니 넋을 놓고 있을 뿐이다.

—산 말고는…….[8]

라는 등의 시대에 뒤떨어지고 어리석은 감개感慨에 잠겨 희미하게 눈물을 글썽이는 모습이 한심하기 짝이 없다. 잠시 입을 벌리고 야쓰가타케산을 올려다보다가, 가사이 씨는 해이해진 자신의 모습을 깨닫고 쓴웃음을 지었다. 뒷머리를 긁적이며 이게 무슨 꼴인가 생각했다. 일상의 답답함을 몽땅 날려버리고 싶은 마음에, 무언가 나쁜 짓을, 죽을 만큼 강렬한 로맨티시즘을, 하고 몸부림을 치면서 꿈을 찾아 오른 여행길이다. 산이나 보러 온 것이 아니다. 한심하긴. 아주 대단한 로맨스다.

뒷자리에 앉은 청년과 소녀들이 일어서서는 시끌벅적하게 내릴 준비를 시작하더니, 곧 후지미역에서 내렸다. 가사이 씨는 조금 안심했다. 역시 무의식적으로 다소 점잔을 빼고 있었다. 가사이 씨는 그렇게 유명한 작가는 아니지만, 그래도 늘 누군가 보고 있다, 어디선가 보고 있다, 하는 느낌 때문에 사람들 사이에 섞여 있을 때는 담배를 피우는 모양새부터 조금 달라진다. 특히 소설에 조금이라도 관심이 있어 보이는 사람들이 가사이 씨의 근처에 있으면, 아무도 가사이 씨에게 신경 쓰지 않는데도 불구하고 딱딱하게 굳어서는 고개도 간신히 움직이는 정도였다. 예전에는 더 심했다. 지나치게 점잔을 뺀 나머지 숨이 막혀오고 현기증까지 났다. 오히려 가여운 악업惡業이다. 원래 가사이 씨는 무척 겁이 많고 마음이 약한 남자다. 정신박약증이라는 병일지도 모른다. 뒷자리의 안드레아 델 사르트 무리가 내리고 나자, 가사이 씨는 매우 안도하며 어깨 위의 짐을 내려놓듯 게다일본 나막신를 벗고 두 다리를 쭉 뻗어 앞자리

8_ 『신고금집新古今集』에 수록된 1259번 시의 일부분을 인용한 것.
사라시나의 산 말고는 빛나는 달조차도 / 내 마음의 위안이 되지는 못하는 요즈음의 하늘.

에 발을 걸친 후 품속에서 책 한 권을 꺼냈다. 이상하게도, 가사이 씨는 작가인데도 좀처럼 문학서를 읽지 않는다. 예전에는 그렇지 않았던 모양인데 최근 이삼 년간은 용서받기 힘들 만큼 공부를 게을리했다. 라쿠고[9] 전집 따위나 읽는다. 몰래 아내의 부인잡지 같은 것들을 읽기도 한다. 지금 품에서 꺼낸 책은 라 로슈푸코의 『금언집金言集』이다. 이것은 그나마 나은 편에 속한다. 아무리 가사이 씨라 해도, 여행하는 동안만큼은 라쿠고를 자제하고 어느 정도 수준이 있는 책을 들고 다닌다. 여학생이 읽지도 못하는 프랑스어 시집을 가지고 다니는 것과 비슷하다. 안쓰러운 체면치레다. 팔랑팔랑 책장을 넘기다가 문득 '당신 스스로 얻을 수 없는 심리적 안정을 다른 곳에서 구하려 하는 것은 헛수고일 뿐이다'라는 슬픈 구절을 발견하고는 기분이 나빠졌다. 나쁜 점괘 같다는 생각이 들었다. 이번 여행은, 이건 어쩌면 실패일지도 모른다.

열차가 가미스와에 가까워졌을 때 이미 날은 완전히 저문 후였고, 이윽고 남쪽에 호수가—오래된 거울처럼 하얗고 싸늘하게 펼쳐졌는데, 얼었던 물이 이제 막 녹은 모양인지 둔탁한 빛을 내며 으스스한 느낌을 자아냈고, 물가의 참억새 풀숲도 시든 채로 검게 서서 움직임이 없는, 황량하고 비참한 풍경이었다. 스와코 호수다. 작년 가을에 왔을 때는 조금 더 밝은 인상을 받았었는데, 신슈의 봄은 역시 별로인가 싶어 마음이 불안해졌다. 시모스와 역. 터벅터벅 걸어 열차에서 내렸다. 역의 개찰구를 빠져나와 팔짱을 끼고 시내 쪽으로 발길을 옮겼다. 역 앞에 여관 주인 일고여덟 명이 늘어서 있었지만 아무도 가사이 씨를 불러 세우려고 하지는 않았다. 그럴 만도 했다. 모자도 안 쓰고 목면으로

9_ 落語. 라쿠고카落語家라 불리는 사람이 부채를 들고 무대 위에 앉아, 청중들을 대상으로 이야기를 풀어가는 형식의 예술. 일본 근세시대에 생겨나 현재까지 계승되고 있다.

된 평상복을 입은 데다 신발도 낡았다. 더군다나 짐도 하나 없다. 이곳에서 하룻밤 묵으면서 돈이나 왕창 써버려야겠다고 마음먹은 여행객으로 보이지는 않는다. 그 지역 사람으로 보일 것이다. 가사이 씨는 조금 울적해졌다. 거기다 투둑투둑 비까지 내리기 시작해 서둘러 시내 쪽으로 걸음을 재촉하는데, 이 시모스와라고 하는 마을은 또 어쩌면 이렇게 음침하고 후진 곳인지. 짐을 실는 말이 목에 달린 방울을 딸랑딸랑 울리며 비틀거리며 다니기에 적당한 곳이었다. 길이 좁은데다 집집마다 처마가 검고 낮았으며, 집안은 어둑어둑한 것이 램프나 사방등을 켜놓은 모양이었다. 몸속까지 냉기가 스며들었다. 길거리는 큰 돌멩이와 말똥으로 가득하다. 이따금 낡고 그을린 구식 버스가 살진 몸을 흔들며 지나가기도 한다. 기소로,[10] 과연 그렇군, 하고 생각했다. 온천의 고장다운 따뜻함은 어디에서도 찾아볼 수 없었다. 한참을 걸어보아도 똑같았다. 가사이 씨는 한숨을 쉬며 길 한가운데에 멈추어 섰다. 빗발이 조금씩 거세지기 시작했다. 불안해서, 울고 싶을 정도로 불안해져서, 가사이 씨는 결국 이 마을에서 벗어나기로 결심했다. 빗속을 걸어 다시 역 앞으로 돌아가 택시를 발견하고는 가미스와, 다키노야로 최대한 빨리 가주세요, 하고 거의 울먹이는 목소리로 말한 후 차에 올라탔다. 실패, 이번 여행은, 이건, 완전히 실패일지도 모른다, 하고 안절부절못할 정도로 후회했다.

그 사람, 있을까. 자동차는 스와코 호수를 따라 달렸다. 어둠 속의 호수는 마치 납처럼 굳어 꼼짝도 하지 않았고, 물고기도 다 죽어 여기에는 살지 않을 것 같은 느낌이었다. 가사이 씨는 일부러 눈을 돌려 호수를

10_ 나카센도中山道의 별칭. 나카센도는 에도시대의 서쪽이었던 교토와 동쪽이었던 에도(현재의 도쿄)를 묶어주는 중요한 도로였다. 기소는 혼슈 유일의 재래마인 기소마의 고장이라는 뜻에서 지어진 이름이다.

보지 않으려고 애썼지만, 그 황량하고 처참한 광경이 계속 시야의 어딘가를 비집고 들어온 탓에, 스스로 숨통을 끊어버리고 싶은 듯한, 입속에 총을 한 발 쏴버리고 싶은 듯한, 막막하고 절박한 기분에 휩싸였다. 그 사람, 있을까. 그 사람, 있을까. 위독한 어머니에게 달려갈 때의 기분이 꼭 이럴까. 나는 우둔하다. 나는 어리석다. 나는 장님이다. 비웃어라, 비웃어. 나는, 나는, 몰락했다. 아무것도 모른다. 혼돈 덩어리다. 해이하다. 졌다, 졌다. 모두에게 뒤처진다. 고뇌마저도, 고뇌마저도 나의 것은 도무지 이유를 알 수가 없다. 아무리 생각해도 결국 무엇이 괴로운지 알 수가 없다. 농담은 집어치워! 자동차는 여전히 호숫가를 매끄럽게 달리고 있었고, 이윽고 가미스와 시내의 불빛이 드문드문 보이기 시작했다. 비도 그친 듯했다.

다키노야는 가미스와에서 가장 오래되고 가장 고급스러운 여관이다. 차에서 내려 현관 앞에 서자,

"어서 오세요." 항상 아플 정도로 옷깃을 빳빳하게 여미고 있는, 마흔 정도로 보이는 여주인이 파리한 얼굴로 나와서 딱딱하게 인사를 했다. "묵어가실 건가요?"

여주인은 가사이 씨의 얼굴을 기억하지 못하는 눈치였다.

"네. 부탁드립니다." 가사이 씨는 소심하게 눈치를 보며 웃고는 가볍게 인사를 했다.

"28번으로." 여주인은 웃음기 없는 얼굴로 여종업원에게 나지막이 지시했다.

"네." 열대여섯 정도 되어 보이는 아담한 여종업원이 자리에서 일어섰다.

그때, 그 사람이 불쑥 나왔다.

"아니, 별관 3번 손님." 거친 말투로 그렇게 말하고는 냉큼 가사이 씨를 앞질러 걷기 시작했다. 유키 씨, 하고 불렀다.

"잘 왔어. 잘 왔어." 그녀는 연달아 두 번을 그렇게 말하더니 우뚝 멈춰 섰다. "살이 조금 올랐네." 유키 씨는 항상 가사이 씨를 남동생 다루듯이 했다. 스물여섯 살. 가사이 씨보다 아홉 살이나 어린데도, 어딘지 모르게 고생을 많이 하며 살아온 사람 같은 차분함이 배어있다. 얼굴은 덴표시대[11]의 분위기를 풍긴다. 아랫볼이 통통하고 눈이 가늘고 길며 피부가 하얗다. 수수한 검은 톤의 줄무늬 기모노를 입고 있다. 유키 씨는 이 여관 여종업원 중 가장 높은 사람이다. 여학교를 삼 년 다녔다고 한다. 도쿄 출신이다.

가사이 씨는 유키 씨의 안내를 받으며 평소 버릇대로 오른쪽 어깨를 부자연스럽게 치켜올리고 긴 복도를 걸으면서 슬며시 방금 여주인이 말한 28번 방을 찾아보았다. 결국 찾지는 못했지만, 아마도 그 방은 계단 바로 밑쪽에 있는 세모 모양의 초라하기 그지없는 방일 것이다. 분명 그럴 것이다. 틀림없이 이 여관에서 가장 낮은 등급의 방일 것이다. 복장이 이 모양이니까 그래. 신발도 더럽고. 그래, 복장 때문이다, 하고 가사이 씨는 스스로를 위로했다. 계단을 올라서, 2층.

"이 방을 좋아했었지?" 유키 씨는 미닫이문을 열고 의기양양한 얼굴로 말했다.

가사이 씨는 쓴웃음을 지었다. 이곳은 별관으로, 여분의 옷방까지 딸린 가장 고급스러운 방이었다. 베란다도 있다. 작년 가을, 여관의 정원에는 도라지꽃이 이상하리만큼 많이 피었다. 정원 너머로 푸른

11_ 쇼무천황(724~749)이 재위하던 때를 중심으로 한 시대. 미술사美術史 상의 구분으로, 나라시대를 덴표시대라고 부르기도 한다.

호수가 보였다. 좋은 방이었다. 가사이 씨는 작년 가을에 여기서 대엿새 정도 작업을 했다.

"오늘은 말이지, 그냥 놀러 온 거야. 죽도록 술을 마셔보고 싶거든. 그러니까 방은 어디든 상관없어." 가사이 씨는 기분이 조금 좋아져서 쾌활하게 말했다.

가사이 씨는 여관의 도테라[12]로 갈아입고 난 후 탁자를 사이에 두고 유키 씨와 마주 보고 앉아 방긋 웃었다.

"겨우—."라고 말한 뒤 무심결에 크게 한숨을 내쉬었다.

"겨우?" 유키 씨가 차분하게 웃으며 되물었다.

"아아, 겨우. 겨우. ……뭐라고 말하면 좋을까. 일본어는 불편해. 너무 어렵거든. 어쨌든 고마워. 용케도 아직 여기에 있어 줬구나. 고마워. 눈물이 날 것 같군."

"무슨 말인지 모르겠어. 나한테 하는 말 아니지?"

"그럴지도 몰라. 온천. 스와코. 일본. 아니, 사는 것, 그 모든 게 다 그리웠어. 이유 같은 건 없어. 모두에게 다 고마워. 그저 한순간의 감정일지도 모르겠지만." 너무 꼴사나운 말만 늘어놓은 탓에 가사이 씨는 조금 겸연쩍어졌다.

"그러고 나서 또 금방 잊어버리는 거지? 일단 여기 차 좀 들어."

"나는 절대로 잊은 적이 없어. 넌 아직 모르는 모양이군. 일단 탕에 좀 들어가야겠어. 술 좀 부탁해."

그렇게나 기세등등했던 주제에 술은 얼마 마시지도 못했다. 유키 씨도 그날 밤은 바쁜 모양인지 술을 가지고 왔다가 금방 다시 다른

12_ 보통의 기모노보다 조금 길고 큼직하게 만든 솜옷.

곳으로 가버렸고, 다른 여종업원도 통 오지를 않았다. 가사이 씨는 혼자서 벌컥벌컥 술을 들이켜야 했고, 세 병째에 이미 제법 많이 취해서는 방에 놓여 있는 수화기를 들었다.

"여보, 세요. 오늘 밤은 바쁜 모양이군요. 아무도 안 오네. 게이샤를 부르겠습니다. 서른 살이 넘은 게이샤를 한 명 불러주세요."

잠시 후 또 전화를 걸었다.

"여보, 세요. 게이샤는 아직 안 왔나요? 이렇게 외떨어진 방에서 혼자 술에 취해봐야 재미도 없어요. 맥주를 갖다주세요. 이번에는 청주 말고 맥주를 마실 겁니다. 여보, 세요. 그나저나 당신, 목소리가 참 좋군요."

정말 좋은 목소리였다. 예, 예, 하고 온순하게 대답하는, 얼굴도 모르는 여자의 웃음기 배인 그 목소리가, 술에 취한 가사이 씨의 귀에 무척이나 상쾌하게 울렸다.

유키 씨가 맥주를 가지고 왔다.

"게이샤를 부르겠다고? 관둬요. 재미도 없어."

"아무도 안 오잖아."

"오늘은 좀 바빠서 그래요. 벌써 제법 취했죠? 이만 자도록 해요."

가사이 씨는 또다시 전화를 걸었다.

"여보, 세요. 유키 씨가 있잖아, 게이샤는 재미없다고 하더군요. 관두라고 하니까 관두겠습니다. 아, 그리고, 담배. 쓰리 캐슬로. 사치를 부리고 싶거든요. 죄송합니다. 당신 참, 목소리가 좋군요." 또 칭찬했다.

유키 씨가 이부자리를 깔아주기에, 자리에 누웠다. 눕자마자 바로 토했다. 유키 씨가 서둘러 이불을 바꿔주었다. 이내 잠들었다.

다음 날 아침, 신음이 터져 나올 정도로 괴로웠다. 눈을 뜬 가사이 씨는 지난밤 자신의 무기력함과 한심함이 죽을 만치 부끄럽게 느껴졌다. 이것 참 대단한 로맨티시즘이다. 토하기까지 했다. 가사이 씨는 분노를 느끼며 이부자리를 박차고 일어나 목욕탕으로 가서 넓은 욕조 속을 한껏 헤엄쳤다. 꼴사나운 것도 개의치 않고 배영까지 감행했지만, 마음 속 우울함이 가시지 않았다. 굳은 표정으로 쿵쾅거리며 방으로 돌아가자 키가 크고 마른, 열일고여덟 정도의 낯선 여종업원이 하얀 앞치마를 두르고 방바닥을 닦고 있었다.

여종업원이 가사이 씨를 보고는 친근하게 웃으며 말했다.

"어젯밤에 많이 취하셨다고 들었는데. 기분은 좀 어떠세요?"

문득 생각이 났다.

"아, 네 목소리. 기억나, 기억나."

전화로 들은 그 목소리였다.

여자는 어깨를 움츠리고 킥킥 웃으며 계속 도코노마[13]를 닦았다. 가사이 씨도 기분이 좋아져서 방 입구에 선 채로 느긋하게 담배를 태우기 시작했다.

여자가 돌아보며 말했다.

"어머, 좋은 냄새네요. 어젯밤의 그 외국 담배지요? 저 그 냄새가 너무 좋아요. 그 냄새 밖으로 나가게 하지 마세요." 여자는 걸레를 두고 일어서서 재빨리 복도의 장지문과 베란다로 나가는 문, 그리고 방문까지 전부 꼭꼭 닫아버렸다. 문을 닫아버리고 난 뒤, 두 사람은 뜻밖의 분위기에 허둥지둥했다. 일이 이상하게 되었다. 가사이 씨는 자만한 것이 아니다. 아니, 조금 자만한 건지도 모른다. 장난. 가사이

13_ 다다미방의 가장 안쪽에 바닥을 한 층 높여 만들어놓은 곳.

씨도 이렇게 천진난만하게 나쁜 짓을 할 수 있을 거라고는 생각지 못했다. 가사이 씨는 여종업원이 귀엽다고 생각했다. 촌스럽고 소박한데다 논밭의 냄새가 선명하게 느껴져서, 마치 하얀 접시꽃을 보는 듯했다.

스윽 하고 맹장지문이 열렸다.

"저기." 유키 씨는 그렇게 말하다가 갑자기 입을 다물었다. 분명 유키 씨는 5, 6초 정도 말을 잇지 못했다.

들켜버렸다. 순식간에 지구 끝의 더럽고 냄새나는 시커먼 마구간에 쿵 하고 처박혔다. 그저 검은 연기만이 자욱할 뿐, 수치나 후회 같은 미적지근한 감정과는 달랐다. 가사이 씨는 이대로 죽은 척을 하고 싶었다.

"몇 시 기차로 출발하나요?" 유키 씨는 곧 차분함을 되찾고 아무 일도 없었다는 듯 말을 이어주었다.

"글쎄요." 그 여종업원은 놀라울 정도로 태연했다. 가사이 씨는 그녀가 믿음직스럽게 느껴지기까지 했다. 여자는 도무지 이해하기 힘든 존재라는 생각이 들었다.

"바로 돌아갈 거야. 밥도 필요 없어. 계산 부탁해요." 가사이 씨는 계속 눈을 감고 있었다. 눈이 부시고 겁이 나서 눈을 뜰 수가 없었다. 이대로 돌이 되고 싶다고 생각했다.

"알겠습니다." 유키 씨는 전혀 불쾌한 기색 없이 인사를 하고 방에서 나갔다.

"들켰군. 눈치챘겠지?"

"괜찮아요." 여자는 정말로 태연한 표정에, 심지어 맑은 눈을 하고 있었다. "진짜 바로 돌아갈 거예요?"

"돌아갈 거야." 가사이 씨는 도테라를 벗고 떠날 채비를 하기 시작했다. 어설프게 아무렇지 않은 척하고 억지로 태연한 척하려 애쓰는 것보다는, 어차피 볼썽사나운 꼴을 보인 이상 한시라도 빨리 도망치는 게 오히려 현명하고 솔직하다는 생각도 들었다.

견디기 힘든 기분이었다. 이제 이것으로 자신은 어디 하나 나무랄 데 없는 추저분한 남자가 되었다. 청결함은 티끌만큼도 남지 않았다. 질척하게 기름지고, 탁하고, 꼴사납고, 아아, 나는 이제 영원히 베르테르가 될 수 없다! 발을 동동 구르고 싶은 심정이었다. 그 행동에 대한 자책감은 아니었다. 운이 나빴다. 꼴사납다. 이제 다 끝이다. 그 한순간 때문에, 나는 완전히 로맨틱함에서 추방이다. 실로 무시무시한 순간이다. 들켜버렸다. 다른 사람도 많은데, 하필 유키 씨에게 그 꼴을 보였다. 가사이 씨는 해괴하고 기묘한 표정을 하고 마음속에는 혼란의 불덩이를 품은 채로 어영부영 계산을 마친 뒤, 찻값 오 엔을 올려두고 서둘러 신발을 신었다.

"그럼, 안녕히 계세요. 다음에 느긋하게 다시 올게요." 분해서 눈물이 날 것 같았다.

여관 현관에 파리한 얼굴의 여주인과 유키 씨, 그리고 방금 전의 여종업원이 나란히 서서 정중하게 인사를 했고 모두들 차분하고 상냥한 미소로 가사이 씨를 배웅했다.

가사이 씨는 그럴 만한 상태가 아니었다. 길에서 꽥꽥 소리를 지르면서 뇌신[벼락을 내리는 신]처럼 뛰어다니고 싶은 심정이었다. 나는 끝났다. 셰리, 클라이스트, 아아, 푸시킨까지도, 안녕. 나는 당신들의 벗이 아니다. 당신들은 아름다웠다. 나처럼 꼴사납지 않다. 나는, 남에게 들켜서, 빌어먹을 멋들어진 리얼리즘이 되어버렸다. 웃을 일이 아니다. 십만억토,[14] 나락의 바닥까지, 나는 추락해버렸다. 씻고 또 씻어도, 나는 결코 예전의 내가 아니다. 순식간에 나는 이렇게 무참히 추락했다. 꿈같다. 아아, 꿈이라면 좋으련만. 아니지, 꿈이 아니다. 유키 씨는 분명 그때 깜짝 놀라 말을 삼켰다. 흠칫했다. 혀를 깨물고 죽고 싶다. 삼십오 년, 사람은 이렇게까지 추락해야만 하는가. 그런 다음엔 무엇이 남는가. 나는 이제 영원히 신사조차 될 수 없다. 개보다 못하다. 거짓말 집어치워. 개와 '똑같다.'

도무지 참을 수가 없어서, 가사이 씨는 역으로 가서 2등 차표를 샀다. 그러자 조금 구원을 받았다. 거의 십 년 만에 2등 차를 타는 것이다. 작품을—느닷없이 그런 생각이 들었다. 작품만이—세상 끝에 처박히고 나자 이번에야말로 소위 말하는 일의 중요성을 똑똑히 깨달은 모양이었다. 어떻게든 자신에게 활로를 만들어 주고 싶었다. 암흑 왕이여, 태연해져라.

가사이 씨는 곧장 집으로 돌아왔다. 돈은 절반 이상 남았다. 요컨대, 좋은 여행이었던 셈이다. 비꼬는 것이 아니다. 가사이 씨는 좋은 작품을 쓸지도 모른다.

14_ 十万億土. 중생이 사는 사바세계와 서방 극락세계 사이에 있는 십만 억의 불국토.

座興に非ず

농담이 아니다

太宰治

「농담이 아니다」

1939년 9월, 『문학자文学者』에 발표된 작품이다.

작중 '나'의 어둡고 우울한 심경을 덤덤한 어조로 그려내는 다자이 특유의 문체가 돋보이는, 짧지만 강렬한 작품이다.

내 말로에 대해 생각하다가 소름이 끼쳐 안절부절못하게 되는 초저녁에는, 혼고[1]에 있는 아파트에서 나와 지팡이를 끌며 우에노 공원까지 걸어본다. 9월 중순이 지났을 무렵의 일이다. 나의 흰색 유카타는 이미 계절과 동떨어진 느낌이었고, 초저녁 어둠 속에서 스스로 생각해도 무서우리만큼 하얗게 두드러져 있는 기분이라 점점 더 슬퍼져서, 살아있는 것이 끔찍해졌다. 시노바즈 연못을 훑으며 불어오는 바람은 미지근했고, 하수구 냄새가 났다. 연못에 핀 연꽃은 다 자란 채로 썩어 무참하고 흉한 사체로 남아 있었다. 더위를 식히러 나온 사람들이 멍청한 표정으로 줄지어 지나다니고 있었는데, 피로하고 고달픈 기색이 역력한 얼굴이 마치 세상의 종말을 연상시켰다.

우에노역까지 와버렸다. 새카맣게 많은 여행객들이 동양 제일인지 뭔지 하는 큰 역 앞에 모여 우글우글 꿈틀대고 있었다. 다들 패배자다. 나는 그렇게밖에 생각할 수 없었다. 이곳은 도호쿠 농촌 지역의 마魔의 문이라고 불린다. 이곳을 거쳐 도시로 나왔다가 형편없이 망가지고,

1_ 도쿄 분교구에 위치. 다자이가 1930년 도쿄 대학에 입학한 후 삼 년간 살았던 곳이다.

결국 헐벗은 채로 좀먹은 몸뚱어리만 이끌고 다시 이곳을 지나 고향으로 돌아간다. 어김없이 그렇게 된다.

나는 대합실 의자에 앉아 히죽 웃었다. 그러니까 내가 뭐랬어. 도쿄로 와도 별수 없다고 그렇게나 얘기했잖아. 딸, 아버지, 아들 할 것 없이 모두 넋을 잃은 채 멍하니 의자에 앉아 있다. 둔하게 뜬 탁한 눈으로 대체 무엇을 보고 있는 것인가. 허공 속의 환화幻花를 좇고 있는 것이다. 이런저런 얼굴들이, 수많은 실패의 역사를 담은 그림책이, 허공 속에서 펼쳐지고 있으리라.

나는 자리에서 일어나 대합실에서 도망친다. 개찰구를 향해 걷는다. 7시 5분에 도착하는 급행열차가 막 플랫폼으로 들어온 참이었다. 까만 개미들이 서로 누르고 밀치면서, 혹은 데굴데굴 구르듯 뛰어 개찰구를 향해 몰려나간다. 손에는 트렁크. 바구니를 든 사람들도 드문드문 보인다. 아아, 보따리라는 게 아직 세상에 남아 있다니. 고향에서 쫓겨난 것인가.

청년들은 제법 세련되었다. 그리고 모두 하나같이 긴장으로 들떠 있다. 불쌍하다. 무지하다. 아버지와 싸우고 뛰쳐나온 것이겠지. 멍청이.

나는 한 청년을 유심히 지켜보았다. 영화를 보고 배웠는지 담배를 태우는 모습이 제법이다. 분명 외국 배우의 흉내를 내고 있는 것이다. 작은 트렁크를 하나 들고서 개찰구를 나오더니 한쪽 눈썹을 치켜세우고는 사방을 둘러본다. 이것은 더 심한 배우 흉내다. 상의는 옷깃이 넓고 지나치게 화려한 격자무늬이고, 바지는 한없이 길어 목 밑으로는 다 바지인 것처럼 보인다. 청년은 하얀 삼베 천으로 된 헌팅캡에 빨간색 가죽 단화를 신고 입을 꾹 다문 채로 씩씩하게 걷기 시작했다. 그 모습이 너무 고상하다 못해 우습기까지 했다. 조금 놀려주고 싶어졌다. 나는 그때 너무 지루했던 것이다.

"어이, 이봐, 다키야 군." 여행 가방의 이름표에 다키야,라고 적혀 있는 것을 보고 그렇게 불렀다. "잠깐만 따라와 봐."

나는 상대방의 얼굴도 보지 않고 성큼성큼 앞서 걸었다. 운명적으로 빨려 들어가듯 그 청년은 내 뒤를 따라왔다. 나는 사람의 심리에 대해서는 꽤 자신이 있었다. 사람이 넋을 놓고 있을 때는 일단 압도적으로 명령을 하는 것이 제일이다. 그러면 상대는 내 뜻대로 움직이게 된다. 어설프게 자연스러운 척하거나, 무언가 구실을 만들어서 상대방을 이해시키고 안심시키려 노력하면 오히려 일을 그르친다.

우에노 공원 언덕에 올랐다. 나는 천천히 돌계단을 밟아 오르며 말했다.

"아버지 기분도 좀 배려하는 게 좋을 텐데."

"예." 청년은 긴장한 채로 대답했다.

사이고 씨의 동상[2] 아래엔 아무도 없었다. 나는 걸음을 멈추고 소매에서 담배를 꺼냈다. 성냥불 사이로 흘깃 청년의 얼굴을 보니, 청년은 어린아이같이 천진스러운 얼굴에, 불만이 가득한 듯 뾰로통한 표정을 짓고 있었다. 나는 청년이 가여워지기 시작했다. 장난은 이쯤에서 그만두자는 생각이 들었다.

"몇 살인가?"

"스물셋입니다." 고향 사투리가 섞여 있었다.

"젊구먼." 나도 모르게 탄식이 터져 나왔다. "이제 됐으니 돌아가 봐도 좋아." 그냥 한번 겁을 줘본 것뿐이라고 말하려고 하다가, 조금만

2_ 일본의 군인이자 정치가인 사이고 다카모리西郷隆盛의 동상.

더, 아주 조금만 더 놀려주고 싶은데, 하는 마음이 불쑥 솟구쳐서 가슴이 두근거렸다.

"가진 돈 좀 있어?"

청년은 우물쭈물 대답했다. "있습니다."

"이십 엔만 두고 가." 정말 이상한 일이었다.

돈을 꺼낸 것이다.

"이제 가 봐도 됩니까?"

멍청아, 농담이야. 그냥 좀 놀려본 것뿐이야. 도쿄는 이렇게 무서운 곳이니까 빨리 고향으로 돌아가서 아버지를 안심시켜 드려. 나는 큰 소리로 웃으며 그렇게 말했어야 했는지도 모른다. 하지만 애초에 장난으로 시작한 일이 아니었다. 나는 아파트 월세를 내야만 한다.

"고마워. 널 절대로 잊지 않으마."

나의 자살은, 한 달 미뤄졌다.

美少女
미소녀

太宰治

「미소녀」

1939년 10월, 잡지 『월간문장』에 발표됐다.

아내와 함께 간 온천에서 보게 된 한 소녀에 대해 그려낸 '악덕한 이야기'로, 다자이의 여타 작품들에 등장하는 소녀들과는 조금 다른 소녀상으로 주목을 받은 작품이다. 같은 해 4월에 발표된 다자이의 단편소설 「여학생」(전집 제2권 수록) 속에 등장하는 소녀와 비교해서 읽어보는 것도 작품을 즐기는 한 방법이 될 수 있겠다.

올해 정초 야마나시현 고후시[1]의 외곽에 있는 작은 집을 빌려 별 볼 일 없는 일을 시작한 지 벌써 반년이 지났다. 6월이 되자 분지 특유의 지독한 더위가 조금씩 몰려오기 시작했고, 북쪽 지방 출신인 나는 땅 밑에서 끓어오르는 듯한 사정없는 열기에 기겁하지 않을 수 없었다. 책상 앞에 조용히 앉아 있다 보면 갑자기 소리 없이 온 세계가 어두워지곤 했는데, 틀림없이 현기증의 증후였다. 나는 난생처음 더위로 정신이 아득해지는 것을 경험했다. 아내는 온몸을 뒤덮은 땀띠 탓에 고생 중이었다. 고후시 근처에 유무라라는 온천마을이 있는데, 그곳의 온천수가 피부병에 특효가 있다는 얘기를 듣고 아내를 매일 거기로 보냈다. 우리 부부가 살고 있는 월세 육 엔 오십 전의 초가집은 고후시 서북단에 있는 뽕밭 속에 있는데, 집에서 유무라까지는 걸어서 25분 정도가 걸린다(49연대의 연병장을 가로질러서 직진하면 더 빠르다. 15분 정도밖에 걸리지 않는다). 아내는 아침 식사의 뒷정리가 끝나면 목욕용품을 챙겨 매일 그곳에 간다. 아내의 말에 따르면 유무라의 대중욕

1_ 야마나시현의 중부에 위치한 도시. 다자이는 결혼(1939년) 직후부터 약 8개월 동안 이 도시에서 살았다.

탕은 아주 한가로운 분위기이고, 손님의 대부분은 시골 할아버지 할머니들이라고 한다. 피부병에 특효가 있다고 알려져 있지만 정작 피부병에 걸린 듯한 사람은 아무도 없어서 손님들 중에 아내의 피부가 가장 지저분할 정도이며, 욕실에는 타일이 깔려 있어 아주 청결하다고 한다. 딱 하나 단점이 있다면 물이 조금 미지근한 것인데, 그럼에도 손님들은 30분에서 한 시간가량 탕에 몸을 담근 채 웅크리고 앉아 세상 돌아가는 일에 대해 이런저런 이야기를 나누기도 하는데, 아무튼 거긴 별천지 같은 곳이니 꼭 한 번 같이 가자고 했다. 이른 아침에 근처 연병장의 초원을 헤치면서 걸으면, 풀 냄새도 신선한데다 아침이슬에 발이 시원하게 젖어서 가슴이 탁 트이고 실없이 웃음이 새어 나올 정도로 좋다고, 아내는 말했다. 나는 지독한 더위를 핑계 삼아 일도 게을리하고 있었던데다 마침 좀 따분하던 참이기도 해서 당장 유무라에 가보기로 했다. 아침 여덟 시경, 아내를 앞장세워 집을 나섰다. 하지만 생각보다 시시했다. 연병장의 초원을 밟으며 걸어 봐도 웃음이 나거나 하지는 않았다. 유무라의 대중욕탕 앞 정원에 있는 제법 큰 석류나무에 새빨간 꽃이 만개해 있었다. 고후에는 석류나무가 아주 많다.

욕탕은 최근에 지은 모양인지 아주 깨끗했고, 새하얀 타일이 깔려 있어 밝은 느낌이 났으며, 햇빛이 가득 흘러넘쳐 청초한 분위기였다. 욕조는 비교적 작은 편으로 세 평정도 되어 보였다. 손님은 다섯 명이었다. 욕조 안으로 미끄러지듯 몸을 담근 순간, 나는 미지근한 온천물에 놀라지 않을 수 없었다. 일반 물과 크게 차이가 없는 느낌이었다. 나는 턱 끝까지 몸을 담그고 앉은 채로 꼼짝할 수가 없었다. 너무 추웠다. 어깨가 물 위로 조금만 나와도 금세 으스스 몸이 식었다. 결국 죽은 듯이 입을 다문 채 웅크리고 앉아 있어야 했다. 괜히 왔나 싶은 생각에 마음이 불안해졌다. 아내는 차분하게 웅크리고 앉아, 마치 해탈이라도 한 표정으로 눈을 감고 있었다.

"이건 너무 하잖아. 꼼짝도 못 하겠어." 나는 작은 목소리로 투덜거렸다.

"그래도" 아내는 태연한 표정으로 말했다. "30분 정도 앉아 있다 보면 땀이 뚝뚝 흐르기 시작할 거예요. 조금씩 효과가 나기 시작하는 거죠."

"그런가?" 나는 단념했다.

하지만 아내처럼 차분하게 눈을 감고 있지는 못하고, 무릎을 감싸 안고 웅크리고 앉은 채로 흘금흘금 주위를 살폈다. 두 가족이 있었다. 한 가족은 예순 살 정도 되어 보이는 백발의 할아버지와 어딘지 세련된 느낌이 나는 쉰 살 정도의 할머니였다. 고상한 노부부였다. 이 부근에서 돈깨나 있다고 하는 사람들일 것이다. 백발의 할아버지는 코가 높고 오른손에는 금반지를 끼고 있었는데, 젊었을 적에 좀 놀아본 남자일지도 모른다. 몸이 불그스름하고 살이 올라 있었다. 할머니는 담배 정도는 아무렇지도 않게 필 법해 보이는 인상이었다. 이 노부부에게는 아무런 문제가 없었다. 문제는 다른 곳에 있었다. 내 대각선 쪽의 욕조 구석에 세 명의 가족이 찰싹 달라붙어 웅크리고 앉아 있었다. 일흔 정도 되어 보이는 할아버지는 몸이 검고 딱딱하게 굳은데다 얼굴은 주름으로 쭈그러들어 괴상한 느낌이었다. 같은 연배 정도로 보이는 할머니는 몸집이 작고 말랐는데, 가슴이 미늘창[2]처럼 울퉁불퉁했다. 피부는 누렇고 가슴은 쪼그라든 찻주머니 같아서 보기 안쓰러울 정도였다. 부부가

2_ 폭이 좁은 얇은 창을 일정 간격으로 평행하게 설치한 문.

둘 다 그다지 인간 같지 않은 느낌이었다. 주위를 두리번거리는 모습이 마치 굴속에 틀어박힌 너구리 같았다. 노부부의 손녀로 보이는 소녀가 마치 노부부의 호위라도 받듯이 그사이에 가만히 웅크리고 앉아 있었는데, 그 녀석이 물건이었다. 마치 더러운 조개껍데기 속에서 그 거무튀튀한 조개껍데기의 보호를 받는 한 알의 진주 같았다. 나는 곁눈질을 할 수 있는 입장이 아니기 때문에 소녀를 정면으로 응시했다. 열여섯, 열일곱 정도일까. 아니 열여덟일지도 모른다. 몸 전체가 조금 창백했지만 결코 쇠약해 보이지는 않았다. 제법 덩치가 있고 곧게 뻗은 몸이 덜 익은 복숭아를 연상시켰다. 시가 나오야[3]의 수필에 '여자는 시집을 갈 수 있을 만큼 어른스러운 몸이 되었을 때가 가장 아름답다.'라는 말이 나오는데, 처음 그 문장을 읽었을 때는 시가 씨도 참 대담한 말을 하는군, 하고 무척 놀랐었다. 그런데 눈앞에서 소녀의 아름다운 나체를 물끄러미 바라보고 있자니 시가 씨의 그 문장이 전혀 추잡하게 느껴지지 않았다. 순수한 관상觀賞의 대상으로서도, 숭고하리만치 훌륭한 것이었다. 소녀는 전체적으로 인상이 강했다. 쌍꺼풀이 없는 삼백안三白眼에 눈꼬리가 야무지게 올라가 있었다. 코는 평범하고 입술은 조금 두꺼운 편이었는데 웃으면 윗입술이 쑥 말려 올라갔다. 어딘가 야생의 느낌이 났다. 머리는 뒤로 묶었는데 머리숱이 적은 편인 듯했다. 소녀는 노부부 사이에 끼어 무심한 얼굴을 하고 웅크려 앉아 있었다. 내가 꽤 오랫동안 자신의 몸을 쳐다보고 있는데도 태연하기만 했다. 노부부는 마치 보물을 만지듯 소녀의 등을 쓰다듬기도 하고 어깨를 가볍게 두드려주기도 했다. 이 소녀는 최근에 병을 앓았다고 한다. 그런데도 전혀 마르지는

3_ 志賀直哉(1883~1971). 메이지시대와 쇼와시대에 걸쳐 활동한 일본의 소설가. 당시 문학청년들에게 '소설의 신'이라 불리며 존경을 받았다.

않았다. 피부가 깨끗하고 팽팽해서, 마치 여왕 같았다. 소녀는 노부부에게 몸을 맡긴 채로 가끔 혼자서 엷게 웃곤 했다. 조금 멍청한 느낌마저 났다. 소녀가 쓱 일어나자 나도 모르게 눈이 휘둥그레졌다. 숨이 막힐 것 같았다. 소녀는 키가 아주 컸는데 다섯 자 하고도 두 치[약 157㎝]는 족히 되어 보였다. 아주 훌륭했다. 커피잔에 가득 찰 정도로 풍만한 가슴, 부드러운 배, 단단하고 야무진 팔다리. 소녀는 부끄러운 기색 하나 없이 팔을 흔들며 내 앞을 지나갔다. 속이 들여다보일 정도로 희고 귀여운 손이었다. 소녀는 욕조 안에 선 채로 손을 뻗어 수도꼭지를 비틀고는 비치되어있는 알루미늄 컵에 물을 받아 여러 잔을 마셨다.

"옳지, 많이 마셔." 소녀의 할머니는 주름진 입으로 웃으며 소녀를 응원이라도 하듯 그렇게 말했다. "물을 많이 마셔야 건강하제." 또 한 쌍의 노부부가 그려, 그려, 하며 맞장구를 치자 모두가 웃음을 터뜨렸다. 그러던 중에 느닷없이 반지를 낀 노인이 내 쪽을 돌아보더니,

"자네도 얼른 마셔. 몸이 쇠약해졌을 때 아주 그만이구먼." 하고 명령이라도 하듯이 말해서, 나는 순간 어찌할 바를 모르고 당황했다. 빈약한 가슴에 갈비뼈가 보기 흉하게 드러난 것을 보고 나를 병을 앓았던 사람이라고 생각한 것이다. 나는 노인의 명령에 적잖이 당황했지만 못 들은 척하는 것은 실례인 듯해서 일단 억지 미소를 띠고 일어섰다. 추워서 으스스 몸이 떨렸다. 소녀는 말없이 알루미늄 컵을 내게 건넸다.

"어, 고마워." 작은 목소리로 고맙다는 인사를 하고 컵을 받아든 후에 소녀가 그랬던 것처럼 욕조 안에서 팔만 내밀어 수도꼭지를 비틀어 물을 받아서는 영문도 모른 채 벌컥벌컥 들이켰다. 짠맛이 났다. 광천수인 모양이었다. 많이 마시지는 못하고 가까스로 석 잔을 비운 후에 머쓱한 얼굴로 컵을 제자리에 돌려놓고 곧바로 다시 물속에 몸을 담갔다.

"마시니까 좋제?" 반지를 낀 노인이 득의양양한 표정으로 말했다. 나는 조금 당황스러웠다. 이번에도 역시 머쓱한 표정으로,

"예"하고 대충 대답하고는 살짝 고개를 숙여 인사했다.

아내는 고개를 숙인 채로 킥킥 웃었다. 나는 그럴 기분이 아니었다. 나는 내심 전전긍긍하고 있었다. 불행하게도 나는 다른 사람과 마음 편히 세상 돌아가는 이야기를 나눌 만한 성격이 못되어서, 혹시 이 노인이 내게 말을 걸면 어쩌나 싶은 마음에 겁이 났고, 이 난처한 상황에서 한시라도 빨리 도망쳐 벗어나고 싶었다. 소녀 쪽을 흘깃 쳐다보니, 소녀는 여전히 노부부 사이에서 보호를 받으며 차분하게 웅크리고 앉아, 약간 고개를 들고 무표정한 얼굴을 하고 있었다. 나 같은 건 일절 신경 쓰지 않는 듯했다. 나는 포기했다. 그리고 반지를 낀 노인이 다시 말을 걸기 전에 얼른 일어나서,

"나가자. 하나도 따뜻해 지지가 않잖아."하고 아내에게 속닥이고는 서둘러 욕조에서 나와 몸을 닦았다.

"전 조금만 더 있을게요." 아내는 좀 더 버틸 모양이었다.

"그럼 먼저 집에 가 있을게." 내가 탈의실에서 허둥지둥 옷을 입는 동안 욕탕에서는 정겹게 세상 돌아가는 이야기가 시작되었다. 역시 내가 점잖은 척 입을 꾹 다물고 주위를 흘깃거리는 게 이상해 보였던 것이다. 노인들도 그런 내가 다소 거북했던 모양인지, 내가 나가고 나자 모두들 답답함에서 해방되어 안심한 듯 자연스럽게 대화를 나누기 시작했다. 아내도 그사이에 섞여 땀띠에 대한 강의를 시작했다. 내게는 불가능한 일이었다. 그들 속에 섞일 수가 없다. 어차피 나는 이상한 놈이니까, 하고 혼자 비뚤어져서는, 나가는 길에 또 한 번 흘깃 소녀를 보았다. 여전히 검은 피부의 두 노인 사이에서 보호를 받으며, 보물처럼

아름답게 빛나는 모습으로 꼼짝하지 않고 앉아 있었다.

그 소녀는 정말 아름다웠다. 아주 좋은 것을 보았다. 나는 그 소녀를 마음속 비밀 상자에 몰래 숨겨두었다.

7월이 되자 더위가 극에 달했다. 다다미가 후끈후끈 뜨거워서 앉을 수도 누울 수도 없었다. 산에 있는 온천으로 피난이라도 가고 싶은 심정이었지만, 8월에 도쿄 부근으로 이사할 예정인 터라 돈을 아껴야 했기 때문에 온천에 갈 여윳돈 같은 것은 없었다. 미칠 것 같은 기분이었다. 싹둑 짧게 이발을 하면 머리가 조금 시원해지고 개운할지도 모른다는 생각에 부랴부랴 이발소로 달려갔다. 어느 이발소든 일단 자리만 있다면 조금 지저분한 곳이라도 상관없다고 생각하며 닥치는 대로 두세 군데를 돌아다녀 봤지만, 전부 꽉 차 있었다. 뒷골목에 있는 목욕탕의 맞은편에 작은 이발소가 한 군데 있기에 안을 들여다보았는데, 거기에도 역시 손님이 많은 듯 보여서 그냥 돌아가려던 차에 주인이 창문으로 얼굴을 내밀었다.

"지금 바로 가능해요. 머리 자르실 거죠?" 주인은 내가 하려는 것을 능숙하게 알아맞혔다.

나는 씁쓸하게 웃으며 이발소의 문을 열고 안으로 들어갔다. 나만 못 느꼈을 뿐이지 다른 사람들 눈에는 덥수룩하게 자란 내 머리가 보기 흉했던 거야. 그래서 이발소 주인도 내가 뭘 하려는지 정확히 알아맞힐 수 있었던 거겠지. 틀림없어. 그런 생각이 들어서 부끄러웠던 것이다.

주인은 마흔 살 정도 되어 보이는 빡빡머리였다. 두꺼운 로이드안경을 썼는데, 입술이 날카롭고 조금 익살맞아 보이는 얼굴이었다. 열일곱, 여덟 정도 되어 보이는 조수 하나는 피부가 검푸르고 몸은 말라 있었다.

이발하는 곳과 커튼 하나를 사이에 두고 있는 서양풍 응접실에서 두어 사람이 이야기를 나누는 소리가 들렸다. 나는 그 사람들을 손님이라고 착각했던 것이다.

의자에 앉자 옷자락 쪽으로 시원한 선풍기 바람이 불어왔고, 나는 그제야 조금 살 것 같았다. 군데군데 화분과 어항이 놓여 있는 아담하고 깔끔한 이발소였다. 더울 때는 이발이 제일이라는 생각이 들었다.

"뒷머리를 확 쳐 올려주세요." 말수가 적은 나는 그 정도의 말을 하는 것만으로도 힘에 부쳤다. 그렇게 말하고 나서 거울을 들여다보니, 나는 엄숙한 표정을 하고서 바싹 긴장을 해서는 입을 꾹 다물고 점잔을 빼고 있었다. 불행한 숙명임에 틀림없다. 이발소에 와서까지 이렇게 점잔을 빼야만 하는 스스로가 한심하게 느껴졌다. 계속 거울을 들여다보는 중에 거울 끝 쪽에 꽃이 슬쩍 비쳤다. 푸른색 여름 원피스를 입고 창문 바로 옆 의자에 앉아 있는 소녀의 모습이었다. 거기에 소녀가 앉아 있는 것을 그제야 본 것이다. 그러나 나는 그 소녀에게 그다지 신경을 쓰지는 않았다. 조수인가? 아니면 딸인가? 잠시 그런 생각을 했을 뿐, 그 이상 자세히 보지는 않았다. 얼마 지나지 않아, 소녀가 내 등 뒤에서 목을 빼어 거울 속 내 얼굴을 흘끔흘끔 쳐다보고 있다는 것을 알아챘다. 두 번, 세 번, 거울 속에서 계속 눈이 마주쳤다. 나는 뒤돌아보고 싶은 것을 꾹 참으면서, 낯익은 얼굴이라는 생각을 했다. 내가 등 뒤의 그 소녀의 얼굴을 유심히 보기 시작하자 소녀는 이제 그것으로 만족했다는 듯 더 이상 내 쪽으로는 눈길도 주지 않았다. 소녀는 자신감 넘치는 모습으로 창틀에 턱을 괴더니 창밖으로 눈을 돌렸다. 고양이와 여자는, 가만히 있으면 이름을 부르며 다가오고, 가까이 다가가면 도망쳐버린다고 하던가. 이 소녀도 무의식중에 그 특성을 몸에 익힌 거로군, 하고 분하게 생각하고 있는데, 소녀가 옆 테이블에 놓인 우유병을 나른하게 집어 들더니 조용히 그것을 다 마셨다. 그 순간 깨달았다. 병든 몸. 바로 그거다. 병을 앓았던 그 훌륭한 몸매의 소녀. 아아, 생각났어요. 그 우유를 보고 겨우 기억났어요. 얼굴보다는 가슴을 더 기억하고 있는 터라. 이거 제가 실례했군요. 나는 소녀에게 그렇게 인사하고 싶어졌다. 지금은 파란 원피스에 감춰져 있지만, 나는 이 소녀의 훌륭한 육체를 구석구석 다 알고 있다. 그렇게 생각하니 기뻤다. 소녀가 내 육친인 듯한 느낌까지 들었다.

나도 모르게 거울 속의 소녀를 향해 웃어 보였다. 소녀는 전혀 웃음기 없는 얼굴로 나를 바라보더니 쓱 일어나 느긋하게 커튼 뒤의 응접실 쪽으로 걸어가 버렸다. 아무런 표정도 없었다. 나는 다시 한번 소녀가 조금 멍청해 보인다고 생각했다. 하지만 아주 만족스러웠다. 아주 귀여운 친구 하나가 생긴 듯한 기분이었다. 아마도 그 소녀의 아버지일 이발소 주인이 머리를 싹둑싹둑 잘라주어서 아주 시원하고 상쾌했다는, 그게 전부인 악덕한 이야기다.

太宰治

蓄犬談
개 이야기

「개 이야기」

1939년 10월, 『문학자文学者』에 발표됐다. 다자이 오사무는 아즈미서방あづみ書房에서 간행된 『완구』의 맺음말에 이 작품에 대해 다음과 같이 쓰고 있다.

"고후에 살 당시 나는 들개들에게 정말 많이 시달렸다. 처음에는 아주 진지하게 그 울분을 토해내기 위해 쓰기 시작한 것인데, 쓰다 보니 우스운 내용이 되고 말았다. / 그래서 이 작품을 당시 유머 소설의 수재이던 이마 우헤이 군에게 바치기로 했다."

다자이가 작품 앞에 헌사를 쓴 것은 이부세 마스지에게 바치는 작품 「스즈메코」를 제외하면 이 작품이 유일하다.

주변에 개가 있으면 급격히 말수가 적어지고 심지어 친구 등 뒤에 숨어 벌벌 떨기까지 했던 다자이. 「개 이야기」는 그런 다자이의 실제 모습이 군데군데 녹아 들어가 있는 재치 넘치는 작품이다.

—이마 우헤이[1] 군에게 바친다.

나는 개에 대해서는 자신이 있다. 언젠가 반드시 개에게 물릴 것이라는 자신이다. 나는 틀림없이 물리게 될 것이다. 자신 있게 말할 수 있다. 지금껏 물리지 않고 무사히 지내 온 것이 신기할 정도다. 제군들, 개는 맹수다. 말을 쓰러뜨리고 가끔은 사자와 싸워서도 이긴다고 하지 않는가. 그러고도 남지, 하고 나는 혼자 쓸쓸히 수긍했다. 개의 날카로운 이빨을 보라. 보통이 아니다. 지금은 거리에서 무심한 체하며, 보잘것없는 존재인 양 자신을 낮추어 쓰레기통을 뒤지며 돌아다니지만, 원래는 말을 쓰러뜨릴 정도의 맹수다. 언제 사납게 미쳐 날뛰며 그 본성을 드러낼지 모를 일이다. 개는 반드시 쇠사슬로 단단히 묶어두어야 한다. 절대로 방심해서는 안 된다. 세상의 수많은 견주들은 자진해서 그 무시무시한 맹수를 기르면서, 매일 남은 음식을 준다는 이유 하나만으로 이 맹수에게 완전히 마음을 열고 멍멍아, 멍멍아, 하고 태평하게 이름을 부른다. 마치 가족의 일원이라도 되는 양 가까이에 두고서 세 살 난 사랑하는 자신의 아이가 그 개의 귀를 잡아당기게 하며 박장대소하는데,

1_ 伊馬鵜平. 일본의 소설가 겸 극자가인 이마 하루베伊馬春部가 사용하던 필명. 콩트와 라디오 소설 분야에서 활약했다.

그 모습을 보고 있자면 온몸이 떨리고 눈이 질끈 감긴다. 갑자기 멍하고 짖으며 달려들어 물기라도 하면 어쩌려는 생각인지. 정말 조심해야 한다. 주인은 물지 않는다는 보장도 없는 맹수(주인이기 때문에 절대 물지 않는다는 건 멋대로 지어낸 어리석은 미신에 지나지 않는다. 그토록 무시무시한 이빨이 있는 이상 반드시 물게 되어 있다. 절대로 물지 않는다는 건 과학적으로 증명할 수 없다)를 풀어놓고 기르면서 길거리를 어슬렁어슬렁 배회하게끔 두는 건 도대체 무슨 짓이란 말인가. 작년 늦가을, 내 친구가 결국 피해를 입었다. 참으로 가엾은 희생자다. 친구의 말에 따르면, 그 친구는 아무 짓도 하지 않고 팔짱을 낀 채로 뒷골목을 지나고 있었는데 그 길에 개가 앉아 있었다고 한다. 친구는 역시 아무 짓도 하지 않고 그 개의 옆을 지나갔다. 그때 개가 기분 나쁘게 곁눈질을 했다고 한다. 별일 없이 옆을 지나쳐가려던 그 순간, 개가 왕 짖으며 친구의 오른쪽 다리를 물었다. 재난이었다. 순식간에 일어난 일이었다. 친구는 망연자실했다. 시간이 지나자 분한 마음에 눈물이 치밀어 올랐다고 한다. 그럴 만도 하다고, 나는 이번에도 쓸쓸하게 수긍했다. 일이 그렇게 되고 나면 정말 어쩔 도리가 없지 않은가. 친구는 아픈 다리를 질질 끌고 병원에 가서 치료를 받았다. 그리고 그 후 이십일 일간 병원에 다녀야 했다. 장장 3주일이다. 다리의 상처가 낫는다고 해도, 혹시 몸속에 광견병의 꺼림칙한 독균이 들어갔을지도 모른다는 우려 때문에 해독 주사를 맞아야만 한다. 친구의 마음 약한 성격에 개 주인과 담판을 짓는 일 같은 게 가능할 리 없었다. 꾹 참으면서 스스로의 불운에 한숨을 내쉴 수밖에 없는 것이다. 게다가 주사 비용도 결코 만만찮은데, 실례지만 그 친구에게 그런 여윳돈이 있을 리 없으니 힘들게 돈을 마련해야 했을 테고, 아무튼 그 일은 심한 재난이었다. 대재난이었다. 또 깜빡해서 주사를 게을리 맞기라도 하는 날에는, 광견병이라는, 열이 끓고 정신이 혼란스러워지는 고통을 겪다가 결국 얼굴까지 개와 비슷해지면서 네 발로 걸으며 멍멍 짖게 된다는, 그 처참한 병에 걸릴지도 모르는 일이다. 주사를 맞는 동안 그 친구가 얼마나 걱정스럽고 불안했을지. 친구는 산전수전을 다 겪어온 데다 인격도 잘 갖춘 사람이라, 보기 흉하게 흐트러지는 일도 없이 삼칠일, 즉 이십일 일 동안 병원에 다니며 주사를 맞았고 지금은 다시 건강하게 일하고 있지만, 만약 나였다면 그 개를 살려두지 않았을 것이다. 나는 남들의 서너 배 이상 복수심이 강한 남자고, 또 그런 상황이 닥치면 남들의 대여섯 배는 더 잔인해지는 남자이기 때문에, 곧장 그 개의 두개골을 산산조각 내고 눈알을 뽑아 잘근잘근 씹다가 뱉어버릴 것이고, 그걸로 모자라 근처에서 키우는 개들을 모조리 독살해버릴 것이다. 이쪽은 가만히 있는데 갑자기 짖으며 달려들다니 그 무슨 무례하고 난폭한 태도란 말인가. 아무리 짐승이라 해도 용서가 안 된다. 짐승을 가엾이 여긴답시고 이런 일을 눈감아주는 게 문제다. 가차 없이 가혹한 벌을 줘야 마땅하다. 작년 가을 친구에게 일어난 재난에 대해 듣고 난 후, 평소에 개에게 품었던 증오가 극에 달했다. 파란 불꽃이 활활 불타오를 정도로 극렬한 증오심이었다.

올해 정초에 야마나시현 고후시의 변두리에 다다미 8장 크기, 3장 크기, 1장 크기의 방, 세 칸짜리 초가를 빌려 거의 숨다시피 살면서 형편없는 소설을 아등바등 써 내려가고 있는데, 이 고후시에는 어딜 가나 개가 있다. 그 수가 엄청나다. 길가에 앉아 있거나 길게 엎드려 누워있기도 하고, 때로는 질주하거나 이를 번뜩이며 짖어대기도 한다. 작은 공터는 죄다 들개 소굴인데, 서로 붙었다 떨어졌다 하며 격투 연습에 몰두하고, 밤이면 사람이 없는 길거리를 바람처럼 산적처럼 줄줄이 떼를 지어 종횡무진 뛰어다닌다. 고후의 모든 집에서 적어도 두 마리씩은 기르는 게 아닐까 싶을 정도로 엄청난 숫자였다. 야마나시현은 원래 가이견의 원산지로 잘 알려져 있는 모양인데, 길거리에 보이는 개들은 결코 그런 순혈종이 아니다. 붉은색 삽살개가 제일 많다. 아무짝에도 쓸모없는 천박한 잡종 개들뿐이다. 원래 나는 개에 대해 불만이 많았던 데다 친구의 사고 이후 더더욱 혐오하게 된 터라 만반의 경계 태세를 갖추고 있긴 했지만, 이렇게 우글우글 많은 개가 뒷골목 여기저기에서 날뛰고 또 태평하게 드러누워 잠을 자고 있는 상태에서는 완벽한 경계가 불가능했다. 나는 무척 고심했다. 할 수만 있다면 정강이 보호대, 팔뚝 보호대에 투구라도 쓰고 다니고 싶을 정도였다. 하지만 그러기엔 모양새가 너무 꼴사납고 풍속상으로도 절대 허용되지 않을 것이기 때문에 다른 수단을 찾아야만 했다. 나는 진지하고 심각하게 대책을 강구했다. 우선은 개의 심리를 연구했다. 인간에 대해서는 나도 어느 정도 파악하고 있고 정확히 알아맞힌 일도 더러 있지만, 개의 심리는 무척 어려웠다. 사람의 언어가 개와 인간 사이의 감정교류에 얼마나 도움이 될지, 그것이 첫 번째 난관이었다. 언어가 도움이 되지 않는다면 서로의 몸짓과 표정을 읽어내는 수밖에 없다. 꼬리의 움직임 같은 것은 매우 중요하다. 하지만 꼬리의 움직임도 유심히 살펴보니 무척이나 복잡해서 쉽게 읽어낼 수 있는 것이 아니었다. 나는 거의 포기 상태였다. 그러던 중에 아주 졸렬하고 무능한 방법 하나를 생각해냈다. 가여운 궁여지책이었다. 나는 일단 개와 맞닥뜨리면 만면에 미소를 머금고 해치려는 마음이 전혀 없다는 것을 보여주기로 했다. 밤에는 그 미소가 보이지 않을지도 모르므로 천진난만하게 동요를 흥얼거려서 상냥한 인간임을 알리고자 노력했다. 이 방법들이 다소 효과가 있었던 모양이다.

개들이 내게 덤벼든 적은 아직 한 번도 없다. 하지만 끝까지 방심은 금물이다. 개 옆을 지날 때는 아무리 무서워도 절대 뛰어서는 안 된다. 생글생글 비굴한 웃음을 띠고 평온하게 고개를 흔들면서 천천히, 천천히, 속으로는 등에 벌레 열 마리가 기어 다니는 것처럼 숨 막히는 오한이 느껴져도 아주 천천히, 천천히 옆을 지나가야 한다. 정말이지 스스로의 비굴함에 몸서리가 쳐진다. 울고 싶을 정도로 자기혐오를 느끼지만, 그렇게 하지 않으면 곧바로 물릴 것 같은 기분 때문에 어쩔 수 없이 개들에게 그런 처량한 인사를 시도하곤 한다. 머리가 너무 길면 수상쩍은 사람이라 여겨 짖을지도 모른다는 생각에, 그렇게나 싫어하던 이발소에도 부지런히 다니기로 했다. 지팡이 같은 것을 들고 걷다가 자칫 개가 그것을 위협이 되는 무기라고 오해해 반항심을 가지면 안 되기 때문에, 지팡이는 영원히 포기하기로 했다. 개의 심리를 헤아리기가 힘들어서 그저 되는대로 무턱대고 개의 눈치만 살피며 지내던 중에 의외의 현상이 나타났다. 개가 나를 좋아하게 되고 만 것이다. 꼬리를 흔들며 내 뒤를 졸졸 따른다. 나는 발을 동동 굴렀다. 참으로 짓궂은 결과였다. 오래전부터 못마땅하게 여겨왔고, 최근에는 극도의 증오마저 느끼는 바로 그 개들이 나를 좋아하다니. 차라리 낙타에게 사랑받는 편이 낫겠다 싶을 정도였다. 그 어떤 악녀라도 나를 좋아해 준다면 기분 나쁠 것은 없다는 식의 생각은 천박하다. 자존심이, 비위가 절대로 그것을 용납하지 못하는 경우가 있다. 도저히 참을 수가 없는 것이다. 나는 개를 싫어한다. 일찍이 그 난폭한 맹수의 습성을 알아채고 못마땅하게 여겨왔다. 기껏해야 하루에 한두 번 주는 잔반을 얻어먹어 보겠다고 친구를 배신하고 부인과 떨어져 오로지 제 몸뚱이 하나만 주인집 처마 밑에 누이고서 충성스러운 척하며, 옛 친구를 향해서도 짖고 부모 형제도 까맣게 잊고

늘 주인 눈치만 살피며 알랑거리면서 부끄러운 줄도 모른다. 맞으면 깨갱 소리를 내며 금세 꼬리를 내리고 항복해 가족들을 웃게 만드는데, 이 얼마나 비열하고 추한 정신이란 말인가. 개새끼라는 말이 참 잘 어울린다. 하루에 백 리[2]는 너끈히 달릴 수 있는 튼튼한 다리도 있고 사자까지 쓰러뜨릴 수 있는 날카롭고 빛나는 이빨도 있으면서, 게을러빠진 천박한 근성을 숨기지 못하고 일말의 긍지도 없이 아무렇지도 않게 인간계에 굴복하고 예속되어 동족끼리 적시하고 얼굴을 마주하면 서로 짖거나 물어서 인간의 비위를 맞추려고 애쓴다. 참새를 보라. 무기 하나 가지지 못한 가냘프고 작은 조류임에도 불구하고 스스로 자유를 확보하여, 인간계와는 완전 별개의 작은 사회를 이루어 동족이 서로 의좋게 지내면서 기쁘게 하루하루의 소소한 생활을 노래하며 생을 즐기고 있지 않은가. 생각하면 할수록 개는 불결하다. 개가 싫다. 어딘지 모르게 나와 닮은 구석이 있는 듯해서 더더욱 싫다. 견딜 수가 없다. 개가 나를 유독 잘 따르기 시작하고 심지어 꼬리를 흔들며 좋아하는 감정을 드러내는 지경에 이르자, 낭패라거나 분하다는 말로는 내 기분을 다 표현할 수가 없었다. 개가 지닌 맹수의 본성을 지나치게 경외하고 과대평가하여 절도도 없이 아첨 섞인 미소를 흘리고 다닌 탓에, 개가 오히려 절친한 친구를 얻었다고 오해하고 나를 자기편이라고 생각하게 되어 이렇게 한심한 결과에 이른 것이다. 이래서 무슨 일이건 절도가 중요하다. 나는 아직도 절도를 지키는 법을 모른다.

이른 봄에 있었던 일이다. 저녁을 먹기 전에 근처의 49연대 연병장에 산책을 나갔는데, 개 두세 마리가 내 뒤를 따라왔다. 발뒤꿈치를 물리지

2_ 원문은 10리 일본의 1리는 약 4㎞로, 한국의 1리가 400m인 것에 비해 10배 길다. 이후 리 단위는 한국식으로 통일한다.

는 않을까 하는 불안감에 죽을 것 같았지만, 한두 번 있는 일이 아니었기에 단념하고 태연한 척하면서, 토끼처럼 잽싸게 도망치고 싶은 충동을 애써 누르고 또 누르며 느릿느릿 걸었다. 개들은 내 뒤를 따라오면서 서로 싸움이 붙기도 했는데, 일부러 뒤도 돌아보지 않고 모르는 척 걸음을 옮기면서도 속으로는 정말 난처했다. 총이 있다면 주저 없이 탕탕 쏴 죽여버리고 싶은 심정이었다. 개들은 내가 겉은 보살처럼 온화해 보여도 속으로는 도깨비 같은 간악한 마음을 품고 있다는 것도 모르고 끝없이 내 뒤를 졸졸 쫓아왔다. 연병장을 한 바퀴 돌고 난 후, 나는 여전히 개들에게 둘러싸인 채 집으로 향했다. 원래 집에 도착할 때쯤이 되면 따라오던 개들도 어딘가로 흩어져 사라지곤 하는데, 그날따라 무척이나 집요하게 따라붙으며 친근하게 구는 녀석이 한 마리 있었다. 새까맣고 볼품없는 작은 개였다. 상당히 작았다. 몸통 길이가 다섯 치[약 15cm] 정도밖에 안 되어 보였다. 하지만 작은 녀석이라고 방심해서는 안 된다. 이미 이빨은 다 났을 터. 물리기라도 하면 삼칠일, 즉 이십일 일간 병원 신세를 지게 된다. 게다가 이렇게 어린 녀석은 상식이 없기 때문에 성격이 변덕스럽다. 더욱더 조심해야 한다. 작은 개는 앞서거니 뒤서거니 내 얼굴을 올려다보며 비적비적 달려 결국 우리 집 현관까지 따라왔다.

"어이. 이상한 놈이 따라왔어."

"어머, 귀여워라."

"귀엽긴 뭐가 귀여워. 내쫓아버려. 막 다뤘다간 물릴지도 모르니까, 과자라도 줘서 보내."

나는 언제나처럼 저자세를 취했다. 작은 개는 곧바로 내가 내심 두려워하고 있음을 간파하고는 그걸 이용해 뻔뻔스럽게 우리 집에 들어앉아 살기 시작했다. 그리하여 3월, 4월, 5월, 6, 7, 8, 슬슬 가을바람이 불기 시작한 지금까지도 우리 집에 머무르고 있다. 그동안 나는 이 개에게 얼마나 시달렸는지 모른다. 도무지 처치 곤란이다. 하는 수 없이 이 개를 포치라고 부르고 있는데, 반년이나 함께 살면서도 여전히 포치를 한 가족이라고 생각할 수가 없다. 남 같은 느낌이다. 원만히 지내지 못한다. 사이가 나쁘다. 서로의 심리를 읽기 위해 불꽃을 튀겨가며 싸우고 있다. 그런 까닭에 서로를 보며 스스럼없이 웃을 수가 없다.

처음 이 집에 왔을 때는 아직 어려서 땅바닥에 있는 개미를 신기해하며 관찰하거나 두꺼비를 무서워하며 비명을 지르고는 했는데, 그런 모습에는 나도 모르게 실소를 터뜨렸다. 밉기는 해도 이 녀석이 우리 집으로 오게 된 것이 어쩌면 신의 뜻일지도 모른다는 생각에, 툇마루 아래에 잠자리를 만들어 주기도 하고 갓난아기에게 하듯 음식을 부드럽게 끓여서 주거나 벼룩 잡는 약을 온몸에 뿌려주기도 했다. 하지만 한 달이 지나자 한계가 오기 시작했다. 슬슬 잡종 개의 본성이 드러나기 시작한 것이다. 천박하다. 이 개는 애초에 연병장 한구석에 버려진 게 분명하다. 산책하고 돌아오는 내 뒤를 졸졸 따라왔는데, 그때는 볼품없이 말라비틀어진 데다 털도 듬성듬성 빠져 있었고 엉덩이 부분은 거의 벗겨져 있었다. 나나 되니까 그런 녀석에게 과자와 죽을 주고 거친 말 한 번 하는 일 없이, 마치 부스럼을 다루듯 조심조심 대해준 것이다. 다른 사람이었다면 분명 발로 걷어차 쫓아버렸을 것이다. 나의 그런 친절한 대접도 사실은 개에 대한 애정에서 우러나온 것이 아닌, 개에 대한 선천적인 증오와 공포에서 나온 교활한 술수일 뿐이었다. 하지만 덕분에 포치는 털의 결도 정돈되고 그럭저럭 쓸 만한 수캐로 성장할 수 있지 않았나. 감사를 받기 위해 은혜를 베푼 것은 절대 아니지만, 그래도 조금쯤은 우리에게 즐거움을 줘도 좋을 텐데. 하지만 역시 버려진 개는 쓸모가 없다. 배불리 밥을 먹고 나면 식후 운동이라도 할 요량인지 신발을 장난감 삼아 엉망진창으로 물어뜯어 놓고, 부탁한 적도 없는데 정원에 널어둔 세탁물을 걷어내려 진흙투성이로 만들고 만다.

"이런 장난은 이제 좀 그만해. 정말 난처하다고. 누가 자네에게 이런 일을 해달라고 부탁하던가?" 하고, 속에 가시가 돋친 말을 부드럽게 돌려 말하며 비아냥대기도 하는데, 개는 그저 눈을 흘끔흘끔 굴리다가 비아냥대는 내게 재롱을 부린다. 이 얼마나 한심한 정신 상태인가. 나는 이 개의 뻔뻔스러움에 진절머리가 났고, 심지어는 경멸하는 마음마저 들었다. 함께 지내는 시간이 길어짐에 따라 점점 더 이 개의 무능력함이 드러났다. 무엇보다 생김새가 별로였다. 어렸을 때는 조금 더 균형이 잡혀 있었기 때문에 어쩌면 훌륭한 혈통이 섞였을지도 모른다고 생각하기도 했지만, 그건 당치도 않았다. 몸통만 쑥쑥 길게 자라고 그에 비해 다리가 너무 짧다. 거북이 같다. 눈 뜨고 봐줄 수가 없다. 그렇게 보기 흉하게 생긴 주제에 내가 외출을 할 때는 반드시 그림자처럼 내 뒤를 따르는데, 동네 아이들이 괴상하게 생긴 개라고 손가락질을 하며 비웃는 일도 있다. 다소 겉치레를 중시하는 내가 아무리 점잔을 빼고 걸어봐야 소용이 없다. 일부러 내 개가 아닌 척하려고 재빨리 걸어도 포치는 내 곁에서 떨어지지 않고 내 얼굴을 계속 올려다보면서 앞서거니 뒤서거니 하며 찰싹 붙어 따라오기 때문에, 둘이 남처럼 보일 턱이 없다. 서로를 잘 이해하는 주종관계로 보일 게 분명하다. 그 덕분에 나는 외출할 때마다 무척 우울했다. 좋은 수행이 되었다. 하지만 그렇게 내 뒤를 졸졸 따르기만 할 때는 그나마 괜찮았다. 얼마 후 포치는 숨기고 있던 맹수의 본성을 점점 드러내기 시작했다. 싸움을 즐기기 시작한 것이다. 나와 함께 길을 걸으며, 거리에서 만나는 모든 개에게 인사를 하며 지나갔다. 즉, 닥치는 대로 싸움을 걸었다는 말이다. 포치는 다리가 짧고 어린데도 싸움은 꽤 잘하는 것 같았다. 공터에 모여 있는 개들 사이를 파고들어 한꺼번에 개 네댓 마리와 싸웠을 때는 조금 아슬아슬해 보이기도 했지만, 그럼에도 불구하고 교묘하게 몸을 돌려 피하며 위기에서 벗어났다. 자신감이 대단해서 아무 개에게나 막 덤벼든다. 가끔 기세에서 밀려 멍멍 짖으며 슬금슬금 물러서는 일도 있다. 그럴 때는 짖는 소리가 비명에 가까워지고 새까만 얼굴이 파랗게 질린다. 한 번은 덩치가 송아지만 한 셰퍼드에게 덤빈 일이 있는데, 그때는 내가 파랗게 질렸다. 포치는 잠시도 버티지 못했다. 장난감 삼아 앞발로 대굴대굴 굴리기만 하고 진지하게 상대해주지 않은 덕분에 포치는 겨우 목숨을 건졌다. 개는 한번 그렇게 심한 일을 겪으면 상당히 기가 꺾이는 모양이다. 포치는 그 뒤로 눈에 띄게 싸움을 피하게 되었다. 거기다 나는 싸움을 좋아하지 않는데, 아니, 좋아하지 않는 정도가 아니라 길거리에서 야생동물들끼리 싸우는 것을 방치하고 허용하는 것은 문명국의 수치라고 믿기 때문에, 귀가 먹먹해질 정도로 멍멍, 컹컹, 캥캥하고 짖어대는 개의 야만스러운 소리를 들으면 죽여버려도 시원치 않을 정도의 분노와 증오를 느낀다. 나는 포치를 사랑하지 않는다. 두려워하고 미워할 뿐 전혀 사랑하지 않는다. 차라리 죽어줬으면 좋겠다. 태연하게 내 뒤를 졸졸 따르며, 마치 그것이 길러지는 자의 의무라도 된다고 생각하는지 길에서 만나는 모든 개에게 험악하게 짖어대는데, 그때마다 주인인 내가 무서움에 얼마나 부들부들 떠는지 모른다. 차라도 불러

세워 잽싸게 올라탄 후에 문을 쾅 닫고 쏜살같이 도망가고 싶은 심정이다. 그것이 개들끼리의 싸움으로 끝난다면 괜찮지만, 만약 상대편 개가 이성을 잃고 포치의 주인인 내게 달려든다면 어떻게 할 것인가. 그런 일이 없으리라고 장담할 수 없다. 상대는 피에 굶주린 맹수다. 무슨 짓을 할지 알 수 없다. 나는 처참하게 물어뜯겨 결국 삼칠, 이십일 일간 병원에 다녀야 할지도 모른다. 개들의 싸움은 지옥이다. 나는 기회가 있을 때마다 포치를 타일렀다.

"싸움을 하면 안 돼. 하더라도 내게서 멀찌감치 떨어진 곳에서 해주면 고맙겠어. 나는 너를 좋아하지는 않거든."

포치도 아주 조금은 알아듣는 눈치였다. 내가 그런 말을 하면 약간 풀이 죽는다. 나는 점점 더 개가 기분 나쁜 존재로 느껴졌다. 내가 거듭거듭 반복했던 충고가 효과를 발휘했는지, 아니면 그 셰퍼드와의 싸움에서 보기 흉하게 참패를 당한 탓인지, 포치는 비굴해 보일 정도로 약한 태도를 취하기 시작했다. 나와 함께 길을 걷다가 다른 개가 포치를 향해 짖기 시작하면 포치는 마치,

"아아, 싫다, 싫어. 야만스럽군요."

라는 듯한 표정으로 그저 내 마음에 들기 위해 고상한 척 부르르 몸을 털거나, 정말 구제 불능인 녀석이로군, 하는 표정으로 상대 개를 가여운 듯이 곁눈질하면서 내 눈치를 보는데, 헷헷헷 비굴하게 웃는 듯한 그 모습이 천박하기 이를 데 없었다.

"쓸 만한 구석이 하나도 없잖아, 이 녀석은. 사람 눈치만 보고 말이야."

"당신이 쓸데없이 감싸고도니까 그렇죠." 아내는 처음부터 포치에게 별 관심이 없었다. 세탁물을 더럽히면 투덜거리며 불평을 하다가도 곧 다 잊어버리고 포치, 포치, 하고 불러서 밥을 준다. "성격이 이상해진

게 아닐까요?"라며 아내는 웃었다.

"제 주인을 닮아간다는 거야?" 나는 점점 더 씁쓸해졌다.

7월이 되자 변화가 생겼다. 우리는 도쿄 미타카[3]에 한창 짓고 있는 작은 집을 어렵사리 찾아냈다. 집이 완공되는 대로 월세 이십사 엔에 그 집을 빌리기로 하고, 집주인과 계약서를 주고받은 후 조금씩 이사 준비를 시작했다. 집이 다 지어지면 집주인이 속달로 통지해주기로 했다. 물론 포치는 버리고 가기로 했다.

"데려가도 좋을 텐데." 아내는 역시 포치에게 크게 마음을 쓰지 않았다. 어떻게 하든 상관없는 것이다.

"안 돼. 나는 포치가 귀여워서 기르는 게 아니야. 개한테 복수를 당할까봐 무서워서 어쩔 수 없이 내버려 두는 것뿐이라고. 모르겠어?"

"하지만 포치가 잠시만 안 보여도 포치는 어디 갔어, 어디 갔을까, 하면서 난리를 치잖아요."

"없어지면 그게 더 기분 나빠서 그런 거야. 나 몰래 슬쩍 동지들을 모으고 있을지도 모르니까. 그 녀석은 내가 자기를 경멸한다는 걸 알고 있어. 개는 복수심이 강하다고들 하잖아."

지금이야말로 절호의 찬스라고 생각했다. 이 개를 깜빡 잊은 척 여기에 두고 잽싸게 기차를 타고 도쿄로 가버리면, 설마하니 포치가 사사고 고개를 넘어 미타카까지 쫓아오지는 못할 것이다. 우리는 포치를 버린 것이 아니다. 데리고 가는 것을 깜빡 잊었을 뿐이다. 죄가 아니다. 포치에게 원망을 살 이유도 없다. 복수도 당하지 않을 것이다.

"괜찮겠지? 놔두고 가도 굶어 죽지는 않겠지? 원령이 달라붙는 경우

3_ 도쿄도 다마 지역 동부에 있는 시. 다자이는 1939년부터 자살로 생을 마감하는 1948년 6월까지 이곳에서 살았다.

도 있잖아."

"원래 버려진 개였잖아요." 아내도 조금 불안해진 눈치다.

"그래. 굶어 죽지는 않겠지. 어떻게든 잘 살겠지 뭐. 그런 개를 도쿄에 데려가면 친구들에게 부끄럽기만 해. 몸통이 너무 길어서 꼴사나워."

결국 포치는 두고 가기로 했다. 그런데 바로 그때 사건이 터졌다. 포치가 피부병에 걸린 것이다. 게다가 아주 심각했다. 자세히 말하지는 않겠지만, 눈 뜨고 보기 힘들 정도의 참상이었다. 거기다 때마침 극심한 더위까지 겹쳐 엄청난 악취를 풍기기에 이르렀다. 그러자 이번에는 아내가 난감해했다.

"이웃들에게 실례예요. 그냥 죽이세요." 이럴 때 여자는 오히려 남자보다 냉정하고 배짱이 좋다.

"죽이라고?" 나는 섬뜩함을 느꼈다. "조금만 더 참으면 되잖아."

우리는 미타카의 집 주인이 보내기로 한 속달이 오기만을 기다렸다. 집주인이 7월 말에는 완공될 것이라고 했기에, 슬슬 7월 말에 접어들자 우리는 이삿짐까지 다 정리해둔 채로 이제나저제나 하며 대기하는 상태가 되었다. 하지만 통지는 좀처럼 오지 않았다. 언제 완공이 되냐는 문의 편지를 보내면서 이래저래 시간을 보내고 있을 무렵에 포치의 피부병이 발병했다. 보면 볼수록 끔찍하기 그지없었다. 그렇게 되고 나니 포치도 자기의 흉한 모습이 부끄러운지 어두운 곳을 좋아하게 되었다. 가끔 햇볕이 잘 드는 현관 앞쪽에 축 늘어져 배를 깔고 누워있다가도 내가 그것을 보고,

"와, 지독한 꼴이로군." 하고 한소리를 하면 재빨리 일어서서는 목을 늘어뜨리고 기죽은 듯이 살금살금 툇마루 밑으로 기어들어 가 버렸다.

그래도 내가 외출을 할 때는 어디선가 발소리를 죽이고 나타나 내

뒤를 따라오려고 했다. 이런 괴물 같은 놈이 쫓아오게 놔둘 수 없다 싶어서, 그때마다 포치를 빤히 쳐다봤다. 입에 선명한 비웃음을 머금은 채로 끝도 없이 뚫어지라 쳐다봤다. 이 방법은 효과가 매우 좋았다. 포치는 자신의 흉한 모습을 퍼뜩 깨닫기라도 하는 모양인지, 고개를 축 늘어뜨리고 풀 죽은 듯이 어딘가로 모습을 감추곤 했다.

"정말 못 참겠어요. 나까지 근질근질하다니까요." 아내는 가끔 내게 그런 말을 했다. "되도록 안 보려고 애쓰기는 하는데, 어쩌다 한 번 보게 되면 너무 끔찍해요. 꿈에 나오기까지 한다니까요?"

"뭐 이제 조금만 더 참으면 돼." 참을 수밖에 없다고 생각했다. 아무리 병들었다고는 해도 상대는 맹수다. 함부로 다루면 달려들어 물것이다.

"내일이라도 미타카 쪽에서 연락이 올 거야. 이사하고 나면 그걸로 끝이잖아."

미타카의 집 주인에게서 답장이 왔다. 나는 그것을 읽고 실망했다. 계속 비가 내린 탓에 벽이 마르지 않은데다 인력도 부족해서 완공까지 앞으로 열흘 정도 더 걸릴 예정이라는 내용이었다. 지긋지긋했다. 포치에게서 벗어나기 위해서라도 얼른 이사해버리고 싶었기 때문이다. 나는 묘한 초조감에 일도 손에 안 잡혀서 잡지를 읽거나 술을 마시며 지냈다. 포치의 피부병은 날이 갈수록 심해졌고, 어쩐지 내 피부까지 근질거리기 시작했다. 늦은 밤 포치가 집 밖에서 가려움에 버둥버둥 몸부림치는 소리가 들리면 얼마나 소름이 끼쳤는지 모른다. 더 이상 참기 힘들었다. 차라리 과감하게……! 하고 끔찍한 생각을 하는 일도 자주 있었다. 집주인에게서 앞으로 이십 일을 더 기다리라는 편지가 왔고, 갑자기 나의 이런저런 울분들이 가까이에 있는 포치에게 이어졌다. 이 녀석 때문에 일이 이렇게 다 꼬이는 거야. 나쁜 일 전부가 포치의 탓인 것 같아서 묘하게 포치를 저주했다. 그러던 어느 날 밤 내 잠옷에 개벼룩이 옮은 것을 보고는 마침내 그때까지 꾹꾹 참아왔던 분노가 폭발했고, 나는 속으로 중대한 결심을 했다.

죽이자고 마음먹은 것이다. 상대는 무시무시한 맹수다. 평소의 나라면 무슨 일이 있어도 이런 난폭한 결심은 하지 않을 테지만, 그때는 분지 지방 특유의 맹렬한 더위로 정신이 이상해져 버리기 직전이었던데다 매일 하는 일도 없이 그저 멍하니 집주인의 연락만 기다리며 죽도록 따분한 나날을 보내느라 답답하고 짜증이 났고, 거기다 불면까지 겹쳐 반쯤 미쳐 있는 상태였기 때문에 더 이상 견딜 수가 없었다. 개벼룩을 발견한 날 밤, 즉시 아내에게 큰 쇠고기 덩어리를 사 오라고 시키고, 나는 약국에 가서 모종의 약품을 소량 구입했다. 이것으로 준비는 끝났다. 아내는 조금 흥분한 듯 보였다. 그날 밤, 무자비한 우리 부부는 이마를 맞대고 소곤소곤 의논했다.

나는 다음날 새벽 네 시에 일어났다. 맞춰둔 알람이 울리기도 전에 눈이 떠졌다. 날이 희뿌옇게 밝아오고 있었다. 약간 쌀쌀했다. 나는 대나무 재질의 꾸러미를 들고 집을 나섰다.

"끝까지 보고 있지 말고 바로 집에 돌아오세요." 아내는 현관 앞마루에 서서 차분하게 나를 배웅했다.

"나도 그럴 생각이야. 포치, 이리 와!"

포치가 꼬리를 흔들며 툇마루 아래에서 나왔다.

"이리 와, 이리 와!" 나는 성큼성큼 걷기 시작했다. 오늘은 짓궂게 쳐다보지도 않았기 때문에, 포치도 자신의 흉한 모습을 잊고 신이 나서 내 뒤를 따라왔다. 안개가 자욱했다. 마을은 쥐 죽은 듯 잠들어 있었다. 나는 연병장 쪽으로 발걸음을 재촉했다. 도중에 무시무시하게 큰 붉은 털의 개가 포치를 향해 맹렬하게 짖어댔다. 포치는 여느 때와 다름없이 고상한 태도를 보이며, 마치 왜 이렇게 소란이냐는 듯한 멸시의 눈으로 그 붉은 털의 개를 힐끔 보고는 재빨리 그 앞을 지나갔다. 붉은 털은 비열했다. 예의도 없이 바람처럼 포치의 등 뒤로 달려들어 포치의 빈약해 보이는 고환을 노렸다. 포치는 재빨리 돌아서더니 잠시 주저하며 내 눈치를 살폈다.

"가서 싸워!" 나는 큰 소리로 명령했다. "붉은 털은 비겁한 놈이야! 마음껏 공격해!"

내 허락이 떨어지자, 포치는 몸을 한번 부르르 크게 털더니 붉은 개의 가슴 쪽을 향해 총알처럼 달려들었다. 곧 두 마리의 개는 요란스러운 소리를 내며 한 덩어리로 얽혀 싸움을 벌였다. 붉은 털은 포치보다 두 배는 더 큰 개였지만 역부족이었다. 얼마 안 되어 캥캥 비명을 지르며 후퇴했다. 덤으로 포치의 피부병까지 옮았을지도 모르는 일이다. 바보 같은 놈.

싸움이 끝나자 마음이 놓였다. 나는 말 그대로 손에 땀을 쥐어가며 싸움을 지켜보고 있었다. 이 두 마리 개의 격투에 말려들어 함께 죽어도 좋을 것 같은 기분까지 들었다. 이제 나는 물려 죽어도 좋다. 포치야, 마음껏 싸우렴! 하고 묘하게 허세를 부렸다. 포치는 도망치는 붉은색 개를 조금 쫓아가다가 멈춰 서서 힐끔 내 눈치를 보더니 급격하게 풀이 죽어서는 목을 늘어트리고 맥없이 내 쪽으로 돌아왔다.

"좋아! 잘 싸웠어." 그렇게 칭찬해주고 다시 걸음을 옮겼고, 터벅터벅 다리를 건너자 곧 연병장이 나왔다.

예전에 포치는 이 연병장에 버려졌다. 그렇기 때문에 지금 다시 연병장으로 돌아온 것이다. 네 녀석의 고향에서 죽도록 해.

나는 멈춰 서서 발밑에 쇠고기 덩어리를 툭 던져 주며 말했다.

"포치, 먹어." 나는 포치를 보고 싶지 않았다. 넋을 놓고 그 자리에 선 채로, "포치 먹어."라고 말할 뿐. 발치에서 포치가 할짝할짝 고기를 먹는 소리가 들렸다. 1분 안에 죽을 것이다.

나는 새우등을 하고서 느릿느릿 걸었다. 안개가 짙었다. 아주 가까운 곳에 있는 산이 검뿌옇게 보일 뿐이었다. 미나미 알프스[4] 연봉連峰도, 후지산도, 아무것도 보이지 않았다. 아침 이슬에 신발이 흠뻑 젖었다. 나는 더 심하게 등을 구부리고 느릿느릿 집으로 향했다. 다리를 건너 중학교 앞까지 와서 문득 뒤를 돌아보니, 그곳에 포치가 있었다. 면목 없다는 듯이 목을 늘어뜨리고 슬쩍 내 시선을 피했다.

나도 이제 어른이다. 쓸데없는 감상感傷은 없었다. 나는 곧바로 사태를 파악했다. 약이 듣지 않은 것이다. 나는 수긍했다. 모든 것이 원점으로 돌아왔다. 나는 집으로 돌아와 아내에게 말했다.

"실패했어. 약이 안 들어. 그냥 용서해주자. 저 녀석은 아무런 죄가 없잖아. 그리고 원래 예술가는 약한 자의 편이어야 해." 나는 돌아오는 중에 생각했던 것을 그대로 말해보았다. "약자의 벗이야. 예술가에게는 이것이 출발점이자, 궁극의 목적이기도 해. 나는 이런 단순한 걸 잊고 있었어. 나뿐만 아니야. 모두가 잊고 있어. 나는 포치를 도쿄로 데려가려고 해. 혹시 친구가 포치를 비웃으면 냅다 때려주지 뭐. 혹시 달걀 있어?"

"네." 아내는 시무룩한 얼굴이었다.

"포치에게 주도록 해. 두 개가 있으면 두 개 다 주고. 당신도 좀

4_ 일본 중부지방에 위치한 야마나시현에 있는 도시. 기타다케, 아이노다케 등의 높은 봉우리들이 이어져 있다.

참아. 피부병 같은 건 금방 나으니까."

"네에." 아내는 여전히 시무룩한 얼굴이었다.

ア, 秋

아, 가을

太宰治

「아, 가을」

1939년 10월, 잡지 『와카쿠사』에 발표됐다.

자신이 과거에 쓴 문장들을 소개하는 짧은 작품으로, 문장 대부분은 파비날 중독으로 병원에 입원해 있을 당시에 쓴 일기에서 발췌한 것으로 보인다. 실제 다자이의 초기작품에 동일한 문장이 등장하기도 한다.

직업이 시인이다보면 언제 어떤 주문이 있을지 모르기 때문에 항상 시의 소재를 준비해둔다.

'가을에 대해서'라는 주문이 들어오면 기다렸다는 듯 '아' 부분의 서랍을 연다. 사랑, 파랑, 빨강, 가을[1] 등의 여러 가지 노트가 있는데 그중에서 가을에 대한 노트를 골라내어 차분하게 그 노트를 훑어본다.

잠자리, 투명하다,라고 적혀 있다.

가을이 되어 잠자리도 허약해져서, 육체는 죽고 정신만이 비실비실 날아다니는 모습을 가리켜 한 말인 듯하다. 잠자리의 몸이 가을 햇살을 받아 투명하게 들여다보인다.

가을은 여름이 타고 남은 것, 이라고 적혀 있다. 검게 탔다.

여름은 샹들리에. 가을은 등롱燈籠. 이런 글도 있다.

코스모스, 무참함, 이라고 적혀 있다.

언젠가 교외에 있는 메밀국수 가게에서 국수를 기다리며 식탁 위에 놓인 오래된 잡지를 본 적이 있는데, 거기에 대지진 때 사진이 실려

1_ 가을은 일본어로 아키秋, 사랑은 아이愛, 파랑은 아오青, 빨강은 아카赤이다.

있었다. 불타버린 들판에, 바둑판무늬의 유카타를 입은 지친 모습의 여자 하나가 혼자 덩그러니 웅크리고 앉아 있었다. 나는 그 비참한 모습의 여자에게 가슴이 새까맣게 타들어 갈 정도의 사랑을 느꼈다. 무시무시한 정욕마저 느꼈다. 비참함과 정욕은 동전의 앞뒷면 같은 것이라고 한다. 숨이 턱 막힐 정도로 괴로웠다. 시들어버린 들판에 핀 코스모스를 보면, 나는 그것과 똑같은 고통을 느낀다. 가을의 나팔꽃도 코스모스만큼이나 순식간에 나를 질식시킨다.

가을은 여름과 동시에 찾아온다,라고 적혀 있다.

가을은 이미 여름 속 어딘가에 몰래 숨어들어와 있는데, 사람들은 극심한 더위에 속아 그것을 알아채지 못한다. 귀를 기울여 들어보면 여름이 오자마자 벌레들이 울기 시작하는 것을 알 수 있고, 정원을 주의 깊게 살펴보면 여름이 오자마자 피는 도라지꽃을 발견할 수 있다. 잠자리는 원래 여름 곤충이고, 감나무도 여름 사이에 열매를 맺는다.

가을은 교활한 악마다. 여름 동안에 모든 몸치장을 마치고 코웃음을 치며 몸을 웅크리고 숨어 있다. 나 정도로 날카로운 눈을 가진 시인쯤 되면 그것을 단번에 알아챌 수가 있다. 아내가 여름이 왔다고 들떠서는 피서를 바다로 갈지 산으로 갈지 신나게 이야기하는 모습을 보면 참 측은하다. 이미 가을이 여름 속으로 몰래 숨어들어서 성큼 와 있는데. 가을은 끈질기고 수상한 놈이다.

괴담 좋아. 안마. 여보, 세요.

손짓하는 억새 풀. 저 뒤에는 분명 묘지가 있습니다.

길을 물으면, 여자는 벙어리였다, 황량한 들판.

의미 불명의 말들이 여럿 적혀 있다. 무언가를 메모해둔 것일 텐데, 왜 썼는지는 나도 알 수가 없다.

창밖, 정원의 검은 흙 위를 바스락바스락 날고 있는 추한 가을 나비를 바라본다. 유별나게 강인하여, 죽지 않고 살아남았다. 결코 덧없는 모습은 아니다,라고 적혀 있다.

이것을 적었을 당시 나는 무척 괴로웠다. 언제 적은 것인지 결코 잊을 수 없다. 하지만 지금은 말하지 않겠다.

버려진 바다,라고 적혀 있다.

가을 해수욕장에 가본 적이 있나요. 해변으로 떠밀려오는 찢어진 그림 양산, 환락의 흔적, 히노마루[일본국기]가 그려진 등불도 버려져 있고, 비녀, 종이 부스러기, 레코드 파편, 빈 우유병, 불그무레하고 탁한 빛의 바다는 철썩철썩 파도쳤다.

오가타 씨에게는 아이가 있었지.

가을이 되면 피부가 건조해지는 게, 정겨워요.

비행기는 가을에 타는 게 제일 좋지요.

이것 또한 의미를 알 수 없는 글인데, 가을의 대화를 몰래 엿듣고 그대로 받아 적어둔 것인 듯하다.

또 이런 글도 있다.

예술가는 항상 약자의 편이었건만.

가을과는 아무런 관계도 없는 그런 말까지 적혀 있는데, 어쩌면 이것도 '계절의 사상[思想]' 같은 것일지도 모른다.

그 밖에,

농가. 그림책. 가을과 군대. 가을누에. 화재. 연기. 절[寺].

어수선하게 잔뜩 적혀 있다.

太宰治

デカダン抗議

데카당 항의

「데카당 항의」

1939년 10월, 잡지 『문예세기文芸世紀』에 발표됐다.

청년 특유의 자의식 과잉과 일방통행적인 감정을 희화적으로 그려낸 단편이다. 수치스러운 기억으로 얼룩진 청춘을 바라보는, 자조적이지만 차갑지만은 않은 시선을 느낄 수 있는 작품이다.

어느 한 방탕한 아이를 묘사했다고 해서 그 소설을 데카당소설이라 부르는 것은 옳지 않다. 나는 항상, 말하자면 이상소설理想小說을 써왔다고 생각한다.

매우 진지하다. 나는 일종의 이상주의자일지도 모른다. 슬프게도 현세에서의 이상주의자들의 언동은 약간 수상하거나, 심지어 주위 사람들에게 우스꽝스러운 느낌마저 주는 경우가 많다. 말하자면 돈키호테와 비슷하다. 지금 그 사람은 바보의 대명사가 되었다. 그러나 그가 정말 바보인지 아닌지는 오직 이상주의자들만이 알고 있다. 고매한 이상을 위해 자신의 부와 지위를 쓰레기처럼 내팽개치고 스스로 선두에 나선 경험이 없는 인간은, 돈키호테의 피 토하는 비애를 절대 알 수 없다. 듣기 거북한 인仁이라는 것도 주변 어딘가에 존재할 것이다.

내 이상은 돈키호테의 그것에 비교하면 전혀 고매하지 않다. 나는 파사[1]의 검을 휘두르며 악당과 싸우는 것보다는 뺨이 불그레한 마을 처녀를 꼬드겨 하룻밤 보내기를 더 좋아한다. 이상에도 여러 가지 종류가

1_ 破邪. 부처님의 가르침에 어긋나는 사악함을 깨뜨림.

있기 마련이다. 나는 이런 호색한 이상 때문에 재산과 옷, 신발을 다 내팽개치고 빈털터리 신세가 되었다. 나는 이런 호색한 이상을 일컬어 임의로 '로맨티시즘'이라 부르겠다.

이 로맨티시즘은 아주 어릴 적부터 싹을 틔우기 시작했다. 내 고향은 오쿠슈 산속이다. 집에 축하할 일이 생기면, 아버지는 백 리 떨어진 A라는 작은 도시에서 게이샤 네다섯을 불렀다. 게이샤들은 제각각 말을 타고 왔다. 그 외에 다른 교통수단이 없었기 때문이다. 가끔 게이샤가 말에서 떨어지는 일도 있었다. 이건 내가 열두 살 되던 해 겨울에 있었던 일이다. 아버지가 훈장을 받으신 것에 대한 축하 파티 때였던 것으로 기억한다. 게이샤 다섯 명이 왔다. 나이 든 여자가 한 명, 젊은 누나가 두 명, 아직 어린 게이샤가 두 명이었다. 어린 게이샤 중 한 명은 후지무스메[가부키 무용의 일종]를 췄다. 사람들이 술을 좀 먹였는지 눈가가 붉었다. 나는 그 사람이 아름답다고 생각했다. 그녀가 맵시 나게 춤을 추며 절도 있는 동작을 보일 때마다 지켜보는 사람들 사이에서 아아 하는 탄성이 터져 나왔고, 몇몇 이들의 한숨 소리가 들리기도 했다. 아름답다고 생각한 건 나뿐만이 아니었다.

나는 그 여자아이의 이름을 알고 싶었다. 그러나 그런 걸 다른 사람에게 물을 수는 없었다. 나는 고작 열두 살 난 아이에 불과했기 때문에, 게이샤 같은 것에는 무관심한 척해야 했다. 그래서 몰래 계산대로 가서 이번 축하연의 지출 비용에 대해 다 기록해두었을 장부를 뒤졌다. 거기에는 계산대 담당인 작은아버지가 격식 차린 글씨로 가무부[歌舞部] 누구, 누구,라고 게이샤 다섯 명의 이름을 나란히 적어놓고, 사례는 얼마, 얼마,라는 식으로 정확하게 계산되어 있었다. 나는 다섯 명의 이름 중 뒤에서 두 번째에 적힌 나미라는 이름이 그녀의 것이라고 확신했다.

틀림없다고 생각했다. 소년 특유의 이상한 직감으로, 나는 그 여자아이의 이름을 나미라고 단정 지었다.

머지않아 어른이 되면 그 게이샤를 사버리겠다고 굳게 결심했다. 그 후로 이 년, 삼 년, 나는 한순간도 나미를 잊은 적이 없었다. 오 년, 육 년, 나는 어느새 고등학생이 되었다. 이미 어른이 된 기분이었다. 돈으로 게이샤를 사서 놀아도 학교에서 벌을 받는 일은 없었기 때문에, 바로 지금이라는 생각이 들었다. 고등학교가 있는 마을에서 나미가 있을 A라는 도시까지는 기차로 한 시간 정도면 갈 수 있었다. 나는 가보기로 마음먹었다.

이틀간의 연휴를 이용하기로 했다. 나는 교복에 학생모 차림이었다. 이른바 폐의파모[2]였다. 하지만 부끄럽지 않았다. 스스로가 '간이치 씨'[3] 같다는 생각이 들었다. 계절이 몇 번이나 바뀌는 동안에도 항상 잊지 않고 마음에 담아두었던 그 우아한 소녀를 만나러 가는데 가장 잘 어울리는 로맨틱한 모습이라고 생각했다. 나는 상의 단추를 일부러 잡아 뜯었다. 사랑으로 인해 수척하고 황폐해진, 어두운 분위기를 자아내고 싶었던 것이다.

A라는 바다 근처의 소도시에 도착한 것은 정오가 조금 안 된 시간이었고, 나는 아무런 계획도 없이 무작정 역 근처의 큰 요릿집에 들어갔다. 그때는 아직 내게 자의식이니 뭐니 하는 그런 불결한 것은 없었고, 생각을 바로 행동으로 옮길 수 있는 아름다운 용기가 있었다. 나중에

2_ 敝衣破帽. 너덜거리는 옷에 찢어진 모자라는 뜻으로, 쇼와시대 남학생들 사이에서 이렇듯 초라한 옷차림이 멋있는 것으로 간주되어 크게 유행했다.

3_ 오자키 고요尾崎紅葉의 미완 장편소설 『금색야차 金色夜叉』(1897~1899)의 남자 주인공. 이 작품은 조중한에 의해 번안되어 한국에 소개된 바 있으며, <이수일과 심순애>라는 연극으로 제작되어 크게 인기를 끌기도 했다.

알게 된 바로는, 그 요릿집은 현지사縣知事나 지방의 유명인사만을 고객으로 삼는 그 지역의 최고급 가게였다. 과연 들어가는 입구부터가 어마어마했고, 정원에는 제법 큰 폭포까지 있었다. 입구부터 긴 복도가 일자로 쭉 뻗어 있는데, 복도 바닥은 절의 마루청처럼 검고 스산하게 빛났고, 그 복도 끝은 마치 터널의 저편처럼 푸른 스포트라이트를 받아, 커다란 정원 폭포가 한눈에 들어왔다. 벚꽃이 다 지고 막 돋아난 신록의 그늘에서 시원하게 쏟아져 내리는 폭포는 열여섯 살인 내게는 꿈결 같은 것이었다. 그러다가 퍼뜩 정신이 들었다.

"식사를 하러 왔네."

여종업원은 청소하는 중이었는지, 빗자루를 손에 들고 머리에 수건을 두른 채였다.

"어서 오세요." 여종업원은 이유 모를 미소를 띠며 대답하고는 내 앞에 슬리퍼를 가지런히 놓았다.

여종업원은 나를 금빛 병풍이 세워진 2층의 안쪽 방까지 안내해주었다. 요릿집은 마치 절간처럼 고요했다. 폭포 소리만 쓸데없이 크게 울리고 있었다.

"식사를 하겠네." 나는 방석 위에 떡하니 책상다리를 하고 앉아서 화가 난 사람처럼 말했다. 무시당하지 않기 위해서 필사적이었다. "생선회와 오믈렛, 쇠고기 전골과 절인 반찬을 좀 가져다주게." 아는 음식 이름을 죄다 말했다.

여종업원은 마흔 살 가까이 된 아주머니로, 얼굴이 검고 말랐지만 친절해 보이는 사람이었다. 나는 그 여종업원의 시중을 받으며 열심히 밥을 먹으면서, "여기에 나미라는 이름의 게이샤는 없나?"라고 스스럼없이 물었다. 아름다운 용기를 가지고 있었기에 가능한 일이었다. 오히려 당당하기까지 했다. “다 알고 있어.”

여종업원은 없다고 대답했다. 나는 들고 있던 젓가락을 떨어뜨릴 정도로 크게 실망했다.

“그럴 리가 없어.” 무척 언짢아졌다.

여종업원은 양손을 뒤로 돌려 허리띠를 고쳐 매고 다시 입을 열었다. 예전에 나미라는 게이샤가 있긴 했는데, 남자의 말을 지나치게 믿다가 결국 시골 떠돌이 배우에게 사기를 당했고, 그 바람에 이 도시에 있을 수 없게 되어 AS라는 온천마을에서 온천 게이샤로 일하고 있다는 이야기였다.

“그렇군. 하긴, 나미는 예전부터 그런 아이였지.”라고 말하며 괜히 아는 척을 해봤지만, 그래도 여전히 우울했다. 나는 아무런 소득도 없이 그대로 돌아와야 했다. 결국 나는 A시에 폭포를 보러 다녀온 셈이다.

그렇지만 나는 나미를 잊지 않았다. 잊기는커녕 더 좋아졌다. 떠돌이 배우에게 사기를 당하다니, 이렇게 로맨틱할 수가. 대단하다고 생각했다. 속되지 않은 느낌이었다. 반드시, 반드시 AS라는 그 온천마을에 가서 나미를 칭찬해주어야겠다고 생각했다.

그로부터 삼 년이 지난 후 나는 도쿄에 있는 대학에 들어갔고, 찻집이나 바의 여자들과 어울릴 기회도 생겼지만 역시 나미를 잊을 수가 없었다. 그해 여름방학에 고향으로 돌아가는 도중에 기차가 AS라는 그 온천마을에 서자, 나는 순식간에 결단을 내리고 마치 한 마리 제비처럼 재빨리 몸을 날려 기차에서 내렸다.

그날 밤 나는 나미를 만났다. 나미는 살이 찌고 땅딸막해서 전혀 아름답지 않았다. 나는 계속 술만 들이부었다. 술기운이 오르니 로맨틱한 감정이 조금 되살아나는 것 같았다.

"십 년 전에 말을 타고 K라는 마을에 온 적이 있지?"

"있었지요." 나미는 대수롭지 않다는 듯이 대답했다.

나는 나미의 옆으로 바싹 다가가 앉으며 말했다. 나는 그때 네가 춘 후지무스메를 지켜보고 있었어. 내가 열두 살 때였지. 그 후로 계속 너를 잊을 수가 없더군. 그래서 고심 끝에 네가 있는 곳을 찾아다니기 시작했지. 나는 지금 십 년 만에 드디어 너와 만나게 된 거야. 말을 하다 보니 다시 가슴이 벅차올라 눈물이 날 것 같았다.

"당신은 그럼." 온천 게이샤는 더더욱 흥미를 잃은 표정으로, "T씨의 아드님?"하고 무뚝뚝하게 물었다.

그렇다고 대답하고 싶었지만, 왠지 부잣집 도련님인 것을 뽐내는 듯한 느낌이라 내 로맨틱한 취미에는 맞지 않았다. 아니야, 나는 그 집안의 먼 친척인 고학생인데, 뭐 그런 건 어떻든 상관없어. 십 년 만에 겨우 내 바람이 이루어져 이렇게 만났으니 오늘 밤은 여기서 자고 가도록 해. 천천히 이야기도 나누고. 나는 매우 흥분하며 말했지만, 나미는 여전히 이 로맨티시즘을 이해해주지 않았다. 나는 더럽혀졌기 때문에,라는 것을 이유로 나미는 묵고 가기를 거절했다. 나는 큰 착각에 빠졌다. 그 말에 깊은 감동을 받은 것이다. 나는 무심코 더 가까이 다가가서 말했다.

"무슨 말을 하는 거야. 나도 예전의 내가 아니야. 온몸이 다 상처투성이라고. 너도 고생을 많이 했겠지. 더러운 건 나도 마찬가지야. 너는 네 어두운 과거 때문에 주눅들 필요가 전혀 없어." 울먹이기까지 했다.

그날 밤 그녀는 결국 묵지 않고 돌아가 버렸다. 재미없는 여자였다. 나는 그녀가 돌아간 진짜 이유를 알 수가 없었다. 윤락가의 여자라는 자신의 신분이 수치스러워 돌아간 것이라고만 생각했다.

지금은 모든 것을 알 것 같아서, 어린 시절의 그 지레짐작을 떠올리면 마음이 여러모로 복잡하고 슬프기는 하지만, 그래도 나는 결코 그것을 불쾌한 기억이라고 생각지는 않는다. 아무것도 모르는 주제에, 나도 마찬가지로 더럽다며 큰소리치던 그 날밤의 내가 사랑스럽기까지 하다. 나는 이상주의자임이 분명하다. 비웃을 수 있는 사람은 비웃어도 좋다.

おしゃれ童子

멋쟁이 어린이

太宰治

「멋쟁이 어린이」

1939년 11월, 잡지 『부인화보婦人画報』에 발표됐다. 다자이 오사무는 후에 『쓰가루』(1944년 발표)라는 작품 속에서 이 글에 대해 다음과 같이 언급하며 작품 속 일부분을 인용했다.

❝이윽고 아오모리중학교 입학시험을 치러 가게 되었을 때, 비록 서너 시간밖에 안 되는 짧은 여행이었음에도 불구하고 내게는 대단한 여행처럼 느껴졌다. 그때의 흥분을 조금 각색하여 소설로 발표하기도 했는데, 전부 사실 그대로를 묘사한 것은 아니고 대부분 슬프고 우스꽝스러운 허구로 이루어져 있었지만, 그래도 느낌은 대체로 비슷했다고 생각한다.❞

어렸을 적부터 멋쟁이였던 듯합니다. 소학교 시절, 매년 3월 졸업식이 열리면 반드시 대표로 나가 교장선생님에게 상을 받곤 했는데, 단상에 선 교장선생님이 건네는 상을 받기 위해 단상 아래에서 양손을 내미는, 아주 엄숙한 순간이지요. 그때 그 아이는 다른 무엇보다 자신이 내민 양팔의 모양새에 가장 많이 신경을 썼습니다. 가스리[1] 기모노 아래에 새하얀 플란넬 셔츠를 받쳐 입었는데, 그 새하얀 셔츠가 기모노 소매 아래로 살짝 보이면 마치 스스로가 천사처럼 순결하게 느껴져서 혼자 넋을 잃고 거기에 심취했지요. 졸업식 전날 밤에는 머리맡에 하카마[2]와 하레기화려한 외출복, 그리고 새로 맞춘 하얀색 플란넬 셔츠를 늘어놓고 자리에 누운 후에도 쉽사리 잠들지 못하고 몇 번이나 머리를 들어 머리맡의 옷들을 살펴보곤 했습니다. 그 당시에는 램프를 사용했기 때문에 방 안은 어둑어둑했지만, 플란넬 셔츠만은 마치 불타는 것처럼 순백색으로 빛났습니다. 날이 밝아 졸업식 당일 아침이 되면 소년은 벌떡 자리에서 일어나 재빨리 셔츠를 입었는데, 어떤 때는 나이 많은

1_ 물감이 살짝 스친 것 같은 부분을 규칙적으로 배치한 무늬. 비백무늬라고도 한다.
2_ 품이 넓은 하의로, 격식을 차려야 하는 자리에서 주로 입는다.

하녀에게 몰래 부탁해서 셔츠의 소매 단추를 하나씩 더 달게 시킨 적도 있습니다. 상을 건네받기 위해 팔을 뻗으면 셔츠 소매가 살짝 나오는데, 그때 조개 버튼 서너 개가 반짝반짝 빛나게끔 하려는 것이었습니다. 소년은 집을 나서서 학교로 가는 도중에도 슬쩍슬쩍 양팔을 앞으로 내밀어 셔츠가 적당히 나오는지 어떤지 몇 번이나 사전점검을 해보곤 했습니다.

누구 하나 알아주는 사람도 없는 소년의 이런 쓸쓸한 멋 부리기는 해가 갈수록 더 다양해졌습니다. 마을 소학교를 졸업한 후, 마차를 타고 나가 다시 기차로 갈아타서 백 리 정도 떨어진 현청 소재지인 작은 도시에 중학교 시험을 치르러 갔는데, 그때 소년의 복장은 가엾을 정도로 진기한 것이었습니다. 하얀 플란넬 셔츠는 아주 마음에 드는 옷이었던 모양인지 그날도 입었습니다. 게다가 이번 셔츠에는 나비 날개 같은 큰 옷깃이 달려 있었는데, 마치 여름 노타이셔츠의 옷깃을 양복의 상의 밖으로 꺼내어 입는 것처럼 그 셔츠의 옷깃이 기모노 깃 위를 덮도록 해서 입었습니다. 어쩐지 턱받이처럼 보이기도 합니다. 슬프게도 소년은 힘이 잔뜩 들어가 있었는데, 자신의 모습이 흡사 귀공자처럼 보이리라고 생각한 것입니다. 구루메가스리[3]에 흰 줄무늬가 들어간 짧은 하카마를 입고 긴 양말에 반짝반짝 광이 나는 검은 군화. 그리고 망토. 아버지는 이미 돌아가시고 어머니는 병으로 몸져누워 계셨기 때문에, 소년의 몸치장은 마음씨 좋은 형수님이 정성스럽게 돌봐주었습니다. 소년은 영리하게 애교를 부려 억지로 셔츠 옷깃을 크게 만들어 달라고 졸랐고, 형수가 웃으면 진심으로 화를 냈습니다. 그리고 아무도

3_ 후쿠오카현 구루메 지방에서 나는 무명 옷감.

자신의 미학을 알아주지 않는다고 눈물 날 정도로 분해했습니다. '산뜻, 우아' 소년의 모든 미학은 오로지 그것만을 추구했습니다. 아니, 그것이 삶 그 자체이자 인생 목적의 전부였습니다.

망토는 일부러 단추를 풀고 금방이라도 흘러내릴 듯이 위태롭게 걸치고, 그것을 멋스러운 방법이라고 믿었습니다. 어디서 그런 걸 배운 걸까요. 멋 부리기 본능이라는 것은 어쩌면 본보기 없이 스스로 깨우쳐 나가는 것일지도 모르겠습니다.

소년은 난생처음 도시다운 도시에 발을 디디는 것이었기에, 소년에게는 그게 일생일대의 회심의 복장이었습니다. 너무 흥분한 나머지 혼슈 북단의 작은 도시에 도착하자마자 말투까지 변해버릴 정도였습니다. 소년은 소년잡지를 읽으며 예전부터 익혀왔던 도쿄 말을 쓰기 시작했습니다. 하지만 여관에 도착해서 그곳의 여종업원들이 쓰는 말을 들어보니 자신의 고향 말인 쓰가루 사투리와 전혀 다르지 않아서, 소년은 조금 맥이 빠졌습니다. 소년이 태어난 고향과 그 작은 도시는 백 리도 채 떨어져 있지 않았던 것입니다.

중학교에 들어가고부터는 교칙이 엄격했던 탓에 멋을 내기도 힘들어졌고, 소년은 자포자기 상태에 빠졌습니다. 자기 전에 이불 밑에 바지를 깔아 주름을 펴는 일도 게을리하고, 구두도 닦지 않고, 허리에 가죽 주머니를 축 늘어뜨려 차고는 일부러 새우등을 하고 걷곤 했지요. 그때 새우등을 하던 것이 버릇되어서 십오 년이 지난 지금도 고치지 못했습니다. 그때는 멋 부리기의 암흑시대였다고 말할 수 있겠지요.

그 소도시에서 백 리 더 떨어진 시가지의 고등학교에 들어간 뒤부터는 소년의 멋 내기도 다시 눈에 띄게 발전하기 시작했습니다. 너무 발전한 나머지 역시나 진기한 것이 되고 말았지요. 소년은 세 종류의 망토를 만들었습니다. 한 장은 네이비블루 색 세루 천으로 된, 기장이 긴 망토였습니다. 땅에 끌릴 정도로 길게 만들었지요. 그즈음에는 소년도 호리호리하게 키가 자라 5척 7촌[약 170㎝] 가까이 되었기 때문에, 그 망토는 마치 악마의 날개처럼 보이는 효과가 있었습니다. 이 망토를 걸칠 때는 모자를 쓰지 않았습니다. 마법사에게 흰색 줄무늬가 들어간 학생모는 어울리지 않는다고 생각했는지도 모릅니다. 친구들이 '오페라의 유령'이라는 별명을 지어줬을 때는 인상을 쓰면서도 내심 꽤 마음에 든 모양이었습니다. 또 한 장의 망토는 프린스 오브 웨일즈호[영국의 전함]의 해군 장교들의 모습을 동경하여 그것을 본떠 만든 것이었습니다. 망토 여기저기에 소년의 독창성이 가미되어 있었습니다. 그 첫 번째가 옷깃입니다. 크고 넓은 옷깃이었지요. 무슨 이유에서인지 소년은 큰 옷깃을 아주 좋아했습니다. 그 옷깃에는 벨벳을 덧대었습니다. 가슴에는 양쪽으로 금단추를 일곱 개씩 빈틈없이 달았습니다. 가장 아랫단추의 바로 밑에서 몸통 부분을 꽉 조여 망토 자락이 짧게 쫙 펼쳐지게끔 했는데, 그 모양새에 경쾌함을 더하고 싶어서 양복집에 가져가 세 번이나 수선했습니다. 소매는 좁게 만들고 소맷부리에는 작은 금단추를 세로로 네 개 달았습니다. 원단은 약간 두꺼운 검은색 나사 천이었습니다. 소년은 이것을 겨울 외투로 사용했습니다. 이 외투는 흰 줄무늬가 들어간 학생모와도 제법 잘 어울렸기 때문에, 소년은 자신의 모습이 영국의 해군 장교처럼 보일 것이라고 자신했습니다. 하얀색 캐시미어로 된 장갑을 끼고, 날이 추우면 목에 하얀 견으로 된 숄을 돌돌 감았습니다. 얼어 죽는 한이 있더라도 두꺼운 털실로 만든 종류의 옷은 입지 않겠다고 굳게 각오한 모양이었습니다. 하지만 이 외투는 친구들에게 비웃음을 샀습니다. 큰 옷깃을 가리키면서, '꼭 턱받침 같군. 실패작이야. 다이코쿠사마[4]

같은데.'라고 말하며 박장대소를 한 친구도 한 명 있었습니다. 또, '어, 너였어? 난 또 순경인 줄 알았지.' 하고 정말로 놀라는 친구도 한 명 있었습니다. 그러자 북쪽 지방의 해군 장교는 멋이 없다는 생각이 들었습니다. 결국 그 외투는 입지 않게 되었습니다. 그리고 새롭게 한 장을 더 만들었습니다. 이번에는 검은색 나사 천은 자제하고 코발트색의 나사 천을 골라 다시 한번 해군사관 외투에 도전했습니다. 건곤일척의 마음가짐이었지요. 옷깃은 훨씬 작게 하고 전체적으로 더 섬세하고 날씬한 모습이 나오도록 만들었습니다. 몸 부분은 아플 정도로 조임을 넣었기 때문에, 그 외투를 입을 때에는 남몰래 안의 셔츠를 한 장 벗어야 했습니다. 이 외투에 대해서는 아무도 입을 열지 않았습니다. 친구들은 전혀 웃지도 않고 그저 묘하게 진지하고 서먹서먹한 표정을 짓고는 이내 얼굴을 돌려버렸습니다. 소년은 빛이 날 정도로 멋진 외투를 입고 다니면서도, 결국 그 고독하고 쓸쓸한 느낌을 견디지 못하고 울상이 되었습니다. 소년은 멋쟁이인 반면 마음은 약했던 것입니다. 결국 소년은 고심하여 만든 외투를 포기하고, 중학교 시절부터 입어온 너덜너덜한 망토를 푹 뒤집어쓰고 찻집에 포도주를 마시러 가곤 했습니다.

찻집에서 포도주를 마시는 정도까지는 괜찮았습니다. 하지만 얼마 안 가 소년은 뻔뻔스럽게 요릿집에 드나들며 게이샤들과 어울려 밥을 먹는 법을 배웠습니다. 소년은 그것을 그다지 나쁜 일이라 생각하지 않았습니다. 세련된 야쿠자를 흉내 내는 건 아주 고상한 취미라고 늘 굳게 믿었지요. 시가지에 있는 오래되고 조용한 요릿집에 두어 번 밥을 먹으러 다니면서 소년의 멋쟁이 본능이 또다시 고개를 들었는데, 이번에

4_ 전쟁과 재복을 관장하는 불교의 신.

는 정말 대단한 것이었습니다. 일전에 보았던 <메구미의 싸움>이라는 연극에 나오는 도비노모노[5] 같은 복장을 하고 요릿집 안뜰 맞은편의 손님방에 거만하게 책상다리하고 앉아서 '어이, 거기 누나. 오늘따라 정말 예뻐 보이는데?' 같은 말이 해보고 싶어진 것입니다. 소년은 가슴 설레하며 그 옷을 준비하는 일에 착수했습니다. 감색의 하라가케[6]는 쉽게 손에 넣을 수 있었습니다. 하라가케에 달린 주머니에 고풍스러운 지갑을 넣고 팔짱을 끼고 걸으면 제법 야쿠자스럽게 보일 것 같았습니다. 가쿠오비[7]도 장만했습니다. 묶으면 꽉 조이는 하카타[8]오비였습니다. 줄무늬 홑옷은 일부러 옷감 집에 주문하여 마련했습니다. 도비노모노인지 노름꾼인지 장사꾼인지 도무지 그 정체를 알 수 없는 복장이 되어버렸습니다. 전혀 통일감이 없었지요. 하지만 일단 연극에 나온 인물과 비슷한 인상을 줄 수 있는 복장이라면 그걸로 만족했습니다. 초여름 즈음이라, 소년은 맨발에 삼베 안감이 덧대어진 조리를 신고 다녔습니다. 거기까지는 괜찮았는데, 문득 소년에게 묘한 생각이 떠올랐습니다. 모모히키[9]에 관한 것이었지요. 연극 속의 도비노모노가 감색 무명천으로 된 딱 붙는 모모히키를 입고 나왔던 모양인데, 바로 그게 갖고 싶어진 것입니다. 못난 녀석, 하고 말하며 순식간에 옷자락을 들어 올려 확 엉덩이를 까던 장면. 그때 보이던 감색 모모히키가 눈에 스밀 정도로 선명하게 돋보였습니다. 팬티 한 장만으로는 부족했습니다. 소년은

5_ <메구미의 싸움>은 분카 2년(1805년 3월)에 소방대원과 스모 선수들 간에 난투가 벌어진 실제 사건을 소재로 하여 만든 연극이다. 도비노모노는 원래 건축, 토목 관련 일에 종사하는 사람을 가리키나, 에도시대에는 소방대원을 겸했다.

6_ 목수, 미장이 등이 입는 작업복.

7_ 두 겹으로 된 빳빳하고 폭이 좁은 일본의 남자 허리띠.

8_ 후쿠오카시 하카타 지역에서 나는 두꺼운 견직물.

9_ 타이츠와 비슷한 바지 모양의 남성용 의복.

그 모모히키를 구하려고 시내의 끝에서 끝까지를 샅샅이 뒤지며 돌아다녔습니다. 하지만 어디에도 없었습니다. 저기, 그 왜, 미장공 같은 사람들이 입는 거 있잖아. 딱 붙는 감색 모모히키. 그런 거 없을까? 응? 하는 식으로 열심히 설명하며 옷감 집과 버선 집을 돌아다녀 봤지만 가게 주인은 글쎄요, 그건 지금 없는데요, 하고 웃으며 고개를 저을 뿐이었습니다. 이미 날이 제법 더워진 탓에 온통 땀범벅이 된 채로 그걸 찾아다니다가, 마침내 어느 가게 주인에게서 '그건 저희 집에는 없지만 저기 골목을 돌아가면 소방용품을 파는 가게가 있는데, 거기 가서 물어보면 잘하면 알지도 모르겠군요.'라는 좋은 정보를 얻게 되었습니다. 아, 소방용품은 생각을 못 했군. 도비노모노는 불을 끄는 사람이니 지금으로 치면 소방대원이지. 일리가 있군. 소년은 기운을 차리고 가게 주인이 가르쳐 준 뒷골목의 가게로 뛰어 들어갔습니다. 가게에는 크고 작은 소방펌프가 줄지어 놓여 있었습니다. 마토이[10]도 있었지요. 소년은 왠지 마음이 불안해졌지만 그래도 용기를 내어 모모히키 있습니까?라고 물었습니다. 가게 주인이 있습니다, 하고 곧장 대답한 후 들고나온 것은 분명 감색 모모히키이기는 했지만, 모모히키의 양쪽 겉면에 소방의 상징인 두꺼운 빨간 선이 쭉 그어져 있었습니다. 차마 그걸 입고 길거리를 활보할 용기는 없었기 때문에, 소년은 쓸쓸히 모모히키를 포기할 수밖에 없었습니다.

소년에게는 자신의 복장이 뜻대로 되지 않으면 자포자기를 해버리고 마는 나쁜 버릇이 있었습니다. 원하던 감색 모모히키를 구하지 못하게 되자, 소년의 멋스러운 복장도 눈에 띄게 상태가 나빠지기 시작했습니다.

10_ 에도시대의 소방대消防隊에서, 자신들이 속해 있는 조組를 나타내기 위해 사용하던 물건.

감색의 하라가케, 줄무늬 히토에(홑옷)에 가쿠오비, 아사우라조리.[11] 그런 복장에 하얀 줄무늬가 들어간 학생모를 쓰고서 거리에 나가다니, 도대체 그건 어떤 미학에서 비롯된 것일는지요. 그 어떤 연극에도 그런 희한한 옷차림은 나오지 않습니다. 소년은 될 대로 되라는 심정이었던 것이 분명합니다. 캐시미어로 된 하얀 장갑도 다시 쓰기 시작했습니다. 줄무늬 히토에, 가쿠오비, 감색의 하라카케, 하얀 줄이 들어간 학생모, 하얀 장갑. 너무 어수선해서, 꼭 만국기 같은 모습이었지요. 하지만 인간이라면 누구나 살면서 한 번쯤은 그런 이해할 수 없는 시절을 겪는 게 아닐까요? 마치 꿈속을 헤매는 것처럼요. 소년은 가지고 있는 것 전부를 몸에 걸치지 않으면 성에 차지 않는 성격이었습니다. 캐시미어로 된 하얀 장갑이 찢어져서 새것을 사려고 했지만, 캐시미어는 구하기가 힘들었습니다. 옷감이야 뭐가 됐든 하얀 장갑이기만 하면 돼,라고 하다가 결국 운전사 같은 꼴이 되고 말았습니다. 병사들이 끼는, 곰 발바닥처럼 크고 두꺼운 흰 장갑이었지요. 모든 것이 다 엉망진창이었습니다. 소년은 그런 이상한 차림으로 요릿집에 가서는 이즈미 교카[12]의 소설에서 배운 말장난을 아주 열심히, 몇 번이고 반복하곤 했습니다. 사실 여자 같은 건 안중에도 없었습니다. 그저 자신의 로맨틱한 모습에만 신경이 쏠려 있었지요.

이윽고 소년은 꿈에서 깨어났습니다. 그즈음 좌익 사상이 학생들을 흥분시켜, 학생들은 얼굴이 새파랗게 질릴 만큼 힘이 들어가 있었습니다. 소년은 상경하여 대학에 들어갔지만 학교 수업에는 한 번도 출석하지

11_ 삼실로 엮은 끈목을 소용돌이 모양으로 바닥에 댄 일본식 짚신.

12_ 泉鏡花(1873~1939). 메이지시대의 소설가. 근대 환상문학의 선구자로 평가받기도 하며, 대표작으로 「야행순경」, 「외과실」 등이 있다.

않았습니다. 비 오는 날이든 맑게 갠 날이든 개의치 않고 색 바랜 레인코트에 고무장화를 신고서 길거리 여기저기를 서성거렸습니다. 멋 부리기의 암흑시대는 그 후로도 길게 이어졌습니다. 그리고 얼마 지나지 않아 소년은 좌익 사상마저 배신했습니다. 스스로 자신의 이마에 비열한 남자라는 낙인을 찍은 것이지요. 멋 부리기의 암흑시대라기보다는 마음의 암흑시대가 십 년이 지난 지금까지 계속되고 있습니다. 이제 소년은 면도 자국이 선명한 어른이 되었고, 다른 이들에게는 퇴폐소설이라고 오해를 받지만 스스로는 결코 그렇지 않다고 믿는 슬픈 소설을 쓰며 근근이 세상을 살아가고 있습니다. 작년에는 변변찮은 애인도 생겨서 가끔 만나러 가곤 하는데, 그때마다 불쑥불쑥 멋 부리기의 본능이 되살아나기도 합니다. 하지만 예전처럼 마음씨 좋은 형수에게 부탁할 수도, 옷을 사는 데 마음껏 돈을 쓸 수도 없는 처지가 되었습니다. 가진 거라곤 평상복 한 벌뿐이고, 양말 한쪽조차도 없는 형편이지요. 심하게 추락하여 가난에 허덕이고 있는 듯 보입니다. 그는 원래 멋쟁이였기 때문에, 오래 입어 색이 바랜 유카타에 너덜너덜해진 허리띠를 둘둘 감고 연인을 만나러 갈 바에야 차라리 죽는 게 낫다고 생각했습니다. 깊게 고민한 끝에 그는 결심했습니다. 옷을 빌리기로 한 것이지요. 돈을 빌릴 때보다 기모노를 빌릴 때가 열 배는 더 괴롭다는 것을 아실는지요. 얼굴에서 불이 난다는 말이 있는데, 그는 그 말을 실감할 수 있었습니다. 게다가 기모노뿐만 아니라 헤코오비[허리띠의 한 종류]와 게다까지 빌려야 했습니다. 그런 식으로 연인을 속였지요. 아무리 밑바닥에 떨어져 살아도, 일단 로맨스의 세계에 발을 들이게 되면 멋쟁이 본능이 고개를 들고 그의 바싹 메마른 가슴을 두근거리게 만드는 모양입니다. 그 같은 남자는 일흔이 되어도, 여든이 되어도 여전히 개의치 않고 화려한 격자무늬의 사냥 모자 따위를 쓰려고 할 것입니다. 겉모습의 세련됨과 우아함만을 '목숨'처럼 여기고 남몰래 신앙하며 살겠지요. 빌린 옷을 입고 연인을 만나러 갈 때 그가 자조의 뜻을 담아 지은 센류[13] 두세 편을 마지막으로, 이 가공할 멋쟁이 어린이에 대한 대략의 소개문을 끝맺도록 하겠습니다.

도망자의 빌린 옷이 시원스레 잘 어울리네.

이 무늬가 요즘 유행이라고 빌린 옷이 말하네.

이 옷자락 놓으라며 빌린 옷이 허둥대네.

빌린 옷을 입고 있노라면 모든 사람들이 다 옷을 빌려 입은 듯 보이는구나.

곱씹어보면 참으로 딱한 문장입니다.

13_ 川柳. 5・7・5의 운을 가진 17글자의 일본의 짧은 시로, 서민의 생활을 재치 있게 풍자한 내용이 많다.

皮膚と心

피부와 마음

太宰治

「피부와 마음」

1939년 11월, 잡지 『문학계文学界』에 발표됐다. 여성 일인칭 독백체로 이루어진 작품으로, 발표 당시 여성 심리묘사의 탁월함을 인정받으며 극찬을 받기도 했다.

다자이 오사무는 아즈미쇼보에서 간행된 『완구』의 맺음말에 “「피부와 마음」은 쇼와 14년1939년에 썼다. 나는 남자인 주제에 얼굴에 나는 것들에 대해 굉장히 신경 쓰기 때문에 이 작품을 쓰게 되었다.”라고 밝히고 있다. 다자이는 여성 일인칭 독백체를 능숙하게 구사하는 작가로도 잘 알려져 있는데, 「피부와 마음」은 다자이가 자유자재로 구사하는 ‘여성적인 말투’를 즐길 수 있는 대표적인 작품 중 하나로 손꼽힌다.

어느 날 왼쪽 가슴 밑에서 작은 팥알 같은 부스럼을 발견했습니다. 자세히 보니 그 부스럼 주변에도 작고 붉은 좁쌀 같은 부스럼들이 이슬을 흩뿌려놓은 듯 돋아나 있었지만, 그때는 하나도 가렵지 않았습니다. 보기에 좀 흉한 것 같아서 목욕탕에서 타월로 가슴 밑의 피부가 벗겨질 정도로 문질렀습니다. 그게 문제였던 모양입니다. 집으로 돌아와서 화장대 앞에 앉아 가슴 부분을 거울에 비추어봤더니 아주 징그럽더군요. 목욕탕에서 집까지는 걸어서 5분도 채 걸리지 않는데, 그 잠깐 사이에 가슴 아래쪽부터 배까지 손바닥 두 개 정도 크기의 부위가 새빨갛게 익은 딸기처럼 변해 있었습니다. 저는 마치 눈앞에서 지옥도를 본 듯한 기분이 들었고, 갑자기 주위가 어두워졌습니다. 그때부터 저는 그 전까지의 제가 아니었습니다. 스스로가 사람처럼 느껴지지 않았지요. 정신이 아찔해진다는 건 아마 이런 걸 말하는 걸까요? 저는 한참 동안을 멍하니 앉아 있었습니다. 먹구름이 꾸물꾸물 제 주위를 에워쌌고, 저는 이제껏 살아온 세상과 아득히 멀어졌습니다. 세상의 소리조차 잘 들리지 않는 땅 밑바닥에서의 답답한 시간이 시작되었지요. 잠시 거울 속 벌거벗은 몸을 들여다보는 사이에도 아주 작고 붉은 알갱이들이 마치 막

내리기 시작한 빗방울처럼 톡톡 이쪽저쪽에 생겨났습니다. 목 부근뿐만 아니라 가슴에서 배, 심지어는 등까지 퍼졌지요. 앞뒤로 거울을 두고 등을 비추어 보니, 하얀 등의 경사면에 붉은 싸라기눈을 흩뿌려놓은 듯 부스럼이 넓게 퍼져 있었고, 저는 그만 얼굴을 가려버렸습니다.

"이런 게 났는데……." 저는 그 사람에게 그것을 보여주었습니다. 6월 초순의 일입니다. 그 사람은 반소매 와이셔츠에 짧은 바지 차림이었는데, 일을 어느 정도 끝마친 듯 책상 앞에 멍하니 앉아 담배를 피우고 있었습니다. 그 사람은 제 쪽으로 걸어와서 눈살을 찌푸린 채 제 몸을 이리저리 돌려가며 골똘히 살펴보고 몸 여기저기를 손으로 눌러보더니,

"가렵지는 않아?" 하고 물었습니다. 저는 가렵지 않다고 대답했습니다. 정말 아무렇지도 않았습니다. 그 사람은 고개를 갸우뚱하더니, 저를 석양이 환하게 비치는 툇마루에 세우고는 제 알몸을 빙빙 돌려가며 더욱더 세심하게 살펴보기 시작했습니다. 그 사람은 제 몸에 관련된 것이라면 항상 너무 지나치다 싶을 정도로 세심하게 신경을 써줍니다. 말수는 적지만 마음속으로는 항상 저를 소중히 아껴주지요. 저는 그걸 잘 알기 때문에, 저를 환한 툇마루로 데리고 나와 부끄러운 제 알몸을 이쪽저쪽으로 돌려가며 만질 때도 오히려 신께 기도드릴 때처럼 조용하고 침착한 기분이 들었습니다. 얼마나 안심이 되던지. 저는 선 채로 가볍게 눈을 감고 있었고, 그 상태로 죽는 순간까지 눈을 뜨고 싶지 않을 정도였습니다.

"정말 모르겠는걸. 두드러기라면 분명 가려울 텐데. 설마 홍역은 아니겠지."

저는 기모노를 고쳐 입으며 힘없이 웃었습니다.

"쌀겨 때문에 염증이 일어난 게 아닐까요? 목욕탕에 갈 때마다 목과

가슴을 아주 세게 문지르거든요."

그런 걸지도 모르겠군. 아마 그것 때문일 거야,라는 결론이 났고, 그 사람은 곧 약국으로 가서 튜브에 든 하얗고 끈적끈적한 약을 사왔습니다. 그걸 손가락으로 문질러가면서 제 몸에 묵묵히 발라주었지요. 곧 몸이 시원해지고 기분도 한결 좋아졌습니다.

"옮지는 않을까요?"

"그런 건 신경 쓰지 마."

그렇게 말씀하셨지만, 그 사람의 슬픈 마음이, 저를 딱하게 여기고 있을 것이 분명한 그 슬픈 마음이, 그 사람의 손끝에서 저의 쓰라린 마음으로 전해져 와 가슴이 너무 아팠고, 아아, 빨리 낫고 싶다,라고 간절히 생각했습니다.

그 사람은 늘 저의 볼품없는 용모를 감싸주셨고, 농담으로라도 제 얼굴의 몇몇 이상한 결점들을 입에 담은 적이 없으십니다. 요만큼도 제 얼굴을 비웃는 일 없이, 그야말로 구름 한 점 없이 화창하게 갠 날씨처럼 한결같은 모습이셨습니다.

"괜찮은 얼굴이라고 생각해. 난 좋기만 한걸."

그런 말까지 툭 던지시면, 저는 어찌할 줄 모르고 당황하곤 했습니다. 저희들이 결혼을 한 것은 올해 3월입니다. 결혼이라는 말조차 너무 겸연쩍고 어색해서 태연하게 입에 담기 힘들 정도였습니다. 그때 우리는 나약하고 가난했으며, 또 쑥스러웠습니다. 무엇보다 그때 제 나이가 이미 스물여덟이었으니까요. 저는 볼품없는 외모 탓에 좀처럼 혼사의 기회가 없었는데, 스물네다섯 즈음까지는 그래도 두세 번 혼담이 오가기도 했습니다. 하지만 성사될 만하면 깨어지고 또 성사될 만하면 깨어지곤 했지요. 저희 집은 부자도 아닐뿐더러 홀어머니에 저와 동생, 이렇게 여자 세 사람이 전부인 부족한 집안이었기 때문에 좋은 혼담 같은 건 바라지도 않았습니다. 그런 건 사치스러운 꿈이었지요. 스물다섯이 되었을 때, 저는 다짐했습니다. 한평생 결혼하지 못하더라도, 어머니를 돕고 동생을 돌보는 것을 삶의 유일한 낙으로 삼기로 말입니다. 여동생은 저와 일곱 살 차이로 올해 스물한 살이 되었습니다. 인물도 좋을뿐더러 철도 들어서 좋은 아이로 자라고 있으니, 여동생에게 훌륭한 남편을 짝지어 준 후에 자립하자. 그때까지는 집에 남아서 살림을 도맡아 하며 이 집을 지키자. 그렇게 각오를 굳히자 마음속의 번잡한 고민들이 말끔히 사라지고 더불어 괴로움도, 외로움도, 저 멀리 사라졌습니다. 저는 집안일을 돌보면서 열심히 바느질을 배워 조금씩 이웃집 자제들의 옷 주문도 받게 되었습니다. 앞으로 혼자서도 생계를 꾸릴 수 있겠다 싶어졌을 즈음 지금 남편과의 혼담이 있었습니다. 돌아가신 아버지의 은인격인 의형제 같은 분이 주선해주신 혼담이라 함부로 거절할 수가 없었지요. 하지만 이야기를 들어보니 상대방은 소학교를 졸업한 것이 전부인데다 심지어 부모 형제도 없다더군요. 아버지의 은인이신 분이 어릴 적에 데려다 돌봐주었다고 하니, 물론 재산 같은 것이 있을 리도 없었습니다. 나이는 서른다섯에 꽤 솜씨가 좋은 도안공이며 월수입은 대략 이백 엔 정도인데 그보다 조금 더 버는 달도 있는 모양이었습니다. 하지만 한 푼도 벌지 못하는 달도 있기 때문에 평균으로 치자면 한 달에 칠팔십 엔 정도. 게다가 초혼이 아니었습니다. 사랑하는 사람과 육 년이나 함께 살다가 재작년 무슨 이유인지 헤어졌다고 했습니다. 그 후로는 자신은 학력도, 재산도 없을뿐더러 나이도 들어 제대로 된 결혼은 바랄 처지가 아니니, 차라리 한평생 장가를 들지 않고 느긋하게 살겠다며 홀아비 생활을 했다고 합니다. 그랬던 것을 그 은인께서, 이렇게 살면

다른 사람들 눈에 이상하게 보일 테니 얼른 신부를 맞도록 해라, 내가 생각해 둔 곳이 있다, 하고 타이른 후 저희 집에 찾아와 살짝 이야기를 꺼내신 것입니다. 그때 저와 어머니는 얼굴을 마주 보며 난처해했습니다. 좋은 조건이라고는 하나도 없는 혼담이니까요. 아무리 제가 못생긴 노처녀라고 해도, 저는 살면서 죄 한 번 지어본 일이 없는 사람입니다. 이제 나는 그런 사람이 아니면 시집도 갈 수 없는 처지인가 싶은 생각에 처음에는 화가 났고, 그런 다음에는 한없이 울적해졌습니다. 거절할 수밖에 없는 상황이긴 했지만, 혼담을 주선해주신 분이 아버지의 은인인 데다 사이도 돈독했기 때문에, 어머니와 저는 일을 더 복잡하게 만들지 않는 선에서 예의 바르게 거절해야 한다는 생각에 마음이 약해져서 우물쭈물하고만 있었지요. 그러는 사이에 문득 저는 그 사람이 가여워지기 시작했습니다. 분명 따뜻한 사람일 거야. 나도 여학교를 졸업했을 뿐이고 특별히 공부를 한 적도 없어. 가진 돈이 많은 것도 아니야. 아버지는 돌아가시고 그다지 볼 것도 없는 집안이잖아. 게다가 외모는 형편이 없고 아줌마에 가까우니 나야말로 좋은 점이 하나도 없지. 잘 어울리는 부부일지도 몰라. 어차피 나는 불행해. 이 혼담을 거절해서 아버지의 은인과 거북해지는 것보다는……, 하고 조금씩 마음이 기울었습니다. 거기다 부끄럽게도, 볼이 화끈거리는 들뜬 기분도 조금은 들었습니다. 정말 괜찮겠니?라며 걱정 섞인 얼굴로 묻는 어머니에게는 그 이상 아무런 얘기도 하지 않고, 제가 곧장 아버지의 은인 분에게 확실한 답을 드렸습니다.

결혼한 후, 저는 행복했습니다. 아니요……. 아니, 행복했다고 말해야만 하겠지요. 그러지 않으면 벌을 받을 것입니다. 그분은 저를 소중히 돌봐주셨습니다. 그분은 대체로 소심한 성격에, 거기다 전 부인에게는 버림을 받았다고 하는데, 그래서 항상 더 불안해하는 듯 보였습니다. 답답할 정도로 만사에 자신이 없는 데다 마르고 작은 체구에 얼굴도 빈상이지요. 하지만 일은 아주 열심히 합니다. 저는 어느 날 흘깃 본 그 사람의 도안이 아주 낯익은 것이어서 깜짝 놀란 적이 있습니다. 이 무슨 기묘한 인연이란 말인지요. 그 사람에게 물어 확신을 얻었을 때, 저는 처음으로 그 사람과 사랑에 빠진 것처럼 가슴이 두근거렸습니다. 긴자에 있는 유명한 화장품 가게의 덩굴장미 모양의 상표를 도안한 것이 바로 그 사람이었던 것입니다. 그뿐 아니라, 그 화장품 가게에서 파는 향수와 비누, 분 같은 것들의 상표의장에서부터 신문광고까지, 대부분의 도안이 그 사람 작품이었습니다. 십 년 전부터 그 가게의 전속 도안공으로 일하면서 덩굴장미 모양의 상표와 포스터, 신문광고까지 대부분 혼자서 그리셨다고 했습니다. 요즘에는 심지어 외국인까지 그 덩굴장미 모양을 알아보게 되었는데, 그 가게의 이름은 몰라도 작고 아름다운 덩굴장미가 얽혀 있는 그 특색 있는 도안은 한 번만 봐도 기억에 또렷이 남을 정도인 것입니다. 저도 여학교에 다니던 시절부터 이미 그 덩굴장미 모양을 알고 있었습니다. 저는 그 도안에 이상할 정도로 큰 매력을 느껴서 여학교를 졸업한 후에도 화장품은 오직 그 가게 것만을 썼는데, 말하자면 팬이었던 셈이지요. 하지만 저는 단 한 번도 그 덩굴장미를 고안한 사람에 대해서는 생각해본 적이 없었습니다. 참 바보 같긴 하지만 그런 사람이 저 하나만은 아닐 것입니다. 신문에 실린 아름다운 광고를 보며 그 도안공을 궁금해하는 사람은 아마 없겠지요. 도안공이라는 직업은 그늘에 가려진 숨은 공로자 같은 존재입니다. 저도 그 사람의 아내가 되고 꽤 시간이 흐른 후에야 알게 되었을 정도니까요. 그 사실을 알았을 때 저는 너무 기뻐서,

"여학교에 다닐 때부터 그 덩굴장미 문양을 무척 좋아했어요. 그게 당신이 그린 거라니, 정말 기뻐요. 전 행복한 사람이네요. 십 년이나 전부터 먼 곳에서 당신과 묶여 있었던 거예요. 당신에게 시집오도록 정해져 있었나 봐요."라며 들떠 했고, 그 사람은 얼굴을 붉혔습니다.

"놀리지 마. 그냥 일인데 뭘." 그 사람은 정말 부끄러운 듯 눈을 깜빡였습니다. 그러고는 후후 하고 힘없이 웃으며 슬픈 표정을 지었지요.

항상 그 사람은 자신을 비하하고, 저는 아무렇지도 않은데 자기 혼자서 학력이 낮고 재혼이라는 점이나 빈상이라는 점 등에 대해 굉장히 신경을 쓰는 듯했습니다. 그럼 저같이 못생긴 여자는 도대체 어쩌라는 건지요? 부부가 둘 다 자신감이 없고, 조바심이 많고, 또 둘 다 얼굴에 구김살이 가득합니다. 그 사람은 가끔씩 제가 잔뜩 어리광을 부려주길 바라는 모양이지만, 저도 이제 스물여덟 먹은 아줌마이고 게다가 외모도 볼품이 없는걸요. 더군다나 그 사람의 자신감 없는 모습을 보고 있노라면 그만 저도 전염이 되어서 도무지 천진난만하게 어리광을 부릴 수가 없고, 마음은 그게 아닌데 계속 딱딱하고 차가운 대답만 하게 되더군요. 제가 그렇게 행동하면 그 사람은 더 예민해지는데, 저는 그 사람의 마음을 알기 때문에 더 허둥지둥하게 되고, 결국 남처럼 서먹서먹해지곤 합니다. 그 사람도 제가 자신감이 없다는 걸 잘 알고 있는지, 가끔 아닌 밤중의 홍두깨처럼 제 얼굴이나 기모노 무늬 같은 것들을 서툴게 칭찬하곤 합니다. 저는 그게 그 사람 나름의 위로라는 것을 잘 알고 있기 때문에, 기쁘기는커녕 가슴이 메어오고 안타까워서 울고 싶어집니다. 그분은 정말 좋은 사람입니다. 전 부인의 흔적 같은 건 찾아볼 수도 없지요. 그 덕분에 저는 늘 그 존재를 잊고 지냅니다. 지금 살고 있는 집도 결혼 후에 새로 빌린 것인데, 그 전에 그 사람은 아카사카에 있는 아파트에서 혼자 살았습니다. 나쁜 기억을 다 청산하고 싶은 마음, 그리고 저를 배려하려는 따뜻한 마음에서 새집으로 옮긴 거겠지요. 이전 집에서 쓰던 물건들은 남김없이 다 팔아버리고, 일에 필요한 도구만 가지고 지금 살고 있는 쓰키지의 집으로 이사를 왔습니다. 제게도 어머니에게서 받은 돈이 아주 조금 있었기에 둘이서 조금씩 돈을 보태 집에 필요한 물건을 사 모을 수 있었고, 이불과 서랍장은 제가 고향의 친정에서 가져온 것입니다. 전 부인의 흔적 같은 건 전혀 남아 있지 않아서, 지금은 그 사람이 제가 아닌 다른 여자와 육 년이나 함께 살았다는 것을 도저히 믿기 힘든 정도입니다. 그 사람이 불필요하게 스스로를 비하하지 않고 제게 호통을 치기도 하면서 조금 더 거칠게 대해주신다면 저 또한 천진난만하게 어리광을 부릴 수 있을 테고, 그러면 집 분위기도 지금보다 조금 더 밝아질 수 있겠지요. 부부가 나란히 자신의 외모가 볼품없다는 자각 때문에 서먹서먹하게 굴기만 해서야—저는 그렇다 치더라도, 그 사람은 왜 스스로를 그렇게나 비하하는 걸까요?

소학교를 졸업한 게 다라고는 하지만, 교양으로 치자면 대학을 졸업한 사람에게 조금도 뒤떨어지지 않아요. 수준 높은 레코드를 모으시기도 하고, 저는 이름 한 번 들어보지 못한 외국 소설가의 작품을 일하는 중에도 틈틈이 열심히 읽으시고는 하니까요. 게다가 세계적인 그 덩굴장미 도안. 그 사람은 가끔 자신의 가난함을 비웃지만, 그래도 요즘에는 일거리가 늘어 백 엔, 이백 엔 정도 되는 목돈이 들어오기도 합니다. 얼마 전에는 이즈에 있는 온천에도 데려가 주셨을 정도인걸요. 그런데도 그 사람은 여전히 저희 어머니에게 이불이나 서랍장, 또 그 외의 가재도구를 받은 것에 마음을 쓰곤 하는데, 그럴 때마다 제가 오히려 더 부끄럽고 왠지 나쁜 일을 한 듯한 기분마저 들지요. 그래봤자 다 싸구려 물건인데,

하는 마음에 눈물 날 정도로 울적해져서, 동정이나 연민의 감정으로 결혼을 하는 게 아니었어, 역시 나는 혼자 사는 편이 나았던 것은 아닐까, 하는 무시무시한 생각을 하며 밤을 지새운 날도 있습니다. 점점 더 많은 것을 바라는, 꺼림칙하고 부정不貞한 생각이 고개를 쳐드는 일까지 있었지요. 저는 나쁜 사람입니다. 아름다운 청춘을 우울하게 보내고 만 것에 대한 분함을, 결혼하고 나서야 뒤늦게, 그것도 혀를 깨물고 싶을 정도로 절실히 느꼈습니다. 더 늦기 전에 어떻게 해서든 그 시간들을 메우고 싶어져서, 그 사람과 둘이서 조용히 저녁 식사를 하는 도중에 울적함을 견디지 못하고 젓가락과 밥공기를 손에 쥔 채로 울상이 된 적도 있습니다. 하지만 이 모든 것이 다 제 욕심이겠지요. 이렇게 못생긴 주제에 청춘이라니, 말도 안 돼. 남들에게 웃음거리가 될 뿐입니다. 저는 지금 이대로도 분에 넘치게 행복합니다. 그렇게 생각해야만 하겠지요. 하지만 가끔 저도 모르게 이기적인 생각을 하게 되고, 그래서 그 벌로 이렇게 기분 나쁜 부스럼이 생긴 것입니다. 약을 바른 덕분인지 부스럼이 더 이상 퍼지지는 않았습니다. 내일은 나을지도 몰라, 하고 생각하며 신에게 몰래 기도를 드리고 그날 밤은 이른 시간에 잠자리에 들었습니다.

잠자리에 누워 곰곰이 생각하다 보니 어쩐지 조금 이상했습니다. 저는 그 어떤 병도 겁내지 않지만, 피부병만은 정말이지 절대로 참을 수가 없습니다. 아무리 고생하고 가난하게 살아도 피부병만큼은 피하고 싶었지요. 다리가 한쪽 없거나 팔이 한쪽 없는 것도 피부병과 비교하면 아무것도 아닙니다. 여학교 생물 시간에 피부병을 일으키는 여러 가지 병원균에 대해 배운 적이 있는데, 그때 저는 온몸이 너무 근질거려서 벌레와 박테리아의 사진이 실려 있는 교과서 페이지를 당장이라도 찢어버리고 싶은 기분이었습니다. 선생님의 무신경함이 원망스럽기도 했지요. 아니야, 선생님도 아무렇지 않게 가르치고 있는 건 아닐 거야. 직업적인 의무감 때문에 어쩔 수 없이 꾹 참아가면서 태연한 척하고 있는 거야. 분명 그럴 거야. 그렇게 생각하면 선생님의 그 뻔뻔스러움이 더더욱 비열하게 느껴져서 참을 수가 없었습니다. 저는 생물 시간이 끝나고 나서 친구와 토론을 했습니다. 아픈 것과 간질거리는 것과 가려움, 이 셋 중에 어느 것이 가장 고통스러울까, 하는 이야기가 나왔는데, 저는 단연 가려운 것이라고 주장했지요. 그렇지 않나요? 고통이나 간지러움은 스스로 지각하는 것에 한계가 있다고 생각합니다. 맞거나 베이거나 누군가에게 간질임을 당해서 그 괴로움이 극에 달하면 사람은 기절하고 맙니다. 기절을 하면 곧 몽환의 세계로 갑니다. 죽는 거지요. 고통에서 완전히 벗어날 수 있는 것입니다. 그럴 수 있다면 죽어도 상관없는 것 아닌가요? 하지만 가려움은 굽이치는 파도처럼 높이 올라서는 부서지고, 또 높이 올라서는 부서지기를 반복하면서 끝도 없이 미적지근하게 구불거리기만 할 뿐이고, 그 고통이 한계에 달할 정도로 치미는 일은 절대로 없기 때문에 기절을 할 수도 없을뿐더러, 가려움 때문에 죽는 일은 더더욱 없겠지요. 영원히 미적지근하게 괴로워하며 살아야 합니다. 누가 뭐라고 해도 가려움보다 더한 고통은 있을 수 없습니다. 제가 만약 옛날 관청에서 고문을 당하게 된다고 해도, 베이거나 맞거나 간질임을 참아야 하는 정도로는 결코 자백하지 않을 것입니다. 고문을 당하는 중에 분명 기절을 하게 될 테고, 그것을 두어 번 반복하다 보면 저는 목숨을 잃겠지요. 자백 같은 걸 할까 보냐. 나는 목숨을 걸고 지사志士의 은신처를 지켜낼 것이다. 하지만 벼룩이나 이, 옴벌레 같은 것을 죽통 한가득 담아 들고 와서, 이걸 네 녀석의 등에다 쏟아 부어주지,라고 한다면 저는 소름이 돋아 부들부들 떨면서, 말씀드리겠습니다, 살려주십시오, 하고 열녀烈女고 뭐고 다 내팽개치고 두 손 모아 애원할 것입니다. 생각만 해도 끔찍합니다. 쉬는 시간에 친구에게 그렇게 말했더니, 친구도 순순히 공감해주었습니다. 한번은 선생님의 인솔하에 반 전체가 우에노에 있는 과학박물관에 간 적이 있는데, 그날 저는 3층에 있는 표본실에서 꺅 하고 비명을 지르고는 너무 화가 나서 엉엉 울어버렸습니다. 피부에 기생하는, 게만 한 크기의 해충 표본모형이 박물관 선반 위에 죽 늘어선 채로 진열되어 있었던 것입니다. 멍청이! 하고 크게 소리치면서 몽둥이로 다 때려 부숴버리고 싶은 심정이었습니다. 저는 그날 이후 사흘이나 잠을 설쳤고, 왠지 몸 어딘가가 자꾸 근질거리는 느낌 때문에 식욕도 떨어졌습니다. 저는 국화꽃도 좋아하지 않습니다. 작은 꽃잎이 우글거리는 게 어쩐지 그 무언가처럼 보이거든요. 줄기에 국화꽃이 들쭉날쭉 피어 있는 것을 보면 쭈뼛한 느낌이 들면서 온몸이 가려워집니다. 저는 스지코[1] 같은 것을 태연하게 먹는 사람들의 마음을 정말 이해할 수가 없습니다. 굴 껍데기. 호박 껍질. 자갈길. 벌레 먹은 잎. 닭 벼슬. 참깨. 홀치기염색. 문어 다리. 차 찌꺼기. 새우. 벌집. 딸기. 개미. 연밥. 파리. 비늘. 다 싫습니다. 후리가나[2]도 싫어. 작은 글씨는 꼭 이蝨처럼 보이거든요. 수유나무 열매, 뽕나무 열매도 싫습니다. 달님의 확대사진을 보고 토할 뻔했던 적도 있지요. 자수도 그 무늬에 따라 역겹게 느껴질 때가 있습니다. 저는 그 정도로 피부병을 싫어하기 때문에 자연스럽게 신중을 기하게 되었고, 이제까지 부스럼 같은 것이 난 적은

1_ 연어・송어 등의 알을 난소막에 싸인 상태로 소금에 절인 알젓.

2_ 일본어의 표기 방법으로 어떤 단어나 글자(주로 한자)의 읽는 법을 그 글의 주위에 작게 달아놓은 것.

한 번도 없습니다. 결혼하고 난 후에도 매일같이 목욕탕에 가서 쌀겨로 온몸을 뽀득뽀득 닦았는데, 그게 너무 지나쳤나 봅니다. 이렇게 부스럼이 난 것이 너무 분하고 원망스러웠습니다. 제가 도대체 무슨 나쁜 짓을 했기에. 신도 참 너무합니다. 하필 제가 죽도록 싫어하는 것을 주시다니요. 다른 병도 많은데, 마치 동전 속 작은 구멍을 명중시키듯이 정확하게 제가 가장 두려워하는 구덩이에 밀어 넣으시다니, 저는 그걸 도무지 이해하기 힘들었습니다.

다음날 아침. 어스름 무렵에 일어난 저는 조용히 화장대 앞에 앉아 아아, 하고 신음했습니다. 저는 도깨비입니다. 이건 내 모습이 아니야. 온몸에 토마토를 으깨어 놓은 것처럼 목과 가슴 그리고 배까지 콩알만 한 크기의 흉측한 부스럼이, 마치 전신에 뿔이 나고 버섯이 돋아난 양 빼곡하게 번진 것을 보고, 저는 후후후후 웃음이 날 것 같았습니다. 슬슬 다리 쪽까지 퍼지고 있었지요. 귀신. 악마. 나는 사람이 아니다. 누가 나를 이대로 죽여줘. 아니야, 울어서는 안 돼. 이렇게 악마 같은 몸을 하고 훌쩍거려봐야 귀엽기는커녕 찌부러진 홍시처럼 우스꽝스럽고, 한심하고, 비참한 꼴이 되고 말 거야. 절대 울어서는 안 돼. 감추자. 그 사람은 아직 이걸 몰라. 보이고 싶지 않아. 안 그래도 못생긴 내가 피부마저 이렇게 썩어버리면, 이제, 이제 나는 정말 쓸모가 없어질 거야. 쓰레기. 쓰레기장이다. 이제 그 사람도 더 이상 나를 위로할 말을 찾지 못하겠지. 위로 따위는 받고 싶지도 않아. 이런 몸을 한 나를 가엾이 여긴다면, 나는 그 사람을 경멸할 것이다. 싫다. 차라리 이대로 그 사람과 헤어지고 싶다. 나를 위로하지 마. 나를 봐서는 안 돼. 내 옆에 있어서도 안 돼. 아아, 더, 지금보다 더 넓은 집에 살고 싶다. 평생 멀리 떨어진 방에서 지내고 싶어. 결혼을 하는 게 아니었다. 아니,

스물여덟까지 살아있는 게 아니었어. 열아홉 겨울에 폐렴에 걸렸을 때, 그때 낫지 않고 죽었다면 좋았으련만. 그때 죽었더라면 지금 이렇게 괴롭고 꼴사나운 일은 겪지 않아도 됐을 텐데. 눈을 꼭 감은 채 꼼짝 않고 앉아서 거친 숨만 내뱉다 보니 왠지 마음속까지 도깨비로 변하는 듯한 느낌이 들었고, 그 순간 온 세계가 고요해졌습니다. 저는 분명 어제까지의 제가 아닙니다. 저는 짐승처럼 느릿느릿 자리에서 일어나 기모노를 입었습니다. 기모노는 참 고마운 존재라고 절실하게 생각했지요. 그 어떤 무시무시한 몸이라도 이렇게 감쪽같이 다 감춰주니까요. 힘을 내서 빨래를 너는 곳으로 나가서 위태롭게 해님을 바라보다가, 문득 저도 모르게 깊은 한숨을 쉬었습니다. 그때, 라디오 체조의 구령 소리가 들려왔습니다. 저는 혼자서 쓸쓸하게 체조를 시작했고, 작은 목소리로 하나, 둘, 하고 구령을 붙이며 기운을 차리려고 애써 봤지만, 곧 견딜 수 없을 만큼 스스로가 안쓰러워져서 체조를 계속할 수 없었습니다. 금세라도 울음이 터질 것 같았지요. 게다가 갑자기 몸을 움직인 탓인지 목과 겨드랑이 밑의 임파선이 조금씩 아파져 오기에 살짝 만져보니 전부 딱딱하게 부어올라 있더군요. 그것을 알았을 때 저는 서 있을 힘마저 잃고 무너지듯 털썩 주저앉아버렸습니다. 못난 얼굴 탓에 지금껏 이렇게나 얌전하고 조용하게 숨어 살아왔는데, 왜 저를 괴롭히는 것인지요? 가슴이 새까맣게 타들어 갈 듯한 분노가 누구에게랄 것도 없이 울컥 솟아났습니다. 그때 뒤에서,

"어, 여기 있었군. 너무 그렇게 풀 죽지 마."라고 중얼거리는 그 사람의 따뜻한 목소리가 들렸습니다. "어때. 조금 좋아졌어?"

그렇다고 대답하려던 마음과는 달리, 저는 제 어깨에 올린 그 사람의 오른손을 조용히 밀쳐내고 자리에서 일어섰습니다.

"집에 돌아갈래요." 불쑥 그런 말이 나왔습니다. 더 이상 저도 스스로를 이해할 수가 없었고, 이제 어떤 행동을 하고 어떤 말을 하든 다 책임질 수 없을 것 같았습니다. 나 자신도, 우주도, 다 믿을 수 없게 되었지요.

"좀 보여줘 봐." 당혹스러운 듯 떨리는 그 사람의 목소리가 마치 저 멀리 어딘가에서 들려오는 것처럼 느껴졌습니다.

"싫어요." 저는 그 사람에게서 조금 물러서서,

"이런 곳에 멍울이 생겨서……."라고 말하며 겨드랑이 아래에 대었던 양손을 내려놓으면서 울음을 터뜨렸습니다. 와앙 하고 터져 나오는 울음을 참을 수가 없었습니다. 스물여덟 난 못생긴 여자가 어리광을 부리며 울어봤자 가여워 보이지도 않을 텐데. 보기 흉한 꼴이라는 걸 알면서도 점점 더 눈물이 솟구쳐 올랐고, 심지어는 침까지 흘렸습니다. 저는 정말 좋은 구석이라곤 없는 여자입니다.

"의사에게 데려가 줄 테니, 뚝. 울지 마!" 그 사람의 목소리가, 전에 없이 강하고 단호하게 울렸습니다.

그날은 그 사람도 일을 쉬고 신문광고를 살폈고, 전에 한두 번 이름을 들어본 적이 있는 유명한 피부과 전문의에게 진찰을 받기로 했습니다. 저는 옷을 갈아입으며 말했습니다.

"몸을 전부 보여야 하는 건가요?"

"그렇지." 그 사람은 아주 품위 있는 미소를 지으며 대답했습니다. "의사를 남자라고 생각하면 안 돼."

저는 얼굴을 붉혔습니다. 왠지 조금 기뻤지요.

밖으로 나가니 햇빛이 눈부시게 내리쬐고 있었고, 저는 스스로가 한 마리의 흉측한 송충이처럼 느껴졌습니다. 이 병이 나을 때까지 온 세상이 어두컴컴한 밤이라면 좋으련만, 하고 생각했지요.

"전철은 타기 싫어요."

결혼한 후 처음으로 그렇게 사치스러운 투정을 부렸습니다. 부스럼은 이제 손등에까지 퍼져 있었습니다. 언젠가 전차에서 이렇게 흉측한 손을 한 여자를 본 적이 있는데, 너무 불결한 느낌에 그 후부터는 전철 손잡이를 잡기조차 꺼려졌고, 혹시 옮는 것은 아닐까 싶은 생각에 늘 불쾌하게 여겨왔습니다. 그런데 지금은 제가 그때 보았던 여자의 손 같은 상태가 되었습니다. '일신의 불운'이라는 속된 말이 지금만큼 뼈에 사무친 적이 없습니다.

"알아." 그 사람은 밝게 웃으며 그렇게 대답하고는 저를 자동차에 태워주셨습니다. 쓰키지에서 니혼바시를 지나 다카시마야백화점 뒤편에 있는 병원까지 가는 동안, 아주 조금이긴 하지만, 어쩐지 장의차에 타고 있는 듯한 기분이었습니다. 눈만이 유일하게 살아 움직이며 초여름 거리의 풍경을 멍하니 응시했는데, 거리를 오고 가는 여자와 남자, 그 누구에게도 저 같은 부스럼은 없다는 게 너무 이상하게 느껴졌습니다.

병원에 도착해 그 사람과 함께 대기실에 들어가니, 그곳에는 바깥세상과는 완전히 다른 풍경이 펼쳐져 있더군요. 저는 불현듯 아주 오래전에 쓰키지에 있는 소극장에서 보았던 <밑바닥에서>[3]라는 연극 무대를 떠올렸습니다. 밖은 푸름으로 가득하고 눈이 부실 정도로 환했는데, 여기는 햇빛이 들고 있음에도 불구하고 왠지 어둑어둑하기만 했습니다. 소름 끼칠 정도로 차가운 습기가 가득하고, 시큼한 냄새가 코를 찌르는 그곳에서 맹인들이 고개를 숙인 채 우글거리고 있었습니다. 맹인은

3_ 러시아의 작가 막심 고리키(1868~1936)의 희곡을 원작으로 한 연극.

아니지만 어딘지 불구자의 느낌이 나는 노인들이 너무 많아서, 저는 깜짝 놀랐습니다. 저는 입구 근처 의자 끝에 앉아 죽은 사람처럼 고개를 숙이고 눈을 감았습니다. 문득, 이 많은 환자들 중에 내 피부병이 제일 심각할지도 모른다는 생각이 들어서, 깜짝 놀라 번쩍 눈을 뜨고 고개를 들어 환자들을 한 사람 한 사람 훔쳐보기 시작했습니다. 역시 저처럼 눈에 띄는 부스럼이 난 사람은 아무도 없더군요. 저는 병원 입구 앞에 걸린 간판을 보고, 이곳이 피부과와 더불어 쉽게 입에 담기 힘든 끔찍한 어떤 병을 전문으로 하는 병원임을 알게 되었습니다. 저쪽에 앉아 있는, 영화배우처럼 잘생기고 젊은 남자는 몸에 부스럼이 난 것 같지는 않으니 피부과가 아니라 그 나머지 하나의 병 때문에 여기에 온 것일지도 몰라, 하고 생각하니 이내 대기실에서 고개를 숙이고 앉아 있는 망자亡者들 모두가 그 병에 걸린 환자처럼 보였습니다.

"당신은 산책이라도 하고 오세요. 여긴 답답해요."

"아직 좀 더 기다려야 하는 모양이군." 그 사람은 무료한 듯이 제 곁에 서 있었습니다.

"예. 제 차례가 되는 건 점심시간쯤이라나 봐요. 여긴 좀 불결해요. 당신은 여기 있으면 안 돼요." 저는 스스로도 놀랄 만큼 단호한 목소리로 말했습니다. 그 사람은 제 말에 순순히 수긍하듯 조용히 고개를 끄덕였습니다.

"같이 나가지 않을래?"

"아니, 저는 괜찮아요." 저는 미소를 지으며 대답했습니다. "저는 여기에 있는 게 제일 편해요."

그렇게 그 사람을 대기실에서 내보내고 난 후, 저는 마음을 가라앉히고 술에 취한 사람처럼 눈을 꼭 감았습니다. 누군가 옆에서 본다면 분명 눈에 거슬리게 점잔을 빼며 명상에 잠긴 늙은 여사처럼 보이겠지만, 저는 그렇게 하고 있는 게 제일 편한걸요. 죽은 척. 문득 그런 말이 떠올라서 기분이 이상해졌습니다. 그리고 점점 걱정되기 시작했습니다. 누구에게나 비밀은 있는 법. 누군가가 제 귓전에 대고 그런 꺼림칙한 말을 속삭이는 듯한 기분이 들어 가슴이 뛰기 시작했지요. 혹시 이 부스럼도……하는 생각이 들자 순간 온몸의 털이 곤두서는 듯했습니다. 그 사람이 상냥하고 자신감이 없는 것도 그런 이유에서가 아닐까. 설마 그럴 리가. 저는 그때 처음으로, 참 이상한 일이지만 정말 그때 처음으로, 그 사람에게는 내가 처음이 아니라는 사실이 실감 나게 와 닿아서 극도로 불안해졌습니다. 속았다! 사기 결혼. 갑자기 그런 심한 말까지 떠올라서, 당장이라도 그 사람을 쫓아가 한 대 때려주고 싶은 기분이었습니다. 참 바보 같지요. 애초부터 다 알고 한 결혼이었는데도 불구하고, 갑자기 제가 그 사람의 처음이 아니라는 사실이 참을 수 없이 분하고 원망스러워 돌이킬 수 없을 것만 같은 기분이었지요. 그 사람의 전 부인이라는 존재가 저를 강하게 압박해왔고, 처음으로 그 여자가 지독하게 미웠습니다. 이제껏 그 사람에 대해 한 번도 생각해보지 않았던 저의 태평함을 생각하니 눈물이 끓어오를 정도로 분하더군요. 괴로웠습니다. 이게 그 질투라는 감정일까요. 만약 정말 그런 거라면, 질투란 참으로 구제 불능의 광란. 그것도 육체만의 광란. 아름다운 구석이라곤 찾아볼 수 없는, 이 얼마나 추악한 감정인지요. 이 세상에는 아직 제가 모르는 끔찍한 지옥이 있었던 겁니다. 저는 앞으로 살아갈 날들이 끔찍하게 느껴졌습니다. 스스로가 너무 한심스러워 급하게 무릎 위에 놓여 있던 보따리를 풀어 소설책을 꺼낸 후 대충 책을 펼쳐 그곳부터 읽기 시작했습니다. 보바리 부인. 엠마[4]의 불행한 생애는 항상 저를 위로해줍니다. 엠마가 타락해가는 그 과정이, 제게는 가장 여자답고 자연스러운 모습처럼 느껴집니다. 물이 높은 곳에서 낮은 곳으로 흐르는 것과 비슷한, 몸이 노곤해지는 솔직함이 느껴지지요. 여자란 이런 존재입니다. 말할 수 없는 비밀을 간직하고 있지요. 그게 여자의 '천성'이니까요. 수렁을 하나씩은 꼭 가지고 있습니다. 그것만은 자신 있게 말할 수 있습니다. 여자에게는 그날그날이 전부 인걸요. 남자와는 다르지요. 그것만은 확실히 말할 수 있습니다. 사후死後도 생각지 않습니다. 사색에 잠기지도 않지요. 그때그때의 아름다움의 완성만을 바랍니다. 생활을, 생활의 감촉만을 맹목적으로 사랑합니다. 여자가 밥공기나 아름다운 무늬의 기모노를 사랑하는 것은, 그것만이 진정한 삶의 낙이기 때문입니다. 그때그때의 움직임, 그것이 살아가는 목적입니다. 그 외에 무엇이 더 필요할까요. 강도 높은 리얼리즘이 여자의 이런 발칙함과 가벼움을 제대로 파악하고 가차 없이 파헤쳐준다면, 우리도 정신이 번쩍 들 것입니다. 그렇게 된다면 얼마나 편해질 수 있을까, 하는 생각이 듭니다. 여자 안에 존재하는 그 끝을 알 수 없는 '악마'에 대해서는 아무도 논하려 하지 않고 못 본 척하기 때문에 여러 가지 비극이 일어나는 것입니다. 철저한 리얼리즘만이 우리를 진정으로 구제해줄지도 모릅니다. 한 치의 거짓 없이 말하자면, 결혼을 한 그다음 날 바로 아무렇지도 않게 다른 남자 생각을 할 수 있는 것이 여자의 마음입니다. 사람의 마음에 대해 결코 방심해서는 안 됩니다. 남녀칠세부동석이라는 옛 가르침이 불현듯 무시무시한 현실감을 가지고 저의 가슴을 파고들어서 정신이 번쩍

4_ 엠마는 구스타브 플로베르의 장편소설 『보바리 부인』의 작품 속 주인공으로, 평범한 시골 의사의 아내이지만 남편에게 만족하지 못하고 다른 남자들과 정사를 즐기다 결국 자살 하기에 이른다.

들었습니다. 일본 윤리라는 건 거의 완력에 가까울 만큼 사실적이구나, 하는 생각에 현기증이 날 정도로 놀랐습니다. 어차피 모든 것은 이미 다 파헤쳐졌다. 수렁은 오래전부터 파여 있었다. 그렇게 생각하니 오히려 마음이 개운하고 상쾌해져 안심되었습니다. 이렇게 부스럼투성이의 몸을 하고 있어도 역시 색기 가득한 아줌마구나, 하고 여유롭게 스스로를 비웃기도 하며 다시 계속해서 책을 읽어나갔습니다. 루돌프가 엠마에게 슬쩍 더 가까이 다가가면서 달콤한 말을 속삭이는 부분이었는데, 저는 그 부분을 읽으며 전혀 다른 이상한 생각으로 싱긋 웃어버렸습니다. 엠마에게 이때 부스럼이 난 상태였다면 어땠을까, 하는 이상한 생각이 샘솟았는데, 저는 곧, 아니야, 이건 중요해, 하고 다시 진지해졌습니다. 만약 그랬다면 엠마는 틀림없이 루돌프의 유혹을 거절했을 것입니다. 그리고 엠마의 삶은 전혀 다른 것이 되었겠지요. 분명해. 끝까지 거절했을 거야. 그럴 수밖에 없잖아요. 이런 몸을 하고선 말이죠. 그리고 이건 희극이 아닙니다. 여자의 삶은 정말 그때의 머리 모양이나 기모노의 무늬, 졸린 정도 또는 사소한 몸 상태 같은 것들에 따라 결정됩니다. 너무 졸린 나머지 등에 업고 있던 시끄러운 아기를 목 졸라 죽인 보모도 있을 정도니까요. 부스럼은 여자의 운명을 뒤집어버리기도 하고, 로맨스를 왜곡시키기도 합니다. 만약 결혼식을 하루 앞둔 날 밤, 생각지도 못했던 부스럼이 생겨서 놀라는 사이에 그 부스럼이 가슴과 팔다리까지 퍼져버린다면 어떨까요. 저는 충분히 있을 법한 일이라고 생각합니다. 부스럼은 평소에 아무리 조심한다고 해도 막을 수가 없는, 어쩐지 하늘의 뜻에 의한 존재 같습니다. 하늘의 악의를 느낄 수 있지요. 오 년 만에 귀국하는 남편을 마중하러 서둘러 요코하마 부두로 나가서 설레하며 기다리고 있는데 얼굴의 중요한 부분에 순식간에 부스럼이 번진다면,

그걸 만지작대는 사이에 기쁨으로 가득 찬 그런 비극도 얼마든지 있을 수 있습니다. 남자들은 부스럼 같은 건 그다지 신경 쓰지 않는 모양이지만, 여자는 피부 하나만 생각하며 살아가고 있는걸요. 그것을 부정하는 여자는 거짓말쟁이입니다. 저는 플로베르에 대해 잘 모르지만, 굉장히 세심하고 사실적인 작가인 모양입니다. 샤를이 엠마의 어깨에 키스하려는 장면에서 엠마가 '비켜요. 옷에 주름이……!'라고 말하며 거절하는 장면이 있지요. 그렇게 사소한 부분까지 놓치지 않는 눈을 가졌으면서 어째서 여자가 피부병에 걸렸을 때의 괴로움에 대해서는 써주시지 않은 걸까요. 남자들은 절대 이해할 수 없는 괴로움인 걸까요. 어쩌면 플로베르 정도 되는 분이라면 날카롭게 간파하고 있으면서도, 그건 지저분해서 로맨스와 도무지 맞지 않는다는 이유로 모른 척 멀리했던 것일지도 모르지요. 하지만 멀리하다니, 그건 비겁해요. 정말 비겁해. 만약 결혼식 전날 밤이나 가슴 절절하게 그리워하던 사람과의 오 년 만의 재회를 앞둔 때에 생각지 못했던 흉측한 부스럼이 번진다면, 저는 차라리 죽음을 택할 것입니다. 집에서 뛰쳐나와 어딘가에서 뛰어내려 자살하겠어요. 여자는 순간순간의 아름다움에 기뻐하며 그것만을 낙으로 살아가는걸요. 설령 내일이 어떻게 되건…….

살짝 문이 열리고, 그 사람이 흡사 다람쥐 같은 작은 얼굴을 들이밀며 아직 멀었어? 하는 표정으로 바라보기에, 저는 살짝 손짓해서 그 사람을 불렀습니다.

"저기." 품위 없는 새된 목소리가 나온 탓에 잠시 어깨를 움츠렸다가 최대한 목소리를 낮추고 다시 말했습니다.

"여자가 내일 일은 어떻게 되든 상관치 않겠다고 굳게 결심했을 때 제일 여성스럽다고 생각하지 않아요?"

"뭐라고?" 그 사람이 당황하는 것을 보고 웃음이 났습니다.

"전 설명이 서툴러서. 잘 모르겠지요? 이제 상관없어요. 저, 여기 잠시 앉아 있는 사이에 왠지 딴사람이 된 것 같아요. 이런 밑바닥에 있으면 안 될 것 같아요. 전 너무 나약해서 주변 분위기에 쉽게 영향을 받고 또 금세 적응해버리거든요. 저, 상스러운 여자가 되어버렸어요. 자꾸 하찮은 마음만 들고 타락해서, 그러니까, 마치……."

저는 말을 하려다가 이내 입을 꾹 다물었습니다. 매춘부. 저는 그 말을 하려고 했습니다. 여자가 영원히 입에 담아서는 안 되는 말. 그리고 한 번쯤은 반드시 고민하게 되는 말. 자긍심을 완전히 잃었을 때, 여자는 반드시 이 말을 떠올립니다. 몸에 난 부스럼 탓에 마음까지 도깨비처럼 변해버렸다는 사실을, 저는 어렴풋이 깨닫기 시작했습니다. 지금까지 제 외모가 볼품없다, 볼품없다 하면서 모든 일에 자신 없는 척했지만, 그래도 역시 피부만은, 그것만은 남몰래 소중히 아끼고 있다는 것을, 그것만이 저의 유일한 자존심이었다는 사실을 지금 깨달은 것입니다. 겸손이니 조신이니 인내니 하며 자부해오던 것들도 순 가짜입니다. 사실은 저 또한 지각知覺과 감촉에 일희일비하며 장님처럼 살아온 가엾은 여자라는 사실을 깨달았지요. 지각과 감촉에 아무리 예민해도 그건 단순한 동물적 감각일 뿐이야, 지혜와는 전혀 상관없어, 나는 정말 한심한 바보로구나, 하고 스스로에 대해 확실히 알게 되었습니다.

저는 착각에 빠져 있었습니다. 섬세하고 민감한 감각을 왠지 고상하다 여기고 그것을 똑똑한 것이라고 착각하면서 남몰래 스스로를 위로했던 건지도 모릅니다. 저는 결국 멍청하고 머리가 나쁜 여자인 거지요.

"이것저것 많이 생각했어요. 저, 정말 바본가 봐요. 정말 제정신이 아니었어요."

"그럴 수도 있지. 다 알아." 그 사람은 정말 다 아는 것처럼 현명해 보이는 웃는 얼굴로 말했습니다.

"우리 차례가 됐나 보군."

간호사의 안내를 따라 진찰실에 들어선 저는 허리띠를 풀어 과감하게 상반신을 드러내고 석류처럼 붉어진 제 가슴팍을 슬쩍 내려다보았습니다. 눈앞에 앉아 있는 의사보다 뒤에 서 있는 간호사가 제 몸을 보는 것이 몇 배는 더 괴로웠습니다. 의사는 역시 사람 같지 않다는 생각이 들었습니다. 얼굴의 인상마저 흐리게 느껴지더군요. 의사도 저를 사람이 아닌 것을 다루듯 몸의 여기저기를 만져보더니,

"중독이네요. 상한 음식을 드셨나 보군요." 태연한 목소리로 그렇게 말했습니다.

"낫는 건가요?"

그 사람이 물었습니다.

"낫지요."

저는 마치 다른 방에 떨어져 있는 기분으로, 그저 멍하니 그 말을 듣고만 있었습니다.

"혼자서 훌쩍훌쩍 울고 있는 걸 보고 있기가 힘들어서요."

"금방 나을 겁니다. 주사를 놔드리지요."

의사가 자리에서 일어섰습니다.

"별것 아닌 건가요?" 그 사람이 다시 말했습니다.

"그럼요."

주사를 맞고 저희는 병원을 나섰습니다.

"벌써 손 쪽은 말끔히 나았어요."

저는 몇 번이나 햇빛에 손을 비춰가며 들여다보았습니다.

"그렇게 좋아?"

그 사람의 말에, 저는 부끄러워졌습니다.

太宰治

春の盗賊
봄의 도적

「봄의 도적」

1940년 1월, 잡지 『문예일본文芸日本』에 발표됐다.

이 작품은 「팔십팔야」, 「세속의 천사」, 「갈매기」 등의 작품과 함께, 이상을 버리고 현실 생활에 타협해버리고 만 다자이의 자기비판과 자조, 반성이 잘 드러난 작품으로 평가받는다. 자신의 앞을 가로막은 현실의 벽 앞에서 끝없이 좌절하면서도 그 속에서 다시금 새로운 활로를 찾아 나가고자 하는 다자이의 의지를 엿볼 수 있는 작품이다.

—나는 감옥 속에 있구나.

이 이야기를 너무 기대하고 읽으면 곤란하다. 이건 그렇게 재미있는 이야기가 아닐지도 모른다. 도둑에 관한 이야기임은 분명하지만, 유명한 대도의 생애를 기록하려는 것은 아니다. 그저 나의 초라한 경험담에 지나지 않는다. 설마하니 내가 도둑질을 했다는 그런 이야기는 아니다. 나는 오 년 전 병에 걸렸을 때 친구 여럿에게 편지를 보내 돈을 빌렸는데 그것이 쌓이고 쌓여 이백 엔이 넘어갔고, 오 년이 지난 지금까지 여전히 갚지 못하고 있다. 빌린 돈을 갚지 않는 것은 명백한 사기다. 하지만 친구들은 나를 고소하기는커녕 길에서 우연히 만나면 여어, 몸은 좀 괜찮아? 하고 오히려 따뜻하게 대해준다. 돈을 돌려줘야 한다! 나는 단 한 순간도 그것을 잊은 적이 없다. 조금만 기다려주십시오. 저는 반드시 활기차게 다시 일어서 보일 것입니다. 나는 원래부터 자기변호에는 늘 서툴렀다. 특히 이처럼 작품을 통해 사생활에 대해 변명을 하는 것은 명백히 도리에 어긋나는 일이라고 생각한다. 예술작품은 예술작품으로서, 별개로 소중히 다루어져야 한다는 생각도 든다. 나는 어쩌면 이야기 지상주의자가 되어가고 있는지도 모른다. 사생활의 미숙함은 사생활 속에서 실제로 드러내 보일 수밖에 없다. 지켜봐 주십시오.

곧 저는 여러분과 아주 떳떳하게 담소를 나눌 수 있는 남자가 되어 보이겠습니다. 이것은 한 치의 거짓도 없는, 홍이 다 깨어질 만큼 진지한 약속이다. 그럼에도 불구하고 내가 지금 이렇게 난폭한 고백을 하는 이유는, 비록 아직 내가 빚을 다 갚지 못한 죄를 짓고는 있지만 그래도 지금까지 단 한 번도 도둑질을 한 적은 없다는 것을 확실히 해두고 싶기 때문이다. 정말 도둑질은 한 적이 없다. 너무 심하게 집착하는 것처럼 보이겠지만, 내가 이러는 데는 또 다른 이유가 있다. 사람들은 나에 대해 오해하고 있다. 엉망진창이다. 차마 입에 담기 힘들 만큼 형편없고 끔찍한 수식어를 대여섯 개나 가지고 있다. 이건 다 내 잘못이다. 그런 끔찍한 수식어를 제일 먼저 생각해내고 그것을 스스로의 왕관이라도 되는 양 자랑스러워하던 이는 다른 누구도 아닌 나 자신이었기 때문이다. 일전에 누군가가 내게 예술 세계에서는 악덕하면 악덕할수록 이름을 떨친다고 이야기해준 적이 있는데, 나는 그것을 철석같이 믿고 있었다. 고등학생 시절에는 얼굴에 싸움의 흔적을 달고 해진 옷을 입고서 술에 취해 고성방가하며 길거리를 활보하는 남자를 영웅이자 the Almighty, 심지어는 성공한 사람이라고 믿었다. 예술 세계도 마찬가지라고 생각했다. 부끄러운 일이다.

나의 악덕한 모습은 모두 가짜였다. 이것은 꼭 고백해야만 한다. 그런 척 행동했을 뿐이다. 실제로는 굉장히 소심하고 겁이 많으며, 아주 무르고 나약하다. 머리가 약간 둔하고 맨정신으로는 사람 얼굴조차 똑바로 바라보지 못하는, 이른바 겁쟁이 사내다. 이런 녀석이 알렉상드르 뒤마[1]의 모험 소설에 열광하여 낯빛을 바꾸고 서재에서 뛰쳐나와,

1_ Alexandre Dumas(1802~1870). 19세기 프랑스의 극작가 · 소설가로 소설 『삼총사』, 『몽테크리스토백작』으로 널리 알려져 있다.

친구를 고르려면 달타냥[2]이네 어쩌네 소리치며 술판에 뛰어든 꼴이니 한심하기 짝이 없다. 엉망진창이다. 그야말로 숨만 간신히 붙어 있는 상태였다.

같은 실수를 두 번 반복하는 녀석은 바보다. 자기 분수도 모르는 거만한 놈이다. 그래서 이번에는 나도 조심했다. 갑옷과 투구로 무장했다. 두 겹, 세 겹으로 갑옷을 껴입었다. 하지만 무장이 너무 지나쳤다. 몸을 움직일 수 없게 된 것이다. 방에서 한 발짝도 나가지 않았다. 어느 문병객이 나를 보고 무심결에 폐인 같다는 말을 한 적이 있는데, 기분이 별로 좋지는 않았다.

지금은 알몸에 샌들, 그리고 제법 튼튼한 방패 하나를 가지고 있다. 이제 나는 세간의 평가를 무척 경계한다. '나는 일찍이 민중에게 무슨 죄를 지은 것인가. 나는 지금 민중의 친구가 아니라는 평가를 받고 있다. 여론이 사람을 얼마나 쉽게 곡해하는지, 그것을 보면 아주 놀랍다. 정말로 놀랍다.'라고, 괴테 정도 되는 대단한 남자도 에커만[괴테의 비서] 씨에게 이렇듯 푸념하고 있지 않은가. 또한 나는 유년기 때부터 골드스미스[3]라는 작가를 무척 좋아했는데, 이 작가는 평생 단 한 명의 인물만을 존경했다. 웨이크필드의 목사[4]다. 즉 자신의 소설 속에 등장하는 인물인 것이다. 골드스미스는 오직 그 사람만을 존경했다. 지극히 존경했다. 그 사람은 대단히 훌륭한 목사다. 사실 나도 남몰래 그 목사를 우러러보고 있다. 어느 날 그 목사가 자신의 늙은 애마를 팔러 마시장에 가서 말을

2_ 알렉상드로 뒤마의 『삼총사*Les Trois Mousquetaires*』 중 1부에 해당하는 부분이 일본에서 『친구를 고르려면 삼총사』라는 제목으로 번역되었다.

3_ Goldsmith, Oliver(1730~1774). 아일랜드 태생의 영국 소설가.

4_ 골드스미스가 1766년에 발표한 소설의 제목.

이리저리 걸어보게 하며 상인들에게 보여주었다가 상인들에게 형편없이 욕을 먹었다. 그는 그 수많은 혹평을 접하고는 '나도 결국 이 가엾은 동물에게 진심으로 경멸감을 느끼게 되었고, 말을 사려는 사람이 가까이 다가오면 어쩐지 부끄러웠다.'라고 고백하며, '나는 다른 사람들의 말을 그대로 믿지는 않지만, 증인의 수가 많다는 건 결국 그 말이 옳을 가능성이 높다는 뜻이라고 생각할 수밖에 없다. 성 그레고리도 선행에 대해 같은 의견을 보이고 있지 않은가.'라고 침울하게 말하며 탄식했다고 한다. 웨이크필드의 목사만큼 덕망 높은 인물도 결국 다를 바가 없다. 하물며 나같이 덕도, 재능도 없는 가난한 서생이 세간의 평가를 무시할 수 있을 리가 없다. 세간의 평가를 무시하기는커녕, 오히려 그것을 위해 살아왔다. 처량한 나의 노래. 허영으로 시작해 갈채로 끝나는구나. 어려서부터 성공에 너무 집착했다. 자기가 과거에 저지른 실수에 대해 신이 나서 떠들어대는 것은 아무래도 모양새가 좋지 않다. 추잡하지 않은가. 회개를 모두 끝마치고 깨달음을 얻었다는 듯한 그 얼굴이, 구세군인지 뭔지 하는 것과 비슷하다. 꾸중을 들은 하인들이 머리를 긁적이며 '아, 그러네요. 생각하면 할수록 저희들 생각이 짧았던 것 같아요. 에헤헷.' 하고 말하며 생각 없이 주인의 눈치만 살피는 행동. 비슷하지 않나? 비슷하지 않나? 마음에 걸린다.

비슷하지 않다. 눈곱만큼도 비슷하지 않다. 전혀 다른 종류다. 나는 스스로 막다른 골목까지 가서 한참을 헤매다가 괴로움에 신음하며 고심한 끝에 터벅터벅 되돌아왔다. 그리고 더 중요한 점은 내게 막다른 골목이라고 하는 건 생활상의 막다른 골목에 지나지 않았다는 사실이다. 단언컨대 창작 상의 막다른 골목은 아니었다. 나는 최근 오륙 년간 발표해온 수십 편의 소설을 지금도 부끄러이 여기지 않는다. 이따금 내가 쓴 소설들을 다시 읽어보기도 한다. 내가 썼지만 참 잘 썼다고 생각한 적도 있다. 하지만 과거에 쓴 수십 편의 소설에서 병중 수기手記 두세 편은 제외해야 한다. 이건 단언컨대, 단언컨대라는 말을 두 번째 사용하는 것이긴 하지만, 단언컨대 제외해야 한다. 지금 다시 읽어보면 스스로도 의미를 알 수 없는 부분이 작품 군데군데에서 눈에 띈다. 의미 불명의 문장이 많이 보이는 것만으로도, 나는 부끄러워해야 마땅하다. 내게는 정말 불명예스러운 작품이다.

하지만 내가 이전에 쓴 수십 편의 소설을 지지한다고 해서 나를 안이한 사람이라고 생각하면 큰 오산이다. 최근 깊이 생각해본 결과에 따르면, 내가 가진 작품을 보는 눈은 단언컨대, 단언컨대라는 말을 세 번째 사용하는 것이지만, 단언컨대 엉터리는 아니다. 나는 뭐 하나 잘하는 것이 없는 남자지만, 문학만큼은 정말 좋아한다. 하루 세끼 밥보다도,라는 말은 내게 있어 진부한 비유가 아니다. 사실 나는 좋은 작품을 읽을 때는 하루 세끼를 한 끼로 줄일 만큼 그 글에 푹 빠지곤 하는데, 별다른 고통도 느끼지 않는다. 나는 그 정도로 바보다. 스스로에 대해 다 파악하게 되자, 다시 세간의 평가를 소중히 여기자는 생각이 들었다. 예전의 내게 있어 세간의 평가는 생활의 전부나 마찬가지였기에, 나는 그것이 두려웠다. 그래서 일부러 더 무관심한 척을 했고, 그것에 대한 반발로 오히려 더 미쳐 날뛰면서 다른 사람이 오른쪽이라고 하면 아무런 이유 없이 왼쪽으로 가서 길을 잃고 헤매면서 그런 행동으로 스스로의 우월함을 과시하려고 애썼다. 하지만 지금은 그 누구와도 일대일 승부다. 이것은 나의 자신감이자 겸손함이다. 그 누구에게도 지면 안 된다. 승리를 양보하다니, 그 무슨 오만하고 비열한 정신이란 말인가. 양보하고 말고 할 것도 없다. 승리란, 이것은 상당한 노력이다.

사람이 만약 자신을 희생해서, 설령 그리 가깝지 않은 친척 중 한 사람이라 하더라도, 그 누군가의 생계라도 책임져야 하는 숙명에 놓여 있다면, 당연히 여유 같은 게 생길 리가 없지 않은가. 괴테는 세간의 평가에 대해 좋은 가르침을 준다. 나는 요즘 괴테를 진정한 스승으로 여기고 한결같이 우러러보며 배움을 얻고 있다. 괴테는 장수했다. 그것만으로도 클라이스트[5]나 도코쿠[6]보다 믿음직스럽고 배울 것도 많다. 자신의 재능과 학식에 절망한 한 가난한 작가는 이제 모든 것을 포기하고 최소한 오래 살기라도 해서 어떻게든 부족한 점을 보충해보려는 심산으로 남몰래 건강법을 연구하고 있다. 괴테는 '그러나 무엇보다'라고 입을 떼며 에커만 씨에게 한숨을 쉬며 결론을 이야기했다. '최후에는 자신을 제한시키고 고립시키는 것이 최고의 방법이다.'

괴테의 이러한 결론은 나처럼 변덕스러운 작가에게는 따끔한 충고와도 같았다. 지나치게 많은 온갖 종류의 사냥개를, 그야말로 세상에 존재하는 모든 종의 사냥개를 끌고 의기양양하게 사냥을 나가는 것까지는 좋았다. 하지만 집을 나서는 순간 그 개 수백 마리는 마구잡이로 날뛰기 시작하고, 멋들어지게 사냥복을 차려입은 주인은 이리저리 허둥대다가 냅다 엎어지고 만다. 당연한 일이다. 그 후, 나는 비싼 값에 사들인 사냥개들을 한 마리 한 마리 떠나보내려고 애썼다. 나를 따르지는 않았지만 그래도 매우 훌륭한 혈통을 가진 사냥개까지도 눈물을 머금고 떠나보냈다. 누가 떠나보낸 것인가. 물론 나 자신이다. 하지만 세간의 평가, 그로 인해 나를 떠난 사냥개도 두세 마리 정도 있다.

5_ 하인리히 폰 클라이스트Bernd Heinrich Wilhelm von Kleist(1777~1811). 독일의 극작가 · 소설가로 비극적인 삶을 살다가 자살로 생을 마감했다.
6_ 기타무라 도코쿠北村透谷(1868~1894). 일본의 시인 겸 평론가. 스물다섯의 나이로 자살했다.

원래 소설 속에 '나'라고 칭하는 인물을 등장시킬 때에는 매우 신중한 마음가짐이 필요하다. 유독 이 나라에서 그런 경향이 더 강하긴 하지만, 어느 나라 사람이건 모두 오래전부터 픽션을 작가의 추문으로 받아들이고 자신은 고상한 척하며 그 작가를 비난하고 비웃는 버릇을 가지고 있다. 아주 나쁜 버릇이다. 나는 이제야 짐작이 간다. 푸시킨[7] 같은 자유분방한 시인조차도 『오네긴』[8]에 대해 이야기할 때는 '이 주인공은 내가 아니다. 나는 그 인물과는 전혀 다른, 아주 별 볼 일 없는 남자다. 오네긴은 절대 내가 아니다.'라며 집요하게 부정한다. 또한 도스토예프스키처럼 영원한 사랑을 좇으며 살았던 남자도 작품 속 주인공에게는 라스콜리니코프나 드미트리 같은 이름을 부여할 뿐 절대로 '나'를 내보이지 않는다. 간혹 '나'를 내보인다고 해도 '나'라는 존재는 아주 평범하고 의젓하며 답답할 정도로 선량하기만 한 방관자로서, 이야기에 크게 영향을 미치지 않는 성격으로 그려진다. 도일[9]이 만약 진실성을 부여하기 위해 명탐정의 이름을 셜록 홈즈가 아닌 '나'라고 해서 발표했다면, 과연 그가 그렇게 평온한 말년을 보낼 수 있었을까. 의심스럽다.

작가들은 사소설私小說을 쓸 때조차도 대부분 자신을 '좋은 사람'으로 그린다. 자전적 소설 속 주인공 중에 '좋은 사람'이 아닌 이가 있던가? 아쿠타가와 류노스케[10]도 언젠가 그런 내용의 글을 쓴 적이 있었던 것으로 기억한다. 나는 사실 그런 의문 때문에 일부러 더 '나'라는 이름의

7_ 알렉산데르 푸시킨Aleksandr Sergeevich Pushkin(1799~1837). 러시아의 시인 겸 소설가.

8_ 권태에 사로잡힌 귀족 예브게니 오네긴과 순수하고 아름다운 여인 타티아나의 안타까운 사랑을 통해 당대 러시아인의 삶을 그린 작품.

9_ 아서 코넌 도일Arthur Conan Doyle(1859~1930). 셜록 홈즈를 탄생시킨 영국의 추리작가.

10_ 芥川龍之介(1892~1927). 다이쇼시대의 소설가. 합리주의와 예술지상주의를 바탕으로 쓴 작품이 주를 이루며, 대표작으로 『라쇼몽羅生門』, 『지옥변地獄變』 등이 있다. 다자이는 학창 시절부터 아쿠타가와를 무척 동경했으며, 문학적으로도 지대한 영향을 받았다.

주인공을 성질이 고약하고 악마적인 인물로 그리려 했다. 어설프게 '좋은 사람'이 되어 사람들에게 동정을 얻는 것보다는 차라리 떳떳한 일이라고 생각했다. 하지만 그게 잘못이었다. 현세現世에는 현세의 한계라는 게 모양이다. 메리메나 고골 정도 되는 남자들도 생전에는 그런 일을 구태여 하지 않았고, 단지 후세 사람들이 그 소설 속 악마는 고골 자신이라느니 메리메 본인의 잔인성이 그대로 드러난 것이라느니 하는 식으로 평가한 것뿐인데, 하지만 그것들은 이미 고전 작품이니 이러나저러나 별로 상관이 없다. 하지만 메리메와 고골 모두—그리고 지금 갑자기 생각이 난 것인데, 샤토브리앙이나 파스칼 정도 되는 위대한 인물이라 하더라도—세간의 평가 때문에 얼마나 고민하고 남몰래 악전고투했을지. 그것을 생각하면 눈물이 날 지경이다.

절실히 생각한다. 여론을 바로 잡는 것은 예삿일이 아니다. 내게는 이용할 만한 지위도, 권력도, 돈도, 아무것도 없다. 달랑 펜 한 자루만 쥐고 이렇게 고심해가며 한 자 한 자 글을 써서 그것을 바로 잡으려 하고 있으니, 제대로 될 리가 없다. 불타 없어지는 건 한순간이지만 다시 세우는 데는 백 년이 걸린다고 하더니, 그 말이 딱 맞다. 나는 정말 잘못 생각하고 있었다. 나는 살아있는 고전인古典人이 되고자 했다. 될 수 있을 거라고 믿었다. 한심하고 발칙한 생각이었다. 나는 오늘 이후로 세간의 평가에 충분히 주의를 기울이되, 들어야 할 것은 관대하게 포용하고 잘못된 것은 바로잡을 생각이다.

하지만 이것 또한 사생활 이야기가 아닌가? 이야기 속에 사생활에 대한 변명을 쓰는 것은 옳지 않다고 방금 네 녀석이 말하지 않았나. 이건 모순이 아닌가? 모순이 아니다. 이제 조금씩 소설의 세계로 들어가고 있으니, 독자들도 주의해주길 바란다.

방금 말한 것처럼, 재기란 결코 쉬운 일이 아니다. 그렇기 때문에 도둑 이야기를 하기에 앞서 이렇게나 긴 양해의 말이 필요했던 것이다. 나는 이제껏 작품에 관련된 평가보다는 실생활이나 성격, 혹은 체질에 관한 악평에 더 시달려 온 탓에 픽션 하나도 마음 놓고 쓸 수가 없다. 픽션을 단순히 픽션으로 순수하게 사랑할 수 있는 이는 행복한 사람이다. 하지만 이 세상에는 그렇게 멋진 사람만 존재하는 것은 아니다.

나는 사실 돈이 너무 궁한 나머지 도둑질을 했을 때의 체험담을 아주 그럴싸하게 고백하는 이야기를 쓰려고 했다. 분명 사실적이고 흥미로운 이야기가 되었을 것이다. 하지만 내 픽션에는 감정이 너무 많이 들어가기 때문에 모든 사람이 혹시? 하는 의심을 품게 되고 심지어는 나 자신조차 혹시? 하고 불안해질 정도다. 그런 이유로 나에 대한 가족이나 친척들의 믿음도 다 깨져버렸다. 나 같은 사람은 억울한 누명을 쓰고 법정에 서게 되더라도 막상 검사에게 추궁을 받으면 그 죄의 수십 배에 달하여 극형에 처해 질 정도의 죄상까지 자백해버릴지도 모른다. 애당초 존재하지도 않는 범죄지만 내 진술이 너무 상세한 탓에 검사는 죄상이 명백하고 증거가 충분하다고 확신할 것이고, 그렇게 되면 나는 큰 낭패를 볼지도 모른다. 지금까지 이십팔 년을 살면서 아무것도 하지 않고 쓸모없는 이야기책만 탐독해 온 결과이리라. 나는 이른바 내 뼛속까지 스며들어 있는 로맨티시즘을 어느 정도 선까지는 save해야만 한다. 그리고 모든 일에 일정한 선을 지켜야 한다. 다소 평범한 사람으로 둔갑할 필요가 있다. 괴로운 일이지만, 안타깝게도 나는 예순, 일흔까지 살아남아서 노대가老大家라고 불리어질 만한 남자가 되어야 하는 상황에 이르렀기 때문이다. 나는 많은 사람들에게 그것을 약속했다. 그들을 기만할 수 없다. 내게는 지금 꼭 돌봐야만 하는 사람들이 여럿 있다. 고상한 취미를 가진 극소수의 독자들은 분명 내가 경직되는 것을 남몰래 안타까워하고 있을 것이다. 고마워. 넌 항상 내게 따뜻했어. 건강히, 항상 건강하게 지내길. 하지만 나는 두 손 놓고 네게 어리광만 부릴 수는 없어. 입을 다물고 있으면 당장 내일 먹을 것도 궁해지고 말거든. 아아, 내가 조금만 더 부자였다면!

이런저런 이유로, 나는 내가 직접 호숫가에 있는 고성古城에 몰래 침입하는, 온몸에 전율이 이는 악덕한 이야기를 쓰는 건 단념할 수밖에 없게 되었다. 그 성에는 오필리아와 닮은 아름답고 고독한 아가씨도 있지만, 지금은 아무것도 말하지 않겠다. 혼자 신이 나서 도둑 체험담을 쓰면 사람들은 분명 '어차피 다 그 녀석 이야기야. 그 녀석이라면 도둑질 정도는 하고도 남을 테니까.'라고 수군거릴 테고, 사람들의 수군거림으로 인해 내가 또 어떤 오명을 뒤집어쓰게 될지는 짐작하기조차 힘들다. 그러므로 그런 이야기는 내가 좀 더 성공 해서 내 인격에 대한 세간의 평가가 그다지 나쁘지 않을 때, 적어도 나의 현재 실생활을 그대로 전할 수 있을 만큼의 평판이 되었을 때 쓸 것이다. 그때가 되면 나도 대담하게 '나'라는 주인공을 등장시켜서 모든 악덕함의 모델을 다 보여줄 것이다. 하지만 지금은 불가능하다. 슬프지만 그럴 수가 없다.

다음으로 이야기할 한 편의 글 역시 픽션이다. 어젯밤, 집에 도둑이 들었다. 그리고 이것은 거짓말입니다. 전부 거짓말입니다. 이렇게 먼저 양해를 구해야만 하는 나의 한심함이란. 혼자서 킥킥거리며 웃었다.

어젯밤에는 무척 놀랐다. 웃을 일이 아니다. 정말로 놀랐다. 난생처음으로 집에 도둑이 들었다. 게다가 나는 멍청하게도 그 도둑과 일문일답을 시도하기까지 했다. 조금 과장해서 말하자면, 도둑과 나는 서로 마주 보고 앉아 차분하게 이야기를 나누며 하룻밤을 보냈다. 나는 원래 도둑이라는 족속에게 익숙하지 않다. 진심이다. 나 역시 도둑을 본 것은 난생처음이었다. 중학교 4학년 때 불이 난 것을 아주 자세히 본 적은 있지만, 도둑은 처음이었다. 화재란 아주 이상한 것이다. 바로 옆집이 불타고 있는데도 불구하고, 나는 왜인지 그저 멍하게 넋을 놓고 2층 창문에 턱을 괸 채 그 광경을 바라보기만 했다. 가을이 끝나갈 무렵 아침의 일이었다. 손에 잡힐 듯이 보인다는 말이 있는데, 그 당시 실제로 불타고 있는 옆집 처마와 내가 턱을 괴고 있던 창틀이 두 간[약 4m] 거리밖에 되지 않았다. 이윽고 옆집 처마 밑의 감나무에 불이 옮겨붙었고, 감나무의 시든 잎사귀가 샤아 하는 시원한 소리를 내며 검게 쪼그라들기 시작했다. 내가 있는 이 층 창문에서 조금만 손을 뻗으면 잡히는 거리에서 감나무 가지 하나가 불타고 있었다. 나는 정말 코앞에서 화재를 지켜보았다. 처마가 불타기까지 불이 옮겨붙는 순서가 아주 재미있었다. 불은 맨 처음 처마 끝에 옮겨붙었고, 이내 푸르스름한 불꽃이 쥐처럼 재빠르게 달리며 번져나갔다. 톱니 모양을 한 삼각형의 작은 불꽃이 일렬로 나란히 늘어선 다음 마치 가스등에 불이 들어오듯 처마 끝에서 번쩍하고 밝아졌다가 이내 사라졌다. 처마 끝 목재에서 열로 인해 가스가 뿜어져 나온 탓에 일단 거기에 먼저 불이 붙은 것이다. 다시 그 푸르스름한 불꽃이 처마 끝으로 퍼지며 길어지는가 싶더니 이내 줄어들어 짧아졌다가 다시 길게 늘어났다. 갔다가 돌아오는 것을 대여섯 번 반복하는 사이에 확 하고 거친 소리를 내며 처마가 한꺼번에 불타올랐다. 이번에는 정말 제대로 활활 타오르기 시작한 것이다. 검은 연기와, 타닥타닥 나무가 타오르는 소리. 악의를 품은 듯한 불꽃이 활활 타며 얼굴을 내밀었다. 응고된 피 같은 다갈색이었다. 가시를 품은 독 같은 느낌이었다. 홍련[紅蓮]이라는 표현은 적절치 않다. 그보다 농밀하게 응축된 느낌이었다. 실로 흉악한 모습이었다. 똬리를 틀고 있는 사나운 모습이, 아아, 꼭 살모사 같았다. 찌르는 듯한 열기가 내 눈썹까지 전해졌다. 화재에서는 왠지 모를 이상한 악취가 난다. 청어를 구울 때 나는 냄새와 비슷하다. 비린내. 결국 물질이 타는 것일 뿐인데도 불구하고, 화재는 왠지 비과학적이다. 평소에는 의자나 기둥이 불타는 일 같은 건 상상도 할 수 없다. 장지문에 휘발유를 끼얹고 성냥으로 불을 붙이면 그거야 물론 큰불이 나겠지만 고작 그 정도가 상상할 수 있는 전부이고, 그렇게 굵고 검은 불기둥이 활활 타오르는 것은 불가사의한 느낌이다. 화재는 정신적인 것이다. 나는 종교까지 떠올렸다. 숙명에 의해 불타올랐다가, 신의 의지에 의해 재가 되어 사라지는 것이다. 사람의 의지로는 좌우할 수 없다. 그리고 도난—이것도 화재와 다를 바 없는 재난이긴 하지만, 그다지 종교적이지는 않다. 종교적이기는커녕 철저하게 인위적이다. 하지만 어쩐지 이상한 점이 있다. 극도로 인위적이면서도 어딘지 모르게 신의 의지가 느껴지지 않는가? 에펠탑의 높이가 낮과 밤에 약 7척[약 2m] 정도 차이가 난다고 하는데, 이것과 비슷한 종류다. 철이 열에 의해 다소 신축하기는 하지만 아무리 그래도 7척은 너무 심하다. 그런 점이 이상하다는 것이다. 신의[神意]라는 것을 떠올릴 수밖에 없다. 내가 이번에 겪은 일에도 분명 무언가 불가사의한 점이 있었다.

우선 꿈에 아주 수상한 진흙투성이 구두가 나온 점이다. 꿈속에서 실로 불쾌하고 큰 진흙투성이 구두를 보았다. 지금 생각해보면 그것은 계시였다. 분명 그럴 것이다. 나는 여러분에게 경고하고 싶다. 꿈에 진흙투성이 구두가 나오면 일주일 안에 반드시 집에 도둑이 들 것이라는 각오를 해두는 게 좋다. 내 말을 꼭 믿어야 한다. 실제로 내가 지금 진흙투성이 구두가 나오는 꿈을 꾸고서도 아무도 나에게 그 꿈에 대해 경고해주지 않은 탓에, 계속 신경을 쓰면서도 그 꿈의 진의를 알아내지 못하고 우물쭈물하는 사이에 결국 도둑이 들어버리지 않았는가. 그리고 또 있다. 의미를 알 수 없는 바보 같은 말이 아무런 이유 없이 불쑥 입 밖으로 튀어나오면 반드시 주의해야 한다. 반드시 가까운 시일 안에 도둑이 들 것이다. 나의 경우 '찾아온 것은 가스코뉴[11] 병사'라는, 의미 불명의 이상하고 바보 같은 말이 무의식중에 불쑥 입 밖으로 튀어나왔다. 게다가 한두 번 그런 것도 아니다. 때와 장소를 가리지 않고 몇 번이나 불쑥 그 말이 튀어나왔다. '찾아온 것은 가스코뉴 병사.' 정말 재미없는 말이다. 무슨 뜻인지 전혀 알 수가 없었다. 나는 그때도 불안했다. 지금 돌이켜 생각해보면 분명 마음이 동요했다. '불길한 예감'이라는 놈이었으리라. 하지만 설마하니 이것이 도둑이 들 징조라고는 전혀 생각지 못했다. 나는 이런 증상들이 나의 넘쳐나는 교양 때문일 것이라 여기고 부끄럽게 생각했다. 생각난다. 체호프의 연극에 등장하는 한 눈치 없는 인물이 '아차 하는 사이에 곰이 여자를 덮쳤다. 아차 하는 사이에 곰이 여자를 덮쳤다. 어? 왜 이러지? 오늘은 아침부터 이 말이 뜬금없이 불쑥 입 밖으로 계속 튀어나오는걸. 아차 하는 사이에 곰이 여자를 덮쳤다,라니.' 하는 얼토당토않은 말을, 그것도 약간 우쭐한 표정으로 자신의 넘쳐나는 지식에 만족하면서 마구 연발하며 살롱 안을 어슬렁거리는데, 살롱에 있던 손님들 모두가 그것을 보고 어이없어하는 장면이 있었던 것으로 기억한다. 만약 지금이라면 나는 당장에 객석에서 일어나 그 등장 인물에게 큰 소리로 알려 줄 것이다. 조심해! 일주일 안에 도둑이 들 거야.

11_ 프랑스 남서부의 옛 지명.

불행하게도 내게는 그렇게 친절히 경고해주는 선량한 이가 없었다. 나는 그것이 신의 의지에 의한 징조인지도 모르고 한심하게 의기양양해져서는 그 문구를 몇 번이나 반복해서 말하곤 했다. 이것은 플루타크 영웅전에 나오는 말이겠지. 문학적인 교양이 너무 넘쳐서 정리가 잘 안 되는군, 따위의 말이나 지껄였다. 아아, 쥐구멍에라도 숨고 싶다. 나는 끓어오르는 가슴속 불안을 어르고 달래기 위해 그렇게라도 생각해야 했던 것이다.

지금 생각해보면 그 외에도 이상한 징조가 많았다. 끊임없는 딸꾹질에 시달렸다. 나는 코를 쥐고 세 번을 돌고 나서 한 손으로 컵을 들고 두 번 인사를 한 후 물을 단숨에 들이켜면 딸꾹질이 멎는다는 미신을 몇 번이고 집요하게 시도해보았지만 효과가 없었다. 또 귀 안이 계속해서 가려웠다. 이 또한 이상했다. 이변이라도 생긴 게 아닐까 싶을 정도로 가려웠다. 그 외에도 여러 가지가 있다. 문득 술이 마시고 싶어진다. 정원에 토마토를 심어볼까 생각한다. 고향에 계신 어머니께 안부 편지를 쓰고 싶어진다. 이런 식의 엉뚱한 충동들은 모두 도둑이 들기 전 징조로 생각해도 무방하다. 독자들도 조심하는 것이 좋다. 경험자의 말은 반드시 믿어야만 한다.

드디어 4월 17일, 바로 어제다. 어제는 일진이 별로였다. 나는 아침부터 딸꾹질에 시달렸다. 딸꾹질이 24시간 동안 이어지면 사람은 죽는다고 한다. 하지만 24시간이나 계속되는 일은 드물다. 즉, 사람이 딸꾹질로 죽는 일은 좀처럼 없다는 것이다. 나는 아침 여덟 시부터 해 질 무렵까지 열 시간 동안 계속 딸꾹질을 했다. 위험했다. 자칫하면 죽을 뻔했다. 해 질 무렵이 되어서야 겨우 딸꾹질이 진정되었고, 나는 언제 그랬냐는 듯 책상 앞에 앉았다. 딸꾹질은 일단 멎고 나면 곧바로 까맣게 잊게 되는 법이다. 방금까지의 그 극심한 고통을 말끔히 망각해버리는 것이다. 아아, 이번 딸꾹질은 지독했어, 하는 기억조차 떠오르지 않고, 마음이 구름 한 점 없는 푸른 하늘처럼 맑게 개어서, 마치 살면서 딸꾹질 같은 건 한 번도 해본 적이 없는 것처럼 차분해진다. 책상 앞에 앉은 나는 문득 십 년 만에 고향에 있는 어머니에게 안부 편지를 쓰고 싶은 충동에 휩싸였다. 그때였다. 창밖에서 사각사각하는 희미한 소리가 들려왔다. 분명 조용히 우산을 펴는 소리였다. 밖에는 해 질 무렵부터 차가운 비가 내리고 있었다. 누군가 밖에 서 있는 것이 분명했다. 나는 주저 없이 창문을 열었다. 땅거미가 질 무렵이라 사방이 어슴푸레했다. 그때 담 위에 희고 둥근 것이 어렴풋이 보였다. 자세히 보니 사람의 얼굴이었다.

'찾아온 것은 가스코뉴 병사.' 입버릇이 되었던 그 무의미하고 바보 같은 말. 그 말이 불현듯 입 밖으로 튀어나왔다. 그러자 그 말이 마치 귀신을 물리치는 주문이라도 되는 듯, 담 위로 보이던 이목구비도 뚜렷지 않은 국자처럼 작은 얼굴이 재빨리 사라졌다. 그 자리에는 앵두나무꽃이 하얗게 피어 있었다.

나는 공포보다는 모욕감을 느꼈다. 바보 취급을 당한 기분이었다. 평소의 나였다면 재빨리 그 불쾌하기 짝이 없는 진흙투성이 구두 꿈을 비롯해, 내 신변에 잇달아 일어난 뜬금없는 현상들을 관련지었을 테고, 거기다 지금 괴상한 마성을 지닌 무언가를 내 눈으로 똑똑히 보게 된 이상 주저할 때가 아니라 느끼고는, 분명 집에 무언가 이변이 일어날 것이라고 엄중히 가족들에게 경고하고, 문단속부터 불조심까지 모든 경계를 늦추지 않았을 것이다. 그러나 슬프게도 최근의 내게는 그만큼의 여유가 없었다. 내 분노와 절망을 그럭저럭 솔직하게 잘 써냈다, 하고 생각한 순간 세상이 히죽히죽 웃으며 '구제 불능 멍청이'라는 낙인을 찍으려고 손을 올렸다. 안 돼! 나는 그것을 알아채고 몸을 비틀어 달아났다. 하마터면 큰일 날 뻔했다. 낙인을 찍도록 내버려 둘 성싶으냐. 나는 지금 중요한 몸이다. 진실 그 자체를 사랑하고 그것을 위해 목소리를 높이고 싶다는, 약하지만 가치 있고 소중한 그 무언가를 이제는 찾아낸 기분이 든다. 나는 무엇보다 내 말에 권위를 가지고 싶다. 내가 무슨 말을 해도 그저 정신 나간 사람 취급을 할 뿐 아무도 상대해주지 않는 이상 차라리 침묵을 지키자. 격정 끝의 무표정. 항상 웃고 있는 가면이 되자. 이 세상에서 스스로의 발언에 권위를 얻기 위해서는 일단 평범한 가정을 꾸려야 한다. 그리고 일상생활에서는 욕심이 없어야 한다. 남에게 손가락질받지 않을 정도의, 의도적인 약삭빠름인 것이다. 세간의 계율을 지혜롭게 준수해야 한다. 그리하여 그때가 오면, 똑똑히 지켜보아라. 피가 낭자 하는 소설은 물론이요, 그보다 더 무시무시한 소설과 논문을 닥치는 대로 쓸 것이다. 생각만 해도 통쾌하다. 그러고 보면 오가이[12]는 참 영리했구나. 시치미를 뚝 떼고 그 방법을 잘 실행했다. 그 반만이라도 좋으니 나도 꼭 그렇게 해보고 싶다. 평범한 사람이 되려는 것은 아니다. '평범함'에게 진심을 담은 강력한 복수를 해주려는 것이다. 미라 도굴꾼이 오히려 미라가 된다고 하지 않는가?[13] 흔히 있는 일이다. 이따금 그만둬, 그만둬,라는 목소리가 들려오기도 하지만, 그렇다고 해서 내가 대단한 모험을 하려는 것은 아니다. 오가이의 이름을 꺼낸 탓에 조금 과장되게 들리는 것일 뿐, 구체적으로 말해 결국 세상

12_ 모리 오가이森鷗外(1862~1922). 일본 근대문학을 대표하는 작가 중 한 사람. 소설가, 번역가, 육군 군의관 등을 겸했으며 「마이히메」, 「기러기」 등 방대한 양의 저서를 남겼다.
13_ 일본의 속담 중 하나로, 사람을 설득하려다가 오히려 설득을 당한다는 의미.

사람들에게 너무 어리광을 부리지 말자는 것이다. '그러나 무엇보다' 괴테가 숙연하게 말하지 않았는가. '자신을 제한시키고 고립시키는 것이 최고의 방법이다.'라고. 미라가 될 걱정은 없을 듯하다.

모든 것은 자신의 나약함에서—나는 그렇게 무겁고 둔한 자기 긍정을 하고 있는데—모든 것은 나약함과 아집에서 비롯되었고 나는 내 집을 내 손으로 무너뜨렸다. 집을 산산조각 내버린 결과, 밖에 입고 나갈 옷 한 벌 남지 않은 처지가 됐다. 이대로는 안 된다. 훈도시[14] 하나만 걸치고 명언을 말해봐야 우스운 꼴일 뿐이다. 게다가 그 명언이라는 것 또한 의심쩍다. 아주 당연한 사실을 다른 사람보다 뒤늦게 깨닫고는 그것에 일일이 정성껏 기뻐하고 슬퍼하고 탄식하는 꼴이다. 둔한 것이다. 그리고 요즘 들어 눈에 띄게 더 둔해졌다. 지금은 먼저 생활을 다시 재정비하고 평범한 가정을 꾸려야 한다. 그것이 최우선이다. 다자이도 영리하군. 무슨 말을 하건 사람들이 상대해주지 않으면 어쩔 도리가 없는 거니까. 나도 원래는 거짓말쟁이가 아니다. 권위를 얻고 싶다. 내가 죽고 나서 오 년, 십 년 후의 먼 훗날까지 염두에 두고 필사적으로 고민하며 쓴 문장이 모조리 다 '저건 가짜다', '과연 천재로군' 같은 말로 비웃음거리가 되는 것이 분하지도 않은가? 당당하게 맞서기 위해서는 말만으로는 안 된다. 편지만으로는 안 된다. 이제는 그런 변변찮은 세상의 이치를 알게 되었다. 예술계 역시 마찬가지로 결국 다 생활 경쟁이었다. 생각을 멈추자! 질 수야 없지. 도토리 키 재기.

소위 생활의 개선만을 위해 노력한 나머지, 나는 다소 멍청해졌다. 행동은 언제나 파탄의 형식을 띠게 되었다. 항상 어느 한 부분에서는

14_ 일본의 전통 속옷으로 폭이 좁고 긴 천. 현재는 속옷으로 사용되지 않는다.

정신을 놓고 있다. '완벽'은 정지된 모습으로 발견될 때가 많다. 혹은 눈에 보이지 않는 속도로 달리고 있거나, 둘 중 하나다. 침묵하는 작가의 무서움과 아름다움 역시 그런 부분에 존재하는데, 하지만 이제 나는 그렇게 색기 가득한 모습으로는 있을 수 없다. 주저하고 있으면 이마에 그 잔혹한 낙인이 찍히게 될 것이다. 일단 찍혀버리고 나면 그걸로 모든 것이 끝이다. 돌볼 의무가 있는 이들을 보살피기는커녕 내가 떠돌이 병자 신세가 된다. 사태가 긴박해졌다. 이제 그 못생기고 살찐 발자크[15]가 되는 수밖에 없다. 사실은 젊음을 간직한 채로 죽고 싶지만, 아아, 그렇게 죽고 싶지만, 뜻대로 되지 않는다. 비틀거리고 쓰러졌다가 다시 일어선 지금의 나는 엉망진창으로 망가져 있다. 무턱대고 우직하게 앞만 보고 달려가느라, 슬프게도 신이 내게 특별히 하사하신 수많은 예고의 진의조차 파악하지 못하고 도둑이 들기 직전까지 무심코 경계를 게을리했다. 관대한 독자라면 나를 가엾이 여길지언정 결코 나무라지는 않으리라고 믿는다. 거듭 말하지만 나는 결코 집을 소홀히 하지 않았다. 나는 집을 사랑한다. 문학 다음으로 사랑한다. 하지만 집을 재정비하고 입고 나갈 옷을 정돈하는 일에 정신을 뺏기고, 향상심이 너무 과했던 나머지 정도를 지키지 못했다. 인간 능력의 한계는 어쩔 수 없다. 나는 분명 어느 한쪽은 소홀히 하고 있었다. 그야말로 파탄의 형태다. 나는 그렇게 괴상하고 희뿌연 얼굴이 나타난 것을 보고도 그저 굴욕감만을 느꼈을 뿐, 그 이상 깊이 파고들지는 않았다. 그것 말고도 여러 가지로 생각할 일이 많았기 때문에 그런 얼굴 같은 건 별로 대단한 문젯거리도 아니었다. 누굴 깔보는 거야. 그렇게 중얼거리며 창문을 꽉 닫아버린 후 머리를

15_ 오노레 드 발자크Honoré de Balzac(1799~1850). 프랑스 사실주의 문학의 거장으로 꼽히는 소설가.

싸매고 앉아 서투르고 하잘것없는 이야기를 써 내려갔다. 이것이 내 천직이다. 이야기를 쓰는 것 말고는 재능이 없다. 정말 털끝만큼의 재능도 없다. 스스로도 놀랄 정도다. 한때는 필사적으로 관직에 나아가려는 사람을 부러워했었다. 아무리 그래도 불가에 입문하려는 생각을 한 적은 없지만, 교단에 서서 학생들을 꾸짖는 그 몸짓을 동경하고, 기관차를 다루는 화부火夫의 모습에 넋을 잃기도 했으며, 진지하게 장부를 뒤적이는 은행원에게 청초함을 느끼기도 하고, 의사의 중후함에 압도당하기도 했다. 또 남몰래 높은 곳에 올라가 우국열변憂國熱辯을 연습한 적까지 있지만, 이제는 다 포기했다. 뭘 해도 안 되는 남자라는 것을 확인했다. 그래서 스스로 생각해도 썩 훌륭하지 않은 별 볼 일 없는 이야기를 쓰고 있는 것이다. 밤 아홉 시가 넘을 때까지 조용히 책상 앞에 앉아 계속 일을 했다. 그러다 보니 조금씩 지겨워지기 시작했다. 진절머리가 났다. 문득 술 생각이 나기도 했지만 집안의 경제 사정을 고려해서 참았다. 그리고 잠자리에 들기로 했다. 최근에는 일찍 자고 일찍 일어나려고 애쓰고 있다. 일반시민의 생활 태도에 조금이라도 더 다가가려는 비장한 마음에서였다. 일찍 일어나는 일은 그렇게 힘들지 않았다. 나는 노인처럼 자주 잠에서 깨기 때문에 해가 뜰 때까지 지루하게 기다려야 했던 적도 있다. 수면시간이 짧다. 몸의 어딘가가 노인처럼 늙어버린 것일지도 모른다. 아침에 이부자리 안에서 꾸물거리고 있으면 몸서리쳐질 정도로 괴로운 생각들이 주르르, 그것도 아주 선명하게 떠올라서 견딜 수가 없다. 게다가 이 방은 동쪽이 다 간유리 창문으로 되어 있어서 해가 뜨기 무섭게 다다미 8장 크기의 방 한가득 빛이 쏟아져 들어오기 때문에 너무 눈이 부셔 도무지 잘 수가 없다. 나는 그 점을 좋은 방향으로 이용해서, 이건 가난해서가 아니라, 아니 사실 그런 부분도 조금 있지만, 어쨌든 일부러 창문에 커튼도 달지 않았다. 아침 태양의 직사광선을 호화스러운 알람시계 삼아, 햇살이 쏟아져 들어옴과 동시에 자리에서 벌떡 일어나는 것이다. 아침에는 이런 식으로 해서 무사히 일찍 일어날 수 있지만 빨리 자는 건 무척 힘들다. 이곳은 시골이기 때문에 여덟 시가 지나면 주위가 조용해진다. 가끔 달에 겁을 먹은 개가 멀리서 짖어대는 정도가 전부다. 아침에 쓸데없이 빨리 일어나기 때문에 밤 여덟 시가 지나면 슬슬 지루해진다. 눈을 뜨고 움직이는 일에 질리기 시작한다. 잠자리에 들고 싶어진다. 무언가를 생각하는 게 싫어진다. 얼른 잠에 빠져들어 끝없는 꿈이라도 꾸고 싶어진다. 꿈을 꾸는 것만이 내 유일한 낙이다. 나는 아침 일찍 일어나 하루 종일 책상 앞에 앉아 공부를 하는 척하는데, 능률은 전혀 오르지 않지만 그냥 놀고 있기는 불안하기 때문이다. 비록 시늉이긴 해도 책상 앞에 몸을 붙들어 매고 앉아서 꿈지럭대다 보면 밤에는 몸도 제법 지친다. 심지어는 녹초가 되기도 한다. 건강하다고 자부할 만한 몸은 아니어서, 그때쯤에는 꼭 자야 한다. 하지만 금세 잠들지는 못한다. 절대로 못 잔다. 몸이 불쾌하게 달아오르고, 볼 가죽이 당기고 뜨겁다. 몸을 뒤척인다. 괴롭다. 계속 쩔쩔매다가 나무아미타불, 나무아미타불, 하고 큰 소리로 백 번 이상 읊은 적도 있다. 그럴 때는 견디지 못하고 일어나 차가운 술을 밥공기로 두 잔, 아니 세 잔정도 마시기도 하는데, 이쯤 되면 모범적 시민 생활도 조금씩 미심쩍어진다. 하지만 오해는 하지 마시길. 나는 그럴 때 무척 거칠게 술을 마시기는 하지만 그걸로 끝이다. 술에 취해 망측하게 주사를 부리는 일은 절대로 없다. 마시고 나서 곧장 다시 잠자리에 든다. 빙글빙글 술기운이 올라와도, 나는 이불 속에 잠자코 있는다. 그러는 사이 잠이 오기 시작한다. 한 선배는 내 건강을 우려하여 되도록 술을 마시지 말라고 충고했다. 나는 그 선배에게 밤에 잠들지 못하는 고충에 대해 털어놓았다. 선배는 언성을 높였다.

"무슨 말을 하는 건가. 그럴 때야말로 소설의 줄거리를 생각할 절호의 기회가 아닌가. 아깝다고 생각하지 않나!"

나는 아무런 말도 할 수 없었다. 고마웠다. 그 말이 오장육부에 스민 것이다. 그 뒤로는 노력했다. 걸핏하면 고개를 쳐드는 불면의 비명을 억누르고 또 억누르면서 염불 한번 외는 일 없이 이를 악물고 소설의 줄거리를 생각했다. 그러는 사이에 잠이 오기를 기다리는 것이다. 그건 상당히 고통스러운 일이었다. 말하자면, 나는 잠과 격투를 벌였다. 잠과 승부를 겨뤘다. 길고 가느다란 더듬이로 허공을 더듬다가 희뿌연 연기 같은 잠이라도 발견하게 되면 놓아줄 성싶으냐, 하고 꽉 붙든다. 그리고 허둥지둥 내 품을 갈라서 품에 난 상처 속 깊은 곳으로 억지로 수면의 연기를 가득 채워 넣은 다음 다시 흔들흔들 더듬이를 움직이기 시작한다. 잠이 어디 없나. 더, 더, 깊은 잠은 없을까. 나는 딱할 정도로 숙면을 갈구했다. 아아, 나는 잠을 찾아 헤매는 거지다.

어젯밤에도 그랬다. 음, 그러니까 그녀는, 아니 그는, 요코하마에 낚시를 하러 갔다. 요코하마에는 낚시를 할 만한 데가 없다. 아니, 있을지도 모른다. 망둥이 정도는 있을지도 모른다. 군함이 있다. 만함식[16]이다. 이걸 이용해야만 한다. 여기에 시국의 색채를 조금 더해보자. 그럼 사람들이 나를 건전한 작가라고 부를지도 모른다. 어이, 하고 부른다. 어이, 하고 대답한다. 하얀 파라솔. 벚꽃 나뭇가지 하나. 안녕, 고향이여. 철썩, 하는 파도 소리. 낚싯대를 접는다. 갈매기가 재빨리 물고기를

16_ 뱃머리에서 배의 꼬리 부분에 이르기까지 신호기를 걸고 돛대 꼭대기에 군함기를 달아 군함을 화려하게 장식하는 일.

훔쳐 간다. 고마워요, 마담. 어머, 휘파람이——. 아아, 무슨 이야기인지 전혀 모르겠다. 엉망진창이다. 이것이 소설의 줄거리다. 아침이 되면 말끔하게 잊게 될 수많은 줄거리 중 하나다. 나는 계속해서 줄거리를, 아니 그 어렴풋한 형태를 생각했다. 떠올랐다가 사라지고, 떠올랐다가 사라진다. 아아, 빨리 잠들 수 있다면. 눈을 감으면 가지각색의 꽃이, 플랑크톤이, 박테리아가, 번개가 눈꺼풀 뒤에서 빙글빙글 타오른다. 트라코마눈병의 일종일지도 모른다.

'머리가 흐트러진다고 말하자, 기치사부로가 난감해하며 저는 열여섯이 됩니다,라고 말한다. 오시치가 저도 열여섯이 됩니다,라고 말한다. 기치사부로가 장로님이 무섭다고 말하자, 오시치가 저도 장로님이 무서워요,라고 말한다.'[17] 그즈음 사이카쿠[18]가 마흔다섯 살이었나? 가장 좋은 나이라던데. '오야마[19]는 마흔이 되어야 여자를 알게 된다.' 오늘 아침 신문에 신파극 오야마가 그런 말을 한 것이 나와 있지 않았었나? 마흔이라. 조금만 참으면 된다.——생각이 점점 소설의 줄거리와 멀어지기 시작하더니 결국 내가 진 빚이나 계산하는 그런 속된 방향으로 흘러가기 시작했다. 잠을 자기는커녕 눈이 더 또렷해졌다. 두 시간 정도 그러고 있었을까. 이불자락에서 갉작갉작 쥐가 나무를 갉아먹는 듯한 소리가 들려왔다. 결국 잠들기를 포기하고 억지로 꾹 감고 있던

17_ 이하라 사이카쿠의 『호색오인녀好色五人女』의 다섯 가지 이야기 중 하나에 등장하는 구절로, 사랑을 위해 마을에 불을 질러 처형당한 것으로 유명한 야오야 오시치라는 실제인물의 이야기를 소재로 삼은 것이다. 당시 방화범이 처형을 당하는 최소 연령이 16세(만으로 15세)였다.

18_ 이하라 사이카쿠井原西鶴(1642~1693). 에도시대 전기의 시인 겸 소설가로 일본 최초의 현실주의적 시민 문학을 확립시켰다고 평가받는다. 대표작으로 『호색일대남』, 『호색오인녀』 등이 있다.

19_ 가부키에서 여자 역을 맡는 남자 배우.

눈을 번쩍 떴다. 부아가 치밀어서 일부러 번쩍하고 소리가 날 만큼 세게 떴다. 방은 어슴푸레한 녹색을 띠고 있었다. 너무 캄캄해도 잘 수가 없고 밝으면 물론 더 잘 수가 없기 때문에, 나는 녹색 보자기로 전등을 덮어두었다. 녹색은 수면에 도움이 된다고 한다. 이 보자기는 길에서 주운 것이다. 나는 검은색 줄무늬 보자기를 들고 시내에 쇠고기를 사러 나간 적이 있는데, 이런저런 생각을 하며 걷다가 정신을 차려보니 보자기가 없었다. 떨어뜨렸구나, 하는 생각에 곧바로 되돌아가서 여기저기를 둘러보며 걷고 있을 때 근처 가게의 젊고 아담한 아주머니 한 분이 보자기 찾으세요? 거기 있어요,라고 웃으면서 알려 주었다. 살펴보니 채소가게 앞에 모슬린 천으로 된 녹색 보자기가 떨어져 있었다. 내 것과 조금 다른 듯한 느낌이 들었지만, 어쩌면 이거였을지도 몰라, 아니 이걸 거야, 하는 생각이 들기 시작했다. 아주머니의 친절을 무용지물로 만들 수는 없어서 일단 감사 인사를 하고 그 보자기를 주워들고는 정육점에 가서 장을 봤다. 집에 돌아온 후에도 왠지 느낌이 이상해서 허리띠를 풀어보니 거기서 검은 보자기가 쓱 흘러내렸다. 나는 순간 눈앞이 캄캄해졌다. 주워온 보자기는 녹색 모슬린 천으로 된 것으로, 여기저기에 구멍이 뚫려 있었다. 즉, 아주 낡고 지저분한 보자기였다. 그것을 다시 야채 가게 앞에 버리러 갈 수도 있겠지만, 그랬다가 다시 근처의 아주머니에게 어머, 이거 떨어뜨리셨어요,라고 주의를 받게 되면 나는 또 그 친절에 감사를 표하고 낡아빠진 보자기를 주워서 집에 돌아와야 한다. 쓸데없는 짓이다. 나는 당분간 그 보자기를 집에 맡아두기로 했다. 평범하고 건전한 시민들 역시 이런 입장이 되면 분명 똑같은 조치를 취할 것이다. 나는 절대로 훔친 게 아니다. 내 보자기를 품속 너무 깊은 곳에 넣는 바람에 그걸 깜빡 잊고는 어딘가에 떨어뜨렸다고만 생각하고 두리번대며 찾고 있는 사이에 어느 아주머니가 친절하게 가르쳐주었고, 감사 인사를 하고 그 보자기를 주워 집으로 돌아와 살펴보니 내 것이 아니었다는 그런 이야기일 뿐이다. 이것도 죄일까. 아니, 나는 결코 이 녹색 보자기를 내 것으로 생각하지 않는다. 돌려주고 싶어도 방법이 없어서 이렇게 잠시 맡아두고 있는 것뿐이다. 누가 쓰던 것인지도 모른다. 생각해보면 참 지저분하다. 내가 이 녹색 보자기를 전등을 덮는 데 사용한 것은, 이 불결한 보자기의 세균을 전구의 열로 소독하자, 그런 다음 오랫동안 우리 집 물건으로 두고 사용하자, 하는 속셈 때문은 아니다. 그렇지 않다. 내게는 그런 나쁜 마음은 없다. 언제든 돌려주고 싶어서 일부러 더 눈에 잘 띄는 곳에 정정당당하게 내놓고 싶었고, 그런 마음도 있고 해서 전등 덮개로 사용한 것이다. 분명 그렇다. 게다가 녹색은 수면에 무척 도움이 되기 때문에, 바라던 일이 그대로 이루어진 격이다. 녹색 보자기에 덮인 전등의 불빛이 방을 부드럽게 적시고 있었고, 책상, 화로, 잉크병, 재떨이, 모두 고요히 쉬고 있었다. 그것들을 심술궂고 냉담하게 쭉 둘러보고 나자 이상하게 따분해졌다. 담배라도 피워볼까, 하고 이불 속에서 엎드리려는데 다시금 발 쪽에서 갉작갉작 쥐가 나무를 갉아 먹는 소리. 무심코 그쪽으로 시선을 돌렸을 때, 그때는 이미 늦어 있었다. 보라.

손. 살짝 찢어진 덧문 끝에서 흰 손이, 마치 여자처럼 둥글고 흰 손이 쓱 나왔다. 아아, 덧문의 걸쇠를 풀기 위해, 마치 이리 오라고 손짓하듯 그 손을 부드럽게 움직이고 있었다. 도둑! 도둑이다. 분명 도둑이다. 의심의 여지가 없었다. 고백한다. 나는 순간 정신이 혼미해졌다. 호흡이 곤란할 정도로 깜짝 놀라 그 자세 그대로 딱딱하게 굳어버렸다. 손가락 하나 움직일 수 없었다. 종려나무 잎처럼 열 손가락을 쫙 펴고, 유리구슬로 된 눈을 번쩍 크게 뜨고 있는 인형처럼 꼼짝도 못하고 굳어버렸다. 극도의 공포감은 돌풍과도 같은 정욕을 불러일으킨다. 틀림없다. 원래 공포감과 정욕은 자매 같은 사이라고 한다. 정말 그렇다고 한다. 나는 그것에게 당했다. 비틀비틀 일어나 덧문 쪽으로 다가가서 느닷없이 그 손을 내 두 손으로 꼭 감싼 후 심지어는 정성스럽게 꽉 쥐어버리기까지 했다. 이어서 그 손에 볼을 비비고 싶은 충동까지 일었지만, 그래도 그건 자제했다. 손을 움켜쥐고 있는 사이에 덧문 밖에서 모기울음 소리처럼 연약하고 애처로운 목소리가 들렸다.

"용서해주세요."

나는 갑작스레 나의 승리를 의식했다. 정신을 차려보니 내가 이기고 있었던 것이다. 나는 맨손으로 도둑을 잡았다. 그런 생각이 들자 그와 동시에 눈앞이 빙글빙글 돌며 현기증이 나기 시작했다. 왠지 스스로가 대단한 영웅이라도 된 듯한 엄청난 착각에 빠진 것이다. 독자들은 그런 적이 없는가? 나는 스스로의 생각지도 못한 공적功績에 몹시 흥분했다.

"자, 손을 놓아주마. 지금 덧문을 열어주지."

도대체 무슨 생각으로 그런 이상한 말을 한 것인지, 후에 아무리 생각해봐도 그 이유를 알 수가 없었다. 나는 그 당시 내가 아주 침착한 상태라고 생각했다. 그런 확고한 자신감이 있었기 때문에 아주 그럴싸한 표정과 무게감 있는 목소리로 그렇게 말했던 것인데, 지금 생각해보면 정말 정상이 아니다. 말하자면 아주 태연하게 기겁한 상태 같은 것이었는지도 모른다.

나는 덧문을 열고 말했다.

"자, 들어오도록 해."

갈수록 태산이었다. 나는 아주 침착한 얼굴로 기겁하는 그 부류의 사람이 틀림없다. 에도시대의 짧은 이야기에도 나와 있지 않은가. 복권에 당첨되어 온 가족이 기뻐 날뛰는 모습을 본 가장이 그걸 한심스러워하며 '별일도 아닌데. 그까짓 천 냥이 뭐라고. 목욕탕에 가서 느긋하게 몸이나 담글까.'라고 말하고는 곧장 목욕탕으로 가서 욕조에 들어갔는데, 문득 정신을 차려보니 버선을 신고 있었다는 이야기. 내가 바로 그런 부류였다. 틀림없다. 나는 왠지 우쭐해져서 내 손으로 도둑을 집에 들였다.

"돈 내놔."

도둑은 느릿느릿 방으로 들어오자마자 방금 전 울먹이는 목소리로 용서해달라고 사죄하던 사람과는 전혀 딴판인 사람이 되어, 아주 엄중한 목소리로 그렇게 말했다. 도둑은 놀라울 정도로 작은 남자였다. 어깨가 동그스름했는데 자신도 그것을 내심 부끄럽게 여기는 듯 일부러 팔꿈치를 빳빳하게 들어 어깨를 치켜세우고 있었지만 그래도 소용없었다. 오야마처럼 늘씬하고 고운 동그란 어깨가 전등의 녹색 빛을 받아 선명히 드러났다. 목이 호리호리하게 길어서 꼭 식물처럼 가냘픈 느낌이었다. 얼굴에는 검은 감기 예방 마스크를 쓰고, 과하게 큰 회색 사냥 모자를 귀까지 덮을 정도로 푹 눌러쓰고 있었다. 도둑은 고개를 숙인 채로 말했다.

"돈 내놔."

이번에는 낮게 중얼거리듯이, 마치 그게 얼마나 분위기를 깨는 말인지 자각하고 있는 것처럼 성의 없는 말투였다. 도둑은 감색 시루시반텐[20]을 거꾸로 뒤집어 입고 있었다. 그 아래에는 조금 고급스러워 보이는 검붉은

20_ 옷깃이나 등에 옥호·가문 등을 희게 나타낸 겉옷.

색 메리야스 셔츠. 묘하게 흥분한 탓인지, 그의 가슴이 적령기 처녀처럼 부드럽게 부풀어 있는 듯 보였다. 카키색 바지. 도둑이 작고 불그스름한 맨발에 신발을 신고 있는 걸 울컥 화가 치밀었다.

"자네, 너무 무례하지 않은가? 신발 정도는 벗도록 해."

도둑은 순순히 신발을 벗어 덧문 밖으로 홱 던졌다. 나는 그사이에 의기양양한 표정으로 전등을 껐다. 도둑을 배려한 행동이었다.

"자, 전등도 껐네. 이제 자네도 충분히 안심이 되겠지. 나는 자네의 얼굴과 옷차림을 전혀 보지 못했어. 아무것도 모르지. 경찰에 신고하려고 해도 설명할 수가 없네. 자네의 얼굴과 옷차림을 하나도 보지 못했으니 신고를 해본들 헛수고겠지. 신고는 하지 않을 테니 안심해도 좋아."

꿀처럼 달콤한 내 말 뒤에는 사실 악랄하고 교활한 속셈이 숨겨져 있었다. 나는 그런 말로 도둑을 안심시킴으로써 내가 얻게 될 여러 가지 이익을 계산하고 있었다. 무엇보다 일단 도둑을 그렇게 안심시켜두면 몹시 흥분한 도둑의 긴장도 풀릴 테니 내게 해를 가하는 일은 결코 없을 것이다. 그리고 후에 이 도둑이 다시 나쁜 짓을 저지르다 잡혀서 감옥에 들어간다고 해도 나를 원망하는 일은 없을 것이다. 나는 이 도둑의 외모에 대해 아무것도 모르는 것처럼 해두었기 때문에, 내가 그를 고소한 사람 중 하나일 거라고 의심을 사는 일은 절대로 없다. 게다가 나는 경찰에 신고할 생각이 없다는 것을 똑똑히 밝혀두었다. 도둑이 나를 원망할 이유가 없다. 사실 나는 이 도둑이 훗날 경찰에 잡혀 감옥에 들어갔다가 이삼 년 뒤에 다시 나왔을 때의 일을 걱정하고 있었다. 그놈 때문에 내가 감옥에 들어가게 됐다고 뼛속까지 나를 원망하여, 감옥에서 나온 후에 끈질기게 나를 찾아다니며 우리 집을 불태우고 가족을 몰살할 계획을 세울지도 모른다. 흔히 있는 일이다. 그때의 일이 걱정되어서 난 아무것도 몰라, 하고 시치미를 뚝 떼고 못을 박아둔 것이다. 나는 후에 경찰이 나를 조사하게 될 일까지 계산에 넣어두었다. 나는 물론 오늘 밤에 일어난 일을 경찰에 신고할 생각은 없다. 이 일이 신문에 나오기라도 해서 친척과 친구들이 나를 걱정하거나 깔보는 것은 원치 않기 때문이다. 신고하지 않고 가만히 있는 것은 법률로 처벌받는 죄일지도 모른다. 하지만 아무래도 부담스럽다. 나는 언변이 서툴기 때문에 엄숙한 분위기의 관청에 가게 되면 분명 허둥지둥 멍청한 말만 지껄여서 까닭도 없이 질책을 받을 것이다. 그리고 왠지 모르게 수상해 보이는 행동을 해서 있지도 않은 혐의까지 뒤집어쓰는 어처구니없는 상황에 부닥치게 될지도 모른다. 분명 그럴 것이다. 나는 모든 일에 운이 따르지 않는다. 정말 운이 나쁜 남자다. 내게는 경찰에 신고할 만한 용기가 전혀 없다. 나는 이 도둑의 습격을 어디까지나 그저 늦은 밤에 손님이 불쑥 찾아온 것뿐이라는 형태로 해두고 싶었다. 그렇게 해두면 나는 그 일을 경찰에 신고하지 않아도 된다. 나는 그를 철저하게 손님 취급해야겠다고 생각했다. 그런 심려원모[21]에서 일부러 간살스러운 목소리로 도둑을 불러들였고, 그가 들어오자마자 전등을 꺼버렸다. 훗날 이 도둑이 다시 죄를 짓다가 잡혀서 우리 집을 습격한 일을 자백하는 일이 생길지도 모른다. 하지만 경찰이 그 자백을 바탕으로 해서 내게 찾아온다고 해도 나는 그저 머리를 긁적이며 '글쎄요, 워낙 어두웠던 데다 잠결이어서 기억이 너무 몽롱하네요. 도움이 되지 못해 죄송합니다.'라고 말한 후 크게 웃어버리면 그만이다. 그렇다면 경찰도 망령이 난 나를 불쌍히 여겨 용서해주지 않을까 싶다. 거듭거듭 말하지만,

21_ 深慮遠謀. 깊은 꾀와 먼 장래를 내다보는 생각.

내가 전등을 끈 것은 나의 비열하기 짝이 없는 꾀에서 나온 행동이지 결코 도둑을 배려한 것은 아니다. 나는 훗날 있을지 모를 도둑의 복수에 지레 겁을 먹고 도둑이 내 얼굴을 기억하지 못하도록, 말하자면 도둑을 위해서가 아니라 순전히 내 얼굴을 감추기 위해 전등을 끈 것이나 다름없다. 정말 그랬다.

"감사합니다."

도둑은 멍청한 놈이라, 나의 꼼꼼하고 교활한 속셈을 눈치채지 못하고 내가 전등을 끈 것에 대해 진심으로 감사 인사를 했다.

"아직도 비가 내리고 있나?"

"아니요. 이제 그친 것 같습니다." 아주 온순해졌다.

"이쪽으로 오게." 나는 화로 앞에 앉아서 부지깽이로 불을 휘저었다. "여기 앉도록 해. 아직 불씨가 남아 있으니."

"예." 도둑은 무릎을 가지런히 모으고 꿇어앉았다.

"화로에서 조금 떨어진 곳에 앉는 게 좋겠군." 나는 기분이 좋았다. "불에 너무 가까이 가면 불빛에 자네의 얼굴이 보이네. 나는 아직 자네의 얼굴을 전혀 보지 못했으니 담배도 피우지 않도록 하겠네. 어둠 속에서는 담뱃불도 제법 밝으니까 말이야."

"네." 도둑은 조금 감격한 듯 보였다.

나는 너무 기쁜 나머지 점점 흥분하기 시작했고, 내가 비범한 인물이라는 것을 알리고 싶은 마음에 쓸데없는 말을 했다.

"아, 열두 시군." 그때 옆집 괘종시계가 댕댕 울기 시작했던 것이다.

"시계는 살아있는 생물이야. 밤 열두 시를 알릴 때는 그 소리부터 다르거든. 엄숙한 한숨 같은 소리가 나지. 살아있는 거야. 처음 한 번 댕 하고 울리는 소리만 듣고도 굳이 손으로 헤아릴 필요 없이 열두 시라는 걸 알 수 있다네. 초목도 잠들었다,라고들 하지? 집의 처마가 스르륵 고개를 숙이고 강물도 멈춘다고 하니까 말이야. 이상한 일이야."

"열한 시입니다."

도둑은 손가락을 꼽으며 횟수를 세고 있었다. 도둑은 그렇게 말하고 차분하게 앉아 있었다.

나는 당황해서 화제를 바꿨다.

"자네는 시간이 너무 일렀어. 도둑은 대부분 두세 시쯤 오는 게 정상 아닌가? 그때가 인간이 가장 깊이 잠드는 시간이거든. 의학적으로는 말이야." 조금 체면을 살렸다. 우쭐해져서 또 이상한 말을 해버렸다.

"도둑에게 제일 중요한 건 감이야. 이게 없으면 안 돼. 자네는 내게 돈이 있을 거로 생각하나? 예를 들어, 이 책상 서랍 안에 얼마가 들어있을 것 같나?"

나는 퍼뜩 입을 다물었다. 내가 쓸데없는 말까지 해버렸다는 사실을 깨달은 것이다. 책상 서랍 안에는 이십 엔이 들었는데, 4월 말까지 필요한 생활비 전부였다. 이게 없으면 나는 난처해진다. 식비야 지금 당장 돈이 없어도 쌀집과 술집에 잘 이야기를 해서 어떻게든 변통할 수 있으니 그렇게 곤란한 일도 없겠지만, 담배나 우편, 잡지나 목욕탕 비용 같은 것들이 아주 곤란해지고 만다. 나는 아직 이 지역에 익숙하지도 않고, 가령 아주 익숙한 곳이라고 해도 담배나 우표는 반드시 현금으로 내야 한다. 그렇다고 해서 친구들에게 돈을 빌리고 돌아다니는 건 이제 싫다. 차라리 죽는 게 낫다. 빚을 지는 게 얼마나 괴로운 일인지는 뼛속까지 잘 알고 있다. 죽어도 빚을 지기는 싫다. 그런 이유로 나는 요즘 들어 아주 인색하게 살고 있다. 친구와 어울릴 때도 과감하게 돈을 각자 부담하자고 해서 은근히 경멸의 대상이 되곤 한다. 함께 여행을 가게 돼도 다른 사람의 표까지 사주는 일은 절대로 없다. 내 표만 냉큼 사버린다. 게다 하나를 살 때도 한 달 전부터 조사하고 여기저기 진열창을 살펴보며 가격을 꼼꼼하게 비교한 다음, 대단한 결심이라도 내리듯 눈을 질끈 감고 겨우 구입한다. 나는 게다를 오래 신을 방법도 잘 알고 있다. 길을 갈 때는 최대한 천천히 걸어야 한다. 게다가 기모노의 옷자락 안쪽 천에 닿아서 닳지 않도록 조심하기 위해서다. 사람들은 나의 구두쇠 같은 모습을 보고 혀를 차며 비웃을지도 모르지만, 나는 전혀 부끄럽지 않다. 나는 무리하고 싶지 않다. 요즘에는 작품이 실리기 전에 잡지사에 돈을 달라고 보채지도 않는다. 되도록 모른 척하고 있다. 주지 않아도 괜찮다. 그 후로는 글을 쓰지 않으면 그만이다. 세상은 내게 그것을 가르쳐주었다. 사람에게 머리를 숙이고 돈을 부탁하는 건 실로 무시무시한 일이다. 온몸이 떨릴 만큼 비참하다. 나는 이제야 그것을 깨달았다. 작품으로 큰돈을 벌기는 아주 힘들기 때문에 그런 기대는 거의 하지 않는다. 있으면 있는 만큼의 생활을 하고, 돈이 들어오지 않게 되어도 당황하지 않도록 평소부터 아껴가며 생활하고 있다. 그렇게 지내다 보면 가지고 싶은 물건이 하나도 없어진다. 목표로 했던 꿈이 와르르 무너져 내려 큰 구멍이 뚫리는 그 처참함과 초조함. 나는 그것을 안다. 최근 십 년간을 그 지옥 속에서만 살아왔다. 더 이상은 싫다. 나는 행복을 믿지 않는다. 영광조차도 믿지 않는다. 정말로 나는 아무것도 갖고 싶지 않다. 지금의 내게는 아무것도 필요치 않다. 이렇게 괴롭게 방황하며 글을 써서 진심으로 사랑하는 몇몇 사람들에게 희미하게나마 기쁨을 주고 도움이 될 수 있다면, 나는 그것으로 만족해야 한다. 이제 더 이상 공중누각은 싫다. 이제 나는 냉정하고 인색한 남자다. 책상 서랍 속 이십 엔을 사수해야만 한다. 나는 태연한 얼굴로 거짓말을 하기 시작했다.

"아니, 이 서랍 안에 돈이 있다고 생각한다면 그건 너의 감이 둔하다는 뜻이다. 그렇게 생각해야 해. 보여줄 수도 있겠지만, 이 서랍에는 정말 돈이 없어. 사실 지금 이 집에 있는 돈은 기껏 해봐야 오륙 전 정도밖에 안 돼." 초라한 거짓말이었다.

"있을 텐데요." 도둑은 느릿느릿 말했다.

나는 소스라칠 정도로 깜짝 놀랐다.

"와, 자네는." 나도 모르게 언성을 높였다. "자넨 무슨 근거로 그런 무례한 말을 하는 건가? 너무 실례이지 않나. 내 집에 돈이 있건 말건 자네는 참견할 권리가 없어. 넌 도대체 누구냐!" 극도의 공포는 분노에 가까운 절규까지도 불러일으키는 모양이었다. 겁에 질린 개가 짖는 것과 비슷한 종류다.

도둑은 사뿐히 일어났다.

"돈 내놔." 이번 목소리는 정말로 섬뜩했다.

"주지. 있으면 준다고." 아무리 구두쇠인 나라도 어둠 속의 그 험악한 분위기에는 당해낼 재간이 없었다. 게다가 나의 구두쇠 같은 모습도 점점 한심스러워지기 시작했다.

"그렇게 돈이 갖고 싶은가? 그래. 기다리고 있는 처자식이 있겠지. 나도 그런 기억이 있네. 아내가 신경질적으로 잔소리를 하면서 자네가 일하지 않는 것을 나무라기에 자네도 큰소리를 쳤겠지. 자네는 정색하며 오늘 바로 돈이 들어올 곳이 있다는 둥 새빨간 거짓말을 해서 아내를 기쁘게 만들었을 거야. 그런데 아내에게 극진한 대접을 받고 집을 나서고 보니 당장 갈 곳이 없는 거야. 그거 아주 괴롭지. 나도 그런 기억이 있어. 이대로 덜렁덜렁 빈손으로 돌아갈 수도 없고 말이야." 나는 될 대로 되라는 심정으로 일부러 더 천박한 말투로 말했다.

"그것도 일종의 지옥이지. 그래도 부끄러운 줄 알아야 해. 애당초 아내에게 천연덕스럽게 그런 거짓말을 하는 것부터가 너무 궁상맞다고 생각하지 않나? 아내가 기뻐하는 얼굴이 그렇게나 보고 싶은가? 자네는 아내에게 푹 빠져 있군. 아내는 자네 분에 넘치게 좋은 사람인 거지? 응? 그런 거지?" 내가 도둑에게 달라붙어 종알종알 집요하게 군 이유는, 도둑이 애써 비아냥대는 나를 일절 무시하고 아무 말 없이 어슬렁어슬렁 책상 쪽으로 다가와서 서랍을 열고 그 안을 뒤졌기 때문이다. 나를 소 돼지처럼 묵살하는 도둑의 무례한 태도에 너무 부아가 나서, 이때다 싶어 입에서 나오는 대로 욕설을 퍼부었던 것이다. 어차피 이십 엔도 뺏긴 마당에 악담이라도 해주지 않고서야 수지가 맞지 않는다고 생각했다. 도둑은 이미 지갑을 찾아낸 모양이었다.

"더 없나?"

"분위기를 깨는군. 이래서 나는 리얼리스트들이 싫은 거야. 좀 더 세련된 말을 할 수는 없나? 어차피 그 돈은 자네 것이야. 내가 졌다고. 정말 불언실행不言實行에는 당해낼 재간이 없군." 나는 몹시 따분해졌다.

"돈 내놔." 또 한 번 말했다.

나는 목소리가 나는 쪽을 돌아보며,

"멍청이! 적당히 해! 진짜 화낼 테다. 나는 전부 다 알고 있어. 단지 너 같은 놈과 찝찝하게 얽히기 싫어서 아까부터 멍청하게 대충 딴청을 부렸던 것뿐이라고. 나는 전부 다 알고 있어. 넌 여자다. 너는 오늘 저녁 저 창문 밖에서 사각사각 낮은 소리를 내며 우산을 펼쳤지. 그 조심스러운 소리는 분명 여자 특유의 것이다. 남자가 우산을 펼칠 때는 아무리 조심을 한다고 해도 절대 그런 소리는 나지 않아. 너는 저녁에 미리 우리 집 상태를 염탐하러 왔던 거야. 분명해. 너는 우리 집 주변까지 샅샅이 정찰했지. 늘 짖어대는 옆집 개가 오늘 밤에는 조용한 걸 보면 네가 어제 그 개에게 독이 든 과자를 먹인 게 틀림없어. 정말 잔인한 짓을 하는 녀석이로군. 나는 어젯밤 담 위에서 우리 집을 훔쳐보던 네 얼굴을 똑똑히 기억하고 있다. 잊을 것 같으냐. 나는 훌륭한 화가이기 때문에 언제든지 네 얼굴을 똑같이 그려낼 수 있다. 오늘 밤 너의 복장이며 동그란 어깨며 모조리 다 알고 있지. 전등을 끄기 전에 다 봤거든. 말해줄까? 너는 일부러 시루시반텐을 뒤집어 입고 있지만, 나는 그 옷깃에 무슨 글자가 새겨져 있는지도 다 알고 있다. 말해줄까? 금금주조今金酒造 주식회사. 어때, 놀랐나? 나는 네 손까지 잡았어. 그걸로 남자인지 여자인지 구별할 수 없다면 그리 훌륭한 화가라고 할 수 없지. 잘 들어. 너는 올해로 서른한 살이다. 남편은 너보다 연하인 스물여섯이야. 연하의 남편은 귀여운 법이지. 먹어버리고 싶었을 거야. 게다가 네 남편은 소심한 성격으로, 길거리에 나가서 미덥지 않은 말투로 엉터리 만년필을 파는 일을 하지. 소심하고 어리광쟁이인 네 남편은 얼마 전 천법사의 연일[22] 때도 예의 그 미덥지 않은 말투로 말했겠지. 이 만년필은 회사 홍보를 위해서 이번에만 특별히 공짜로 나눠드리고 있습니다. 하지만 만년필 개수가 한정되어 있어서 모든 분들에게 나누어 드리지는 못하고 십 전을 내시는 분들께만 선착순으로……,라고 재빠르게 말해야 하는 것을, 공짜로 나눠드리고 있습니다, 에서 말을 끊어버렸을 거야. 손님들 속에서 형사처럼 보이는, 얼굴이 불그레한 아저씨가 히죽 웃고 있는 것을 발견한 거지. 네 남편은 그걸 보자마자 갑자기 흥분하며 그렇게

22_ 신불神佛과 이 세상과의 인연이 가장 강하다고 하는 날.

말했을 거야. 공짜로 드립니다. 정말로 공짜로 드립니다. 저는 거짓말 같은 건 하지 않습니다. 뭐, 이런 장사를 하고는 있지만 손님을 속이기는 싫습니다. 공짜로 드립니다. 자, 모두들 가져가세요. 내 말을 믿지 않는 놈은 바보야. 정말 공짜로 드려요. 노점 상인에게도 오기라는 게 있지요. 전부 무료로 드리겠습니다. 아아, 아가씨. 갖고 싶으세요? 좋아요. 당신은 사람을 의심하지 않는군요. 제가 이 만년필을 공짜로 드린다는 걸 처음부터 믿어주신 거예요. 아아, 의심하지 않는 사람은 득을 봅니다. 자, 세 자루를 드리지요. 한 자루는 아버지에게, 한 자루는 어머니에게. 저를 잊지 말아 주세요! 자, 또 원하는 분 없으세요? 의심하는 사람은 손해를 봅니다. 이 세상이 다 그렇지요. 똑똑한 척하며 히죽히죽 웃고 있는 놈이 오히려 바보야. 바보 얼간이지. 순순히 믿는 사람은 득을 보는 법이야. 신도 예뻐하시지요. 예, 당신에게도 한 자루. 예, 당신에게도 한 자루. 아아, 저는 눈물이 날 정도로 기쁩니다. 뭐 도매가격 육 엔도 별것 아닙니다. 싼값이지요. 하룻밤 여자를 안았다고 생각하고 포기하면 그만입니다. 싼값이에요. 제 걱정은 하지 마시고, 자, 또 갖고 싶은 분 안 계세요? 안 계세요? 절 믿지 않는 사람은 바보입니다! 너의 남편은 이렇게 점점 더 흥분하다가 마지막에는 울먹이기까지 하면서 결국 만년필을 몽땅 나눠줘 버렸을 거야. 형사도 두 손 두 발 다 들었겠지. 네 남편은 그렇게 바보 같은 녀석이야. 그래서 네가 그 무력한 남편을 돕기 위해 밤일을 하러 나와야만 했던 거지. 어때, 맞췄지?" 맞추고 말고 할 것도 없다. 나는 그저 이십 엔을 뺏긴 것이 너무 분하고 짜증스러워서 마구 호통을 치며 내 꿈, 즉 내 소설 줄거리를 입에서 나오는 대로 제멋대로 지껄였을 뿐이다. 싸움에 진 개가 사납게 짖어대는 꼴과 비슷했다.

"나는 더 많은 것을 알고 있지. 네가 왜 우리 집을 골랐는지, 나는 알고 있어. 우리 집은 젊은 부부 두 사람만 살고 있는 신혼집이야. 너는 그 점에 주목했지. 젊은 부부는 느긋해서 여러모로 야무지지 못하거든. 너는 그 점을 노렸어,라고 하면 고상하지만, 그런 게 아니지? 그뿐만이 아닌 거지? 어때? 넌 아직 서른한 살이야. 물론 순수하게 도둑질을 하려는 목적도 있었겠지만, 뭔가 더 부가적인 즐거움도 노렸던 게 아닌가? 이왕 하는 거 젊은 부부의 침실에 숨어 들어가 보고 싶다. 그런 후에, 너는, 아아, 천박하다! 추잡해! 부끄럽지도 않은가? 어쨌든 너는 그런 쪽에 흥미도 있고 해서 겸사겸사 우리 집을 덮쳤다. 틀림없어. 너는 아직 서른한 살이다. 여자가 한창인 나이지. 넌 비열한 녀석이야. 그러나 공교롭게도 우리는 이렇게 침실을 따로 쓰고 있다. 신성한 일이지. 너저분한 꼴은 어디에서도 찾아볼 수 없어. 쥐 죽은 듯 조용하다고. 이 점에서도 너는 실패했다. 너는 호색 기질을 삼가야 해. 너 같은 녀석이 훔쳐보도록 그냥 놔둘 성싶으냐. 너는 가끔 상류층 가정에도 숨어 들어가서 그 집 사모님의 지갑을 훔친 후에 집으로 가져갔겠지. 혹 그 지갑 속에 화려한 색깔의 기묘한 그림 같은 게 들어있으면 남편과 둘이서 큰 소리로 비웃으면서 우쭐거렸겠지만, 그건 사모님이 색을 밝혀서 넣어둔 것이 절대 아니야. 그건 말이지, 내가 가르쳐주마. 즉, 그런 그림이 들어있으면 지갑을 떨어뜨리는 일이 없도록 항상 조심하게 되는 거야. 늘 지갑에 주의를 쏟겠다는 조신하고 엄숙한 마음에서 그런 그림 한 장을 넣어두는 거지. 결코 경박하고 난잡한 마음에서 비롯된 것이 아니라고. 지갑에 그걸 넣어두면 돈이 없어지지 않고, 옷장에 그걸 넣어두면 옷이 궁해지는 일이 없다고들 하는데 그건 진짜야. 거기에만 신경을 쏟게 되거든. 너무 부끄러운 것이기 때문에, 그 지갑과 옷장에 되도록 손을 대지 않게 되고 함부로 여닫지 않게 되어서 아주 소중하게 다루게 되는 거야. 갸륵하지 않은가. 아주 검소하면서도 고상한 방법이지. 거기다가 너는 아이의 지갑까지도 훔쳐본 적이 있을 것이다. 분명히 훔쳤다. 그런 후에 너는 울었겠지. 여자아이의 지갑 속에 자기가 직접 철사를 구부려서 만든 반지 같은 것이 들어있었는데, 여자아이가 얼굴을 붉히고 낑낑대며 철사를 구부린 부드러운 힘이 그 서투르고 구불구불한 철사의 굴곡에 그대로 남아 있었을 거야. 활처럼 굽은 그 굴곡 굴곡마다 아이의 작은 노력이 희미하게 스며들어 있어서, 너는 죄책감을 견디지 못하고 얼굴을 감쌌겠지. 아무렇지도 않았다면 너는 악마다. 또, 남자아이의 지갑에는 딱지 한 벌이 들어있었어. 딱지에는 제각각 스모 선수의 그림이 그려져 있고, 히가시노요코즈나에서 마에가시라까지 또 니시노요코즈나에서 마에가시라까지[23] 동서 다섯 장씩 총 열 장이 들어있어야 하는데 한 장이 모자랐어. 히가시노요코즈나가 없었던 거야. 어떻게 된 일인지 거기까지는 나도 몰라. 딱지 가게에 물건이 다 떨어졌던 것일지도 모르겠군. 지갑 주인인 남자아이는 예전부터 그걸 얼마나 안타까워하고 있었을까. 남몰래 얼마나 주눅 들어있었을까. 히가시노요코즈나가 얼마나 갖고 싶었을까. 가지고 있는 동화책을 전부 내놓더라도 그 히가시노요코즈나와 바꿀 수만 있다면 좋을 텐데, 하는 생각을 항상 했을 거야. 하지만 어느 딱지 가게에 가도 히가시노요코즈나는 없었어. 친구들 모두에게 물어보며 돌아다녀 봐도 없었지. 그때 네가 그걸 훔친 것이다. 너는 그 딱지를 살펴보고 나서 그 남자아이의 분함과 쓸쓸함을 상상했을 것이고, 늘 그게 머릿속에서 떠나지 않았을 거야. 그리고

23_ 스모의 계급. 요코즈나가 가장 높고 마에가시라가 가장 낮다. 히가시는 동쪽, 니시는 서쪽을 뜻하는데, 히가시가 니시보다 계급이 높다.

그 후 딱지 가게 앞을 지날 때마다 가게 안을 들여다보며 혹시 히가시노요코즈나 없을까, 하고 무심코 필사적으로 찾아보게 되었을 거야. 그렇지 않다면 너는 악마다. 도둑질은 별로 좋은 장사가 아니야. 관두도록 해. 어이, 듣고 있어?"

옆방에 갑자기 불이 켜졌고 내 방도 희미하게 밝아졌다. 방 안을 둘러봐도 도둑의 흔적은 찾아볼 수 없었다. 느낌이 안 좋았다.

아내가 미닫이문을 열고 휘청거리듯 방으로 들어오며 말했다.

"도둑?"

나는 한심할 정도로 혀가 꼬인 상태로 털썩 그대로 주저앉아버렸다.

"맞아. 방금까지 분명히 있었어."

겁에 질린 아내를 보고 순식간에 나도 전염이 됐다. 이가 딱딱 부딪힐 정도로 온몸이 부들부들 떨리기 시작했다. 처음으로 제정신이 돌아왔다. 그때까지는 너무 경악한 나머지 평정심을 잃고, 떠는 것마저 까먹고는 이성을 잃고 흥분해서 열변을 토한 것인데, 어쩌면 반쯤 미쳐 있는 상태였는지도 모른다.

"분명히 있었어. 분명해. 아직 있을지도 몰라."

아내는 내가 다다미 바닥이 삐걱거릴 정도로 심하게 떠는 모습을 보고 오히려 자신은 차분함을 되찾은 듯 키득키득 억지로 웃기 시작했다.

"갔어요. 제가 알아요. 당신이 멍청이, 하고 큰 목소리로 꾸짖으셨죠? 그때 잠에서 깼거든요. 귀를 기울이고 당신의 이야기를 듣다 보니 아무래도 상대방이 도둑 같더군요. 큰일 났구나 싶었지요. 숨을 죽이고 가만히 엎드려 있었는데, 도둑이 방에서 나가는지 쿵쾅거리는 발소리가 들리더군요. 그제야 안심했지요. 그나저나 참 이상한 도둑이에요. 덧문까지 꼼꼼하게 닫고 갔지 뭐예요. 삐거덕대는 소리가 나던데, 아마 덧문을 닫느라 좀 고생한 모양이에요."

덧문 쪽을 보니 과연 야무지게 잘 닫혀 있었다. 나는 아무도 없는 어두운 방에서 혼자 신이 나서 끝도 없이 설교를 늘어놓고 있었던 모양이다. 바보 같다. 나는 도둑이 곧바로 살금살금 가버린 것도, 그리고 덧문까지 닫아준 것도 모르고 정신없이 혼자 떠들었던 것이다.

"시시한 도둑이야." 나는 하는 수 없이 웃었다.

"철두철미한 리얼리스트로군. 그나저나 돈을 전부 가져간 모양이야."

"돈 같은 거야 뭐."

아내는 항상 내가 마음을 졸이게 될 만큼 돈에 무관심하다. 예술가의 아내는 그래야만 한다는 우직한 믿음 때문에 일부러 더 무관심하게 구는 것 같기도 하다.

"그것보다 당신이 다치지 않아서 다행이에요, 정말로." 하고 입을 연 아내는 어깨를 축 늘어뜨리며 한숨을 쉬더니 고개를 숙인 채로 말했다. "그깟 도둑에게 문학에 대한 얘기 같은 건 하지 않으셨으면 해요. 당신에게 시집오기 전에, 부인잡지사에서 기자로 일하시는 친척분이 당신에 대한 무척 안 좋은 평판을 편지에 적어 어머니에게 보내신 적이 있어요. 그때는 이미 저희가 당신을 만나고 난 후였는데, 어머니는 그래도 당신을 믿으셨어요. 그 친척 기자분도 당신과 직접 만나 본 일 없이 그저 소문만 믿고 그런 충고를 하신 것일 뿐이고, 저도 직접 본인과 만나보고 받은 인상이 가장 중요하다고 생각하기 때문에 지금은 당신을 털끝만큼도 의심하지 않아요. 그런데 당신, 도둑에게 그런 소설 같은 이야기나 늘어놓으시다니……."

"알겠어. 역시 내가 정신이 이상한 놈이라는 거로군."

그때 나는 결혼한 후 처음으로 아내를 두들겨 패주고 싶다는 생각을 했다. 도둑이 들었을 때는 역시 일반시민 흉내를 내어 도둑이야, 도둑이야, 하고 크게 외치고, 속옷 바람으로 밖으로 뛰쳐나가 대야를 두들기며 요란법석을 떨어 온 동네에 소란을 일으켜야 하는가? 그래야 하는가? 나는 불쾌해졌다. 만약 그렇다면 현실이라는 것이 싫다! 완전히 사랑할 수 없는 무언가가 있다. 그 악덕한 도둑만 보아도 그렇다. 이 세상의 모든 것들은 어쩌면 이렇게나 뻔하고 재미없기만 하단 말인가. 불쑥 들어와서 돈만 챙겨다가 다시 불쑥 사라진다. 그게 전부이지 않은가. 이 세상에 더 이상 낭만은 없다. 나 혼자만 정신이상자다. 그리고 이제는 나도 분주하게 소시민 생활을 배워가며 인색한 세상살이를 시작했다. 싫다. 혼자라도 상관없다. 한 번만 더 야망과 헌신이 넘쳐나는 로맨스의 지옥 속으로 뛰어들어 그대로 죽어버리고 싶다! 불가능한 일인가? 해서는 안 되는 일인가? 이렇듯 격한 마음의 동요는 어젯밤 도적의 습격을 계기로 하여 오늘 아침까지도, 아니 이 글을 휘갈겨 쓰고 있는 지금까지도 끊임없이 격렬하게 계속되고 있다.

太宰治

俗天使

세속의 천사

「세속의 천사」

1940년 1월, 잡지 『신조』에 발표됐다.

당시 작가로서 막다른 골목에 다다랐던 다자이의 괴로운 심경과 좌절감을 엿볼 수 있다는 점에서 「팔십팔야」와 유사한 성격을 가지는 작품이라고 할 수 있다. 이 작품 속에 등장하는 '초라한 마리아'가 당시의 다자이에게 어떤 의미를 가지는 존재였을지 생각하면서 읽어보는 것도 작품 감상의 포인트가 될 수 있겠다.

나는 저녁 식사를 하다가 젓가락과 밥공기를 든 채로 갑자기 멍하게 굳어버렸다. 아내가 왜 그러냐고 묻기에 나는 아, 질렸어, 밥 먹는 일에 질렸어,라고 대답했다. 그 외에도 생각하던 일이 좀 있었고, 그것 때문에 밥맛이 떨어져서 넋을 놓은 것인데, 아내에게 설명하기는 좀 귀찮았다. 밥을 좀 남겨도 괜찮겠어?라고 말했더니 아내가 괜찮다고 대답했다. 나는 식탁 위에 미켈란젤로의 '최후의 심판'의 큰 사진판을 펼쳐 두고 줄곧 그것에 시선을 고정한 채로 젓가락을 움직이고 있었다. 그림의 중앙에 마치 왕자같이 건강미 넘치는 젊은 예수가 전라의 모습으로 하계의 동란 속 망자들에게 무언가를 던지는 듯 대범한 몸짓을 하고 있고, 젊고 아담한 처녀인 청초한 어머니가 그 아름답고 용감한 전라의 그리스도에게 앳되고 싱그러운 모습으로 다가가 앉아 있었다. 예수를 향한 깊은 신뢰를 담아 가만히 고개를 숙인 채로 고요하고 아련하게 생각에 잠긴 그 모습이 끝내 나의 초라한 식사를 중단시킨 것이다. 자세히 들여다보니, 마치 모모타로[1]처럼 영롱한 예수의 몸, 그 복부와

1_ 일본어로 복숭아를 뜻하는 모모와 일본 남자아이 이름인 타로가 합쳐진 말로, 일본 전설 '모모타로 이야기'의 주인공 이름이다. 일본의 대중적인 영웅으로, 여러 책과 영화, 작품에

치켜올린 손등과 다리에 크고 새까만 상처가 선명하고 무참하게 그려져 있다. 아는 사람들은 다 알 것이다. 나는 견디기 힘든 심정이었다. 또, 그 어머니는 얼마나 아름다운가. 나는 어릴 적에 긴타로보다는 긴타로와 둘이서 산에 숨어 살던 젊고 아름다운 야만바[2]에게 더 마음이 끌렸다. 또한 말에 올라탄 잔 다르크의 모습을 잊을 수가 없다. 나이팅게일의 젊을 적 사진 또한 몹시 동경했다. 하지만 그들은 지금 내 눈앞에 있는 젊은 처녀인 이 어머니와 비교도 되지 않는다. 이 어머니는 몸집이 아담하고 영리한 하녀 같다. 청결하고 약간 차가운 느낌의 간호사 같기도 하다. 하지만 그런 것과는 다르다. 가볍게 표현해서는 안 된다. 간호사라니, 안 될 말이다. 왠지 절대로 건드려서는 안 되는 존재처럼 느껴졌다. 누구에게도 보이지 않고 영원히 어딘가에 넣어두고 싶은 심정이었다. '성모자聖母子.' 나는 그 실상實相을 이제야 겨우 알게 되었다. 틀림없이 최상의 것이었다. 다 빈치는 뼈를 깎는 고통 끝에 조콘다[3]를 완성 시켰지만, 안타깝게도 신품神品은 아니었다. 신에 맞선 죄로 마품魔品이 되어버렸다. 미켈란젤로는 비록 조금 무지하긴 했지만, 눈물 나는 노력 끝에 신의 존재를 감지할 수 있었다. 누가 더 괴로웠을지, 나는 알 수 없다. 하지만 미켈란젤로의 이런 작품에는 어딘지 모르게 신의 손길이 느껴지고, 사람이 만들어낸 작품이 아닌 듯한 느낌도 든다. 미켈란젤로 스스로도 자신의 작품에서 느껴지는 그 불가사의한 자연스러움에 대해서는 잘 몰랐을 것이다. 신이 열등생인 미켈란젤로를 도와 그려준 것이다.

등장한다.

2_ 일본 전설 속 요괴 할멈으로 산속에 숨어 살며 사람을 잡아먹는다. 긴타로는 일본 헤이안시대 무장으로, 긴타로가 야만바의 아들이라는 전설이 존재한다.

3_ 레오나르도 다 빈치의 모나리자를 달리 부르는 말.

이것은 미켈란젤로의 작품이 아니다.

그런 좋은 작품을 보다가, 나는 결국 식사를 멈추고 두리번두리번 방을 둘러보았다. 아내가 고개를 숙이고 밥을 먹고 있다. 나는 '최후의 심판'의 사진판을 접고 방으로 들어가 책상 앞에 앉았다. 자신감이 눈곱만큼도 없다. 글을 한 자도 쓰고 싶지 않았다. 모레까지 잡지 『신조』[4]에 스무 장짜리 단편을 보내기로 약속한 터라 오늘 밤부터 일에 착수할 생각이었는데, 갑자기 겁을 집어먹고 말았다. 작품 구상은 이미 끝난 상태이고, 마지막에 쓸 문장까지 준비해두었다. 육 년 전 이른 가을에 친구 셋을 불러 모아 백 엔을 가지고 유가와라 온천에 놀러 갔을 때 우리 네 사람이 서로 죽일 듯이 싸우고, 울고, 웃으며 화해했던 일에 대해 쓰려고 했는데, 갑자기 그러기 싫어졌다. 그건 그다지 의미도 없는, 말하자면 여느 때와 별반 다름없는 작품일 뿐이다. 특별히 좋을 것도 나쁠 것도 없는 '스케치'라고나 할까. 그 그림을 보지 말았어야 했다. '성모자'를 몰랐더라면 차라리 좋을 뻔했다. 그랬다면 아마 나는 뻔뻔스럽게 글을 써 내려갈 수 있었으리라.

나는 줄기차게 담배만 피워댔다.

"나는 새가 아니에요. 그리고 길짐승도 아니에요." 언젠가 들판에 있는 어린아이들이 처량한 가락의 노래를 부르는 것을 들은 적이 있다. 나는 집에서 누워 뒹굴다가 그 노래를 듣고 갑자기 눈물이 울컥 끓어올라 몸을 일으켜 아내에게 물었다. 저건 도대체 뭐지? 무슨 노래야? 아내는 웃으며 대답했다. 박쥐의 노래일 거예요. 짐승들의 싸움에 나오는 합창이지요.

4_ 일본 최대의 출판사인 신초사新潮社에서 1904년에 창간한 잡지. 「봄의 도적」을 비롯, 다자이의 작품 다수가 이 잡지에 발표되었다.

"그런가? 참 형편없는 노래로군." "그래요?" 아내는 아무것도 모른 채 그저 웃고 있을 뿐이었다.

문득 그 노래가 다시 떠올랐다. 나는 행동력이 떨어지는 남자다. 남들 눈치만 본다. 나는 새가 아니다. 길짐승도 아니다. 그런가 하면 사람도 아니다. 오늘은 11월 13일. 사 년 전 오늘, 나는 어느 불쾌한 병원에서 퇴원을 허락받았다. 오늘처럼 이렇게 추운 날은 아니었다. 청량하게 갠 가을날로, 병원의 정원에는 아직 코스모스가 피어 있었다. 그 무렵의 일은 앞으로 오륙 년이 지난 후 조금 더 안정이 되면 정성을 들여 찬찬히 써보려고 한다. 제목은 '인간 실격'이라고 지을 생각이다.

더 이상 글을 쓰기 싫어졌다. 하지만 나는 꼭 써야만 한다. 『신조』의 N씨에게 여태껏 여러모로 민폐를 많이 끼쳤기 때문이다. 거의 포기 상태에 빠졌을 때, 문득 이런 말이 떠올랐다. '내게도 길거리 성모聖母가 있었다.'

물론 이건 억지스러운 말이다. 지상의 어느 여성을 그려본다 한들 미켈란젤로의 성모와 비교할 수 있을 리 없다. 왜가리와 두꺼비 정도로 차이가 난다. 예를 들어보겠다. 나는 오기쿠보[5]에 있는 하숙집에 살 때 종종 근처의 중국식 국수 가게에 가곤 했는데, 이건 어느 날 밤 내가 그 가게에서 국수를 먹고 있을 때의 일이다. 거기서 일하는 체구가 아담한 여종업원이 앞치마 아래로 몰래 계란을 꺼내더니 톡 하고 깨트려 내가 먹고 있던 국수 위에 올려주었다. 나는 너무 비참한 기분에 얼굴을 들 수 없었다. 그 이후로는 되도록 그 국수 가게에 가지 않는다. 실로 수치스러운 기억이다.

5_ 도쿄 스기나미구에 위치. 다자이가 동경제국대학(현재의 도쿄대학) 재학 당시 이 근처에서 하숙했다.

또, 나는 오 년 전 맹장 쪽에 병을 앓았는데, 고름이 복막까지 퍼져서 수술이 조금 복잡해졌다. 그때 사용한 약품이 조금씩 습관이 되다가 결국 중독 증세를 일으켰고, 그것을 치료하기 위해 미나카미 온천에 갔다. 처음 이삼 일은 신께 기도를 올리면서 어찌어찌 참을 수 있었지만 결국 고통을 견디지 못하고 미나카미마치에 있는 작은 병원으로 달려갔고, 그곳의 늙은 의사에게 모든 사정을 털어놓고 1회분의 약품을 얻었다. 내가 병원을 나서려고 할 때 얼굴이 둥글둥글한 간호사 하나가 웃으며 몰래 1회분의 약을 더 건네주었다. 내가 그만큼의 돈을 더 지불하려고 하자, 간호사가 말없이 고개를 저었다. 나는 빨리 병을 고치고 싶다는 생각이 간절해졌다.

미나카미에서도 병을 고치지 못한 나는 여름이 끝나갈 무렵 지내던 숙소를 정리했다. 집에서 나와 버스에 올라탄 후 문득 뒤를 돌아본 나는, 아가씨 하나가 희미하게 웃으며 눈으로 나를 배웅하다가 갑자기 눈물을 터뜨리는 것을 보았다. 그 아가씨는 소학교 2, 3학년 정도 되는 남동생과 함께 옆 여관에 머물며 온천욕으로 병을 치료 중이었다. 내 방 창문에서 그 아가씨의 방이 보였기 때문에 아침저녁으로 서로 눈이 마주쳤는데, 둘 다 인사 한번 나누는 일 없이 항상 모르는 척했다. 당시에 나는 하루 종일 돈을 빌리기 위한 편지만 쓰고 있었다. 전혀 정직하지 못한 건 지금도 마찬가지지만, 그즈음에는 정말 반미치광이 상태였다. 그 순간만을 모면하기 위해 늘 슬픈 거짓말을 지껄이곤 했다. 숨을 쉬며 사는 일에 지쳐서 창문으로 얼굴을 내밀었을 때, 옆 여관의 아가씨가 신경질적으로 커튼을 닫아서 내 시선을 차단시킨 일까지 있다. 내가 버스에 올라타서 뒤를 돌아보았을 때 아가씨는 옆 여관의 입구에 몸을 움츠리고 서 있었는데, 그때 처음으로 내게 웃는 얼굴을 보여주고 이내 울음을 터트렸다. 손님들이 하나둘 떠나버리고 마는구나, 하는 추상적인 슬픔이 갑자기 엄습한 모양이었다. 그게 나라서 운 것은 아니라는 것을 알면서도 그래도 나는 가슴이 복받쳐 올랐다. 조금 더 친하게 지냈더라면 좋았을 텐데 싶었다.

다른 사람들에게는 이런 이야기가 '자랑'처럼 들릴까? 만약 이런 일들이 나의 소중한 '자랑'거리라면, 나는 분명 아주 비참하고 딱한 놈일 것이다. '자랑'을 하려는 생각은 전혀 없다. 국수 가게의 여종업원에게 계란 하나를 얻었다고 해서 그게 무슨 대단한 자랑이 되겠는가. 나는 스스로의 치욕을 고백하고 있을 뿐이다. 나는 내가 이상하게 생겼다는 것을 잘 알고 있다. 어렸을 때부터 못생겼다는 소리를 들으며 자랐다. 불친절하고 눈치도 없다. 게다가 품위 없이 벌컥벌컥 술을 들이붓기도 한다. 여자들이 그런 나를 좋아할 리가 없다. 나는 오히려 그 부분을 조금 자랑스럽게 여긴다. 여자들이 나를 좋아하지 않았으면, 하고 늘 생각한다. 자포자기 상태이기 때문만은 아니다. 나는 단지 내 분수를 알고 있을 뿐이다. 자기가 사랑받을 가치가 없는 사람이라는 것을 잘 아는 이가 어쩌다 한두 번 사랑을 받게 되면, 오히려 당황스럽고 비참하기만 할 뿐이다. 내가 이렇게까지 말해도 나를 믿지 않는 사람이 있을 것이다. 어리석은 놈! 네 녀석같이 비열하게 캐묻기를 좋아하는 인간이 있기 때문에, 내가 진지하게 정색을 하고 이런 무지하고 한심스러운 변명을 늘어놓게 되는 것이다. 사람이 말을 하면 그냥 입을 다물고 듣고 있도록. 나는 거짓말을 하는 게 아니니까.

나는 치욕을 고백하고 있다고 앞서 말했다. 하지만 그 말만으로는 조금 부족하다. '치욕을 고백하는 일에 조금이나마 자긍심을 가지고 싶어서 글로 쓰고 있는 것이다.'라고 정정하는 편이 조금 더 적절하지 않을까 싶다. 비참한 기분이지만 어쩔 수 없다. 이제껏 나를 좋아해 주는 여자가 없었기 때문에, 간혹가다 여자가 내게 사소한 호의를 베풀기라도 하면 그것을 무척 치욕스럽게 느끼곤 했다. 하지만 이제는 그 기억만이라도 소중히 간직해야 하지 않을까, 하는 비굴한 반성을 하게 되었고, 그로 인해 그 보잘것없는 여성들에게 '길거리 마리아'라는 왕관을 바치는 상황에 이른 것이다. 미켈란젤로의 그림 속 마리아가 이 모습을 내려다보고 노여워하는 일 없이 미소 지어준다면 다행일 것이다.

나는 가족 이외의 여자에게 돈을 받은 적이 한 번도 없지만, 십 년 전 딱 한 번 폐를 끼친 일은 있다. 십 년 전, 그러니까 내가 스물한 살 때의 일이다. 긴자에 있는 바에 간 적이 있는데, 그때 내 지갑 속에는 오 엔짜리 지폐 한 장과 전철 차표밖에 없었다. 바에는 오사카 말을 쓰는 여종업원이 있었다. 품위 있어 보이는 사람이었다. 나는 그 여종업원을 불러서 돈이 오 엔밖에 없으니 되도록 술을 천천히 가져와달라고 진지하게 부탁했다. 여자는 비웃지 않고 승낙해주었다. 한 병을 마시니 취기가 오르기 시작했고, 나는 또 한 병을 가져오라며 여자를 재촉했다. 여자는 별다른 말 없이 예, 예, 하고 대답하며 술을 가져왔다. 그러다 보니 결국 술을 엄청 많이 마셔버렸다. 술값은 십삼 엔이 조금 넘었다. 지금도 그 액수만은 똑똑히 기억한다. 내가 머뭇거리자 여자는 됐어, 됐어, 하고 가게 밖으로 내 등을 떠밀었다. 그걸로 끝이었다. 내 태도가 마음에 들었던 거겠지, 하고 생각했을 뿐 그 이상 마음이 들뜨지는 않았다. 이삼 년인가 사오 년인가 그건 정확하지 않지만, 어쨌든 꽤 시간이 흐른 후에 나는 다시 그 바에 들렀다. 아뿔싸. 그 여종업원이 아직도 거기에 있는 게 아닌가. 그녀는 여전히 품위 있는 모습으로 그곳에서 일하고 있었다. 내가 앉은 테이블에도 잠깐 들렀는데 생글생글 웃으며 누구시더라, 까먹었네,라고 말하고는 그대로 다른 테이블로 가버렸다. 나는 비굴하고 인색한 사람이라 먼저 나서서 감사 인사를 할 용기도 없고 해서 그냥 술을 한 병 마시고 냉큼 되돌아왔다.

이제 이야깃거리가 떨어졌다. 이제 남은 방법은 날조뿐이다. 이제 더 이상 그 어떤 추억거리도 없다. 이야기를 하려면 날조를 하는 수밖에 없다. 점점 비참해진다.

편지라도 써보자.

아저씨. 사비가리 씨. 사비시가리[6]도 아니고, 사무가리[7]도 아니야. 사비가리 씨가 제일 잘 어울려. 항상 소설만 쓰고 있는 아저씨. 오늘 아침의 엽서 고마워요. 마침 아침 식사를 하고 있을 때 도착해서 모두에게 읽어줬답니다. 매일 그렇게 찔끔찔끔 소설만 쓰고 있으면 몸이 상해요. 운동도 꼭 필요해요. 아저씨처럼 만날 잠옷을 입고 집안에만 있는 사람에게는 운동을 할 때 나오는 밝은 기운이 꼭 필요하니까요. 어쨌든 오늘도 또 아저씨를 신나게 웃겨 드릴게요. 지금부터 하려는 이야기는 원래 마지막에 쓸 생각이었는데, 빨리 알려드리고 싶은 걸 참을 수 없어서 먼저 쓰는 거예요. 뭐라고 생각하세요? 바로 오늘 산 물건에 관한 거예요. 아가씨들은 그것을 몸에 지니면 바다가 보이는 해변에 가고 싶어진답니다. 여행을 떠나고 싶은 충동이 생기지요. 오늘 긴자에서 발견했는데, 돌아오는 길에 곧바로 신어버렸어요. 걷는 게 너무 행복하고 즐거워서 자꾸만 눈이 발 쪽으로 가지 뭐예요. 이미 눈치채셨죠? 네, 신발이에요. 나, 오늘 하루 종일 신발만 쳐다보면서 걸은 것 같아요. 사람들이 다

6_ 외로움을 많이 타는 사람.

7_ 추위를 많이 타는 사람.

내 신발만 쳐다보는 것 같아서 얼마나 뿌듯했는지 몰라요. 이야기가 너무 따분한가요? 아저씨는 뭐든 다 따분하다, 따분하다,라고만 해서 제가 늘 곤란해져요. 하지만 뭐, 신발 이야기는 저도 좀 따분하다고 생각해요.

그럼 뭐가 좋을까. 아, 오늘 저녁에 어머니가 「여학생」[8]을 읽어보고 싶다고 말씀하시더군요. 저는 무심결에 '싫어요.'라고 거절해버렸지요. 그리고 5분쯤 지나고 나서 '엄마는 너무 짓궂어. 어쩔 수 없다니까. 못 살아 정말.' 하고 이상한 말만 늘어놓고는 서재에서 그 책을 가져다드렸어요. 어머니가 지금 한창 읽고 있는 모양이에요. 상관없어요. 어머니에 대한 나쁜 말은 전혀 없는 데다 아저씨도 항상 어머니를 존경하고 계시잖아요. 괜찮아요. 어머니가 아저씨에게 화를 내지는 않을 거예요. 저는 요즘 이상하게 어머니 앞에서 자꾸 부끄러움을 타요. 어머니뿐만이 아니야. 모든 사람들에게 다요. 좀 더 태연하게 행동하고 싶은데 말이에요.

좀 따분하죠? 비눗방울아, 날아가라! 다른 얘기를 쓸게요. 오늘은 스님과 함께 시장에 다녀왔어요. 스님은 하얀 편지지와 입술연지 (입술연지는 스님께 아주 잘 어울리는 색이었어요.) 그리고 가죽 시곗줄을 사셨어요. 저는 지갑과 (아주 마음에 쏙 드는 지갑이에요. 짙은 밤색에 빨간 조개 무늬지요. 별론가요? 저, 취향이 고상하지 못한 거죠? 하지만 지갑의 여닫이 부분과 조개 입 부분이 금색으로 정성스럽게 채색되어 있어서 제법 쓸 만은 해요. 지갑을 얼굴 가까이에 가져다 댔더니 여닫이 부분에 제 얼굴이 작고 둥글게 비쳤는데, 꽤 귀여워 보이더군요. 그러니

8_ 1939년 발표된 다자이 오사무의 단편소설. 1938년 아리아케 시즈有明淑라는 한 여성 독자에게서 받은 일기를 소재로 하여 쓴 작품으로, 주인공의 독백체로 이루어져 있다.

까 이제부터 이 지갑을 열 때는 다른 사람들이 지갑을 열 때와는 다른 마음가짐을 가져야 할 것 같아요. 열 때마다 반드시 제 얼굴을 비춰볼 생각이에요.) 그리고 입술연지도 샀는데, 근데 이런 이야기 지루한가요? 왜 그럴까요? 아저씨도 나빠요. 저는 가끔 그런 생각을 하면 울적해져요. 술은 어쩔 수 없다지만 담배는 조금 줄이도록 하세요. 아무튼 보통이 아니라니까. 데카당 아저씨.

이번에는 더 좋은 이야기를 들려드리도록 할게요. 근데 왠지 다 자신이 없어져 버렸어. 개에 관한 이야기를 하려고 했는데, 아저씨와 저는 개에 대해서는 취향이 정 반대잖아요. 그걸 생각하니 얘기하고 싶은 마음이 사라졌어요. 자피도 귀엽다고요. 지금 막 산책을 하고 돌아온 모양인데, 창문 밑에서 하품 소리 같은 아주 귀여운 소리를 내고 있어요. 내일은, 화요일. 화요일이라는 글자는 왠지 심술궂어 보여서 싫어요.

뉴스를 알려드릴게요.

1. 벨기에와 네덜란드의 평화협정을 영국과 프랑스가 완곡히 거부해. 애당초 벨기에의 황제 레오폴 3세는……, 그 뒤는 신문을 읽어주세요.

2. 폐선廢船은 생각지 못한 우리의 선물. 떠오르는 '서태후의 배'. 북경 교외의 만수산 기슭에 있는 곤명호의 서북쪽 구석진 곳에서 뜻밖에 용이 나타났다. 아주 오래 산 용인데……,라는 건 거짓말.

아저씨가 지금 감옥에 갇혀 있는 상태라면 참 좋을 텐데. 그럼 제가 아주 우쭐대며 뉴스를 전해 드릴 수 있을 테니까요. 어차피 다 신문에 나와 있는 내용인데 왜 모두들 요즘 유럽의 정세는 어쩌고 하면서 꼭 자기만 아는 것처럼 자랑스럽게 말하는 걸까요. 참 이상해요.

3. 자피는 요 며칠 별로 기력이 없어요. 낮에는 깜빡깜빡 졸고만

있지요. 요즘 들어 갑자기 얼굴이 많이 늙어버렸어요. 자피도 이제 할아버지가 되어버린 것이겠지요.

4. 사비가리 군은 백의의 병사들에게 인사를 하나요? 저는 '다음번에는 꼭 인사를 하자'고 굳게 마음먹었지만 도무지 용기가 나질 않았어요. 며칠 전 우에노에 있는 미술관에 가는 길이었어요. 반대쪽에서 백의의 병사 한 분이 걸어오시더군요. 슬며시 주위를 둘러보고 아무도 없는 것을 확인하고 나서 이때다, 하고 제대로 인사를 했답니다. 그랬더니 그분께서도 아주 정중하게 인사를 해주시더군요. 눈물 날 정도로 기쁜 마음에 팔짝팔짝 뛰느라 걷기가 무척 힘들었어요. 뉴스는 이걸로 끝.

저는 요즘 아주 점잔을 빼고 있어요. 아저씨가 저에 대해 아주 멋지게 써 주신 덕에 제가 일본에 알려지게 되었으니까요. 저는 외로워요. 웃지 마세요. 진짠걸요. 저는 어쩌면 가망이 없는 아이인지도 몰라요. 아침에 눈을 뜰 때는 오늘은 정말 제대로 된 의지를 가지고 후회 없이 하루를 보내자고 맹세하며 이부자리에서 일어나지만, 그 기분이 아침 식사 때까지 이어진 적이 없어요. 하지만 그때까지는 정말로 바싹 긴장을 하고 매사에 임한답니다. 온몸에 잔뜩 힘을 주고서 조심조심 화장실 문을 닫기도 하고, 입을 꾹 다물고 눈을 내리깐 채로 복도를 걷기도 하지요. 우체부 아저씨 앞에서도 상냥한 목소리로 웃으며 얌전하게 군답니다. 하지만 저는 역시 안 되나 봐요. 아침 식사 때가 되어 맛깔나게 차려진 식탁을 보면 그 굳은 맹세가 한 방에 다 날아가 버리는 거예요. 그러고는 재잘재잘 수다를 떨며 품위를 잃기 시작하지요. 몸가짐 같은 건 다 잊고 밥을 실컷 먹어버리고는 하는데, 세 그릇 정도를 먹고 나서야 겨우 정신을 차리고 '아뿔싸' 하고 생각하지요. 그러고 나면 크게 실망하고 결국 형편없는 스스로의 모습에 안주하게 되는 거예요. 그걸 매일 반복하고 있어요. 형편없죠? 아저씨는 요즘 뭘 읽고 계신가요? 저는 루소의 『참회록』을 읽고 있어요. 그리고 며칠 전에는 플라네타륨을 보고 왔어요. 아침이 될 때와 날이 저물 때 아름다운 왈츠곡이 나오더군요. 그럼 아저씨, 건강하게 지내세요.

장황하게 써보긴 했지만 별로 재미는 없었을지도 모른다. 하지만 현재로선 고작 이 정도가 나의 초라한 마리아다. 실제로 존재하는지에 대해서는, 굳이 말할 필요도 없을 것이다. 작가는 지금 이유 없이 기분이 언짢은 상태이다.

太宰治

兄たち

형

「**형**」

1940년 1월, 잡지 『부인화보』에 「아름다운 형들」이라는 제목으로 발표됐다. 다케무라서방에서 간행된 단행본 『피부와 마음』에 「형兄たち」이라는 제목으로 바뀌어 처음 수록된다.

형들에 대한 추억을 따뜻하게 회상하는 작품으로, 다자이가 가족을 소재로 하여 쓴 작품 중 가장 솔직한 회상기라는 평가를 받는다. 다자이는 자살미수 등의 불미스러운 사건들을 계기로 큰형 쓰시마 분지와 의절하고 고향에도 발길을 끊게 되는데, 그럼에도 늘 '형'의 존재를 잊지 않고 의식하며 살았다. 실제로 셋째 형 게이지의 유작인 조각품을 애지중지 아꼈던 다자이. 「형」은 그런 다자이의 형들에 대한 애정 어린 시선을 느낄 수 있는 몇 안 되는 작품 중 하나이다.

아버지가 돌아가셨을 때 큰형은 갓 대학을 졸업한 스물다섯, 둘째 형은 스물셋, 셋째 형은 스물, 저는 열네 살이었습니다. 형들이 모두 따뜻하고 어른스러웠던 덕에, 저는 아버지가 돌아가신 후에도 전혀 허전하지 않았습니다. 큰형을 아버지와 동일한 존재로 여기고, 작은형을 고생한 작은아버지쯤으로 여기며 늘 어리광만 부렸지요. 제가 아무리 안하무인으로 버릇없이 굴어도 형들은 그저 웃으며 다 받아주었습니다. 아무것도 모르는 저는 그야말로 제 세상인 양 멋대로 굴었지만, 형들은 그럴 만한 상황이 아니었습니다. 분명 백만 엔 이상이었을 것입니다. 형들은 그 막대한 유산과 돌아가신 아버지의 정치세력을 지키기 위해 남몰래 노력했을 것입니다. 기댈 만한 어른도 안 계셨기 때문에, 스물다섯 살인 큰형과 스물세 살인 둘째 형이 힘을 합쳐 전부 헤쳐나갈 수밖에 없었습니다. 큰형은 스물다섯의 나이로 면장町長이 되어 조금씩 정치 경험을 쌓게 되었고 서른한 살 때 현의원県議員이 되었습니다. 전국에서 가장 어린 현의원이었기 때문에 신문에서는 형을 A현의 고노에 후미마로[1]라고 치켜세웠고, 형의 이야기가 만화로 만들어지는 등 제법 인기도 있었습니다.

하지만 큰형은 언제나 우울해 보였습니다. 큰형의 꿈은 그런 것이 아니었기 때문입니다. 큰형의 책장에는 오스카 와일드의 전집, 입센의 전집뿐만 아니라 일본 희곡 작가의 저서들이 빼곡히 들어차 있었습니다. 큰형이 직접 희곡을 쓰기도 하고 가끔 동생들을 방에 불러 모아 그것을 읽어주기도 했는데, 그때 큰형은 진심으로 기쁜 표정이었습니다. 저는 어렸던 탓에 잘은 몰랐지만, 큰형이 쓴 희곡 대부분은 숙명의 슬픔을 테마로 하는 것 같았습니다. 그중에서도 <쟁탈>이라고 하는 장편 희곡만큼은 아직도 극중 인물의 표정 하나하나까지 또렷이 기억하고 있습니다.

큰형이 서른 살이었을 때 저희 형제들은 『아옴보青んぼ』[2]라는 이상한 이름의 동인잡지를 낸 적이 있습니다. 잡지의 편집은 당시 미술학교의 조소과에 재학 중이던 셋째 형이 맡았습니다. 『아옴보』라는 잡지 이름도 셋째 형이 지은 것으로, 셋째 형은 그 이름을 꽤 자랑스러워했습니다. 표지도 셋째 형이 그렸는데, 쉬르레알리슴초현실주의풍으로 엉성하게 그린 것으로, 은가루를 잔뜩 뿌린 난해한 그림이었습니다. 큰형은 잡지의 창간호에 수필을 발표했습니다.

수필의 제목은 「밥」이었는데, 큰형이 불러준 것을 제가 받아 적은 것이었지요. 지금도 기억합니다. 2층에 있는 서양식 방에서 큰형은 뒷짐을 지고 천장을 바라보면서 천천히 방 안을 걷고 있었습니다.

"준비됐지? 시작한다."

"네."

1_ 일본의 제34대 총리.

2_ 1926년, 다자이가 17살이 되던 해에 다자이의 셋째 형 쓰시마 게이지가 중심이 되어 만든 잡지.

"나는 올해로 서른이 된다. 공자는 서른 살을 인생의 목표를 세우는 나이라고 했지만 나는 목표를 세우기는커녕 쓰러질 지경이다. 삶의 보람을 느낄 수가 없다. 굳이 말하자면, 나는 밥을 먹을 때 말고는 항상 죽어 있다. 여기서 말하는 '밥'이란 생활 형태를 추상적으로 표현하는 말도 아니고, 생활 의욕의 개념도 아니다. 정말 순수한 밥 한 그릇을 의미하는 것이다. 밥알을 씹는 그 순간의 느낌을 말하는 것이다. 동물적인 만족 같은. 고상한 얘기가 아니다."

저는 아직 중학생이었지만 큰형의 말을 받아 적는 내내 형이 가여워 견딜 수가 없었습니다. 사람들은 형을 A현의 고노에 후미마로라는 식으로 치켜세우지만, 형의 진정한 외로움은 아무도 몰라준다는 생각이 들었습니다.

둘째 형은 창간호에는 아무것도 발표하지 않았지만, 다니자키 준이치로[3]의 애독자였습니다. 그리고 요시이 이사무[4]의 성품 또한 무척 좋아했습니다. 둘째 형은 술이 세고 대장 기질이 강한, 호쾌한 성격의 소유자였습니다. 술에 취해 흐트러지는 일 없이 항상 큰형의 의논 상대가 되어 성실하게 일을 처리하는 겸손한 사람이었지요. 그리고 몰래 요시이의 '홍등가에 갔다가 돌아오지 않는 사람을 진정한 자신이라 여기네.' 같은 문장에서 느껴지는 기운차고 씩씩한 마음을 흠모하고 있었던 듯합니다. 언젠가 비둘기에 대한 수필을 써서 지방신문에 발표한 적이 있는데, 거기 둘째 형의 사진이 함께 게재되었습니다. 그때 형은 제게 '어때. 이 사진으로 보면 나도 꽤 그럴싸한 문학청년 같지? 요시이 이사무

3_ 谷崎潤一郞(1886~1965). 소설가 겸 극작가. 탐미주의, 예술지상주의, 악마주의 등으로 인정을 받았다.

4_ 吉井勇(1886~1960). 다이쇼 · 쇼와시대에 활동한 시인 겸 각본가.

같아 보이지 않아?'라는 농담을 하며 으스댔습니다. 둘째 형의 얼굴은 사단지처럼 멋있었습니다. 반면에 큰형은 얼굴의 선이 얇아서 가족들 사이에서는 쇼초[5]와 닮았다는 평가를 받았습니다. 두 사람 다 그것을 알고 있었고, 가끔 술에 취했을 때 서로 번갈아가며 사단지와 쇼초의 <도리베야마신쥬>나 <사라야시키>[6]의 성대모사를 하기도 했습니다.

그럴 때 2층 서양식 방의 소파에 혼자 드러누워 멀리서 두 형의 성대모사를 들으며 킥 하고 비웃는 사람이 바로 셋째 형이었습니다. 셋째 형은 미술학교에 다녔지만, 몸이 약했던 탓에 조소에는 그다지 힘을 쏟지 못하고 그 대신 소설에 푹 빠져 지냈습니다. 문학을 하는 친구들도 많았는데, 그 친구들과 『십자가十字街』라는 동인잡지를 발행하여 직접 표지 그림을 그리기도 하고, 가끔씩은 「쓴웃음으로 끝난다」 같은 담백한 소설을 써서 발표하기도 했습니다. 형은 유메카와 리이치라는 필명을 썼는데, 형과 누나들은 괴상한 이름이라며 어이없다는 듯이 웃었습니다. RIICHI UMEKAWA라고 영어로 된 명함을 찍어서 한껏 거드름을 피우며 제게도 한 장을 줬는데, 이름이 리이치 우메카와라고 되어 있는 것을 보고 화들짝 놀라 형 이름 유메카와 아냐? 일부러 틀리게 찍은 거야?라고 물었더니 셋째 형이 잔뜩 얼굴을 붉히며 대답했습니다.

"으악, 큰일 났네. 내 이름은 우메카와가 아닌데."

하지만 이미 친구들이며 선배들 그리고 자주 가는 찻집에까지 명함을 다 돌린 후였습니다. 그리고 그건 인쇄소의 실수가 아니라 형이 처음부터

5_ 사단지와 쇼초는 일본 가부키 배우이다.
6_ 가부키 공연의 제목.

UMEKAWA라고 주문한 것으로, U라는 글자를 영어 발음처럼 유,라고 읽는 건 누구든지 하기 쉬운 실수입니다. 가족들은 그 일로 모두 박장대소를 했고, 그 후로 가족들은 셋째 형을 우메카와 선생이나 주베 선생이라고 부르곤 했지요.[7] 이 형은 몸이 몹시 약해서 십 년 전 스물여덟의 나이로 죽었습니다. 형의 얼굴은 이상할 정도로 아름다웠습니다. 그 당시 누나들이 읽던 소녀 잡지에 후키야 고지라는 사람이 그린, 눈이 크고 몸이 가녀린 소녀의 삽화가 매월 실렸는데 형의 얼굴은 그 소녀와 꼭 닮아 있었습니다. 가끔 멍하니 형의 얼굴을 바라보고 있으면, 샘이 나지는 않고 어딘지 묘하게 간질거리는 듯한 즐거운 느낌이 들었지요.

형은 성실한 성격에, 어딘지 엄격하고 고지식한 구석도 있었지만, 그럼에도 취미로 오래전 프랑스에서 유행했다는 순신사풍과 벌레스크[8]를 신봉하여, 함부로 다른 사람을 경멸하기도 하고 일부러 고독한 척하기도 했습니다. 큰형은 그 당시 이미 결혼해서 어린 딸이 하나 있었는데, 여름방학이 되면 도쿄, A시, H시 등등 제각기 다른 학교에 다니는 젊은 삼촌과 숙모들이 집으로 와서 모두들 한 방에 모여 앉아 도쿄 삼촌한테 오렴, A숙모한테 와,라고 소란을 떨며 어린 여자 조카 하나를 놓고 경쟁을 벌이곤 했습니다. 그럴 때 셋째 형은 모두가 있는 자리에서 조금 떨어져 선 채로 뭐야, 아직 빨갛잖아, 기분 나쁘게시리,라며 태어난 지 얼마 안 된 조카의 악담을 늘어놓다가 선심 쓰듯 두 팔을 뻗으며 프랑스 삼촌에게 오렴, 하고 말하곤 했습니다. 저녁 식사를 할 때는 할머니, 어머니, 큰형, 둘째 형, 셋째 형, 저, 이런 순서로 밥상 앞에 앉는데, 반대편은 집의 일꾼, 형수님, 그리고 누나들의 자리였습니다.

7_ 일본의 전통극인 조루리 중에 <우메카와 주베梅川忠兵衛>라는 작품이 있다.
8_ burlesque. 익살극, 풍자극.

큰형과 둘째 형은 여름이 되면 아무리 덥더라도 항상 일본주를 마셨는데, 둘 다 옆에 큰 타월을 준비해 두고 줄줄 흐르는 땀을 계속 닦아가며 뜨겁게 데운 술을 연거푸 들이마시곤 했습니다. 매일 밤 둘이서 한 말 이상의 술을 마셨는데, 둘 다 술이 셌기 때문에 소란을 부리는 일은 단 한 번도 없었습니다. 셋째 형은 절대 그 둘의 술자리에 끼는 일 없이 관심 없는 척 자기 자리에 앉아 차게 해둔 잔에 포도주를 따라서 홀짝 마신 후에 재빨리 식사를 끝마치고는, 천천히 식사 하세요,라는 예의 바른 인사를 하고 쏜살같이 사라져버리곤 했습니다. 아무튼 특이했지요.

『아옴보』라는 잡지를 발행했을 때도 셋째 형은 편집장의 자격으로 저를 시켜 가족들의 원고를 죄다 모으게 하고는 그 원고를 읽으며 코웃음을 쳤습니다. 제가 큰형의 「밥」이라는 수필을 다 받아 적은 후에 자신만만한 얼굴로 편집장에게 보여줬더니, 편집장은 그것을 읽고서 킥 하고 웃었습니다.

"뭐야 이건. 호령이라도 하는 말투로군. 공자 왈, 이라니. 이건 너무 심하잖아."

셋째 형은 혹독한 악평을 쏟아냈습니다. 큰형의 외로움을 잘 이해하면서도 단지 자신의 취향 때문에 그런 악평을 하는 것이었지요. 하지만 다른 사람의 작품을 그렇게 깔보던 셋째 형 본인의 작품은 더 변변치 못했습니다. 셋째 형은 『아옴보』라는 이상한 이름의 잡지 창간호에 소설을 발표하지 않는 대신 서정시 두 편을 발표했는데, 편집장이라는 신분도 있고 해서 조금 자중한 것이지요. 지금 아무리 다시 생각해봐도 걸작이라고는 할 수 없는 작품이었습니다. 셋째 형 정도나 되는 사람이 왜 그런 작품을 발표한 것인지, 지금 생각해보면 무척 유감스러울 정도입니다. 정말 쓰고 싶지 않지만, 대충 이런 시였습니다. 「붉은 칸나」라는 시와 「수레국화꽃 사랑스럽다」라는 시, 이렇게 두 편이었는데 전자는 '붉은 칸나꽃이었습니다. 제 마음과 닮았지요 운운.' 하는 식이었습니다. 정말이지 쓰고 싶지 않지만, 후자는 '수레국화꽃 사랑스럽다. 한 송이, 두 송이, 세 송이, 제 소맷자락에 넣었습니다 운운.' 하는 작품이었지요. 이게 도대체 무슨 뜻일까요? 지금 보면 이 시는 멋쟁이 신사였던 형을 위해 상자 밑바닥 깊숙한 곳에 소중히 넣어두는 편이 낫지 않았을까 싶을 정도지만, 당시에 저는 형의 그 철저한 벌레스크를 존경했었습니다. 게다가 형은 도쿄에서 아주 유명했던 『십자가』라는 동인잡지의 멤버이기도 했지요. 더군다나 형은 그 시에 아주 자신이 있었는지 시내의 인쇄소에서 그 시의 교정 작업을 하며 거기에 이상한 가락을 붙여 '붉은 칸나꽃이었습니다. 제 마음과 닮았지요.'라고 노래로 불렀을 정도였던 터라, 저도 왠지 모르게 그 시가 걸작인 것처럼 느껴졌습니다. 이 『아옴보』라는 잡지에 얽힌, 이런저런 정겹고 웃음 나는 추억이 많지만 오늘은 왠지 조금 귀찮으니 셋째 형이 죽었을 즈음의 이야기를 하고 이만 끝맺을까 합니다.

셋째 형은 죽기 이삼 년 전부터 이미 병상에 누웠다 일어나기를 반복했습니다. 결핵균이 온몸을 좀먹기 시작한 것이지요. 그럼에도 불구하고 형은 아주 기운이 넘쳤고, 시골집으로 돌아가고 싶어 하지도 않았습니다. 형은 입원도 하지 않고 도야마가하라 근처에 집을 한 채 빌려서 같은 고향 출신인 W씨 부부에게 방 한 칸을 내주고 나머지 방은 전부 자신이 쓰면서 태평하게 지냈습니다. 저는 고등학교에 들어가고 나서부터는 방학 때도 거의 시골집에 가지 않고 대부분 도쓰카에 있는 형네 집에 놀러 가서 형과 함께 도쿄 이곳저곳을 돌아다녔습니다.

형은 굉장한 거짓말쟁이였습니다. 어느 날은 긴자를 걸으면서,

"앗, 기쿠치 간[9]이다"

하고 작은 소리로 외치며 웬 살진 아저씨 하나를 가리키더군요. 아주 진지한 표정이었기 때문에, 저는 믿을 수밖에 없었습니다. 긴자의 후지야라는 가게에서 차를 마시고 있었을 때도 팔꿈치로 저를 쿡쿡 찌르며 '저기 사사키 모사쿠[10]가 있어. 봐. 네 뒤 테이블에 있어.'라고 소곤거리며 일러준 일이 있는데, 한참 뒤에 제가 직접 기쿠치 선생님과 사사키 선생님을 뵙고 난 후에야 형이 내게 했던 말이 전부 거짓말이었다는 것을 알게 되었습니다. 형이 소장하고 있는 가와바타 야스나리[11] 씨의 『감정장식感情裝飾』이라는 단편집의 속표지에 유메가와 리이치 님께, 저자,라는 붓글씨가 쓰여 있는데 형은 그것이 이즈인가 어딘가에 있는 온천 여관에서 가와바타 씨와 알게 되어 그때 가와바타 씨가 주신 책이라고 했지요. 다음번에 가와바타 선생님을 뵙게 되면 이것도 진짜인지 여쭤볼 생각입니다. 형의 이야기가 진짜라면 좋겠습니다. 하지만 가와바타 선생님이 제게 주신 편지의 필체는, 유메가와 리이치 님께, 저자,라고 적혀 있던 제 기억 속 그 필체와는 조금 다른 듯합니다. 형은 항상 천진난만하게 다른 사람을 속이며 장난을 치고는 했습니다. 도무지 방심할 수가 없었지요. 미스티피케이션[12]이 프랑스 신사들의

9_ 菊池寬(1888~1948). 소설가 겸 극작가로 다수의 장편 통속소설을 남겼다. 1923년에 잡지 『문예춘추文藝春秋』를 창간, 뒤이어 일본의 권위 있는 문학상인 아쿠타가와 상, 나오키 상 등을 제정했다.

10_ 佐々木茂索(1894~1966). 소설가이자 평론가로 소설가 아쿠타가와 류노스케의 제자이기도 했다.

11_ 川端康成(1899~1972). 소설가. 대표작으로 『설국』이 있으며, 1968년에 일본 작가 최초로 노벨문학상을 수상했다.

12_ mystification. 신비화. 속임수로 사람을 홀리는 것.

취미 중 하나였다고 하는데, 형도 거짓말로 사람을 속이는 이 나쁜 버릇을 숨기지 못했습니다.

형이 죽은 건 제가 대학교에 들어간 해의 초여름이었습니다. 형은 그해 설날, 응접실 장식대에 자필을 써넣은 족자를 놓아두었습니다. 반절지에 '올봄에는 왠지 불심佛心 비슷한 것이 생겨서, 술도 있고 술안주도 있음을 기뻐할 수가 없구나.'라고 쓰여 있었는데, 그것을 본 손님들은 모두 배를 잡고 웃었고 형도 히죽히죽 웃었습니다. 사실 그것은 형의 속임수가 아니라 진심에서 우러나온 것이었겠지만, 형이 항상 모두를 속이며 장난을 치고는 했기 때문에 손님들도 그저 웃어넘기기만 할 뿐 형의 상태에 대해서는 걱정하지 않았습니다. 형은 이윽고 손목에 염주를 걸고 다니기 시작했고 자신을 소승이라고 칭하기도 했습니다. 형이 너무 진지한 표정을 하고 소승은, 소승은, 이라고 말하곤 했기 때문에 형의 친구들도 소승은, 소승은, 하며 그것을 흉내 내기에 이르렀고, 한동안 그 말이 크게 유행하기도 했습니다. 형은 단순한 장난으로 그런 행동을 한 것이 아니었습니다. 자신의 육체가 소멸할 시간이 다가오는 것을 남몰래 알고 있었지만 형의 벌레스크 취향이 그것을 온전히 슬퍼하는 걸 방해한 탓에 오히려 더 농담처럼, 의미심장한 표정으로 염주 알을 굴리며 사람들을 웃기는 것이었습니다. 소승도 저 부인을 보니 마음이 흔들리는구나, 부끄럽지만 아직 시들지 않았다는 증거렷다, 같은 말을 늘어놓기도 하고, 저희들을 불러 다카다노바바에 있는 찻집으로 몰려가기도 했습니다. 이 소승은 아주 멋쟁이였는데, 찻집에 가는 도중에 반지를 안 낀 것을 깨닫고 주저 없이 집으로 돌아가 반지를 끼고 다시 나와서는 많이 기다렸지,라고 태연하게 말하곤 했습니다.

저는 대학에 들어가고 난 후부터 도쓰카에 있는 형네 집 바로 근처의 하숙집에서 살았는데, 서로의 공부를 방해하지 않기 위해 사흘에 한 번이나 일주일에 한 번 정도만 만났습니다. 만나면 꼭 함께 시내로 나가 라쿠고를 듣거나 찻집을 돌아다녔는데, 그 사이 형은 사랑에 빠지게 되었습니다. 형은 그 신사풍 취향 때문에 항상 점잔만 빼고 있었던 탓에 여자에게는 전혀 인기가 없었습니다. 그즈음 다카다노 바바의 찻집에 형이 남몰래 좋아하던 여자아이가 있었는데, 여자 쪽 반응이 좋지 않아서 형은 난처해하고 있었습니다. 그래도 형은 자존심이 센 사람이었기 때문에 그 여자에게 추파를 던지거나 품위 없는 장난을 거는 일은 결코 없었습니다. 그저 쓱 들어가서 커피 한 잔을 마시고 바로 집으로 돌아가기를 줄기차게 반복했지요. 어느 날 밤 저와 둘이 그 찻집에 가서 커피 한 잔을 마셨는데 그날도 여자의 반응이 별로 좋지 않아서 그냥 가게에서 나왔습니다. 집으로 돌아가는 길에 형은 꽃집에 들러 카네이션과 장미를 섞은, 십 엔 가까이 하는 큰 꽃다발을 사서 그걸 품에 안고 나왔습니다. 그러고는 어쩐지 조금 머뭇거리더군요. 저는 형의 마음을 다 알아채곤 그 꽃다발을 낚아채 재빨리 온 길을 다시 돌아가서 찻집 문 뒤에 몸을 숨긴 채로 그 여자아이를 불렀습니다.

"삼촌(저는 형을 그렇게 불렀습니다.) 알지? 삼촌을 절대 잊으면 안 돼. 자, 이건 삼촌이 주는 거야."

재빨리 그렇게 말하고 꽃다발을 건네주었지만, 그 여자아이는 우두커니 서 있을 뿐이었습니다. 저는 당장에라도 그 아이를 한 대 때려주고 싶을 정도였습니다. 저까지 힘이 쭉 빠져서 터덜터덜 형네 집에 가보니 형은 이미 이불속에 들어가 있었고, 왠지 기분이 아주 언짢아 보였습니다. 형은 그때 스물여덟이었습니다. 저는 그보다 여섯 살 아래인 스물둘이었죠.

그해 4월쯤부터 형은 이상하리만치 열정적으로 작품에 몰두하기 시작했습니다. 모델을 집으로 불러 아주 큰 토르소 작업에 들어간 모양이었습니다. 형의 일을 방해하고 싶지 않아서 그즈음에는 되도록 형의 집에 가지 않았습니다. 어느 날 밤 잠시 형의 집에 들러보니 침대 위에 누운 형이 뺨이 조금 상기된 채로 '이제 더 이상 유메가와 리이치라는 이름은 쓰지 않기로 했다. 당당하게 쓰시마 게이지(형의 본명)라는 이름으로 해볼 테야.'라고 하더군요. 전혀 형답지 않은 장난기 없이 진지한 그 말투에, 저는 갑자기 눈물이 날 것 같았습니다.

그 일이 있고 나서 두 달 후, 형은 작품을 완성하지 못하고 죽었습니다. W씨 부부가 형의 상태가 좋지 않다고 하기도 했고 저도 같은 생각이었기에 담당 의사를 찾아가 상담을 했지요. 의사가 이제 네 닷새 정도 남았다고 아무렇지도 않게 말하는 걸 듣고, 저는 소스라치게 놀랐습니다. 곧바로 시골에 있는 큰형에게 전보를 쳤지요. 큰형이 올 때까지 저는 이틀 밤을 형 곁에서 지내며 목에 끼는 가래를 손가락으로 빼주었습니다. 큰형은 오자마자 곧바로 간호인을 고용했고, 친구들이 하나둘 모이기 시작하자 제 마음도 든든해졌습니다. 하지만 지금 생각해봐도, 큰형이 오기 전까지의 이틀 밤은 정말 지옥 같았습니다. 어두운 전깃불 아래에 누운 형은 제게 서랍 여기저기를 열어서 편지들과 노트들을 찢어버리게끔 했습니다. 제가 형이 시키는 대로 그것들을 찢으며 훌쩍훌쩍 우는 것을, 형은 이상하다는 듯이 바라보고 있었습니다. 저는 이 세상에 오로지 형과 단둘만 남겨진 듯한 기분이었습니다.

큰형과 친구들에게 둘러싸여 숨을 거두기 전에 제가,

'형!' 하고 부르자 형은 또렷한 말투로 '다이아로 된 넥타이핀과 백금 체인이 있으니 네게 줄게.'라고 말했습니다. 물론 그것은 거짓말입니다.

형은 분명 죽기 직전까지 신사풍의 취미를 버리지 않고 그런 멋들어진 말을 해서 저를 놀리려고 한 것입니다. 무의식중에 형의 특기인 속임수를 또 쓴 것이겠지요. 형에게 다이아로 된 넥타이핀 같은 게 있을 리 없다는 것을 알고 있었기 때문에, 허세를 부리려는 형의 그 마음이 더욱 슬프게 느껴져서 엉엉 소리 내어 울었습니다. 비록 작품 하나 남기지 않았지만, 그럼에도 훌륭한 일류 예술가였던 형. 이 세상에서 가장 멋진 외모를 가졌던 주제에 여자에게는 전혀 인기가 없었던 형.

형이 죽고 난 직후의 일도 이것저것 쓸 생각이었는데, 문득 생각해보니 그런 슬픔은 저뿐만 아니라 육친을 잃은 이라면 누구나 다 느끼는 것일 테니, 왠지 저만의 특권인 양 자랑스럽게 글로 쓰는 것은 독자 여러분께 송구스러운 일인 듯해서 갑자기 쓸 자신이 없어졌습니다.

게이지, 오늘 아침 네 시, 사망. 당시 서른셋이었던 큰형이 그 문장을 전보용지에 적던 중에, 무슨 생각이 들었는지 갑자기 그걸 손에서 놓고 통곡을 하며 울기 시작하던 그 모습이 지금도 저의 메마른 가슴을 흔들어 놓습니다. 일찍 아버지를 여읜 형제는 돈이 아무리 많아도 참 불쌍한 존재라는 생각이 듭니다.

鷗 갈매기

太宰治

「갈매기」

1940년 1월, 잡지 『지성知性』에 발표됐다.

'작가로서 느끼는 좌절감'과 '전쟁'이라는 두 가지 벽에 부딪힌 다자이가 작가로서 자신이 나아가야 할 방향을 또렷하게 제시하고 있는 작품이라고 할 수 있다. 전시戰時 하의 다자이를 이해하는 데 있어 중요한 열쇠가 되는 작품으로 평가받으며, '다자이와 성서'라는 키워드로 연구되기도 했다.

—소곤소곤 들려온다. 왠지 모르게 들려온다.

갈매기라는 녀석은 벙어리 새라더군, 하고 말하면 대부분의 사람들은 어머, 그래요? 그럴지도 모르겠네요, 하고 대수롭지 않게 수긍해버리기 때문에, 오히려 내가 더 당황하며 아니, 그냥 왠지 그런 느낌이 들지 않아? 하고 내 말이 엉터리였음을 자백하게 된다. 벙어리는 슬픈 존재다. 나는 가끔 스스로에게서 벙어리 갈매기를 느끼곤 한다.

나이도 먹을 만큼 먹은 주제에 쓸쓸함을 견디지 못하고 정오 무렵 홀연히 밖으로 나가곤 하는데, 딱히 목적지도 없다. 길가의 돌멩이 하나를 걷어차서 데굴데굴 굴린 다음 다시 쫓아가서 그 돌멩이를 또 한 번 걷어차서 데굴데굴 굴린다. 문득 정신을 차려보면, 돌멩이 하나를 차고는 쫓아가고, 쫓아가서는 또 차기를 반복하면서, 양손을 허리띠에 끼운 채로 바보처럼 한참을 걷고 있다. 역시 나는 병자인 걸까? 나는 무언가 잘못 알고 있는 것인가? 나는 어쩌면 소설에 대해 무언가 착각하고 있는지도 모른다. 으쌰, 하고 작게 소리를 내며 길 한가운데에 있는 물웅덩이를 뛰어넘는다. 물웅덩이에 비친 가을하늘 위로 하얀 구름이 느릿느릿 흘러간다. 물웅덩이는 참 예쁘구나, 하는 생각이 든다. 무거운 짐을 내려놓은 듯한 기분에 한번 웃어보고 싶어졌다. 이 작은 물웅덩이가 있는 한 나의 예술도 의지할 곳은 있다. 이 물웅덩이를 잊지 말고 기억해 두자.

나는 추저분한 남자다. 아무런 지침도 없다. 나는 파도가 치는 방향대로 오른쪽으로 출렁 왼쪽으로 출렁 무력하게 표류하는 그 '군집' 중 한 명에 지나지 않는 것은 아닐까. 나는 지금 마치 무시무시한 속도로 내달리는 열차에 타고 있는 기분이다. 이 열차가 어디로 향하는지, 나는 알 수가 없다. 아무도 가르쳐준 적이 없다. 기차가 달린다. 칙칙폭폭 소리 내며 달린다. 지금은 산속, 지금은 해변, 지금은 다리 위, 다리를 건너는구나 하고 생각할 틈도 없이 다시 터널, 어둠을 뚫고 나와 넓은 들판.[1] 모든 것이 빠르게 지나간다. 아아, 지나간다. 나는 멍하니 창밖으로 휙휙 날아가 버리는 풍경을 맞아들였다가 이내 다시 흘려보낸다. 손가락으로 창문 유리에 사람의 옆얼굴을 그렸다가 다시 문질러 지워버린다. 날이 저물자 작고 어두운 실내등에 불이 들어온다. 나는 열차에서 나온 초라한 도시락을 열어서 조용히 먹는다. 해산물 조림이 반찬의 전부지만, 그래도 밥 한 톨 남기지 않고 깨끗이 먹어 치운다. 그런 다음 구 전짜리 골든 배트[2]를 피워 문다. 밤이 깊었으니 자야만 한다. 나는 잠을 잔다. 베개 밑에서 들리는, 질주하는 열차 바퀴의 굉음. 그러나 나는 자야만 한다. 눈을 감는다. 지금은 산속, 지금은 해변. 여자아이의 가련한 노랫소리가 열차 바퀴의 성난 굉음의 밑바닥에서 아련히 들려온다.

조국을 사랑하는 열정, 그것이 없는 사람이 있을까? 하지만 나는 그것에 대해 말할 수가 없다. 그것을 큰 소리로 당당하게 이야기할 수 없는 것이다. 사람들 틈에 섞여 전쟁터로 떠나는 병사들을 몰래

1_ 일본 동요인 <기차>의 가사 일부분을 인용한 것.
2_ 1906년 발매된 일본의 담배.

지켜보면서 훌쩍훌쩍 울었던 적도 있다. 나는 병종[3]이다. 열등한 체격을 가지고 태어났다. 철봉에 매달려도 그저 매달린 상태일 뿐 그 어떤 묘기도 부릴 수 없다. 라디오 체조조차도 만족스럽게 할 수 없을 정도다. 열등한 것은 체격뿐만이 아니다. 정신이 박약하다. 구제 불능이다. 내게는 남을 지도할 만한 힘이 없다. 누구에게도 뒤지지 않을 만큼 남몰래 조국을 사랑하고 있지만, 나는 아무런 말도 할 수 없다. 목 끝까지 차오르는 진정한 조국 사랑 선언이 내 안에 존재하는 듯하지만, 입 밖으로 꺼낼 수가 없다. 그 말을 알면서 하지 않는 것이 아니다. 목 끝까지 치밀어 오르지만, 아무리 해도 입 밖으로 나오지 않는다. 아마 꽤 멋진 말이라는 느낌도 든다. 나도 그 말이 무엇인지 정확히 파악하고 싶지만, 내가 허둥댈수록 그 말은 더 교묘하게 도망쳐버린다. 나는 얼굴을 붉힌 채로, 무능력자처럼 넋을 놓고 서 있을 뿐이다. 애국의 시 한 편도 쓸 수가 없다. 아무것도 쓸 수가 없다. 어느 날 마음을 가득 담아 토해냈던 그 말은 얼마나 꼴사나웠던가. '죽자! 만세.' 죽는 것 외에 달리 충성하는 방법을 모르는 나는, 역시 시골 촌뜨기 바보에 지나지 않는다.

나는 왜소하고 무력한 시민이다. 초라한 위문대[4]를 만들어서 그것을 아내에게 들려 우체국으로 보낸다. 전선에서 정성스럽게 쓴 수취 통지가 오는데, 그것을 읽으면 얼굴이 화끈거린다. 부끄러움. 말 그대로 '송구스럽기' 그지없다. 내게는 할 수 있는 일이 아무것도 없다. 의연한 말 한마디 하지 못한다. 어째서인지 나는 당당한 조국애 선언을 할 수

3_ 丙種. 징병 검사에서 정하던 신체 등급의 하나로 갑종과 을종 다음의 최하위 등급이었다. 병종에 해당하면 징집을 면제받았다.

4_ 일선 군인이나 이재민에게 위문품을 넣어서 보내는 주머니.

없다. 전선에 나가 있는 친구들에게 남몰래 비굴한 편지를 쓰는 게 고작이다(나는 지금 모든 것을 솔직히 말하려고 한다). 내가 쓴 위문 편지는 정말이지 형편없다. 온통 거짓말만 늘어놓는다. 내가 생각해도 기가 막힐 정도로 역겹고 불쾌한 아부까지 쓴다. 어째서일까. 어째서 나는 전선에 있는 사람들에게 이렇게 비굴하게 구는 걸까. 나도 목숨을 바쳐 훌륭한 예술작품을 남기고자 애쓰고 있지 않은가. 나는 하나밖에 없는 그 소소한 자부심마저 버리려 하고 있다. 전선에서도 내게 소설 원고를 보내온다. 잡지사에 소개해 달라는 것이다. 그 원고는 주로 서양식 편지지에 깨알같이 작은 글씨로 지저분하게 적혀 있는데, 꽤 긴 것도 있는가 하면 편지지 두 장 정도의 단편도 있다. 나는 그것을 진지하게 읽어본다. 별로 좋은 작품이 아니다. 그 종이에 적힌 전쟁터 풍경은 내가 우리 집 책상에 턱을 괴고 앉아 상상하는 풍경과 하등 다를 것이 없다. 원고의 어디에서도 새로운 감동을 발견할 수 없다. '감격을 느꼈다.'라고 적혀 있는데, 그 감격은 모두 주위에 흔해 빠진 나쁜 문학에서 배운 것이다. 이 부분에서 이런 식의 감격을 느끼면 제법 소설다워지고 '완성된다'는 것만을 대충 터득해서, 천박하게 감격하고 있을 뿐이다. 나는 그저 상상만으로도 진흙과 피땀이 섞인 병사들의 고생을 온몸으로 느낄 수 있고, 말문이 막힐 정도로 병사들을 존경하게 된다. 존경이라는 말조차도 뻔뻔스러워서 입에 담을 수가 없다. 아무 말도 할 수 없다. 말을 다 잃게 되는 것이다. 나는 그저 쪼그리고 앉아서 손가락으로 모래 위에 글자를 썼다 지웠다, 썼다 지웠다만 반복하고 있을 뿐이다. 아무 말도 할 수 없다. 아무것도 쓸 수 없다. 하지만 예술은 다르다. 이가 다 빠지고 등이 굽은 데다 천식으로 괴로워하면서도 어둑어둑한 뒷골목에서 열심히 바이올린을 연주하는 몹시 초라한 늙은

이 길거리 음악가를 그대들은 비웃을 수 있는가? 나는 스스로가 그와 비슷하다고 생각한다. 사회적으로 보면 나는 애초부터 패잔병이나 다름없었다. 하지만 예술. 그 말을 꺼내기 참 쑥스럽지만, 그래도 나는 어리석은 일편단심으로 그 녀석을 구명究明해 보려고 한다. 나는 그것이 남자가 한평생의 업으로 삼기에 충분한 것이라고 믿는다. 길거리 음악가에게는 길거리 음악가만의 왕국이 있다. 나는 병사들이 쓴 소설 몇 편을 읽고 이건 안 되겠다고 생각했다. 원고에 대한 기대가 너무 큰 것인지도 모르지만, 전선에는 나 같은 병종들은 죽었다 깨나도 감히 상상할 수 없는 아주 새로운 감동과 사색이 존재하지 않을까, 하고 생각한다. 끝없이 넓고 커다란 그 무언가. 신을 바로 눈앞에서 보는 듯한 영원한 전율과 감동. 나는 그것을 알려주길 원한다. 요란한 몸짓이 없어도 좋다. 몸짓은 작으면 작을수록 좋다. 꽃 한 송이로 자신의 꾸밈없는 감격과 기도를 표현할 수 있다면 그것으로 충분하다. 분명 존재한다. 완전히 새로운 무언가가, 바로 그곳에 있을 것이다. 자긍심을 가지고 말하건대, 나는 예술가로서 지니고 있는 약간의 감으로 그것을 알 수 있다. 하지만 나는 구체적으로 말하지는 못한다. 전선에 대해 잘 모르기 때문이다. 나는 직접 느껴본 적도 없는 감정을 그저 어림짐작으로 뻔뻔스럽게 써 내려갈 만큼 불손한 사람은 아니다. 아니, 아니지, 재능이 없는 것일지도 모른다. 직접 경험하고 느낀 것이 아니면 절대로 쓸 수가 없다. 그러므로 나는 스스로가 확신할 수 있는 작은 세계만을 발로 밟아 다져갈 수밖에 없다. 나는 내 '분수'를 알고 있다. 전선의 일은 전선에 나가 있는 사람들에게 전부 맡기는 수밖에 없다.

나는 병사가 쓴 소설을 읽는다. 안타깝게도 좋은 작품이 아니다. 자신이 직접 본 것을 이야기하지 않고, 예전에 읽었던 나쁜 문학작품에서 배운 말로 전쟁을 이야기한다. 전쟁을 잘 알지도 못하는 사람이 전쟁에 대해서 쓴 글이 국내에서 쓸데없이 호평을 받고 있는 탓에, 전쟁을 잘 아는 병사들까지 그 스타일을 모방한다. 전쟁을 모르는 사람들은 전쟁에 대해 쓰지 마. 쓸데없는 참견은 때려치우라고. 오히려 방해만 되잖아. 나는 병사들의 소설을 읽고, 국내에 있는 '멀리서 망원경으로 보기만 하고 전쟁에 관해 글을 쓰는 무리들'에게 참을 수 없는 증오를 느꼈다. 당신들이 우쭐대며 쓴 그 문학이, 때 묻지 않은 병사들의 '통찰력'을 파괴했다. 이런 말은 국내에 있는 문학자들에게만 할 수 있을 뿐, 전장에 나가 있는 병사들에게는 아무 말도 할 수 없다. 기진맥진 녹초가 되어 잠깐의 휴식 시간을 얻었을 때 촛불 아래에서 열심히 쓴 글이겠지. 그 생각을 하면 예술 어쩌고저쩌고하는 내 미학에 대해 떠벌릴 수 없게 된다. 원고에 딸린 작은 편지에는, 한 치 앞도 알 수 없는 목숨이니 아무쪼록 잘 부탁드립니다,라고 적혀 있다. 실례인 것을 알지만 (나에게 그럴 자격은 없지만) 그 소설을 조금 손본 후 아내를 시켜 그 꼬깃꼬깃한 편지지에 적힌 글을 400자 원고지에 옮겨 적게 한다. 서른 장 남짓한 것이 제일 긴 글이었다. 나는 그것을 여러 잡지사에 보낸다. '비교적 솔직하게 쓰인 좋은 작품이오니 아무쪼록 잘 부탁드립니다. 저같이 부덕한 사람이 병사들의 원고를 보내는 것이 당혹스럽게 느껴질지도 모르지만, 그래도 사람의 진심은 별개의 것이기도 하고, 저 역시…….'라고 쓰다가 나도 모르게 주저하게 된다. 무엇이 '저 역시'란 말이냐. 거짓말도 정도껏 해라. 네 녀석은 지금 인간쓰레기 취급을 받는 존재다. 모르겠는가?

나는 그것을 잘 알고 있다. 불쾌할 만큼 똑똑히 알고 있다. 그렇기 때문에 더더욱 주저하게 되는 것이다. 나는 오 년 전에 반쯤 미쳐서 지내던 시기가 있었다. 병이 나아 병원에서 퇴원하고 보니, 나는 불타버린 벌판에 덩그러니 홀로 서 있었다. 아무것도 없었다. 말 그대로 몸에 걸치고 있는 옷이 전부였다. 가진 것이라곤 도리에 어긋나는 빚뿐이었다. 벼락에 집이 불타고 남은 것은 박꽃뿐이로구나.[5] 옛사람이 남긴 그 글귀의 처절함을 가슴이 타들어 갈 정도로 절실하게 느꼈다. 나는 인간의 자격마저 빼앗긴 상태였다.

나는 지금 사실을 과장해서 써서는 안 된다. 충분히 주의하며 쓰고 있으니, 독자들은 나를 믿어도 좋다. 예의 그 독선적인 과장법이로군, 하고 콧방귀를 뀌는 것이 제일 싫다. 그 당시 사람들은 나를 전혀 상대해주지 않았다. 내가 무슨 말을 하건 이상한 눈초리로 내 얼굴을 흘깃거리기만 할 뿐 전혀 상대해주지는 않았다. 나에 대한 경멸과 비웃음을 담은 여러 이야기들과 풍자만화가 연이어 나왔는데, 그 당시 나는 그 사실도 모른 채 그저 길거리를 어슬렁거리기만 했다. 일 년, 이 년, 시간이 흐르는 중에 우둔한 나도 조금씩 일의 진상을 알게 되었다. 사람들의 소문에 따르면, 나는 완전히 미치광이였다. 심지어 태어났을 때부터 미치광이였다고 한다. 그 사실을 알고 난 후부터, 나는 벙어리가 되었다. 사람들과 만나고 싶지도 않았다. 아무 말도 하고 싶지 않았다. 사람들이 내게 무슨 말을 하건 그저 겉으로는 생글생글 웃어 보이기로 했다.

나는 상냥한 사람이 되어버렸다.

그 후로 벌써 오 년이 지났다. 그리고 지금도 여전히 사람들은 나를 반 미친 사람으로 생각하는 모양이다. 어느 모임에서 처음 만난 사람이 단지 내 이름과 그 이름에 따라붙는 소문만을 듣고 기분 나쁘다는

5_ 에도 중기의 하이쿠 시인이자 화가인 요사 부손与謝蕪村(1716~1784)의 하이쿠.

듯, 마치 이상한 무언가를 보듯이, 뭐라 표현할 수 없는 무례한 시선으로 흘끔거리던 것을 나는 똑똑히 기억하고 있다. 화장실 변소 앞에 서자 곧장 등 뒤에서 누군가가 큰 소리로 '뭐야, 다자이도 그렇게 이상한 놈은 아니잖아.'라고 말하는 것을 들은 적도 있다. 나는 그럴 때마다 이상한 기분이 든다. 나는 이미 진즉에 죽었는데, 네 녀석들은 눈치채지 못하고 있다. 영혼만이 가까스로 살아남았다는 것을.

나는 지금 사람이 아니다. 예술가라고 하는 일종의 기묘한 동물이다. 죽어버린 이 육체를 예순 살까지 부지하여 몸소 대작가가 되어 보이고자 한다. 죽은 몸뚱이가 쓴 문장의 비밀을 밝히려 하는 것은 쓸데없는 짓이다. 망령이 쓴 문장을 흉내 내려 한들 여의치 않을 것이다. 그런 짓은 하지 않는 게 좋다. 싱글벙글 웃고 있는 나를 보고 '다자이, 망령이 났나 보군.'하고 수군거리는 친구 녀석도 있는 모양이다. 그건 틀린 말이 아니다. 나는 망령이 났다. 하지만—여기까지만 말하고 더 이상 말하지 않겠다. 단, 이것만은 믿도록. '나는 결코 너를 배신하지 않는다.'

자아를 상실한 것이다. 그리고—여기까지만 말하고 이 또한 더는 말하고 싶지 않다. 한 가지 더 말할 수 있다. 나를 믿지 않는 놈은 바보다.

자, 병사들의 원고 이야기로 돌아가서, 나는 쑥스러운 것을 참고 편집자에게 간청한다. 간혹 그 원고를 잡지에 실어주는 경우도 있다. 가끔 신문 속 잡지 광고에 그 병사의 이름이 훌륭한 소설가들의 이름 옆에 나란히 적힌 것을 보면, 육 년 전 처음으로 내가 쓴 짧은 글이 한 문예잡지에 발표되었을 때보다 두 배는 더 기뻤다. 감사한 일이라고 생각했다. 곧바로 편집자에게 거듭 감사 인사를 드린다. 그리고 그 신문광고를 잘라내어 전선으로 보낸다. 나도 도움이 되었다. 이것이

내가 할 수 있는 최대한의 봉사다. 곧 전선에서 '만세입니다'라는 천진난만한 답장이 온다. 조금 지나면 그 병사의 아내로부터도 과분한 감사 인사가 적힌 편지가 온다. 후방 국민의 봉사. 어때. 이래도 내가 데카당인가? 이래도 나를 악덕한 자라 할 수 있는가? 어떠냐.

그러나 나는 아무에게도 그 얘기를 할 수 없다. 생각해보면 그것은 부녀자가 해야 할 봉사이기 때문에, 내가 자랑스러워할 만한 일은 아니다. 나는 여전히 바보처럼 시류에 어울리지 않는 이른바 '유희遊戱문학'을 쓰고 있다. 나는 내 '분수'를 잘 알고 있다. 나는 약소한 시민이다. 시류에 대해 이래라저래라할 처지가 못 된다. 이따금 그 때문에 쓸쓸해지면 불쑥 집을 나서서 하염없이 돌을 차면서 거리를 걸으며 나는 역시 병에 걸린 것인가, 나는 소설에 대해 착각하고 있는 것인가, 하는 생각에 잠겼다가 아니야, 그렇지 않아, 하고 이내 부정해보지만, 정작 스스로에게 자신감을 줄 결정적인 글이 떠오르질 않는다. 확고한 말이 없는 것이다. 목 끝까지 치밀어 오르는 듯한데, 그게 무엇인지 알 수가 없다. 나는 떠도는 백성이다. 물결치는 대로 떠다니며 항상 고독함을 느낀다. 으쌰, 하고 물웅덩이를 뛰어넘고는 안심한다. 물웅덩이에는 가을 하늘이 비쳐 있고, 구름이 흐른다. 왠지 슬프고 안심이 된다. 나는 집으로 돌아간다.

집에 돌아가니 잡지사 사람이 와서 기다리고 있었다. 요즈음 이따금씩 잡지사나 신문사 사람이 문병을 온다. 우리 집이 미타카의 아주 구석진 곳의 밭 안에 있는 탓에 사람들은 거의 하루 종일 우리 집을 찾아 헤매다가 이야, 정말 멀군요,라고 하면서 땀을 닦으며 집으로 들어오곤 한다. 나는 인기가 없는 무명 작가이기 때문에 그때마다 무척이나 송구스럽다.

"병은 이제 좀 괜찮아지셨나요?"

반드시 가장 먼저 그 질문을 받는다. 나는 그 질문에 익숙해졌다.

"예. 보통 사람들보다 건강합니다."

"어떤 상태였든 겁니까?"

"벌써 오 년 전 일인데요." 나는 그렇게 대충 얼버무린다. 미쳤었어요, 같은 대답은 하고 싶지 않다.

"소문으로는……." 상대방이 먼저 자백한다. "꽤 심각하셨다고 들었는데요."

"술을 마시니 낫더군요."

"그건 좀 이상한데요?"

"어찌 된 걸까요." 주인과 손님 모두 그것을 이상하게 여긴다. "아직 낫지 않은 것일지도 모르지만, 뭐 나았다 치고 있는 겁니다. 끝이 있는 것도 아니니까요."

"술은 많이 드시나요?"

"보통 사람들만큼은 마십니다."

여기까지의 대화는 그럭저럭 괜찮은 축에 속하나, 그 뒤로는 상태가 점점 안 좋아진다. 횡설수설하기 시작한다.

"요즘에 나온 다른 사람들의 소설에 대해 어떻게 생각하시나요?"라는 질문을 받고 나는 몹시 당황한다. 나는 과감한 말을 할 수가 없다.

"글쎄요. 요즘 별로 읽은 게 없어서요. 뭐 좋은 작품 있나요? 대부분의 작품은 일단 읽으면 감탄하게 되는데, 모두들 정말 이상할 정도로 후딱후딱 글을 잘 써내더군요. 비꼬는 것이 아닙니다. 체력이 좋은 것인지도 모르지요. 정말 모두들 척척 잘 써내더군요."

"A씨의 그 작품, 읽으셨나요?"

"예. 잡지를 보내주셔서 읽었습니다."

"그 작품은 좀 심하죠?"

"그런가요? 저는 재미있게 읽었는데요. 그것보다 더 심한 작품도 얼마든지 있지 않습니까? 특별히 그 작품을 비난할 이유는 없는 것 같군요. 뭐라고 해야 할까요. 뭐 어차피 저는 잘 모르니까요."

내 대답은 교활한 마음 탓에 이렇게 미적지근해진 것이 아니라, 오히려 비굴한 마음 탓에 애매해진 것이다. 모두 나보다 훌륭한 듯하고, 어쨌든 모두들 있는 힘을 다해 열심히 살아간다는 것을 알기 때문에 나는 아무런 말도 할 수 없다.

"B씨를 알고 계신가요?"

"예. 알고 있습니다."

"다음번에 그분이 소설을 써주시기로 했는데요."

"아아, 그거 참 잘됐군요. B씨는 정말 좋은 사람입니다. 꼭 글을 써달라고 하세요. 분명 훌륭한 글을 써줄 것입니다. B씨에게는 예전에 저도 신세를 진 적이 있지요." 돈을 빌렸다.

"당신은 어떠십니까? 쓰실 수 있나요?"

"저는 못 씁니다. 전혀 못 써요. 글이 형편없거든요. 연애 이야기를 쓰면서 저도 모르게 연설조가 되기도 하고 말이죠. 제가 봐도 어처구니가 없어서 웃음을 터뜨린 적도 있습니다."

"그럴 리가요. 당신은 이제까지 젊은 세대 작가들 중 최고 아니었습니까?"

"농담이 아닙니다. 요즘에는 꼭 파우스트가 된 것 같아요. 그 노박사가 서재에서 중얼거리던 말도 이제 이해가 됩니다. 너무 늙어버린 거죠. 나폴레옹이 서른이 이후는 나의 여생이라는 말을 썼다고 하는데, 참 이상하게 그게 다 이해가 됩니다."

"당신 스스로에게서 여생이라는 것을 느낀다는 겁니까?"

"저는 나폴레옹이 아닙니다. 설마 그럴 리가요. 그와는 전혀 다릅니다만, 불현듯 여생을 느낄 때가 있긴 합니다. 저는 파우스트 박사처럼 책 만 권을 읽지는 않았지만, 문득 그와 비슷한 허무를 느낄 때가 있지요." 나는 심하게 횡설수설하기 시작했다.

"그래서야 안 되지요. 실례지만 당신은 올해 몇 살인가요?"

"서른하나입니다."

"그럼 C씨보다 한 살 어리군요. C씨는 언제 만나도 기운이 넘친답니다. 문학론이든 뭐든 척척 이야기하곤 하지요. 정말 훌륭한 눈을 가진 사람입니다."

"그렇죠. C씨는 저의 고등학교 선배인데, 항상 눈에 윤기가 돌고 정열적이지요. 그 사람도 앞으로 더 많은 작품을 쓸 겁니다. 저는 그 사람을 무척 좋아해요." 나는 그 C씨에게도 오 년 전 많은 폐를 끼쳤다.

"당신은 대체." 손님이 내 미적지근함에 화가 난 듯 말투를 가다듬는다. "소설을 쓸 때 어떤 신조를 가지고 쓰시나요? 예를 들어 휴머니티라든가 사랑이라든가 사회정의라든가 아름다움 같은 그런 거요. 문단에 데뷔하고 나서 지금까지, 그리고 또 앞으로도 쭉 가지고 갈 무언가가 하나라도 있습니까?"

"있습니다. 회한입니다." 이번에는 명쾌한 말투로 그 즉시 대답할 수 있었다. "회한이 없는 문학은 의미가 없습니다. 회한, 고백, 반성. 그런 것들에서 근대문학이, 아니 근대정신이 생겨났지요. 그러니까……." 또 말을 더듬었다.

"그렇군요." 하고 상대방도 내 말에 동조하면서, "그런 분위기가 지금 문단에서 사라져버리기는 했죠. 그럼 당신은 가지이 모토지로[6] 같은 사람도 좋아하시겠군요." 하고 묻는다.

"요즘 왠지 점점 더 그리워지더군요. 저는 좀 구식일지도 모릅니다. 저는 제 마음을 조금도 자랑스럽게 여기지 않습니다. 자랑스럽기는커녕 추잡하다고 생각하며 부끄러워하고 있지요. 숙명이라는 말의 뜻은 잘 모르겠지만, 그래도 그 비슷한 것을 스스로에게 느낍니다. 죄지은 아들이라고 하면 왠지 목사 같은 느낌이 들어서 좀 그렇지만, 뭐라고 말하면 좋을까……. 나는 언젠가 나쁜 짓을 저지른 적이 있다, 나는 더러운 놈이다,라는 의식이지요. 그 의식을 도무지 지울 수가 없어서 제가 항상 비굴한 것입니다. 스스로도 참 난처하긴 한데 그래도……."

여기까지 말하고 또다시 머뭇거렸다. 성서 이야기를 꺼내려고 한 것이다. 나는 성서를 통해 구원받은 적이 있다는 말을 하려고 했지만, 너무 쑥스러워 입 밖으로 꺼낼 수가 없었다. 목숨이 음식보다 더 중하지 아니하며 몸이 의복보다 더 중하지 아니하냐. 공중의 새를 보라. 심지도 않고 거두지도 않고 창고에 모아두지도 아니하되. 들에 핀 백합이 어떻게 자라는가 생각하여 보라. 수고도 아니 하고 길쌈도 아니 하느니라. 그러나 내가 너희에게 말하노니 영화를 누리던 솔로몬도 입은 것이 이 꽃 하나만 같지 못하였느니라. 오늘 있다가 내일 아궁이에 던져지는 들풀도 하나님이 이렇게 입히시거든 하물며 너희는 어떻겠느냐. 너희는 이보다도 훨씬 더 뛰어나지 않느냐,[7]라는 예수의 위로가 나에게 '포즈가 아닌' 삶을 살아갈 수 있는 힘을 준 적이 있다. 하지만 지금은 도무지

6_ 梶井基次郎(1901~1932). 소설가. 대표작으로 『레몬』이 있으며, 서른두 살의 나이에 결핵으로 사망했다.

7_ 마태복음 6:25-30.

부끄러워서 말할 수가 없다. 남몰래 말없이 품고 있어야 진정한 신앙이라 할 수 있지 않을까. 나는 '신앙'이라는 단어조차 입에 담기 힘들다.

그 후에도 이런저런 이야기를 나누었지만, 손님은 나의 불분명한 사상에 굉장히 실망한 듯 슬슬 돌아갈 준비를 시작했다. 나는 진심으로 그가 가엾게 느껴졌다. 무언가 속 시원한 말이 없을까, 하고 궁리해 보았지만 아무것도 없었다. 나는 여전히 멍청하게 얼빠진 얼굴을 하고 있을 뿐이었다. 이 사람은 분명 나를 조금이라도 출세시켜보려는 생각으로 내 상태를 살피러 온 것일 텐데. 손님의 그런 따뜻한 마음을 잘 알기 때문에 더더욱 나 자신이 한심스러워 견딜 수가 없다. 손님이 돌아가고 난 후, 나는 책상 앞에 넋을 놓고 앉아 땅거미가 내려앉기 시작한 무사시노의 들녘을 바라보았다. 별반 새로운 감개도 없다. 그저 견딜 수 없이 울적할 뿐.

너를 고소한 자와 함께 법정으로 가는 도중에 어서 타협하여라. 그러지 않으면 고소한 자가 너를 재판관에게 넘기고 재판관은 너를 형리에게 넘겨, 네가 감옥에 갇힐 것이다. 내가 진실로 너에게 말한다. 네가 마지막 한 닢까지 갚기 전에는 결코 거기에서 나오지 못할 것이다. (마태복음 5:25-26) 내게도 또 한 번의 지옥이 오는 것인가? 하고 문득 생각한다. 저 밑바닥에서부터 두웅 하고 땅이 울리는 소리가 들리는 듯한 불안감. 나만 느끼는 것일까.

"어이, 돈 좀 줘. 얼마 정도 있어?"

"글쎄요. 사오 엔 정도 있을 거예요."

"써도 괜찮지?"

"예. 대신 조금만 남겨주세요."

"알았어. 아홉 시 정도까지는 돌아올게."

나는 아내가 주는 지갑을 받아 들고 밖으로 나온다. 이미 해는 저물고 엷은 안개가 끼었다.

미타카역 근처에 있는 스시 가게로 들어갔다. 술 좀 줘. 아, 이 얼마나 한심한 말인가. 술 좀 가져와. 이 무슨 진부한 매너리즘이란 말인가. 나는 도대체 여태껏 이 말을 얼마나 많이 반복해 온 것인가. 무지하고 불결한 말이다. 지금 같은 시국에 한가롭게 괴롭다느니 뭐라느니 하며 술을 먹고 심각한 척하면서 우쭐대고 있는 청년이 혹시 있다면, 나는 그 녀석을 두들겨 팰 것이다. 주저 없이 두들겨 팰 것이다. 하지만 지금의 내가 그 청년과 무엇이 다른가. 똑같지 않은가. 나이를 먹은 만큼 더 불결할 뿐이다. 우쭐대는 꼴이라니.

나는 진지한 표정으로 술을 마신다. 나는 도대체 지금까지 몇백 말, 아니 몇천 말의 술을 마셨을까. 싫다, 싫다, 생각은 하면서도 계속 마신다. 나는 술을 싫어한다. 단 한 번도 맛있다고 생각하며 마셔본 적이 없다. 술은 쓰기만 하다. 마시고 싶지 않다. 술을 끊고 싶다. 나는 음주를 죄악이라고 생각한다. 틀림없는 악덕이다. 하지만 술은 나를 구원해주었다. 나는 그것을 기억한다. 나는 악덕으로 똘똘 뭉친 인간이니, 말하자면 독으로 독을 억누르는 꼴이었는지도 모르겠다. 술은 내가 미치지 않게 해주었다. 그리고 나의 자살을 막아주었다. 나는 술을 마셔서 마음을 속이지 않고서는 친구와 제대로 된 이야기도 할 수 없을 정도로 비굴하고 약한 사람이다.

조금 취기가 올랐다. 스시 가게의 여종업원은 올해 스물일곱이다. 한 번 결혼했다가 이혼을 하고 여기서 일을 하고 있다고 한다.

"손님."

여종업원이 나를 부르며 내가 앉은 테이블로 다가왔다. 진지한 표정이었다.

“조금 이상한 말처럼 들리겠지만…….” 여종업원은 그렇게 말을 꺼낸 후에 카운터 쪽을 슬쩍 돌아보며 주위를 살피더니 목소리를 낮추고 말했다. “저기……. 손님이 아시는 분 중에 저 같은 사람을 받아줄 만한 분은 안 계시려나요?”

나는 여종업원의 얼굴을 다시 살펴보았다. 여전히 웃음기 하나 없이 진지한 표정이었다. 원래 성실한 종업원이니 나를 놀리려는 것도 아닐 터다.

“글쎄.” 나는 진지하게 생각해보지 않을 수 없었다. “찾아보면 없진 않겠지만, 저 같은 사람에게 그런 부탁을 한다고 해서 뭐 뾰족한 수가 생기는 건 아닙니다.”

“예. 그래도 친분이 있는 손님 모두에게 부탁을 드려놓으려고요.”

“이상하네.” 나는 살짝 웃었다.

종업원도 한쪽 뺨에 웃음을 머금고 있었다.

“점점 더 나이만 먹고 있어요. 저는 초혼이 아니니 조금 늙은 사람도 상관없어요. 그렇게 좋은 곳으로 가기를 바라지도 않으니까요.”

“하지만 저는 딱히 생각나는 곳이 없네요.”

“그렇게 서두르지 않으셔도 좋으니 그냥 기억만 해주세요. 여기, 제 명함이에요.” 여종업원이 소맷자락에서 허둥지둥 작은 명함을 꺼냈다. “뒷면에 이곳 주소도 적어두었으니 번거로우시더라도 혹시 적당한 분이 계시면 엽서든 뭐든 보내주세요. 정말 폐를 끼치네요. 딸린 자식이 몇 명 있어도 저는 상관없어요. 정말로요.”

나는 잠자코 그 명함을 받아 소맷자락에 넣었다.

“찾아는 보겠지만 약속은 드릴 수가 없군요. 그럼, 계산 부탁드립니다."

스시 가게에서 나와 집으로 돌아가는 길에, 나는 아주 이상한 기분에 사로잡혔다. 현대 풍조의 한 단면을 본 듯한 느낌이었다. 뻔뻔스러울 정도로 진지한 시대다. 밀어낼 수도, 당길 수도 없다. 집으로 돌아가서, 나는 다시 벙어리가 된다. 아내에게 조금 가벼워진 지갑을 건네며 무슨 말이든 하려고 애썼지만 말이 나오질 않았다. 오차즈케[8]를 먹고 나서 석간신문을 읽었다. 기차가 달린다. 지금은 산속, 지금은 해변, 지금은 다리 위, 다리를 건너는구나 생각할 틈도 없이—, 여자아이의 노랫소리가 처량하게 들려온다.

"이봐. 석탄은 아직 좀 있어? 구하기 힘들어진다던데."

"괜찮을 거예요. 그냥 신문에서 그렇게 난리를 피우는 것뿐이에요. 떨어지면 그때 다시 어떻게든 되겠지요."

"그런가? 이불 좀 펴줘. 오늘 일은 쉴 거야."

벌써 술기운이 가셨다. 나는 술이 깨면 쉽사리 잠들지 못하는 체질이다. 풀썩 하는 요란스러운 소리를 내며 누워 다시 석간신문을 읽는다. 불현듯 석간신문 한가득 비굴하게 웃고 있는 얼굴이 무수히 많이 나타났다가 순식간에 사라졌다. 모두들 비굴한 건가, 하고 생각한다. 모두들 자신이 없는 건가, 하고 생각한다. 석간신문을 던져버리고 양손으로 눈알이 터질 정도로 세게 꾹꾹 누른다. 잠시 이러고 있다 보면 잠이 온다는 나만의 미신이다. 오늘 아침에 보았던 물웅덩이를 떠올려본다. 그 물웅덩이가 있는 동안만큼은—, 하고 생각한다. 억지로 스스로를 그렇게 세뇌시킨다. 역시 나는 길거리 음악가다. 아무리 보기 흉하다

8_ 녹차를 우린 물에 밥을 말아서 먹는 것.

해도, 나만의 바이올린을 계속 켜는 것 말고 달리 방법이 없을지도 모른다. 기차의 행방은 지사志士들에게 맡겨두자. '기다린다'라는 말이 갑작스레 이마 위에서 커다랗게 반짝였다. 무엇을 기다린다는 것일까. 나는 모른다. 하지만 이것은 아주 귀중한 말이다. 벙어리 갈매기는 바다 위를 날며 그런 생각을 하면서, 그러나 여전히 말없이 떠돌고만 있다.

女人訓戒

여인 훈계

太宰治

「여인 훈계」

1940년 1월, 잡지 『작품구락부作品俱樂部』에 「단편집」이라는 제목으로 발표됐다. 다케무라서방에서 간행한 단행본 『피부와 마음』에 「여인 훈계」라는 제목으로 바뀌어 처음 수록된다.

다자이의 여성관을 엿볼 수 있는 작품 중 하나로, 다자이의 유머러스함이 돋보이는 작품이다.

다쓰노 유타카[1] 선생의 『프랑스 문학 이야기』라는 책에 다음과 같은 흥미로운 글이 있다.

“1884년의 일이니 그렇게 먼 옛날이야기도 아니다. 오베르뉴의 클레르몽 페랑시에 시브레 박사라는 안과 명의가 있었다. 그는 독창적인 연구를 통해 인간의 눈은 짐승의 눈과 간단히 바꾸어 넣을 수 있으며, 짐승 중에서도 특히 돼지와 토끼의 눈이 인간의 눈과 가장 비슷하다는 것을 실험으로 증명해냈다. 그는 맹인인 한 여자에게 이 전대미문의 수술을 시험하게 되었다. 돼지의 눈은 어감상 좋지 않았기 때문에 토끼의 눈을 수술 재료로 선택했다. 기적이 일어나서 여자는 그날부터 세상을 지팡이로 더듬을 필요가 없어졌다. 오이디푸스 왕이 저버린 빛의 세상을, 그녀는 토끼의 눈으로 다시 볼 수 있게 되었다. 이 사건은 세상을 떠들썩하게 만들었고, 당시의 신문에도 나올 정도였다고 한다. 그러나 며칠 후부터 꿰맸던 자리가 곪기 시작한 탓에—수술 시 소독이 불완전했기

1_ 辰野隆(1888~1964). 프랑스 문학 연구자.

때문이라는 것이 다수의 의견이다—그녀는 또다시 맹인이 되었다. 당시 그녀와 친했던 어떤 이는 후에 지인에게 다음과 같은 말을 했다고 한다.

—나는 두 가지의 기적을 목격했다. 첫 번째는 전설 속의 기적과도 같은 일이, 신앙의 힘이 아닌 과학적 실험에 의해 이루어진 것이다. 그러나 이것은 그렇게까지 놀랄 일이 아니었다. 훨씬 더 놀라운 기적은 두 번째였다. 그것은 바로 그녀에게 토끼 눈이 이식되어 있던 며칠간 그녀가 사냥꾼을 보면 반드시 도망을 쳤던 현상이다."

여기까지가 다쓰노 선생의 글인데, 이렇게 옮겨 적고 보니 왠지 여기저기에 선생의 교묘한 날조가 가미된 느낌이 들기도 한다. 돼지의 눈이 인간의 눈과 가장 닮았다는 이야기는 너무나도 통쾌하다. 하지만 어쨌든 이 글은 진지한 기사 형식을 띠고 있다. 일단 여기에 적힌 그대로 믿지 않으면 선생에게 실례가 될 것이다. 나는 이 이야기를 전부 믿기로 해보겠다. 이 불가사의한 글의 특히 중요한 부분은 마지막 한 줄이다. 그녀가 사냥꾼을 보면 반드시 도망을 쳤다,라는 사실에 대해 조금 생각해 보고 싶다. 그녀의 눈 대신 넣은 것은 토끼의 눈이었다. 아마 틀림없이 병원에서 기른 집토끼였을 것이다. 집토끼가 사냥꾼을 무서워할 리는 없다. 사냥꾼을 본 적조차도 없을 것이기 때문이다. 산속에 사는 야생토끼라면 사냥꾼을 조심해야 하는 이유를 알고 있기 때문에 당연히 사냥꾼을 무서워했을 것이다. 하지만 설마 그 박사가 구태여 땀 흘려 산속을 헤매고 다니며 야생토끼를 잡아 실험에 사용했을 리는 없다. 그러므로 분명 병원에서 기른 집토끼였을 것이다. 한 번도 사냥꾼을 본 적조차 없는 그 집토끼의 눈이, 어떻게 갑자기 사냥꾼을 식별해내고 그것을 무서워한다는 말인가. 여기에 약간 문제가 있다.

해답은 간단하다. 사냥꾼을 두려워한 것은 토끼의 눈이 아니라, 토끼 눈을 지니고 있던 그 여자인 것이다. 토끼의 눈은 아무것도 모른다. 하지만 그녀는 사냥꾼이 하는 일을 잘 알고 있다. 토끼의 눈을 이식받기 전부터 사냥꾼의 잔학한 성질에 대해 익히 들어 알고 있었던 것이다. 아마 그녀의 집 근처에 솜씨 좋은 사냥꾼이 살고 있었을 것이다. 그 사냥꾼은 특히 야생 토끼 사냥에 뛰어났는데, 어제는 열네 마리, 오늘은 열다섯 마리를 산에서 잡아 왔다는 식의 이야기를 사냥꾼 본인이나 그 사냥꾼의 아내에게서 들었던 게 아닐까 싶다. 만약 그렇다면 해답은 간단하다. 그녀는 집토끼의 눈을 이식받은 덕분에 빛나는 세상을 볼 수 있게 되었는데, 그녀 자신이 그 눈을 너무나 아끼는 마음에, 전부터 들어 알고 있던 토끼의 적인 사냥꾼을 미워하고 두려워하다가 결국 노골적으로 피하는 지경에 이른 것이다. 즉, 토끼의 눈이 그녀를 토끼로 만든 것이 아니라, 그녀가 토끼의 눈을 너무 사랑한 나머지 그녀 스스로 토끼가 되기를 자청한 것이다. 여성에게서는 이 같은 육체적 도착 증상을 흔히 볼 수 있다고 한다. 동물과의 육체적 교류를 대수롭지 않게 받아들이는 것이다. 어느 영어학원의 여학생이 L 발음을 정확히 하고 싶다는 이유로 소 혀 스튜를 일주일에 두어 번씩 먹는다고 하는데, 이것도 같은 예다. 서양인이 L 발음을 그렇게 정확하게, 심지어는 별로 힘도 들이지 않고 구사할 수 있는 것은 아주 옛날부터 육식을 해왔기 때문이다. 계속 쇠고기를 먹다 보니 어느새 소의 세포가 인간에게 이식되어 혀가 소처럼 길어진 것이다. 그래서 그녀도 L 발음을 정확하게 구사하려는 목적으로 요즘 일주일에 두 번 정도 소 혀 스튜를 잔뜩 먹고 있다. 아시는 바와 같이 소 혀 스튜는 소의 혀를 넣고 끓인 스튜다. 다리

부위의 고기보다는 직접 혀를 먹는 것이 효과가 있으리라고 믿는 것이다. 놀라운 것은 최근 그녀의 혀가 두드러지게 길어져서 L 발음이 서양인과 거의 흡사할 정도로 정확해진 현상이다. 이 또한 전해 들은 이야기로 직접 그 용감한 여학생을 만난 적은 없기 때문에 여러분에게 보고하기가 조금 부끄럽긴 하지만, 나는 이것이 얼마든지 있을 법한 일이라고 생각한다. 여성 세포의 동화력이란 가히 놀랄 만한 것이기 때문이다. 여우 목도리를 두르면 갑자기 거짓말쟁이로 변하는 부인이 있었다. 평소에는 무척 겸손하고 조신한 부인이지만, 일단 여우 목도리를 두르고 외출을 하면 순식간에 교활하기 그지없는 거짓말쟁이가 된다. 내가 동물원에서 유심히 관찰한 결과에 따르면, 여우는 교활하고 악한 동물이 아니라 오히려 내성적이고 얌전한 동물이다. 여우가 둔갑을 한다는 말은 여우의 입장에서는 터무니없을 정도로 억울한 이야기일 것이다. 혹 여우가 둔갑을 할 수 있다면 그 좁아터진 우리 속에서 볼품없이 어슬렁거리며 지낼 필요가 없을 것이다. 도마뱀 같은 것으로 둔갑하여 날쌔게 우리에서 탈출하면 될 일이다. 그 부인도 여우가 사람을 속이는 동물이라고 단순하게 맹신했다고 한다. 그래서 누가 시키지도 않았는데 여우 목도리를 두를 때마다 일부러 거짓말쟁이가 되는 것이다. 참 고생스러운 일이다. 그것은 여우가 그 부인을 거짓말쟁이로 만드는 것이 아니라, 부인이 자진하여 자신의 공상 속 여우와 동화하는 것이다. 이 경우도 방금 전 장님 여인의 이야기와 매우 닮은 점이 있지 않을까 싶다. 그 토끼의 눈은 사냥꾼을 무서워하기는커녕 애당초 사냥꾼이라는 것을 본 적도 없는데, 그것을 지니고 있는 여자가 구태여 사냥꾼을 두려워한다. 여우는 사람을 속일 법한 동물이 아닌데도, 그 털을 두른 부인이 구태여 사람을 속인다. 두 여인의 심리상태는 거의 같은 것이다. 전자는 진짜

토끼 이상의 토끼로 변하고, 후자 또한 진짜 여우 이상의 여우로 변하고는 그냥 그것을 대수롭지 않게 여긴다. 참으로 기이한 일이다. 여성의 피부 감촉이 과하게 예민하다는 것과 촉각이 지나치게 발달했다는 것을, 이 같은 두세 가지의 사실로 증명해낼 수 있다. 또 어떤 여배우는 피부를 희게 만들기 위해 오징어 회를 부지런히 먹는다고 한다. 열심히 먹다 보면 오징어의 세포가 그녀의 육체 세포와 동화하여 유연하고 투명한 흰 피부를 얻게 될 것이라고 어리석게 믿는 것이다. 하지만 불쾌하게도 그녀의 시도가 성공했다는 소문이 떠돌고 있다. 이쯤 되면 도무지 뭐가 뭔지 알 수 없는 지경이다. 여성을 가엾게 여기는 수밖에는 다른 방도가 없다.

무엇이든 될 수 있다. 북쪽 지방의 한 등대지기 부인이 등대에 부딪쳐 죽은 갈매기의 깃털로 하얗고 작은 조끼를 만들었다고 한다. 원래는 정숙하고 사랑스러운 부인이었는데, 옷 속에 그 조끼를 껴입고 나서는 갑자기 차분함을 잃더니 천박하게 나도는 성격이 되어 남편의 동료와 불미스러운 관계를 갖게 되었고, 그러다 결국 어느 겨울날 밤 등대 꼭대기에서 마치 새의 날개처럼 두 팔을 벌리고 성난 파도 속으로 몸을 던졌다는 외국 이야기가 있다. 이 이야기 속의 여인도 스스로 슬픈 갈매기의 화신이 되어버린 것이다. 참으로 비참한 일이다. 일본에서도 예부터 고양이가 노파로 둔갑해 집안에 소동을 일으켰다는 이야기가 많이 전해져 내려온다. 하지만 그것 또한 생각해보면, 고양이가 노파로 둔갑한 것이 아니라 노파가 실성하여 고양이로 둔갑해버린 것이 분명하다. 무참한 모습이다. 귀를 조금만 만져도 흠칫 놀라며 귀를 움직였다고 하질 않는가. 유부를 좋아해서 쥐를 먹는다는 것도 반드시 과장된 이야기는 아닐지도 모른다. 여성의 세포는 너무나도 쉽게 동물의 그것으로 둔갑할 수 있기 때문이다. 이야기가 점점 음침해져서 좀 꺼림칙하지만, 나는 요즘 인어의 실재성에 대해 깊이 생각해보는 중이다. 예부터 인어는 항상 여성이었다. 남자 인어 이야기는 아직 들어본 일이 없다. 반드시 여성으로 제한되어 있다. 여기에 해답에 대한 힌트가 있다. 나는 이런 것이 아닐까 생각한다. 어느 날 밤 한 여자가 매우 거대하고 왠지 섬뜩한 느낌이 나는 생선을 몸가짐도 잊은 채로 허겁지겁 먹어 치운다. 그리고 그 후 왠지 모르게 그 생선의 모습이 마음에 남는다. 여성의 마음속 깊이 남는다는 것은 점점 육체 세포가 변하고 있다는 증거다. 곧 그것에 가속이 붙어서 가슴이 다 타들어갈 정도로 해변을 그리워하게 되고, 결국 버선발로 집을 뛰쳐나가 첨벙첨벙 바닷속으로 들어간다. 다리에 오돌도돌 비늘이 돋기 시작하더니 몸을 구부리며 파닥파닥 몇 번 움직여 보는 사이에, 슬프게도 그 몸은 이미 괴상한 인어. 아마 그런 순서가 아닐까 생각한다. 여자는 타고난 몸속 지방 때문에 물에 잘 뜨고 능숙하게 헤엄을 칠 수 있다고 한다.

교훈. '여성은 몸가짐을 바르게 하는 것을 잊으면 안 된다.'

女の決闘
여자의 결투

太宰治

「여자의 결투」

1940년 1월부터 같은 해 6월까지 총 여섯 번에 걸쳐 잡지 『월간문장』에 연재되었다.

다자이에 의하면 이 작품의 소재는 1924년 발행된 『모리 오가이 전집 제16권 번역편』(국민도서회사 발행)에 실린 Herbert Eulenberg(1876~1949)의 소설 「여자의 결투」이다.

이 작품은 한 남자를 둘러싼 두 여자의 운명적인 결투를 그리고 있는 원작 「여자의 결투」 그 자체를 소설의 재료로 삼아서 쓴 패러디 소설로, '소설 속 소설' 구조로 이루어져 있다. 다자이의 왕성한 실험의식이 두드러진 작품으로 높이 평가받으며 현재까지도 활발한 연구가 이루어지고 있다. 다자이의 독특한 패러디 기법과 다자이의 소설관, 여성관을 동시에 엿볼 수 있는 흥미롭고 신선한 작품이다.

제1장

한 회당 열다섯 장씩 여섯 번만 제가 해보기로 하지요. 이런 건 어떨까요? 예를 들어 여기에 오가이 전집이 있습니다. 물론 다른 곳에서 빌려온 것입니다. 제게 소장 서적 같은 것은 없습니다. 저는 세상의 학문이라고 하는 것을 경멸합니다. 대부분 빤한 것들이지요. 특히 이상한 것은 무식한 무리일수록 더 세상의 학문을 동경하면서, '오가이 선생님이 말씀하시기를' 따위의 말을 해댄다는 점입니다. 새침하게 입을 오므리고 앉아, 언제 오가이에게 제자가 되도록 허락받았는지 선생님 소리를 연발하고, 그럴싸하게 눈을 내리깔고서 '공부하고 있습니다.'라고 말하곤 하는데, 자신이 무척 고상해 보이리라고 굳게 믿으며 점잔을 빼는 그런 풍경은 흔히 볼 수 있는 것입니다. 그 꼴이 너무 한심해서 오히려 오가이가 더 얼굴을 붉혔을 것입니다. 공부하고 있습니다,라는 말은 장사치나 쓰는 말입니다. 물건을 싸게 판다는 의미로 장사치들이 쭉 이 말을 써왔지요.[1] 그리고 최근에는 배우들도 이 말을 쓰게 되었습니다. 소가노야 고로와, 또 이름이 뭐라던가 하는 어느 여배우 하나가 이 말을 자주 쓰더군요. 뭘 하고 있다는 건지 짐작도 안 가지만, 어쨌든 '공부하고 있습니다.'라며 얌전을 떨고 있습니다. 그들은 그래도 괜찮습니다. 그건 모두 생활의 편법입니다. 비난할 일이 아니지요. 그런데 작가라는 자들이 오가이의 작품을 읽었다고 해서 갑자기 진지한 얼굴로 '공부하고 있습니다.' 같은 소리를 하며 으스댈 필요는 없을 듯합니다. 그렇다면 대체 지금까지는 무엇을 읽어왔다는 말인지. 참 씁쓸한 이야기입니다.

여기에 오가이의 전집이 있습니다. 제가 다른 곳에서 빌려온 것이지요. 앞으로 이것을 함께 읽어봅시다. 분명 여러분은 '재밌군, 정말 재밌는데.'라고 말씀하실 것입니다. 오가이의 작품은 전혀 어렵지 않습니다. 항상 알기 쉬운 글을 썼지요. 오히려 소세키[2]의 작품이 더 따분합니다. 오가이의 작품을 난해하고 심오한 것으로 여기고 일반대중들이 함부로 접해서는 안 된다며 위압적으로 금지 딱지를 붙인 것은 예의 그 '공부하고 있다'는 여사女史들입니다. 혹은 대학 때 썼던 아무개 교수의 강의 노트를 졸업 십 년 후까지 애지중지 간직해두었다가, 기회가 있을 때마다 그것을 꺼내어 보면서 '으음, 미美는 추醜가 아니고, 추는 미가 아니다' 따위의 쓸데없는 말을 중얼대고, 외국인 이름이 쓸데없이 많이 나오는 기나긴 논문을 쓰고는 학문이 없으면 다 의미가 없다며 자랑스러운 얼굴을 하는, 이른바 연구과 학생들. 그런 사람들은 결국 한심한 무학자에 불과한데도 세상 사람들이 그들을 '지혜로운 사람'이라 여기며 존경하니

1_ 일본어로 공부, 경험, 노력 등의 뜻을 가지는 '勉強'이라는 단어에는 에누리라는 뜻도 있다.
2_ 나쓰메 소세키夏目漱石(1867~1916). 일본 근대문학을 대표하는 소설가. 대표작으로 『나는 고양이로소이다』(1905~1906), 『그 후』(1909), 『마음』(1914) 등이 있으며, 마지막 장편소설 『명암』(1916)을 연재하던 중 위궤양 악화로 사망했다.

참 이상한 일입니다.

오가이 또한 그것을 비웃었습니다. 오가이가 연극을 보러 갔는데, 마침 무대에 피부색이 무척이나 흰 사무라이가 나와 방 중앙에 정좌하고 앉아서 '어디, 감히 독서라도 해볼까.'라는 말을 했고, 오가이도 이것에는 놀라고 당황했다며 비웃는 글을 쓴 적이 있지요.

여러분은 지금부터 저와 함께 오가이 전집을 읽어나가게 될 것입니다. 하지만 전혀 긴장할 필요는 없습니다. 제가 여러분보다 학문적 수준이 훨씬 떨어지니까요. 저는 감히 독서 같은 건 해본 적이 없는 남자입니다. 항상 누워서 뒹굴며 건성으로 읽습니다. 아주 불량한 태도지요. 그러므로 여러분도 그대로 누워서 뒹굴며 저와 함께 책을 읽어보도록 합시다. 정좌를 하시면 곤란합니다.

여기에 오가이 전집이 있습니다. 다른 곳에서 빌려왔다는 건 앞서 말했습니다. 그러니 조심해서 다룹시다. 너무 감동 받았다고 해서 문장에 빨간 줄을 그으시면 안 됩니다. 빌려온 책이니까 소중히 다루어야 합니다. 번역편, 제16권을 펼쳐보세요. 좋은 단편소설이 많이 수록되어 있습니다. 먼저 목차를 봅시다.

「회벽유죄」[3] HOFFMANN

「악연惡因緣」 KLEIST

「지진」 KLEIST

그다음에 이어지는 40여 편의 작품 모두 흥미로운 제목의 단편소설들

3_ 懷璧有罪. 옥을 품고 있는 것이 죄가 된다는 뜻으로, 분수에 맞지 않은 짓을 하면 재앙을 부를 수 있다는 의미.

입니다. 책 뒤의 해설을 읽어보면 독일, 오스트리아, 헝가리의 소설을 모아놓은 것임을 알 수 있습니다. 생소한 이름의 작가가 상당히 많지요. 하지만 그런 것에 괘념치 않고 그저 무턱대고 읽어보아도 하나하나 전부 재미있는 작품들입니다. 모든 작품의 서두가 참으로 훌륭하지요. 서두가 훌륭하다는 것은 그 작가의 '친절함'을 의미합니다. 그리고 그런 친절한 작가의 작품만을 골라서 번역했다는 것은 옮긴이 오가이의 친절함이지요. 오가이의 작품 또한 서두가 무척 훌륭합니다. 술술 잘 읽히지요. 독자에게 상당히 친절하고 애정이 깊은 작가라고 생각합니다. 16권에서 좋은 서두 몇 개만 골라보겠습니다. 워낙 다 훌륭해서 골라내기가 조금 힘듭니다. 40여 편 전부의 서두를 다 열거하고 싶을 정도지요. 하지만 여러분이 오가이의 전집을 사거나, 혹은 저처럼 어디서 빌려와서 직접 읽어보면 다 아실 수 있을 테니 지금은 참고로 일곱 편, 아니 여덟 편만 보여드리겠습니다.

「매목埋木」 OSSIP SCHUBIN

'알퐁스 드 스테르니 씨가 11월 브뤼셀에서 신곡인 악마의 합주를 직접 지휘하기로 했다.' 벨기에 독립신문에 이 사실이 실리자 주민들이 술렁였다.

「아버지」 WILHELM SCHAEFER

나 말고는 이 이야기를 아무도 모른다. 이 일에 대해 알고 있는 남자는 관계자 본인뿐인데, 작년 가을에 죽었다.

「황금잔」 JACOB WASSERMANN

1732년 말 즈음이었다. 그 당시 영국은 조지 2세의 통치 하에 있었다. 어느 날 밤 런던 길거리에서 야간 순찰을 돌던 경찰이 템플바 근처에서 젊은 아가씨가 길에 쓰러져 있는 것을 발견했다.

「일인자一人者의 죽음」 SCHNITZLER
문을 두드렸다. 아주 살짝.

「언젠가 당신은 돌아갑니다」 ANNA CROISSANT-RUST
한 무리의 갈매기가 내 발치에서 날아오르더니, 날카롭고 탐욕스러운 울음소리를 내며 순식간에 호수 너머로 날아갔다.

「회벽유죄」 AMADEUS HOFFMANN
루이 14세의 총애가 오로지 맹트농 공작부인에게만 집중되어 세인들을 놀라게 만들었던 그즈음, 궁중에 출입하는 나이 지긋한 여학사女學士 중에 마들렌 드 스퀴데리라는 사람이 있었다.
「노동」 KARL SCHOENHERR
두 사람 모두 젊고 건강하다. 남자의 이름은 카스파, 여자는 레지. 둘은 서로 사랑하고 있다.

이상, 책을 대충 펼쳐서 나온 서두 한 줄을 순서와 관계없이 나열해보았습니다. 어떻습니까? 훌륭하지요? 그 뒤가 읽고 싶어지지 않나요? 이야기를 만들려면 적어도 이 정도 수준의 서두는 쓸 줄 알아야 합니다. 마지막으로 하나 더. 이건 이 중에서도 특히 뛰어납니다.

「지진」 KLEIST

칠레 왕국의 수도 산티아고에 1647년 대지진이 일어난 그때, 감옥의 기둥 옆에 기대어 서 있는 한 소년이 있었다. 이름은 예로니모 유게라, 스페인 태생이었다. 그는 이 세상에 대한 모든 희망을 버리고 스스로 목을 매려던 참이었다.

어떻습니까? 이 날카로운 기백. 분명 클라이스트는 굉장한 천재입니다. 그 첫 행에서부터, 작가의 하늘까지 닿을 듯한 뜨거운 열정이 우리처럼 평범한 사람들에게도 생생하게 전해지니까요. 옮긴이 오가이도 열과 성을 다해, 이 부분을 팽팽하게 당겨진 활시위처럼 긴장감 넘치는 문장으로 훌륭하게 번역해냈습니다. 번역문의 마지막에 실은 옮긴이 해설에서 '「지진」이라는 작품은 한 척尺 사이에 무한 광활한 것을 담아낸, 천 년에 한 번 있을 걸작이다.'라고 평가하고 있습니다.

하지만 저는 그것 말고도 하고 싶은 얘기가 있습니다. 16권 한 권만 해도 앞서 봐온 것과 같은 여러 걸작들이 실려 있습니다. 보물 상자와도 같은 책이니 아직 읽지 않은 사람은 서둘러서 책방으로 달려가 사는 게 좋을 겁니다. 한 번 읽은 사람은 두 번을 읽고, 두 번 읽은 사람은 세 번을 읽도록 하세요. 사기 싫다면 빌리는 것도 좋습니다. 저는 이제부터 16권에 수록된 「여자의 결투」라는, 겨우 열세 쪽밖에 되지 않는 단편에 대한 이야기를 해볼까 합니다.

이것은 아주 불가사의한 작품입니다. 작가는 HERBERT EULENBERG. 물론 학식이 없는 저는 그 작가를 모릅니다. 책 뒤에 있는 해설에도 그 작가에 대한 이야기는 없지요. 해설자는 고지마 마사지로[4] 씨로, 소설가로서는 우리의 선배이신 분입니다. 저는 중학생 때 그분의 단편집인 『새집』을 즐겨 읽곤 했지요. 고지마 씨는 아주 성실하게 오가이의 전집을 편찬하셨지만 아무래도 독일어는 조금 서투르셨던 모양입니다. 정말 실례가 되는 말이지만, 그 점에서는 저와 엇비슷하게 학식이 없는 분인 것 같습니다. 아무런 해설도 없지요. 하지만 이것은 분명 고지마 씨의 겸손한 태도에서 비롯된 것이고, 쓸데없이 '감히 독서라도 해볼까.'라는 식의 학자 같은 태도를 취하지 않는 게 이 편찬자의 좋은 점이기도 합니다. 하지만 사전을 뒤져서라도 원작자의 업적에 대해 알려주셨다면 저같이 공부를 게을리하는 사람에게 많은 도움이 되었으리라는 생각이 들기도 합니다. 어쨌든 이 작품의 작가가 그다지 잘 알려진 사람이 아닌 것은 분명합니다. 19세기, 독일의 작가. 그것만 기억해둬도 충분하겠지요. 친구 중에 독일문학 교수가 있는데, 그 친구에게 물어봐도 모른다고 하더군요. ALBERT EULENBERG인 것은 아닌가. 혹시 ALBRECHT EULENBERG의 오류는 아닌가,라고 묻더군요. 아니야. 분명히 HERBERT다. 그렇게 유명한 작가는 아닌 모양이니 인명사전이든 뭐든 찾아서 좀 조사해주게, 하고 저는 거듭 부탁했습니다. 친구가 편지로 답변을 주었습니다. '내가 견문이 좁아 부끄럽게도 허버트 오일렌베르크를 모른다네. 메이어의 백과사전[5]에도 나와 있지 않고, 그다지 유명한 작가는 아닌 모양이야. 문학 사전에서 다음과 같은 것을 알아냈다네.' 하고 친절하게 그 사람의 작품 연표를 자세히 적어서 보내주었는데 별로 대수롭지 않은 것들이더군요. 한 번도 들어본 적이 없는 작품들뿐이었지요. 즉, 정리하면 이렇습니다. 「여자의 결투」의 작가 HERBERT EULENBERG는 19세기 후반 독일의 소설가로

4_ 小島政二郎(1894~1994). 일본의 소설가 겸 수필가.

5_ Joseph Meyer가 간행한 독일의 백과사전.

그다지 유명하지는 않다. 일본의 독일문학 교수도 사전을 찾아보지 않으면 그 이름을 모를 정도다. 오래전 오가이가 그의 신비로운 재능에 매력을 느끼고 그의 단편 「탑 위의 닭」과 「여자의 결투」를 번역했다.

작가에 대해서는 이 정도만 알고 있어도 충분합니다. 더 자세히 쓴다한들 그걸 금방 잊어버린다면 아무런 의미도 없으니까요. 이 작품은 오가이에 의해 번역되었는데, 어떤 잡지에 발표되었는지는 전혀 알 수가 없다고 합니다. 후에 『개구리』라는 단행본에 불쑥 실린 것이지요. 오가이 전집의 편찬자도 여기저기 꽤 물어보고 다닌 모양인데, '아무리 찾아봐도 알 수가 없다. 혹시 아시는 분은 도움을 주신다면 매우 감사하겠다.'라고 책 뒤에 덧붙여 써놓았더군요. 제가 그것을 안다면 좋겠지만, 알 턱이 없지요. 여러분도 모르는 건 마찬가지니 저를 비웃으시면 안 됩니다.

하지만 제가 말하는 불가사의함은 그런 것이 아닙니다. 불가사의함은 바로 작품 속에 있지요. 저는 앞으로 여섯 번에 걸쳐서 불과 열세 쪽에 지나지 않는 이 짧은 글을 가지고 여러 가지 시도를 해보려고 합니다. 이 사람이 만약 HOFFMANN이나 KLEIST 정도의 대가였다면 그의 작품에 주석을 다는 건 절대 용납되지 않았을 것입니다. 일본에도 그 대가들의 열렬한 독자가 엄청나게 많기 때문에, 그들의 작품에 섣불리 손을 댔다간 분명 뭇매를 맞게 될 것입니다. 함부로 입을 놀려서는 안 되겠지요. 하지만 그게 HERBERT 씨라면 사정이 달라집니다. 오히려 묻혀 있던 천재를 찾아냈다고 칭찬을 받을지도 모릅니다. 그런 점에서 허버트 씨는 참 안 됐습니다. 이 작가도 분명 당시에 자기 나라에서는 크게 인기를 끌었을 테니까요. 제가 무식한 탓에 모를 뿐이지요.

사실 작품만으로 보면 그 묘사의 정확함, 심리의 미묘함, 신을 향한 강렬한 응시, 그 모든 면에서 확실히 일류 중의 일류입니다. 단지 구성이 조금 미흡하다는 점 때문에 제2의 셰익스피어가 되지 못한 것이겠지요. 어쨌든 지금부터 여러분과 함께 읽어보겠습니다.

여자의 결투

예부터 그 전례를 찾기 힘든 이 대단한 사건에는 아래와 같은 짧은 사정이 있다.

러시아의 의과대학에 다니는 한 여학생이 어느 날 밤 무슨무슨 학과인가 하는 곳에서 고상한 강의를 듣고 집으로 돌아왔더니 탁자 위에 편지가 놓여 있었다. 수신인 같은 것은 일절 적혀 있지 않았다. '당신이 어떤 남자와 관계를 가지고 있다는 것을 우연히 알게 되었습니다. 알게 된 과정은 별로 중요하지 않으니 말씀드리지 않겠습니다. 저는 자신이 그 남자의 아내라고 방금 전까지 믿고 있던 여자입니다. 제가 짐작한 당신의 성품은 이렇습니다. 당신은 자신이 한 행동의 결과가 어떤 것이건, 그 행동에 대한 책임을 회피할 분은 아닐 것입니다. 또 당신은 자신에게 모욕을 준 적이 없는 제삼자를 모욕하면서까지 그 책임에서 벗어나려고 하시는 분도 아닐 것입니다. 저는 당신이 사격을 즐겨하신다는 것을 알고 있습니다. 저는 이제껏 무기라는 것을 손에 쥐어본 일이 없는 사람이기 때문에, 당신의 실력이 어느 정도이건 어쨌든 저보다는 더 뛰어날 것이라고 믿습니다.

그러므로 저는 당신에게 요구합니다. 내일 오전 열 시에 권총을 가지고 아래에 적어둔 역으로 나와 주십시오. 이 요구는 특별히 제게 더 유리한 것은 아닙니다. 저도 입회인을 데리고 가지 않을 테니, 당신도 데리고 오지 말아 주시기를 희망합니다. 덧붙여 말씀드리건대, 그 문제의 남자에게 이 일을 미리 밝힐 필요는 없다고 생각합니다. 그 남자에게는 제가 대충 둘러대어 오늘과 내일 이틀간 먼 곳에 가 있도록 해두었습니다.

이 문장 다음에 만날 장소가 자세히 적혀 있었다. 여자의 이름은 콘스탄체라고 쓰여 있었는데, 살짝 지워진 글자 아래로 성씨를 적었다 지운 흔적이 보였다.'

제2장

지난번에는 '살짝 지워진 글자 아래로 성씨를 적었다 지운 흔적이 보였다.'까지 했습니다. 그 한 문장이 암시하는 미묘한 심리에 대해, 저는 장황하게 설명하고 싶지 않습니다. 독자 여러분이 각자 자유롭게 해석하고 즐기는 것이 좋겠지요. 상당히 훌륭한 부분인 것은 확실합니다. 또 첫 번째 편지에서 피어오르는 여자의 '생생한' 증오감은 원작자의 예술적인 수완에 감탄하게 만들기보다는, 현실의 피비린내 나는 박력을 직접적으로 느낄 수 있게끔 그려져 있습니다. 이러한 방법이 과연 예술의 정도正道일지 아닐지는 각자 여러 가지 의견이 있을 수 있겠지요. 하지만 지금은 그것에 대한 이야기는 접어두고 일단 이 불가사의한 작품을 조금 더 읽어보도록 합시다. 저는 이 원작자가 눈앞에서 일어나고 있는 괴이한 일을 마치 신문기자와도 같은 차가운 시선으로 바라보며 그대로 옮겨 적고 있다는 느낌을 지우기가 힘들군요. 곧바로 이어가지요.

'이 편지를 쓴 여자는 편지를 보내고 난 다음 곧장 시내로 가서 총을 파는 가게로 갔다. 그러고는 가볍고 좋은 총을 사고 싶다고 농담처럼 말했다. 여자는 조금씩 자세한 사정을 이야기하며, 내기를 하고 있으니 총을 쏘는 법을 알려달라고 가게 주인에게 부탁했다. 가게 주인과 여자는 함께 가게 뒤의 음침한 뜰로 나갔다. 그때 여자는 등 뒤에서 권총을 들고 따라오고 있는 주인처럼 장난스럽게 웃는 얼굴을 유지하려고 노력했다.

뜰 근처에 인쇄소가 있었다. 그래서 뜰에 들어찬 공기에서 안료 냄새가 났다. 주변 집들의 창문에는 먼지가 부옇게 쌓여 있어서 창문 안쪽은 전혀 보이지 않았지만, 그래도 여자는 유리 너머에서 누군가가 자신을 조롱하며 지켜보고 있는 듯한 느낌을 지울 수가 없었다. 문득 정신을 차리고 보니 뜰 안쪽 한구석에는 나무가 늘어서 있었고, 거기에 크게 뜬 눈동자 같은 표적이 세워져 있었다. 그것을 본 여자의 얼굴은 불꽃처럼 새빨갛게 달아오르기도 하고 타다 남은 재처럼 창백해지기도 했다. 가게 주인은 마치 어린아이에게 설명하듯이 여자에게 방아쇠, 총알을 장전하는 곳, 총신, 총의 가늠자를 하나하나 보여주면서 사격하는 방법을 가르쳐주었다. 총알을 장전하는 부분은 한 번 사격할 때마다 장난감처럼 빙글 하고 돌았다. 주인은 여자에게 총을 건네주고 총을 쏘아보게끔 했다.

여자는 주인이 가르쳐준 대로 방아쇠를 당기려고 했지만, 좀처럼 움직이지 않았다. 주인은 손가락 하나로 방아쇠를 당기라고 가르쳤지만, 여자는 몰래 두 손가락을 방아쇠에 걸고 있는 힘껏 당겼다. 그 순간 귀가 멍멍하게 울렸다. 총알은 세 걸음 정도 앞의 땅을 맞고 튕겨서 어느 집 창문으로 날아갔다. 창문이 와르르 요란한 소리를 내며 깨졌지만 여자의 귀에는 아무 소리도 들리지 않았다. 지붕 위 어딘가에 숨어 앉아 있던 비둘기 한 무리가 그 소리에 놀라 파드득 날아올랐고, 그 때문에 어두운 뜰이 한순간 더 어두워졌다.

여자는 그 후 한 시간 동안 두 손가락으로 힘껏 방아쇠를 당겨가며 마치 귀머거리라도 된 듯 태연하게 사격 연습에 몰두했다. 총을 한 번 쏠 때마다 총구에서 역한 냄새의 연기가 피어 나와서 속이 메스꺼워졌지만, 오히려 여자는 향기롭다는 듯 그 냄새를 들이마셨다. 여자가 너무 열심이었기 때문에 주인도 덩달아 열성적으로 되어서 여자가 여섯 발을 다 쏘고 나면 곧바로 다시 여섯 발을 장전해서 총을 건넸다.

밤이 되자 표적의 검은색 테두리가 희미한 회색으로 보이기 시작했고, 여자는 그제야 연습을 멈췄다. 여자는 오늘 처음 만난 이 남자가 오래 사귄 절친한 벗처럼 느껴졌다.

"이 정도 연습했으니 슬슬 인간 사냥을 나가도 되겠지요?" 여자는 이 농담이 지금 상황에 잘 어울리지 않을까, 하고 생각했지만 목소리가 너무 떨릴 것 같아서 하지 않기로 했다. 곧바로 돈을 내고 감사 인사를 한 후 가게를 나섰다.

여자는 이 계획을 세운 후부터 불안감으로 잠도 자지 못했다. 하지만 이제 안심하고 잘 수 있겠다고 생각하면서, 품에 6연발 권총을 안고 잠자리에 들었다.'

여기서 조금 쉬어 갑시다. 어떠세요? 소설을 조금이라도 읽어 보신 분들은 여기까지만 읽고도 이미 이 소설 속 묘사의 이상한 점을 눈치챘으리라고 생각합니다. 한마디로 말하자면, '냉담함'입니다. 무례할 정도의 '무정함'이지요. 무엇에 대한 무례함인가 하면, 바로 '눈앞의 사실'에 대해서입니다. 눈앞의 사실에 대한 너무나도 정확한 묘사는 읽는 사람을 오히려 불쾌하게 만듭니다. 살인 혹은 그보다 더 흉악한 범죄가 일어나면 그 현장을 묘사한 그림이 신문에 실리기도 하는데, 다다미 6장 크기의 안방 정중앙에 살해당한 부인의 모습이 데루데루보즈[6]처럼 작게 그려져 있지요. 알고 계시지요? 아주 기분 나쁜 그림입니다. 그런 그림은 그리지 말라고 항의라도 하고 싶을 정도입니다. 그 같은 적나라함이 이 소설 속 묘사의 어딘가에서 느껴지지 않습니까? 이 소설의 묘사는 깜짝 놀랄 만큼 정확합니다. 한 번 더 되풀이해서 읽어주세요.

뒤뜰 근처에는 인쇄소가 있습니다. 작가로서의 별 볼 일 없는 감으로 말해보자면, 이 인쇄소는 분명 실제로 거기에 있었을 것입니다. 원작자의 공상이 아니지요. 그리고 분명 그 근처에 있는 집들의 창문은 먼지로 부옇게 물들어 있었을 것입니다. 의심의 여지가 없는 현실입니다. 그리고 한 무리의 비둘기가 놀라서 파드득 날아올라 어두운 뜰을 더 어둡게 만들었다,라고 하는 것도 사실 그대로입니다. 원작자가 여자의 뒤에서서 똑똑히 지켜보고 있었던 것입니다. 좀 으스스해졌군요. 소설의 묘사가 무례할 정도로 적나라한 경우, 사람은 그것에 감탄함과 동시에 어떤 불쾌한 의혹을 품게 됩니다. 지나치게 뛰어나다. 음탕하다. 신을 모독했다. 여러 가지로 표현할 수 있겠지요. 묘사에 대한 의혹은 곧 지나치게 정확한 묘사를 한 작가의 성품에 대한 의혹으로 바뀌게 됩니다. 이제부터 슬슬 저(DAZAI)의 소설이 시작되니 독자들은 주의해주세요.

저는 이 「여인의 결투」라는, 고작 열 쪽 남짓 되는 단편을 여기까지 읽고, 꿈틀꿈틀 살아 움직이는 듯 적나라하고 생생한 묘사에 크게 놀람과 동시에 참을 수 없는 불쾌감마저 느꼈습니다. 묘사에 대한 불쾌함은

6_ 비가 그치기를 빌며 처마 밑에 걸어두는 인형.

곧 그 원작자에 대한 불쾌감으로 변했지요. 이 단편의 원작자는 혹 기분이 매우 나쁜 상태에서 이 작품을 쓴 것이 아닐까, 하는 굉장히 무례한 의혹마저 품게 되었습니다. 기분이 나쁜 이유에 대해서는 두 가지의 가설을 세울 수 있습니다. 하나는, 원작자가 이 소설을 쓸 때 무척 피로한 상태였다는 추측입니다. 인간은 육체가 지치면 인생과 현실 생활에 대해 무척 부루퉁해지고 무뚝뚝해집니다. 이 「여자의 결투」라는 작품의 첫머리는 어땠습니까? 지금 그 부분을 반복하지는 않겠지만, 지난번 글을 읽으신 독자라면 바로 떠올릴 수 있을 것입니다. 작가는 소위 후려갈기는 듯한 말투로 서두를 썼습니다. 팔짱을 끼고 서서 마치 '네 녀석에게 친히 알려주지.'라고 말하는 듯한, 대단히 거만한 서두였지요. 무엇보다 일단 이 사건이 일어난 때, 즉 년도(외국 작가들은 아주 소소한 사건을 서술할 때도 반드시 년도를 적어 넣는 경향이 있습니다), 그리고 장소에 대한 서술이 전혀 없지 않습니까? '러시아의 의과대학에 다니는 한 여학생이 어느 날 밤 무슨무슨 학과인가 하는 곳에서'라는 무척 불친절한 기술이 있을 뿐, 그 외에는 어느 페이지를 뒤져보아도 지리적인 것에 대한 아무런 언급이 없습니다. 아주 퉁명스러운 태도지요. 작가가 육체적으로 피로할 때 쓴 묘사에서는 마치 사람을 꾸짖는 듯한, 때에 따라서는 심하게 호통을 치는 듯한 느낌이 나게 되는데, 그와 동시에 실로 신랄하고 잔인한 모습까지 드러내고 말지요. 인간의 본성은 어쩌면 본디 냉혹하고 잔인한 것인지도 모릅니다. 육체가 지쳐 의지를 잃었을 때는, 개수일촉,[7] 수식어고 뭐고 다 생략하고, 상대방을 단칼에 베어버리는 듯한 글을 쓰는 경우가 많지요. 참 슬픈 일입니다. 통찰력이

7_ 갑옷 소매로 슬쩍 건드린다는 뜻으로, 약한 상대편을 손쉽게 물리침을 의미하는 말.

뛰어난 독자들은 이미 「여자의 결투」라는 단편 속 묘사 중에 간혹 깜짝 놀랄 만큼 가혹한 부분이 있다는 것을 눈치채셨을 것입니다. 작가가 너무 피로한 나머지 초라한 현실과 인생에 대한 작가의 거친 감정을 그대로 드러내 버린 것입니다. 이는 결코 과장이 아닙니다.

또 하나. 이것은 무척이나 로맨틱한 가설입니다만, 이 소설의 묘사에서 느껴지는 작가의 비정상적인 증오감은 (정확함이라는 것은 결국 증오의 한 종류이기 때문에) 직접적으로 이 작품 속의 여주인공에게 느끼는 어떠한 감정에서 출발하고 있는 것은 아닌가, 하는 것입니다. 즉, 이 소설은 철저하게 사실 그대로의 자료를 바탕으로 한 것이고 거기다 원작자는 그 스캔들과 무관한 사람이 아니었다,라는 흥미로운 가설을 세울 수 있는 것입니다. 더 명확하고 솔직하게 말씀드리겠습니다. 이 작품의 원작자 HERBERT EULENBERG 씨 자신이 바로 작품 속 아내 콘스탄체 씨의 남편이었다는 무시무시한 비밀의 냄새를, 저는 맡을 수 있습니다. 만약 그렇게 가정한다면 이렇듯 냉혹하고 지나치게 생생한 작품 속 묘사(특히 여주인공이 떨고 있는 모습)를 구사하는 작가의 불쾌한 시선이 충분히 설명될 것입니다.

물론 이것은 거짓말입니다. 허버트 오일렌베르크 씨는 그런 어리석은 가정 트러블을 일으키실 분은 아닐 겁니다. 이 단편의 묘사가 이상할 정도로 정확한 것의 원인은 아마도 첫 번째 가설에 있지 않을까 생각합니다. 분명합니다. 그럼에도 불구하고 일부러 두 번째 가설을 세운 이유는, 제가 지금 점잖은 명작 감상이나 하려는 것이 아니라, 허버트 씨에게는 실례가 되겠지만 용서해주시리라 믿고, 이 「여자의 결투」라는 단편을 바탕으로 완전히 다른 이야기를 써보려고 하기 때문입니다. 허버트 씨에게 무례를 범하는 행동이라는 것은 잘 알고 있지만, 이른바 '존경하기 때문에 어리광도 부리고 무례도 범할 수 있다.'라는, 예부터 행해져 오는 그 쑥스러운 작법을 쓰고자 하는 것이니, 부디 용서해주시길 바랍니다.

자, 그럼 이번에는 원작을 조금 더 읽어보도록 하겠습니다. 그런 다음, 너무 건방진 행동이긴 하지만, 원작의 부족한 곳을 제가 조금 보충해서 이 이야기를 좀 더 흥미로운 로맨스로 만들어보려고 합니다. 앞으로 조금 더 읽어보면 아시겠지만, 원작에서 작가는 시종일관 아내 콘스탄체 한 사람에 대한 묘사만 할 뿐 남편과 불륜 상대인 러시아 의과대학의 여학생에 대해서는 거의 언급하지 않습니다. 저는 남편을 (난폭한 시도이긴 합니다만) 이 작품의 작가라고 억지로 가정해보겠습니다. 말하자면, 제가 유일하게 아내 콘스탄체의 편이 되는 것입니다. 원작자가 아내 콘스탄체를 이토록 잔인하고 차갑게 묘사한 것에 대한 복수로서, 다음 회부터 미흡하나마 그 남편을 조금 짓궂게 묘사해보려고 합니다. 그럼 이번에는 한 페이지 정도 원작자의 서술을 인용하겠습니다. 그런 다음 남편과 여학생에 대한 묘사를 가능한 한 자세히 보여드리려고 합니다. 아내 콘스탄체는 결투 전날 밤 차가운 총을 안고 잠자리에 들었고, 그다음 날 드디어 전대미문의 여자의 결투가 시작됩니다. 그 결투에 대해 원작자 오일렌베르크는 여전히 얄미울 만큼 영리하고 무정한 마음 상태를 유지하며 다음과 같이 서술하고 있습니다. 이것을 독자 여러분이 읽어주셨으면 합니다. 그리고 다음 회부터 저(DAZAI)의 어처구니없는 공상도 들어봐 주셨으면 합니다. 아내는 6연발의 권총을 안고 잠자리에 들었습니다. 그리고 그다음 날 아침. 원작은 다음과 같습니다.

'다음 날 아침, 약속 장소인 정거장. 기차에서 내린 사람은 두 여자를 제외하고는 농사꾼 두 명이 전부였다. 정거장은 평지 위에 덩그러니 외롭게 지어져 있었다. 자를 대고 그은 선 같은 철로가 반짝이며 저 멀리까지 뻗어 있고, 그 너머의 지평선 부근에서 합쳐져 하나가 된 것처럼 보인다. 왼쪽에는 노랗게 물들기 시작한 밭을 사이에 두고 마을이 보인다. 정거장에는 그 마을의 이름이 붙어 있었다. 오른쪽에는 모래흙 위에 풀이 자라난 들판이 나른하게 펼쳐져 있다.

두 농사꾼은 시내에 나가서 물건을 팔고 오는 길인 듯, 역 안 음식점에 들어앉아 축배를 들고 있다.

그때 두 여자가 말없이 어깨를 나란히 하고 걷기 시작했다. 아내가 길 안내를 한다. 선로를 넘어 들판 쪽으로 깊숙이 들어갈 생각이었다. 길에는 진녹색 풀이 땅을 뒤덮을 정도로 무성하게 자라 있고, 그 위에 짐수레가 지나간 바퀴 흔적이 두 줄로 뻗어 있다.

으슬으슬하게 추운 여름날 아침이다. 하늘은 잿빛이었다. 크고 멋없는 나무 두세 그루가 음침한 평지 위에 치솟아 있다. 마치 숲이 보초를 세우기 위해 그들을 보냈다가 다시 불러들이는 것을 잊은 듯한 느낌이다. 키가 작고 병약해 보이는 볼품없는 작은 나무들이 덜 자란 채로 여기저기 서 있다.

두 사람은 말없이 어깨를 나란히 하고 걷고 있다. 말이 전혀 통하지 않는 외국인처럼. 아내가 계속 한발 앞서 나간다. 그 탓에 여학생이 하고 싶은 말과 질문을 꾹 참고 있는 것처럼 보인다.

멀리 보이는 색 바랜 자작나무 숲이 차츰 가까워져 온다. 사람의 손길이 닿지 않은 작은 나무의 은회색 줄기가 제멋대로 구부러져, 헝클어진 머리를 연상시키는 가지와 잎을 이고 한 덩어리로 뭉쳐 있다. 그리고 작은 잎들이 바람에 흩날리며 소곤대고 있다.'

제3장

여학생은 하고 싶은 말이 하나 있었다. '나는 그 사람을 사랑하지 않아. 당신은 정말로 사랑하는 거야?' 그 말을 꼭 하고 싶었다. 화가 나서 견딜 수가 없었다. 어젯밤 학교에서 돌아와서 아침에 차게 해둔 우유를 꺼내 마시며 땀이 밴 상의를 벗어 탁자 위에 올리려던 그때, 탁자 위에 놓여 있는 그 무식하고 어처구니없는 하얀 편지를 발견했다. 내 방에 무단으로 들어온 게 틀림없다. 아아, 이 여자는 미쳤어. 편지를 읽고 난 뒤, 나는 여자의 그 한심함에 웃음이 터졌다. 그냥 묵살해버리자고 마음먹고 편지를 두 조각에서 네 조각으로, 네 조각에서 다시 여덟 조각으로 찢어버린 후 종이 분쇄기에 넣었다. 그때 갑자기 그 사람이 무척 창백한 얼굴을 하고 방으로 들어왔다.

"무슨 일이야?"

"들켰어. 눈치챘다고."

그 사람은 억지로 웃어 보이려고 애쓰고 있었다. 하지만 오른쪽 뺨이 끊임없이 실룩거리고 특이한 모양의 송곳니가 입술을 비집고 나오는 것을 막지는 못했다. 나는 그 꼴이 참 한심스럽게 느껴졌다.

"당신보다는 당신 부인이 더 단호한 것 같군요. 제게 결투를 신청했어요." 그 사람은 "그랬군. 역시 그랬던 거로군." 하고 말하며 어수선하게 방안을 서성거렸다.

"그 녀석은 그런 당치도 않는 짓으로 내 명성에 흠집을 내서 내게 제대로 복수하려는 거야. 어쩐지 이상하다 싶었어. 어제 내게 평소답지 않은 상냥한 목소리로 그러는 거야. 당신 이번 달에는 일도 많이 하셨으니 어디 시골 같은 곳에 가서 좀 쉬다 오세요. 이번 달은 돈도 넉넉히 남았어요. 당신의 피곤한 얼굴을 보면 왠지 저까지 괴로워져요. 이제는 저도 예술가의 고생에 대해 조금 알 것 같아요, 하고 말이지. 그런 이상한 말을 지껄이는 걸 보고 아하, 이건 뭔가 있구나, 하고 바로 눈치를 챘지만 시치미를 뚝 떼고 그렇게 하겠다고 했어. 그리고 오늘 아침 여행을 떠나는 척하고 나섰다가 다시 집으로 돌아가서 집 안뜰 구석에 숨어 아내를 감시했지. 그 녀석, 저녁 무렵에 집을 나서더니, 도대체 어떻게 알아낸 건지 곧장 네 집으로 오더군. 그러고는 집주인과 무언가 이야기를 하고 곧 다시 나오더니, 이번에는 시내로 나가서 어떤 가게의 진열창 앞에 바싹 붙어 움직일 생각을 않는 거야. 그 진열창에는 야생오리의 박제며 사슴뿔이며 족제비 털가죽 같은 것들이 잔뜩 놓여 있었어. 나는 멀리서 그걸 보고 있었는데, 처음에는 뭘 하는 가게인지 전혀 모르겠더군. 그러는 사이에 그 녀석이 살그머니 가게 안으로 들어가기에 나도 안심하고 가까이 가서 가게 안을 살펴봤지. 놀랍게도, 아니 놀랐다고 하는 건 거짓말이고, 아아, 그렇군, 하고 납득이 되는 기분이라고 할까? 야생오리의 박제며 사슴뿔이며 족제비 털가죽 같은 것들로 장식된 엽총 수십 자루가 그 총신을 검고 둔탁하게 빛내며 진열창 아래에 누워있더군. 권총도 있었지. 나는 그때 다 알아챘어. 이렇게 검게 빛나는 총과 자신의 인생이 직접적으로 얽히게 되리라고, 보통은 생각조차 하기 힘들지. 하지만 그때 공허한 절망으로 가득 차 있던 내 마음에는 그것이 무척 서정적으로 사무쳤어. 총신의 검은 빛이 마치 생명의 마지막 시처럼 느껴지더군. 그때 탕 하고 가게 뒤에서 권총 소리가 들렸어. 그리고 또 한 발. 나는 하마터면 눈물이 날 뻔했어.

슬쩍 가게 문을 열고 안을 살펴봐도 가게 안에는 아무도 없더군. 나는 가게로 들어갔어. 계속 이어지는 총소리를 따라 점점 더 안으로 들어갔지. 어두운 뒤뜰에 나란히 선 아내와 가게 주인이 보였는데, 마침 아내가 주인의 가르침을 받아 표적을 향해 첫 발을 쏘는 참이더군. 아내의 권총이 불을 뿜었어. 하지만 총알은 세 걸음 정도 앞의 땅을 맞고 튕겨 나가 건너편 창문으로 날아갔지. 창문 유리가 와르르 소리를 내며 깨어지자 지붕 위 어딘가에 숨어 앉아 있던 비둘기 한 무리가 그 소리에 놀라 파드득 날아올랐고, 그 때문에 어두운 뜰이 한순간 더 어두워졌어. 나는 또 눈물을 글썽였어. 그 눈물은 도대체 뭐였을까. 증오의 눈물일까, 공포의 눈물일까. 아니, 어쩌면 아내가 가엾이 느껴져서 나온 눈물일지도 모르겠군. 어쨌든 그걸로 모든 걸 다 알게 됐어. 아내는 그런 여자야. 항상 냉정하게 인내하고 있지만 정작 마음을 먹고 행동할 때는 사람들의 눈도 개의치 않고 거리낌 없이 해버리는 거야. 아아, 나는 한때 그걸 믿음직스러운 성격이라고 생각했었지! 감자조림을 잘 만들기도 하고. 어쨌든 지금은 위험해. 네가 살해당할지도 몰라. 난생처음 만난 나의 진정한 연인이 살해당한다고. 내 생애 유일한 여자가 될 그런 소중한 사람을, 그 녀석이 지금 죽이려고 하고 있어. 나는 거기까지 지켜보다가 재빨리 여기로 달려 온 거야. 너는……."

"그것참 수고 많으셨군요. 그런데 난생처음 만난 연인이라느니 유일한 보물이라느니 하는 말은 도대체 뭔가요? 당신은 그저 예술가로서의 착각에 빠져 그걸 즐기고 있을 뿐이잖아요. 불쾌해. 그러지 말아요. 나는 당신을 사랑하지 않아. 당신은 전혀 아름답지도 않은걸요. 내가 당신에게 조금이나마 관심을 가졌던 건, 다름 아닌 당신의 특이한 직업 때문이에요. 시민을 조롱하는 예술을 팔면서 시민과 다를 바 없는 생활을 하고 있다는 점이 무척 신기하게 느껴져서 그것에 대해 연구해보고 싶었다고 할까, 뭐, 굳이 말하자면 그렇다는 거고, 어쨌든 거기엔 아무런 의미가 없더군요. 텅텅 비었어. 형편없는 것들로 가득 차 있었지요. 저는 과학자이기 때문에 이해하기 힘든 것이나 모르는 것을 보면 매력을 느껴요. 그것에 대해 완벽하게 알아내지 못하면 곧 숨이 넘어갈 것처럼 불안하지요. 그렇기 때문에 저는 당신에게 끌렸어요. 저는 예술을 몰라요. 예술가도 몰라요. 그래서 뭔가 있을 거로 생각했지요. 당신을 사랑하고 있었던 게 아니야. 이제 예술가라는 족속에 대해 조금 알 것 같아요. 예술가는 덩치만 컸지 나약하고 돼먹지 못한 저능아에 지나지 않아요. 그뿐이지요. 지능이 낮은 데다 아무리 나이를 먹어도 그 이상 발전할 가능성도 없는 불구자일 뿐이야. 순수라는 건 백치라는 뜻인가? 순진하다는 건 울보라는 뜻인가요? 아아아, 왜 또 그런 창백한 얼굴로 절 보나요? 정말 싫군요. 이만 돌아가 주세요. 당신은 믿음직스럽지 못한 사람이에요. 지금 그걸 깨달았어. 당신은 놀라서 허둥대기만 하고 있잖아요. 그게 예술가의 순수함인가요? 정말 기가 막히는군요." 나는 스스로 생각해도 그다지 앞뒤가 맞지 않는 듯한 욕설을 마구 떠들어대고는 억지로 그 사람을 문밖으로 밀어내고 문을 굳게 닫아걸었다.

변변치 못한 저녁 식사 준비를 하면서, 나는 모든 것이 다 시시하다는 생각을 떨치지 못했다. 남자라는 존재의 그 태평스러운 낯짝이 괘씸해서 견딜 수가 없었다. 도대체 뭘 어쩌자는 건지. 그 사람은 이따금씩 나에게 돈을 주었다. 겨울 장갑도 사주었고, 그리고 말하기 조금 부끄러운 비밀스러운 것도 사주었다. 하지만 그게 도대체 어쨌다는 거지? 나는 가난한 의대생이다. 내 연구를 위해 후원자 한 사람을 찾은 것이 그렇게 나쁜 일인가? 내게는 아버지도 없고 어머니도 없다. 하지만 귀족의 혈통이다. 머지않아 숙모가 죽으면 유산도 받을 수 있다. 내게는 나만의 자긍심이 있다. 나는 그 사람을 사랑하지 않는다. 사랑이란 무언가 좀 더 특별한 것이 아닌가? 어머니의 마음이 느껴지는, 상대방이 마치 한 핏줄처럼 느껴지는 듯한 그런 특별한 감정이 아닌가? 나는 그 사람을 사랑하지 않는다. 나는 오로지 혼자만의 힘으로 과학자의 길을 걸어왔다. 그런데 갑자기 이렇게 무례하고 불쾌하기 짝이 없는 결투 신청을 받지를 않나, 마흔을 넘긴 사내가 울먹거리며 내 방으로 뛰어들지를 않나. 나 하나만 지독한 죄인 취급을 받고 있다. 도무지 이해할 수 없는 일이다.

혼자서 초라한 식사를 마치고 포도주 두 잔을 마셨다. 식후의 권태감은 사람을 '될 대로 되라'는 식의 대담한 생각에 빠지게 만든다. 결투라는 게 왠지 식후에 하는 가벼운 운동 정도로 느껴졌다. 한 번 해볼까? 내가 죽을 리는 없다. 그 남자의 말에 따르면, 상대방은 오늘 처음으로 총을 쏘는 연습을 시작했을 뿐이다. 나는 학생 사격클럽에서 항상 최고의 성적을 거두지 않았던가. 말을 탄 상태에서도 열 중 아홉 발은 맞출 수 있다. 죽이자. 나는 모욕을 당했다. 이 마을에서는, 정당한 이유가 있는 결투일 경우 그 처벌도 가볍고 명예에 흠이 가는 일도 없다고 한다. 내가 걷고 있는 길에 기어들어 온 시끄러운 벌레를 죽이는 것은 아주 당연한 일이다. 나는 젊고 아름답다. 아니, 아름답지는 않다. 하지만 혼자 힘으로 살아나가려고 하는 젊은 여성은, 그런 하찮은 예술가에게 집착하여 내게 반미치광이처럼 결투장을 들이미는 여자보다는 분명 아름답다. 그렇다. 눈동자부터가 다르다. 아아, 내가 너무 자신만만해져 버렸나. 어디, 공원 산책이나 나가볼까. 내가 사는 하숙집 바로 뒤에는 작은 공원이 있는데, 거북이 새끼처럼 생긴 괴상한 짐승이 하늘을 향해 높이 물을 뿜어내고 있다. 그 분수 주변에 있는 연못에는 동양 금붕어도 헤엄치고 있다. 표트르 1세가 왕녀 앤의 결혼을 축하하는 의미로 전국의 마을에 이런 작은 공원을 하사했다. 이 동양 금붕어도 왕녀 앤의 소중한 장난감이었다고 한다. 나는 이 작은 공원을 좋아한다. 가로등에 큰 모기 한 마리가 핀으로 고정시킨 듯 붙어 있다. 문득 주위를 둘러보다가 벤치에 그 사람이 앉아 있는 것을 발견했다. 내 산책 습관을 알고 여기에서 계속 기다렸던 것이다. 나는 한결 홀가분해진 기분으로 그 사람에게 다가갔다.

"아까는 미안했어요. 멍청한 사람 같으니라고." 나는 바보, 같은 귀여운 애칭은 쓸 수 없었다.

"내일 결투를 보러 오세요. 내가 아내를 죽여줄게요. 그게 싫다면 당신은 가만히 집에 숨어 아내가 돌아오기를 기다리면 돼요. 만약 당신이 결투를 보러오지 않는다면 아내를 무사히 집으로 돌려보내 줄 테니." 내 말에 그 사람은 뭐라고 대답했던가. 그는 만면에 몹시 천박한 미소를 띠었다가 퍼뜩 웃음기를 지우고는 천연덕스러운 얼굴로 말했다.

"응? 뭐라고? 이상한 말을 하는군."

그 사람은 그런 말을 툭 내뱉고는 뒤돌아 가버렸다. 나는 알고 있다. 그 사람은 내가 자신의 아내를 죽이기를 원한다. 하지만 그것을 입 밖으로 꺼내어 말하고 싶지는 않고, 내게서 들은 적도 없는 것으로 해두고 싶은 것이다. 훗날 자신의 명예에 흠이 가지 않도록 하기 위한 수단이다. 여자 두 사람이 자신을 사이에 두고 싸움을 벌여 자신은 전혀 모르는 사이에 아내는 죽고 정부는 살아남았다. 아아, 예술가의 어리석은 허영심을 만족시키기에 충분한 사건이지 않은가? 그 사람은 살아남은 나를, 그리고 죄인인 나를 가엾이 여겨 위로의 손을 내미는 그런 모양새를 만들고 싶은 것이다. 뻔히 들여다보인다. 패기도 없는 비굴한 게으름뱅이에게는 그러한 추문이 무엇보다 큰 자랑거리다. 얼굴을 찌푸리고 머리를 쥐어뜯으며 친구 앞에서 고백하는 포즈를 취하겠지. 아아, 나는 괴로워,라고 하면서. 밤안개 사이로 사라지는 그 사람의 마른 뒷모습을 배웅하고 나서, 나는 몸을 홱 돌려 하숙집으로 돌아왔다. 왠지 모르게 슬펐다. 여자란 어차피 궁극에는 여자끼리 서로를 품에 안고 울고 싶어지는 것인가. 나는 스스로를 가엾게 여기지는 않는다. 하지만 갑자기 그 사람의 아내가 가엾어지기 시작했다. 우리는 서로를 따뜻하게 위로해야 하는 관계인 것은 아닌가? 만나본 적도 없는 그 아내를 향한 공감과 연민과 동정, 여러 가지 감정들이 큰 새의 날개처럼 퍼덕퍼덕 날갯짓하며 내 가슴을 두드렸다. 나는 창문을 열어젖히고 별이 총총한 밤하늘을 바라보며 연거푸 포도주를 마셨다. 눈앞이 빙글빙글 돌았다. 아아, 별이 쏟아져 내리는 것 같다. 그렇다. 그 사람은 반드시 결투를 보러 올 것이다. 분명 우리 뒤를 쫓아올 것이다. 내가 아까 결투를 보러 오면 아내를 죽여주겠다고 말했으니까. 그 사람은 분명 나무 뒤에 숨어서 결투를 지켜볼 것이다. 그리고 자신이 거기서 지켜보고 있다는 사실을 내게 알리기 위해 가볍게 헛기침을 할지도 모른다. 나무 뒤에 숨어 있는 그 남자를 향해 총을 쏘자. 어리석은 남자는 죽어 마땅하다. 그렇게 하자. 나는 쓰러지듯 털썩 침대 위에 누웠다. 잘 자요, 콘스탄체(콘스탄체는 아내의 이름이다).

그다음 날, 두 여자는 음울한 회색 하늘 아래에서 서로 바싹 달라붙은 채로 말없이 걸었다. 여학생은 방금 전부터 한 가지 묻고 싶은 것이 있었다. 당신은 그 사람을 사랑해? 진심으로 사랑하는 거야? 하지만 상대방 여자는 마치 한 마리의 건장한 암말처럼 코 평수를 넓히고 거친 숨을 뱉으며 부지런히 걷고 있을 뿐이었다. 마치 자신을 바싹 뒤따르는 여학생을 뿌리치듯이 그저 서두르기만 하고 있었다. 여학생은 아내의 스커트 자락 사이로 보이는 앙상한 다리를 보면서 차츰 뭉게뭉게 증오심이 피어오르는 것을 느꼈다. '한심하군. 이성을 잃은 여자에게서는 왜 동물의 악취가 나는 것일까? 더럽다. 열등해. 버러지 같아. 돕지 않겠다. 그 남자를 쏘기 전에 먼저 이 여자와 승패를 가리자. 그 남자가 여기에 와 있을지 어떨지 나는 모른다. 보이지 않는다. 하지만 그건 어떻든 상관없다. 지금은 일단 눈앞에 있는 이 볼꼴사납고 어리석은 정신 나간 암말이 문제다.' 두 여자는 말없이 부지런히 걷고 있다. 여학생이 아무리 서둘러 걸어도 항상 아내가 한발 앞서 나간다. 멀리 보이는 자작나무숲이 차츰 가까워진다. 그 숲이 약속 지점이다(이상 DAZAI).

바로 이어서, 원작은 이러합니다.

'숲의 바로 뒤편에서 아내가 갑자기 멈춰 섰다. 마치 이제껏 누군가에게 쫓기다가 굳게 마음을 먹고 뒤돌아서서 그 사람을 마주 보는 듯한 모습이었다.

"둘 다 여섯 발씩 쏘기로 해요. 당신이 먼저 쏘세요."

"좋아요."

두 사람이 주고받은 대화는 이것뿐이었다.

여학생은 또렷한 목소리로 숫자를 세면서 열두 걸음을 걸었다. 그리고 아내가 하는 것처럼 주변의 자작나무 옆에 나란히 서서 상대방을 마주 보았다.

주위의 초원은 고요히 잠들어 있다. 정거장 쪽에서 방울 소리가 들려온다. 꼭 시계의 초침 소리 같다. 초침이나 시간 같은 것들은 이제 이 두 사람과는 아무런 상관이 없다. 여학생이 서 있는 곳의 오른쪽에 있는 얕은 물웅덩이에 하늘이 새하얗게 비친다. 마치 초원 속에 우유를 쏟아놓은 것 같다. 자작나무 무리는 지금부터 일어날 신기한 일을 구경하려는 듯 옹기종기 모여 목을 길게 빼고 소리 없이 지켜보고 있다.'

지켜보고 있는 건 자작나무뿐만이 아니었다. 언제부터인가 두 여자의 그림자처럼 자작나무 뒤에 웅크리고 숨어 있는, 예의 그 저급한 예술가.

여기서 잠시 쉽시다. 마지막 문장은 제가 덧붙였습니다.

너무 서툴러서 부끄럽지만, 일단 제가 여학생과 남편의 입장에 서서 조금 더 써보았습니다. 너무 개념적이고 어설퍼서 원작자 오일렌베르크 씨의 그 긴밀하고 사실적인 묘사에 엄청난 흠집을 냈다는 것은 알고 있습니다. 그러나 원작에는 지난번의 결말 뒤에 곧바로 '이 숲의 바로 뒤편에서 아내가 갑자기 멈춰 섰다 운운'이라고 이어지는데, 그 사이에 저의 어설픈 사족을 끼워 넣으면 「여자의 결투」라는 소설이 20세기에 걸맞은 생동감을 느낄 수 있는 새로운 작품이 될 수 있지 않을까 하는 생각에, 대담하게 아주 통속적인 말들만 골라서 써보았습니다. 20세기의 사실寫實이란 어쩌면 개념의 육화肉化 속에 존재하는지도 모르겠습니다. 달콤하고 과장된 형용사를 무조건 배척하는 것은 옳지 않다고 생각합니다. 사람은 세속의 빚 때문에 자살하기도 하지만, 형태가 없는 개념에 대한 공포로 자살을 하는 경우도 있습니다. 결투의 결과는 다음번에 말씀드리겠습니다.

제4장

결투의 승패를 알려드리기 전에, 먼저 두 여자가 권총을 들고 대치 중인 이 참담하고 기묘한 광경을 자작나무 뒤에 웅크린 채 지켜보는 그 저급한 예술가의 심경에 대해 생각해보려고 합니다. 사실 저급한 예술가라는 말은 이 남자 한 사람에게만 적용되는 것은 아닙니다. 원래 예술가들은 대부분 다 저급한 존재입니다. 이 남자도 이것저것 잡다하게 글을 쓰고 있기 때문에 그 벌로 저급한 예술가 무리 속에 억지로 포함시킨 것입니다. 이 남자는 예술가 중에서는 그나마 고귀한 편에 속할지도 모릅니다.

우선 이 사람은 신사입니다. 복장도 단정하고 사람들과 아주 정상적으로 인사를 나누며, 심약해 보이는 미소는 매력적이기까지 합니다. 이발을 게을리하지도 않는 데다 학문에 조예가 깊어 보이고, 어쩐지 쓸쓸한 느낌의 어슬렁대는 걸음걸이도 몸에 익히고 있습니다. 그리고 무엇보다 이 남자는 만취할 정도로 술을 마시지 않습니다. 그게 이 남자가 고상한 신사 부류에 속하는 결정적 이유입니다. 하지만 슬프게도 이 남자 또한 글을 쓰는 사람이기 때문에 외면의 고상함만을 보고 쉽게 방심하면 안 됩니다. 왜냐하면 예술가들은 거의 예외 없이 가엾은 악덕 두 가지를 지니고 있기 때문입니다. 그 첫 번째는 바로 호색 기질입니다. 이 남자는 이미 불혹을 넘긴 나이로 작가로서의 명성도 높은 편이고, 순수하고 가련한 사랑 이야기를 써서 부녀자 독자들을 매료시키고 있습니다. 때 묻지 않은 깨끗한 성격으로 알려진 모양인데, 사실 마음속은 그렇지 않습니다. 여러분은 초로에 접어든 남자의 호색 기질이 얼마나 치열한 것인가에 대해서 생각해본 적이 있습니까? 지위도 어느 정도 얻었고 명성까지 얻었다. 얻고 나니 다 시시하다. 별로 대단한 것도 아니다. 생활이 곤란하지 않을 만큼의 재산도 있다. 스스로의 능력의 한계도 알게 되었다. 뭐, 대충 이 정도인 걸까? 이 이상 무리를 해서 노력을 해본들 별다를 것도 없다. 이렇게 차츰 늙어가는 것이다. 이런 사실을 깨닫는 순간 사람은 한 번 더 모험을 해보고 싶어집니다. 파우스트가 서재에 앉아 몸을 떨며 혼잣말을 했던 것도 바로 이 때문이 아닐까요. 특히 그게 예술가인 경우, 너무 막막해서 발만 동동 구르게 되는 그런 초조함을 느끼게 됩니다. 농담이 아니라, 예술가란 모두 예외 없이 선천적인 호색가이므로, 그 갈망도 극단으로 치닫게 되는 게 아닐까 하는 생각이 듭니다. 더군다나 이 남자는 서양인입니다. 서양인의 I love you에는 일본인이 상상할 수 없는 어떤 직접적인 감정이 포함되어 있다고 합니다. 일본에서는 '사랑합니다.'라는 말을 아름답고 정신적인 것으로 여기지만, 서양인들은 좀 더 절박한 의미로 사용하고 있는 모양입니다. 모든 일에 자유분방하고 치열하지요. 나이도 먹을 만큼 먹고 사리 분별도 할 수 있을 법한 남자가 속으로는 중학생처럼 철없는 한탄에 잠겨있는 일도 있고, 한 여학생의 도도한 태도에 마음을 홀딱 뺏겨 집도 지위도 다 내팽개치고 반미치광이 같은 모습을 보이는 일도 있습니다. 그것은 일본이나 서양이나 다름이 없는데, 서양인이 특히 더 심한 것 같습니다. 왠지 모를 공감을 불러일으키는 이 가엾은 약점 때문에 지금 이 남자는 두 여자의 뒤를 쫓아오게 된 것입니다. 그리고 자작나무 뒤에 몸을 숨기고 숨을 죽인 채로 두 여자의 결투를 지켜보게 된 것이지요. 그리고 또 한 가지. 이 남자를 포함한 모든 예술가들이 가졌을 그 약점. 바로 호기심. 다시 말해, 아무도 모르는 것을 알고자 하는 허영심. 남들은 보지 못한 희귀한 것을 훌륭하게 표현해보고자 하는 공명심. 그것이 이 남자를 결투 장소까지 끌고 왔으리라고 생각합니다.

아무리 애를 써도 죽지 않는 벌레 한 마리가 있습니다. 애욕으로 미쳐 날뛰면서, 미쳐 날뛰는 그 모습까지 묘사하려 애쓰는 것이 바로 이들 예술가의 숙명입니다. 본능이지요. 여러분은 도주로의 사랑[8]이라는 이야기를 알고 계십니까? 사카타 도주로가 예술을 위해 거짓으로 유부녀를 사랑하는 척했다는 이야기인데, 저는 그 모두가 거짓이었을지 어땠을지는 아무도 모르는 일이라고 생각합니다. 진심으로 사랑을 속삭이는 사이에 자신의 예술가적 기질이 점점 머리를 들기 시작하더니 차츰 예술가로서 느끼는 기쁨이 더 커지고, 쏟아지는 박수갈채가 눈앞에 떠오르게 되고, 그러는 사이에 결국 사랑이 식어버렸다,라는 식의 해석도 가능하다고 생각합니다. 표현에 대한 예술가의 탐욕과 허영, 그리고 박수갈채를 향한 갈망은 터무니없고 가여운 것이지요. 지금 자작나무 그늘 아래에, 마치 참새를 노리는 검은 고양이처럼 바싹 긴장한 채로 숨어 있는 남자는, 중년 남자의 달콤한 '연정'과 몸속의 벌레, 즉 예술가로서의 '허영' 사이에서 갈등하고 있는 것이 아닐까 싶습니다.

아아, 결투를 멈춰. 어서 권총을 버리고 그냥 마주 보고 웃으라고. 여기서 그만두면 아무 일도 없었던 것이 된다. 그저 사소한 트러블이 있었다는 정도의 기억으로 남을 뿐이야. 아무도 모르게 끝낼 수 있다. 나는 두 사람 모두를 똑같이 사랑하고 있다. 두 사람 다 사랑스럽다. 다쳐서는 안 된다. 그만두도록 해. 남자는 그렇게 생각하면서도 나무 그늘에서 뛰쳐나가 두 사람 사이에 뛰어들 결심이 서지는 않았습니다. 상황이 흘러가는 것을 조금 더 지켜보고 싶었던 것입니다. 남자는 또 생각합니다.

총을 쏜다고 해서 반드시 둘 중 하나가 죽는 건 아니다. 죽기는커녕

8_ 겐로쿠시대(1688~1703)의 실제인물인 유명 가부키 배우 사카타 도주로가 유부녀와 사랑에 빠진 남자를 연기하기 위해 오카지라는 여인에게 일부러 접근한다는 이야기. 사카타의 연기는 절찬을 받지만, 그 사실을 안 오카지는 괴로움을 견디지 못하고 자살한다.

둘 다 가벼운 상처 하나 입지 않을지도 모른다. 아마 그렇겠지. 사람은 그렇게 쉽게 죽지 않으니까. 어째서 나는 최악의 경우만을 생각하는 것인가. 아아, 오늘은 아내도 아름다워 보이는군. 불쌍한 녀석. 저 녀석은 나를 너무 믿었다. 나 역시 나빴다. 아내를 너무 심하게 속였다. 하지만 속이는 것 말고는 방법이 없었다. 가정의 행복 따위, 서로 거짓말을 하지 않는 이상 성립될 수 없다. 지금껏 나는 그렇게 믿었다. 아내라는 건 집에 있는 도구 같은 것이라고 믿었다. 서로 속이는 일 없이 진실만을 털어놓는 건 숨 막히는 일이다. 나는 항상 아내를 속였다. 그렇기 때문에 아내는 나를 좋아해 준 것이다. 진실은 가정의 적. 나는 거짓말이 가정을 행복하게 해주는 꽃이라 믿었다. 그러한 확신이 잘못된 것은 아닌가. 뭔가 크게 착각하고 있지 않았나. 이 나이가 되도록 몰랐던 엄숙한 사실이 존재하는 것은 아닐까. 내게 아내는 도구에 지나지 않지만, 아내에게 나는 도구가 아니었을지도 모른다. 좀 더 애처롭고 필사적인 마음으로 내 곁에 있어 준 것일지도 모른다. 아내는 나를 속인 적이 없다. 내가 나쁘다. 하지만 그뿐이다. 나는 아내에게 어떤 대답을 하면 좋을 것인가. 나는 너를 사랑하지 않아. 하지만 나는 그런 것은 다 덮어두고 한평생 네 곁을 떠나지 않을 결심을 했다. 나는 너와 함께 평화롭게 한평생을 살아나갈 자신이 있었는데, 이제 더 이상은 무리일지도 모른다. 결투라니. 이 무슨 멍청한 생각인가! 그만둬! 남자가 자작나무 그늘에서 한 발 나오며 가까스로 소리를 지르려는 순간, 두 여자가 총을 든 손을 천천히 들어 올려 총을 쏘려는 자세를 취하기 시작했습니다. 남자는 그것을 보고 깜짝 놀라 나오려던 말을 삼켰습니다. 이 남자도 보통 사람은 아닙니다. 당시 제법 인기가 있던 작가지요. 즉, 범상치 않은 지혜와 재능을 가진 남자인 것입니다. 꼴사납게 평정심을 잃고 흐트러지는 모습을 보이는 일은 없습니다. 해볼 테면 해봐. 남자는 마음을 단단히 먹고 다시 자작나무 그늘에 바싹 몸을 숨긴 다음 상황이 흘러가는 것을 지켜보았습니다.

해볼 테면 해봐. 나는 모르는 일이야. 일이 이렇게 된 이상 어느 쪽이 죽든 똑같아. 두 사람 다 죽는다면 더 좋아. 아아, 저 아이가 살해를 당한다. 나의 사랑스럽고 신비로운 생명체, 나는 너를 아내보다 천 배나 더 사랑해. 부탁이니 아내를 죽여줘! 그 녀석은 방해물이다! 아내는 현명한 여자이니 부디 현명한 여자인 채로 죽을 수 있게 해줘. 아아, 이제 어떻게 되어도 상관없다. 내 알 바가 아니다. 가능한 한 화려하게 해줘. 남자는 이제 도의 같은 것은 다 잊고, 그저 전율이 느껴지는 눈앞의 기묘한 광경을 탐욕스럽게 바라보고 있을 뿐이었습니다. 그 누구도 본 적이 없는 것을 보고 있다는 자긍심. 또한 이것을 생생하게 묘사할 수 있다는 행복감. 아아, 이 남자는 공포보다는 환희를, 온몸이 마비될 듯한 강렬한 환희를 느끼고 있는 듯합니다. 신을 두려워하지 않는 이 거만함, 어리석은 꿈, 아집, 인간 모욕. 예술은 꼭 그렇게 광기 어린 냉혹함을 필요로 하는 것일까요. 남자는 냉정한 사진사로 변했습니다. 예술가는 역시 사람이 아닙니다. 기묘하고 악취가 나는 벌레 한 마리를 마음속에 품고 있지요. 사람들은 그 벌레를 사탄이라고 부릅니다.

총이 발포되었습니다. 움직이는 것은 비열한 예술가의 저급한 눈동자뿐이었지요. 남자의 눈은 그 결투를 마지막까지 지켜보았습니다. 그리하여 며칠 후 높은 자긍심을 가지고 자신이 본 것을 한 치의 오류 없이 묘사했습니다. 아래는 그 원문입니다. 과연, 길이길이 남을 훌륭한 묘사입니다. 뒤에 숨어 결투 장면을 탐욕스럽게 관찰하던 남자의 그 눈을 잊지 말고 천천히 읽어봐 주세요.

여학생이 먼저 쏘았다. 자신의 실력을 굳게 믿는다는 듯이, 아주 차분하고 천천히 쏘았다. 총알은 아내가 서 있는 쪽의 자작나무 줄기를 살짝 스쳐 지나가 힘없이 땅에 떨어졌고, 풀 속 어딘가로 사라졌다.

그다음으로 아내가 쐈지만 역시 맞지 않았다.

두 사람은 번갈아 가며 열심히 총을 쏘았다. 총소리가 메아리처럼 끊임없이 울려 퍼졌다. 그러는 사이에 여학생이 먼저 지치기 시작했다. 그 탓에 총알이 계속 높은 허공을 향해 날기만 했다. 아내 역시 조금씩 멍해지기 시작했고, 이미 총을 백 발 이상은 쏜 것처럼 힘이 빠졌다. 아내의 눈에는 멀리 서 있는 여학생의 하얀 옷깃만이 보일 뿐이었다. 아내는 그 옷깃을 어제의 표적이라고 생각하며 그곳을 노려 계속 총을 쏘았다. 그 하얀 옷깃 외에는 아무것도 눈에 들어오지 않았다. 다 사라져 버린 것 같았다. 발이 제대로 땅에 닿아 있는지조차 알 수 없었다.

자신이 쏘았는지 안 쏘았는지조차 분간이 안 되는 상태에서 갑자기 눈앞에 보이던 하얀 옷깃이 땅으로 떨어져 내렸다. 그리고 무언가 외국어로 한마디를 외치는 것이 들렸다.

그 찰나, 주위의 모든 것이 한 덩어리로 보였다. 아무런 움직임이 없는 회색 하늘 아래의 어두운 초원, 하얀 물웅덩이, 그리고 그 주위에 휘청거리며 서 있는 자작나무 등등. 자작나무 잎이 이 광경을 보고 겁이라도 먹은 듯 바람에 흩날리며 소곤거리기 시작했다.

아내는 꿈에서 깨어난 듯한 모습으로 딱딱한 권총을 땅에 던진 후 옷자락을 걷어 올리고 서둘러 그곳에서 도망쳤다.

아내는 인적이 없는 초원을 정신없이 달렸다. 죽은 여학생이 있는 곳에서 되도록 멀리 도망치려는 것이었다. 아내가 있던 초원에는 빨간

샘물이 솟아나듯 피를 흘리고 있는 여학생의 시신이 남겨져 있었다.

아내는 죽을힘을 다해 뛰다가 지칠 대로 지쳐 초원 한구석에 쓰러졌다. 너무 심하게 달린 탓에 온몸의 맥이 요란하게 뛰었다. 그리고 귀에는 이상한 속삭임이 들려왔다. '지금 피를 흘리며 죽어가고 있다.' 라고 말하는 듯했다.

이런 생각을 하는 사이에 아내는 아주 천천히 안정을 되찾아갔다. 그와 동시에 초원을 미친 듯이 내달리며 느꼈던, 제대로 된 복수를 해냈다는 기쁨도 차츰 시시하게 여겨지기 시작했다. 맞은편에 서 있던 여학생의 목에 난 상처에서 피가 흘러나가던 것처럼, 가슴속에 가득 찼던 기쁨이 어딘가로 도망쳐버렸다. '이것으로 복수를 해냈다'고 생각하며 무언가에 쫓기는 정신 나간 짐승처럼 초원을 달리던 순간에 느꼈던 환희는 흔적도 없이 사라져버렸다. 몸 위를 스쳐 가는, 지금껏 맛본 적 없는 차가운 바람이 그 자리를 가득 채웠다. 여학생이 죽어 있는 곳에서 차가운 입김이 불어와 자신을 꽁꽁 얼리는 듯한 느낌이었다. 비틀비틀 풀밭 속을 날고 있는 야생벌의 날개를 다 태워버릴 정도로 뜨겁게 타오르던 아내의 관자놀이가 어느새 대리석처럼 차갑게 식었다. 큰일을 해내고 뜨겁게 달아올랐던 작은 손안의 피도 전부 어딘가로 빠져나가 버렸다.

'복수라는 건 이렇게나 씁쓸한 것인가.'

아내는 땅 위에 쓰러져 누운 채로 생각했다. 그리고 무의식중에 입술을 움직여 무언가 떫은 것을 맛본 듯이 볼을 오므렸다. 그러나 다시 여학생이 쓰러져 있는 곳으로 가본다거나, 여학생을 구해주는 행동 같은 건 결코 하고 싶지 않았다. 아내는 방금 전 사건으로 온몸이 꽁꽁 묶여 손발을 움직일 수 없게 된 사람처럼 그저 냉담한 마음으로 시간이 흐르기를 기다릴 뿐이었다. 그러는 사이에 여학생의 몸에서 피가 다 흘러나가리라고 생각했다.

저녁이 되자 아내는 초원에서 일어나 앉았다. 몸 마디마디가 다 고장 나서 뼈와 뼈가 제대로 맞물리지 않는 느낌이었다. 녹초가 되어버린 머릿속에는 아직도 쉴 새 없이 총성이 울리고 있었다. 머릿속에서 또다시 결투가 반복되고 있는 것 같았다. 키 작은 풀부터 키가 큰 나무까지, 주위의 모든 것들이 다 검게 물들어 있는 것처럼 보인다. 주위를 둘러보는 중에, 갑자기 마치 자신의 몸에서 빠져나온 그림자처럼 눈앞을 걷고 있는 여자가 보이기 시작했다. 갈색 머리에 검은색 옷을 입고 새하얗게 빛나는 얼굴로 걷고 있었다. 아내는 그런 자신의 모습을 보고, 마치 타인을 가엾게 여기듯이 자기 그림자를 가엾이 여기며 소리 내어 울기 시작했다.

지금까지 살아온 삶이 뚝 끊어져서, 더 이상 나와는 아무런 관계가 없는 나무판자가 되어 등 뒤를 따라 흘러온다. 그리고 그 위에 올라탈 수도, 그것을 주워 올릴 수도 없다. 앞으로 더 살게 된다면 어떤 삶을 살게 될지 상상해보았다. 지금까지와는 너무도 다른 모습이 눈앞에 떠오르자, 아내는 온몸이 부들부들 떨릴 정도의 두려움을 느꼈다. 예컨대, 이주민이 배를 타고 고향의 항구를 떠날 때 갑자기 타지가 두려워져서, 이대로 알지도 못하는 새로운 곳으로 떠밀려 가느니 차라리 이 바다의 침묵 속에 몸을 던지자고 생각하는 것과 비슷하다.

그리하여 아내는 죽어야겠다고 결심하고 자리에서 일어난 후 씩씩하게 고개를 젖히고 가장 가까운 마을을 향해 걷기 시작했다.

아내는 곧장 마을의 사무소로 들어가서 이렇게 말했다. '저를 체포해 주세요. 저는 결투를 해서 사람 한 명을 죽였습니다.'

제5장

결투의 결과는 지난번에 모두 말씀드렸습니다. 하지만 이야기는 거기서 끝나지 않습니다. 화재는 하룻밤 사이에 모든 것을 다 태워버리지만, 불이 난 곳의 소란은 하룻밤 만에 가라앉지 않습니다. 사람과 사람 사이의 의심, 욕설, 분주함, 싸움 같은 것들은 그 후로도 아주 긴 시간 번잡하게 이어져서 사람의 마음을 극도로 왜곡시켜버리지요. 이 전대미문의 여자들의 결투도 일단은 끝이 났습니다. 예상외로 아내가 이기고 여학생이 죽었지요. 교활한 예술가는 그 모습을 똑똑히 지켜보고 정확하게 묘사해냈고, 그것으로 성공을 거두어 사실 묘사가 뛰어난 작가로 칭송받게 됩니다. 자, 그럼 그 후 사건은 어떻게 되었을까요? 먼저 원문을 읽어봅시다. 원문도 이 부분부터는 긴장감이 떨어져서 결투 장면을 묘사할 때만큼의 활기가 느껴지지는 않습니다. 그 이유는 다음과 같습니다.

지금까지는 그 인기 작가가 마치 굶주린 늑대처럼 아내의 뒤를 쫓고 있었습니다. 아내가 뛰면 자신도 뛰고, 아내가 멈춰 서면 자신도 몸을 낮추고 멈춰 서서 아내의 모습과 표정, 움직임을 자세히 들여다보았습니다. 그 때문에 묘사 또한 놀라우리만치 박진감 넘칠 수 있었지요. 하지만 결투가 끝난 후 아내가 곧장 마을 사무소로 들어가 버렸기 때문에, 작가는 더 이상 아내를 관찰할 수 없게 되었습니다. 어설프게 사무소 주변을 어슬렁거리다가 다른 사람에게 들키면 아주 난처해지겠지요. 이 예술가는 신의 심판보다 사람의 심판을 두려워하기 때문에, 아내의 뒤를 따라 사무소에 뛰어 들어가서 자신의 마음을 모두 고백할 용기는 없었습니다. 정의보다는 명성을 사랑하지요. 어쩔 수 없는 일입니다. 크게 비난할 만한 일은 아닐지도 모릅니다. 인간은 원래 그런 한심한 존재니까요. 이 영리한 예술가는 마을 사무소로 들어가는 아내의 모습을 보고 잠시 멈춰 섰다가, 어리석은 행동은 하고 싶지 않다는 지극히 당연한 생각으로 몸을 돌려 걸어온 길로 재빨리 돌아갔습니다. 그러고는 기차를 타고 아무 일도 없었다는 표정으로 집으로 돌아와 소파에 벌렁 드러누웠습니다. 그는 여러 사람들의 이야기를 통해 그 후 아내가 어떻게 되었는지 알 수 있었습니다. 아래는 물론 예술가가 직접 봐서 알게 된 것은 아닙니다. 여기저기서 조금씩 들은 이야기를 종합하여 거기에 자신의 공상을 절묘하게 섞어 넣은, 말하자면 설명문이지요. 묘사를 하는 문장은 아닙니다. 자, 아내가 면사무소에 들어가서 사람 하나를 죽였다고 자수합니다.

'그 이야기를 들은 두 서기관은 지금껏 들어본 적도 없는 사건이었기에 아내의 얼굴을 보며 가만히 미소 지을 뿐이었다. 조금 흐트러진 모습이긴 하지만 그래도 상류층 사모님처럼 보이는 사람이 잠시 엉뚱한 소리를 한다고 생각한 것이다. 서기관을 포함한 모든 사람들은 아내를 어딘가에서 도망쳐 나온 미친 여자쯤으로 생각했다.

아내는 꼭 자신을 체포해달라고 말하며 상대를 죽인 장소를 자세히 설명했다.

그리하여 그곳으로 사람을 보내 조사해보니, 상대방 여학생은 대략 한 시간 전 목에 입은 총상으로 인한 출혈로 죽은 듯 보였다. 그리고 두 그루의 자작나무 아래 적막한 곳에 말 없는 목격자인 권총 두 자루가 버려져 있는 것을 발견했다. 권총은 두 자루 다 총알이 떨어진 상태였다.

아내가 들고 있던 권총의 마지막 한 발이 변덕을 부려 상대방의 몸을 관통하고자 마음을 먹고는, 끝내 그 고집스러운 뜻을 이룬 것처럼 보였다.

아내는 자신을 이대로 억류시켜달라고 요청했다. 사무소에서는 결투의 이유가 정당하다면, 감옥에 갇히는 벌을 받기는 해도 특별히 명예에 흠이 가는 일은 없다고 설명해주었지만, 아내는 끝까지 자신을 붙잡아두어 달라고 했다.

아내는 자신의 명예를 지키려고 하지 않았다. 방금 전까지 그 명예를 위해 목숨까지 걸었으면서, 지금은 그 명예로운 생활이 아무 의미도 없는 것이 되었다. 흡사 죽은 사람이 이제는 쓸모가 없다는 이유로 지금껏 애써 배운 언어와 그 외의 모든 것을 말끔히 잊는 것처럼, 아내는 과거의 생활을 모두 잊은 듯 보였다.

아내는 더 큰 도시로 호송되어 예심에 회부 되었다. 거기서 구치소에 들어간 후, 교도소장, 판사, 경찰 의사, 승려들에게 거듭 간곡하게 부탁한 것이 받아들여져서, 지금껏 남편으로 삼아온 그 남자와 대질하는 일은 없었다. 그뿐만이 아니다. 그 남자가 면회도 올 수 없게끔 했다. 그리고 이런저런 비밀스러운 진술을 하거나 일부러 모순되는 진술을 해서 예심을 이삼 주 지연시켰다. 그 진술이 고의였다는 것은 나중에야 밝혀졌다.

어느 날 저녁, 아내는 감옥 바닥 위에 쓰러져 죽은 채로 발견됐다. 그것을 발견한 간수가 아내를 안아 침대 위에 눕혔다. 아내의 몸이, 입고 있는 옷 외의 무게는 느껴지지 않을 만큼 가벼워서 간수는 크게 놀랐다. 아내는 깃털이 돋아난 채로 죽은 어린 새처럼, 그 옷을 입은 채 죽었다.

아내의 흔적을 조사하고 주변 인물들을 심문해본 결과, 아내가 감옥에 들어간 후로 아무것도 먹지 않았다는 사실이 밝혀졌다. 음식을 먹지 않는다는 것을 들키거나 혹은 먹기를 강요당하는 일이 없도록, 사람들이 보는 앞에서는 음식을 삼켰다가 곧장 토해버린 적도 있다고 한다. 상대방 여학생이 목에 난 상처에서 피를 흘리며 시들어 죽었던 것처럼, 아내는 단식으로 서서히 자신의 몸을 시들게 만들어 결국 죽음에 이른 것이다.'

아내도 죽었습니다. 처음부터 죽을 생각으로 여학생에게 결투를 신청했겠지요. 아내의 그러한 애처롭고 한결같은 심리에 대해서는 다음번에 자세히 언급하기로 하고, 지금은 아내의 남편, 즉 「여자의 결투」라는, 짧지만 정확한 묘사를 자랑하는 이 작품의 필자이자 비겁하기 짝이 없는 그 예술가가 그 후에 어떻게 되었는가에 대해서만 말씀드리도록 하겠습니다. 여학생은 외국어로 무어라 한마디를 외치고 죽었습니다. 아내도 거의 자살에 가까운 방법으로 세상을 떠났지요. 하지만 정작 셋 중 가장 죄가 깊은 이 예술가만은 죽지 않고 살아남아 펜을 쥐고 글을 쓰고 있습니다. 그는 '아내는 깃털이 돋아난 채로 죽은 어린 새처럼, 그 옷을 입은 채 죽었다.' 따위의 글로 아내의 비참한 죽음을 마치 남 일처럼 아름답게 표현하고는, 그걸로 아내의 관에 꽃다발을 넣어주는 자선이라도 베푼 양 만족스러워했습니다. 이것은 무척이나 이상한 일입니다. 과연 예술가는 마음속 깊은 곳까지가 하나의 사진기로 변해버린 그런 냉담한 존재일까요. 저는 그렇지 않다고 대답하고 싶습니다. 어쨌든 지금부터 여러분과 함께 이 어려운 질문에 대해서 조금 더 생각해보도록 하겠습니다. 이 악덕 예술가는 아내의 취조가 시작되자마자 시의 재판소에 소환되어, 예심을 담당한 검사의 빈정 섞인 심문을 받았을 것입니다.

—참으로 터무니없는 사건이네요(라고 검사는 예술가에게 의자를 권하며 말했습니다). 아내분의 진술이 너무 납득하기 힘든 것들뿐이라서 지금 저희가 좀 곤란한 상태입니다. 도대체 무슨 이유로 결투가 벌어지게 된 건지 당신은 알고 있겠지요?

—모릅니다.

—제 말투가 좀 이상했나요? 이거 실례했습니다. 무언가 짚이는 구석은 없으신가요?

—짚이는 구석이요?

—상대 여학생을 알고 계시지요?

—상대?

—아니, 아내분의 상대 말입니다. 실례했군요. 아내분의 결투 상대를 말하는 것입니다. 우리는 둘 다 신사니까요.

—압니다.

—예? 뭘 안다는 겁니까? 그나저나 담배라도 태우시겠습니까? 담배를 꽤 피우시는 모양이던데. 담배는 사색의 날개라고도 하니까요. 저희 집 아내와 딸이 당신의 작품을 앞다투어 읽고 있더군요. 「법사法師의 결혼」이라는 소설이요. 저도 조만간 읽어볼 생각인데, 어쨌든 재능이 넘치시는 분들은 참 부럽습니다. 방이 너무 덥네요. 저는 이 방이 싫습니다. 창문을 좀 엽시다. 얼마나 갑갑하시겠어요.

—무슨 말씀을 드리면 되는 겁니까?

—아니, 그런 것이 아닙니다. 저는 그런 무례한 생각을 하고 있는 것이 아닙니다. 잘 아시겠지만, 우리 정도 나이가 되면 이 세상이 다 시시해 보이기 시작하죠. 될 대로 되라는 식이 되는 겁니다. 우리는 둘 다 약한 존재이지 않습니까? 다 시시합니다. 저는 이 재판소와 집

사이를 오가며 매일 같은 가로수 길만 왕복하며 살았습니다. 그러는 사이 문득 정신을 차려보니 이십 년이 지나 있더군요. 한 번쯤은 모험을……. 아니 당신 얘기를 하고 있는 게 아닙니다. 여러 가지 사정이 있으셨을 테니까요. 엇, 들리네요. 죄수들의 합창 말입니다. 시온의 딸아…….

—말하라!

—나의 사랑 그대에게.[9] 이런. 저는 찬미가마저 잊어버렸군요. 아니, 저는 수수께끼를 내려던 게 아닙니다. 당신에게 무언가를 물을 생각은 없습니다. 그렇게 이것저것 생각지 않으셔도 됩니다. 저도 오늘은 왠지 다 지긋지긋하군요. 이만 끝낼까요?

—그렇게 할 수 있다면야…….

—흠. 전 당신을 처벌할 법이 없다는 것을 알기 때문에 이 모든 것이 다 싫어진 겁니다. 이만 돌아가셔도 좋습니다.

—감사합니다.

—아, 잠깐. 하나만 여쭙겠습니다. 만약 아내가 죽고 여학생이 이겼다면, 그 경우에는 어떻게 되는 겁니까?

—어떻게 되고 말고 할 것도 없습니다. 그 녀석은 남은 총알로 저까지 쏴 죽였겠지요.

—알고 계시는군요. 그럼 아내는 당신의 생명의 은인인 셈이군요.

—아내는 귀여운 구석이 없는 여자입니다. 그냥 자기가 좋아서 희생한 겁니다. 이기주의자지요.

—한 가지만 더 묻겠습니다. 당신은 어느 쪽이 죽기를 원했습니까?

9_ 일본의 찬미가 527번 3절로 '시온의 딸아, 말하라'라는 가사로 시작된다. '나의 사랑 그대에게'는 가사의 일부분인 '나의 생명 주님에게'를 변형시킨 것으로 보인다.

당신은 숨어서 결투를 지켜보고 있었습니다. 여행 중이었다는 건 거짓말이지요? 당신은 아마 그 전날 밤에도 여학생의 하숙집에 갔을 것입니다. 당신은 누구의 죽음을 원했습니까? 아마도 아내겠지요.

—아니요, 저는(하고 예술가는 위엄 있는 목소리로 말했습니다), 둘 다 살아달라고 빌었습니다.

—그것입니다. 그걸로 됐습니다. 저는 당신의 지금 그 말만 믿겠습니다. (하고 검사는 처음으로 하얀 이를 드러내며 미소를 짓고 예술가의 어깨를 툭툭 두드리며) 만약 그렇게 말씀하시지 않았다면 저는 당장 당신을 구치소로 보내려고 했습니다. 살인 방조라는 훌륭한 죄목이 있지요.

이상, 그 예술가와 불쾌하고 교활한 검사의 일문일답 내용입니다. 그러나 이것만 가지고는 저도 그렇고 여러분 역시 만족하지 못하겠지요. '아니요, 저는 둘 다 살아달라고 빌었습니다.' 검사는 그 말 한마디만 믿고 이 남자를 무죄 방면합니다. 그러나 우리 마음속에 살고 있는 검사는 상당히 의심이 많아서, 이 남자를 쉽게 풀어줄 수가 없습니다. 남자가 그 검사를 속인 것은 아닐까요? '둘 다 살아달라고 빌었습니다.' 라는 건 거짓말이 아니었을까요? 남자는 그 결투 중에 자작나무 그늘에 숨어서, 아아, 둘 다 죽어버려! 둘 다! 아니, 아내만 죽어버려! 아내를 죽여줘! 하고 온몸에 진땀을 흘리며 간절히 바랐던 순간이 있었던 것은 아닐까요? 분명 있었을 것입니다. 이 남자는 그 순간을 까맣게 잊은 걸까요? 어쩌면 그것을 기억하고 있으면서 사회인 특유의 뻔뻔스러움, 즉 처세능력을 발휘하여 그것을 잊은 척 태연하게 거짓말을 한 것일지도 모릅니다. 남자를 조사한 검사 또한 남자의 거짓말을 다 간파하고 있으면서도, 괜히 긁어 부스럼을 만드는 건 철없는 짓이라 생각하고 방치를 한 것인지도 모르지요. 일단 이야기의 앞뒤만 맞으면 그걸로 서류작성에도 지장이 없고 자신의 업무에도 별다른 문제가 없으리라고 생각했을지도 모릅니다. 정의나 진실보다는 자기 일의 무사함이 더 중요하다는 것. 처세에 능한 어른끼리 그것에 대해 암묵적으로 이해를 나눴기 때문에 '둘 다 살아달라고 빌었습니다', '좋습니다. 믿지요'라는 식의 결론이 난 것은 아닐까요. 하지만 그 의혹은 틀렸습니다. 조금 건방지지만, 저는 지금 여러분에게 그것에 대해 설명해야만 합니다. 그때 남자의 답변은 올바른 것이었습니다. 또 그 한마디를 믿고 남자를 무죄 방면한 검사의 태도 또한 옳았습니다. 결코 서로 타협한 것이 아닙니다. 남자는 그 결투가 있었을 때 아내를 죽여버려! 하고 바랐습니다. 하지만 그와 동시에 결투를 멈춰! 어서 권총을 버리고 서로 웃어넘겨,라고 외치려고도 했지요. 사람은 순간순간 움직이는 마음의 모습 전부를 진실이라 여겨서는 안 됩니다. 자신의 것이 아닌 어떤 천박한 상념을 자신의 타고난 본성이라고 착각하고 그로 인해 괴로워하는 나약한 사람이 상당히 많습니다. 가슴속에 잠시 천박한 생각이 떠오르는 일은 누구에게나 있습니다. 시시각각 아름답고 추한 여러 가지 상념들이 가슴속에 떠올랐다가 사라지기를 반복하면서, 그렇게 사람은 살아가고 있지요. 추한 것만을 본디의 모습이라고 믿고, 인간에게는 아름다운 소망 또한 존재한다는 사실을 잊는다면, 그것은 잘못된 일입니다. 순간순간 움직이는 마음의 모습은 모두 '사실'로서 존재하지만, 그것을 '진실'로 단정 짓는 것은 옳지 않습니다. 진실은 항상 하나이지 않습니까? 다른 것들까지 전부 믿을 필요는 없습니다. 잊어도 무방한 것들이지요. 그 예술가는 마음속을 떠다니는 수많은 사실 속에서 오직 하나의 진실만을 끄집어내서 위엄 있게 대답했습니다. 검사도 그것을 믿었지요. 두 사람 다 진실을 사랑하고 또 진실을 이해할 수 있을 만큼 훌륭한 인물이었던 것입니다.

이런 식으로 생각해나가다 보니 그 가엾고 비굴한 남자도 조금씩 인간다운 면모를 되찾기 시작하는군요. 악하다고 생각했던 사람이 조금씩 선해지는 것을 보는 것만큼 즐거운 일은 없습니다. 변호를 하는 김에 남자의 몸속에 살고 있는 벌레, 즉 '예술가'로서의 비정함에 대해서도 조금 생각해보도록 합시다. 이 남자를 포함한 모든 예술가들은 모두 그 뱃속에 절대로 죽지 않는 벌레 한 마리를 지니고 있습니다. 그렇기 때문에 그 어떤 비극이라도 아주 냉혹한 눈으로 태연하게 관찰할 수 있는 것이라고, 지지난번과 지난번에 걸쳐 비난을 해왔지요. 하지만 이번 기회에 그 비난을 철회하고 싶군요. 사람 하나 돕는 셈 치고 말이죠. 저는 자선을 베푸는 것을 좋아하는 성격인지도 모르겠습니다. '추한 것만을 본디의 모습이라고 믿고, 인간에게는 아름다운 소망 또한 존재한다는 사실을 잊는다면, 그것은 잘못된 일입니다.'라고 D선생은 말했습니다. 어떤 경우이든 자신을 긍정적인 방향으로 해석하는 게 좋을 듯합니다. 이건 예술가에게는 인간적이지 않은 부분이 있다, 예술가의 본성은 사탄이다,라고 했던 저의 앞선 가설에 대한 반정립입니다. 그것에 대해 지금 알려드리겠습니다.

—루시엔느여. 나는 어느 성악가 한 명을 알고 있다. 그는 자기 정혼자의 임종을 바로 곁에서 지켜보면서, 옆에서 정혼자의 여동생이 몸을 떨며 큰 소리로 목 놓아 우는 것을 들었다. 그는 정혼자의 죽음을 진심으로 슬퍼하는 와중에도 그 여동생의 울음소리에서 발성법의 결함을 느끼고, 그 울음소리에 박력을 더하기 위해서는 적절한 연습이 필요하지 않을까,라는 생각을 했다. 결국 이 음악가는 정혼자와의 사별로

인한 슬픔을 견디지 못하고 그 후 얼마 지나지 않아 세상을 떠났지만, 정혼자의 여동생은 세간의 법도에 따라 상을 치르고 난 후 아무런 거리낌 없이 상복을 벗었다.

이것은 제가 쓴 문장이 아닙니다. 다쓰노 유타카 선생님이 번역하신, 프랑스 작가 릴라당 씨의 소설입니다. 이 짧은 실화를 다시 한번 반복해서 읽어봐 주십시오. 천천히 읽어봐 주세요. 눈물 많은 세간 사람들 속에 오히려 매정한 사람이 더 많습니다. 예술가는 우는 일이 거의 없지만, 남몰래 그 심장이 찢어지고 있지요. 눈앞에서 다른 사람의 비극을 보게 되면 눈과 귀와 손이 차갑게 식어버리지만, 가슴속의 피는 다시 예전으로 돌아갈 수 없을 만큼 격렬하게 요동칩니다. 예술가는 결코 사탄이 아닙니다. 이렇게 생각하다 보니 아내의 그 비열한 남편 또한 반드시 비난의 대상은 아닌 듯합니다. 차가운 눈으로 아내의 살인 현장을 지켜보고, 손으로는 태연하게 그것을 묘사하면서도, 사실 마음은 슬픔으로 찢어질 듯 아팠던 게 아닐까요? 다음 회에 전부 말씀드리겠습니다.

제6장

드디어 이번이 마지막입니다. 한 회당 열대여섯 장씩 반년간 따분한 이야기만 써온 것 같다는 느낌이 듭니다. 저는 그사이 여러 가지 추억도 있고, 스스로의 경험에서 우러나온 감회를 독자 여러분께 들키지 않을 정도로 슬쩍 이야기의 밑바닥에 깔아두기도 했기 때문에, 제게는 이 글이 두고두고 애착이 갈 그런 작품이 되지 않을까 생각합니다. 여러분들은 별로 재미있지 않았을지도 모르지만, 제게는 이 글이 새로운 시도였기에 이번을 마지막으로 여러분과 인사를 나누는 것이 무척 아쉽습니다. 어차피 작자의 한심한 감상일 테지만, 죽은 여학생의 망령과 단식으로 말라 죽어간 아내의 얼굴, 그리고 혼자 살아남은 악덕 남편이 번민하는 모습 등이 요 며칠간 제 등 뒤를 그림자처럼 말없이 집요하게 따라붙은 것 또한 사실입니다.

그럼 이번에는 원문을 끝까지 전부 읽어보도록 합시다. 설명은 그 후에 하겠습니다.

—아내의 유품을 조사해 보았지만 문서 같은 건 나오지 않았다. 남편이었던 남자에게 쓴 마지막 편지도, 아이들에게 작별을 고하는 편지도 없었다. 감옥을 방문한 적이 있는 목사 앞으로 쓴 짧은 편지 한 통이 남겨져 있을 뿐이었다. 목사가 진심으로 아내의 영혼을 구원하려는 생각으로 온 것인지 아니면 단지 신기한 구경거리라고 생각해서 와본 것인지는 알 수 없지만, 어찌 됐든 한 번 온 적이 있다. 이 편지는 목사가 다시는 오지 않도록, 말하자면 아내가 목사를 피하기 위해 쓰기 시작한 것인 듯했다. 수없이 번민한 끝에 이런 편지를 쓰기 시작한 여자의 마음이 문장에서 희미하게 드러나는 것이다.

'지난번 저를 방문하셨을 때 존경과 신뢰를 담아 말씀하셨던 예수 그리스도의 이름을 걸고 부탁드립니다. 부디 다시는 이곳에 오지 말아 주세요. 제 말을 믿어주세요. 만약 예수가 살아계셨다면 당신이 이곳으로 오는 것을 가로막았을 것입니다. 옛날 천국의 문 앞에 서 있던 천사처럼, 예수는 불타는 창을 들고 제가 있는 감옥으로 들어오려는 사람들을 다 막을 것입니다. 저는 이 감옥에서 나가 제가 도망쳐 나온 천국으로 다시 돌아가고 싶지는 않습니다. 설령 천사가 장미 그물을 제 몸에 감아 끌고 간다 해도, 저는 결코 돌아가지 않을 것입니다. 왜냐하면 제가 거기서 흘린 피는, 결투에서 제가 죽인 여학생의 상처에서 흘러나온 피처럼 이제 더 이상 제자리로 돌아가지 않기 때문입니다. 저는 이제 누군가의 아내도 아니고, 누군가의 어머니도 아닙니다. 이제 결코 그런 존재는 될 수 없습니다. 영원히 불가능합니다. 영원이라는 눈물 배인 이 두 글자를 단 한 사람이라도 이해해주고 존중해준다면, 저는 그것으로 충분합니다.'

'음침한 뜰에 들어가 난생처음 총을 쏘았을 때 저는 이미 죽을 각오를 한 상태였고, 그와 동시에 제가 겨냥하고 있는 표적이 바로 스스로의 심장이라는 것을 깨달았습니다. 그러고 나서 한 발 한 발 총을 쏠 때마다 저는 스스로를 찢어발기는 듯한 쾌감을 맛보았습니다. 원래 이 심장은 남편과 아이들 곁에서 초침처럼 움직이며 세월을 보내왔습니다. 그랬던 심장이 지금 수많은 총알에 관통을 당했습니다. 이렇게 되어버린 심장을 어떻게 제자리로 돌려놓을 수 있단 말인가요? 혹 당신이 주님이라 해도 저를 원래 있던 곳으로 돌려놓지는 못할 것입니다. 하느님께서도 새에게 벌레가 되라고 말씀하지는 못하십니다. 먼저 그 새의 목숨을 끊어놓는다고 해도 그렇게 말씀하실 수는 없을 것입니다. 제가 살아있는 동안 저를 제자리로 되돌려놓을 수 없는 것 또한 같은 이치입니다. 아무리 목사님이라 하더라도 인간의 언어로 그런 일을 가능케 할 수 있다고 생각하시지는 않겠지요.'

'저는 당신의 종교에서 금지할 정도로 스스로의 의지만 믿고 앞으로 나아갔고 뒤돌아보지도 않았습니다. 그것은 저도 잘 알고 있습니다. 그러나 그 어느 분이라도 제게 너의 사랑하는 방법은 잘못되었으니 다른 방법을 택하라 말씀하실 수는 없습니다. 당신의 심장은 제 가슴에는 들어맞지 않습니다. 또한 제 심장도 당신의 마음에는 맞지 않을 것입니다. 당신은 저를 겸손을 모르는 이기적인 사람이라 말씀하실지도 모르지만, 그것과 같은 권리로 저 또한 당신을 소심하고 비굴한 분이라고 말할 수 있을 것입니다. 당신의 기준으로 저를 가늠하시고 제가 그 기준을 넘어선다는 이유로 저를 지나치다고 말씀하지는 말아 주세요. 당신과 저 사이에 대등한 결투는 성립되지 않습니다. 서로 손에 쥐고 있는 무기가 다르니까요. 그러니 부디 이제 제가 있는 곳에 오지 말아 주세요. 간곡히 부탁드립니다.'

'제게 사랑이라는 것은 제 몸을 감싸고 있는 껍질과도 같았습니다. 그 껍질에 조금이라도 얼룩이 생기거나 상처가 나면 저는 무슨 수를 써서라도 그것을 치료해야 했습니다. 그래서 제 사랑이 심하게 상처를 입었다고 느낀 순간, 오랜 시간 앓으면서 썩어가듯 죽지 말고, 말짱한 정신으로 곧게 선 채로 죽자고 생각했습니다. 저는 상대방 여학생의 손에 죽어야겠다고 생각했습니다. 그리하여 상대방이 저의 사랑을 아주 깔끔하고 떳떳하게 빼앗아주길 바랐습니다.'

'그랬던 것이 반대로 되어 제가 이기고 말았을 때, 저는 제가 그저 명예를 회복했을 뿐 사랑을 되찾지는 못했다는 것을 깨달았습니다. 모든 불치의 상처가 그러하듯, 사랑으로 생긴 상처 또한 죽기 전에는 사라지지 않습니다. 그 어떤 사랑이라도 일단 상처를 입게 되면, 사랑의 신이 모욕감을 느끼고 그 복수를 위해 희생을 요구하기 때문입니다. 결투의 결과는 예상을 빗나갔지만, 어찌 됐건 저는 몸을 굽히고 어쩔 수 없이 제 사랑을 건네는 것이 아니라, 명예롭게 건네려고 한 것이라는 자부심만은 가지고 있습니다.

'부디 성자聖子의 호광[10]을 존경하는 그 마음으로 승리를 얻은 자의 이마에 씌워진 월계관 또한 존중해주세요.'

'부디 저의 심장을 돌보아주십시오. 당신이 우러러 믿는 하느님처럼, 저를 대담하고 위대하게 죽게 해주세요. 저는 제가 저지른 일을 오롯이 하느님 앞에 다 가져가려고 합니다. 명예로운 한 남자의 아내로서 그것을 가져가려고 합니다. 저는 마치 십자가에 못 박히듯 스스로의 사랑에 못 박혀 수많은 상처를 입고 피를 흘리고 있습니다. 이런 사랑이 이 세계에서, 이 세계의 아내들을 위해 정당한 사랑이었을지 어땠을지는, 이제부터 제3기의 생활을 시작하면 알 수 있으리라고 생각합니다. 제가 이 세상에 태어나기 전과 태어난 후에 경험한 제1기와 제2기의 생활에서는 그 답을 구하지 못했습니다.'

죄가 깊은 예술가는 여기까지 쓰고 난 후 펜을 던져버렸습니다. 아내의 유서에 쓰여 있는 그 강렬한 말을 하나하나 옮겨 적는 사이에 묘한 두려움이 엄습했습니다. 등골에 벼락을 맞은 듯한 느낌이었지요. 실제 인생의 폭력적인 진지함을 정신이 번쩍 들 정도로 또렷하게 목격한 것입니다. 그는 그까짓 여자, 하고 다소 경멸해왔던 아내가 이렇게 무시무시한 집념을 품고 살았으리라고는 상상도 하지 못했습니다. 여성의 현세現世의 연정이 이토록 지독하게 일편단심이리라고는 생각지도 못했던 것입니다. 목숨도, 신도 필요 없고, 그저 한 남자에 대한 사랑의 완성만을 바라며 반미치광이로 살아가는 여자의 모습을, 그는 지금 처음으로 똑똑히 보게 된 것이지요. 그는 원래 여성을 경멸했습니다. 자신이 여성의 한심함에 대해 잘 알고 있다고 생각했지요. 여성은 남자의 애무를 받기 위해 산다. 칭찬을 받기 위해 산다. 이기심. 음탕. 무지. 허영. 죽는 날까지 괴상한 공상으로 몸부림친다. 탐욕. 사려가 부족하다.

10_ 毫光. 부처의 두 눈썹 사이에 있는 흰 털에서 나는 빛.

지레짐작. 무의식적인 냉혹함. 뻔뻔스러움. 인색. 계산적. 무분별한 교태. 어리석은 잘난 척. 그 외, 여성의 모든 악덕에 대해 낱낱이 다 알고 있다고 생각했습니다. 여자가 아니면 모르는 심정 따위 있을 리가 없다. 어리석다. 여자는 결코 신비롭지 않다. 나는 다 알고 있다. 바로 그것이다. 고양이. 이 예술가는 마음속 깊은 곳에서 그렇게 단정 짓고 있었지만, 겉으로는 아무것도 모르는 척하며 자신의 아내는 물론 모든 여자들에게 늘 조심조심 친절하게 행동했습니다.

이 불행한 예술가는 여성 예술가마저도 전혀 인정하지 않았습니다. 당시의 어설픈 비평가들이 여류작가 두어 명의 작품에 대해 여성 특유의 감각, 여자가 아니면 할 수 없는 표현, 남자들은 이해할 수 없는 심리라는 등의 감탄사를 늘어놓는 것을 보고, 그는 항상 마음속으로 코웃음을 쳤습니다. 전부 남자 흉내가 아닌가. 여자는 남성 작가들이 공상으로 만들어낸 여성을 보고 이것이야말로 진정한 우리들의 모습이라며 거기에 어리석게 빠져들어서는 그 거짓 여성의 틀에 억지로 자신을 끼워 맞추려고 하지만, 슬프게도 자신은 몸통만 길고 다리는 짧다. 불필요한 지방도 너무 많다. 하지만 신경도 쓰지 않는다. 우스꽝스럽고 해괴하기 짝이 없는 꼴로 하느작하느작 걷는다. 남성 작가가 만들어낸 여성은 어차피 그 작가가 괴상한 여장을 한 모습에 지나지 않는다. 진짜 여자가 아니다. 어딘가에 남자의 '정신'이 존재한다. 그러나 오히려 여자는 남자가 여장한 그 부자연스러운 모습을 동경하여, 다리에 털이 잔뜩 난 그 여성을 흉내 낸다. 우스꽝스러움의 극치다. 원래 여자임에도 불구하고 그 모습과 목소리를 버리고는, 일부러 남자의 거친 동작을 배우고, 그 굵은 목소리와 문장을 '공부'한다. 그런 다음 남자의 '여자 목소리'를 흉내 내어 '저는 여자입니다'라고 일부러 쉰 목소리로 말하기도 하는데, 참으로 한심스럽고 복잡해서 도무지 뭐가 뭔지 알 수가 없다. 여자인 주제에 콧수염을 길러 배배 꼬면서 '무릇 여자라는 것은' 따위의 말을 하는데, 너무 복잡하고 불결해서 듣고 있기가 힘들다. 소위 말하는 여자 특유의 감각에는 사실 아무것도 존재하지 않는다. 여자가 아니면 할 수 없는 표현도 없다. 물론 남자들은 이해할 수 없는 심리 따위도 존재하지 않는다. 결국 다 남자 흉내에 지나지 않는다. 여자는 역시 글러 먹은 존재다. 이 중년 예술가는 그렇게 굳건히 믿어왔습니다. 하지만 아내의 어리석지만 아주 강렬한, 그야말로 불을 뿜어내는 듯한 사랑에 대한 주장을 한 글자 한 글자 옮겨 적는 사이에, 그는 지금껏 전혀 모르고 있던 여자의 심리를, 아니 여자의 생리라는 표현이 더 잘 어울릴 정도로 비린내가 나고 가련한 그 일편단심을 아주 생생하게 목격한 기분이 들었습니다. 몰랐다. 여자란 이토록 절박한 집념을 품고 살아가는 존재인 것인가. 어리석긴 해도, 이 열렬하고 올곧은 집념 속에는 쉽게 비웃을 수 없는 무언가가 존재한다. 무시무시한 무언가가 존재한다. 여자는 장난감이나 아스파라거스, 화원 같은 안이한 존재가 아니었다. 이 강렬한 우직함은 오히려 신과 동등하다. 비인간적인 구석이 있다.

그는 진심으로 놀랐습니다. 그는 펜을 던지고 소파에 드러누워 지금까지 아내와 함께해온 생활을, 그리고 결투의 경위를 두서없이 뒤죽박죽 회상해보았습니다. 그랬더니 아, 아, 하고 하나하나 다 납득이 갔습니다. 나는 아내를 도구라고 생각했지만, 아내에게 나는 도구가 아니었다. 살아가는 목적 그 전부였다는 것을, 순간순간 아내가 보였던 모습과 무언의 행동으로 확실히 알 수 있을 듯한 느낌이 들기 시작한 것입니다. 여자는 어리석다. 하지만 어딘가 필사적이다. 로맨스가 되지 않을 정도로 지나치게 필사적이다. 여자의 진실은 절대로 소설이 될 수 없다. 써서는 안 된다. 그것은 신에 대한 모욕이다. 과연, 여성 예술가들이 일단 한번 남자로 변장한 후 다시 여자로 변장하여 여자인 척하는 복잡한 방법을 사용하는 것도 무리는 아니다. 여자의 실체를 있는 그대로 거짓 없이 전부 털어놓으면, 그것은 예술도 뭣도 아닌, 그저 어리석고 필사적인 벌레 한 마리일 뿐이다. 사람들은 숨을 삼키고 그것을 지켜볼 뿐이다. 사랑도 없고, 기쁨도 없고, 그저 흥이 깨질 정도로 빤할 뿐이다. 나는 이 단편소설에 여자의 실체를 정확하게 써내려고 애썼지만, 이제 그만두자. 나는 보기 좋게 실패했다. 여자의 실체는 소설이 되지 않는다. 써서는 안 된다. 아니, 차마 쓸 수 없는 무언가가 있다. 관두자. 이 소설은 실패했다. 여자라는 존재가 이토록 어리석고 맹목적인, 거의 반미치광이에 가까운 생물이라는 것은 몰랐다. 전혀 다르다. 여자는 모두—아니, 말하지 말자. 아아, 진실이란 어쩌면 이다지도 재미없기만 한 존재란 말인가. 남자는 문득 죽고 싶다는 생각을 했습니다. 그러고는 아무런 감흥도 없이 일어서서 '책상 앞에 앉은 순간 예전에 갔던 스코틀랜드의 풍경이 떠올랐다. 남자는 그 풍경을 그리워하는 내용의 시 두세 줄을 쓰는 둥 마는 둥 하다가 신간 서적 몇 페이지를 건성건성 읽었다. 그러고는 '이상하게 가슴이 뛰는군'이라고 중얼거리며 책상 서랍에서 권총을 꺼낸 다음 느긋이 책상 옆 소파에 앉아 가슴에 총구를 대고 방아쇠를 당겼다.'

이것이 그 악덕 남편의 진정한 최후라고 한다면, 릴라당 씨의 유명한 단편소설의 결말과 비슷하기도 하고 다소 로맨틱한 냄새도 납니다. 그러나 현실은 결코 그렇게 깔끔하게 끝나지 않습니다. 흥이 다 깨어지는 강력한 실체를 본 예술가는 자리에서 일어나 비틀비틀 밖으로 나가 주변을 잠시 산책하고는 다시 집으로 돌아옵니다. 방문을 다 닫고 소파에 털썩 드러누워 방 한구석에 놓인 창포꽃을 멍하니 바라보다가 천천히 일어나서 물뿌리개로 창포꽃 화분에 물을 주고 나서, 그런 다음, 아니, 별다른 변화도 없이 다음날도 그다음 날도 적어도 표면상으로는 조용히 작가 생활을 계속해나갔습니다. 그 후 얼마 지나지 않아, 그는 태연한 척하며 실패한 단편 「여자의 결투」를 신문에 발표합니다. 비평가들은 그 작품이 구성면에서 미흡하다고 지적하면서도, 그 묘사의 생생함만은 높이 평가했습니다. 아무래도 걸작으로 자리매김한 모양입니다. 하지만 예술가는 그 비평에도 전혀 관심이 없는 듯 그저 멍하니 지낼 뿐이었습니다. 그 후 예술가는 놀랍게도 실로 보잘것없는 통속소설만을 쓰게 됩니다. 불쾌하고 무시무시한 실체를 목격해버린 예술가는 그것을 계기로 삶을 더 깊이 관찰하게 되어 더 심오한 작품을 쓰게 되지 않을까 하고 보통은 생각하지만, 현실은 반드시 그렇지는 않은 듯합니다. 오히려 분노와 동경, 기쁨을 다 잃고 될 대로 되라는 식의 바보가 되어 사는 길을 택하게 되는 모양입니다. 이 예술가도 그 후로는 아주 해이하고 천박한 통속소설만을 쓰게 되었습니다. 한때 비평가들에게 최고의 찬사를 받았던 그 정밀 묘사도 그 이후에 쓴 소설에서는 흔적조차 찾아볼 수 없었습니다. 예술가는 차츰 재산이 늘고 체중도 예전의 배 이상 불게 되었고 마을 사람들의 존경도 얻게 되었습니다. 그리고 지사, 정치가, 장군들과 어울리며 예순여덟 살까지 살았습니다. 그의 화려한 장례식은 오 년 후까지 마을 사람들의 이야깃거리가 되었습니다. 재혼은 하지 않았습니다.

이것이 제(DAZAI) 소설의 전부입니다. 이 시도는 HERBERT EULEN-BERG 씨의 원작에 대한 용서받기 힘든 모독이라고 할 수 있습니다.

원작자 오일렌베르크 씨는 결코 제가 지금까지 서술한 것처럼 악덕한 예술가가 아닙니다. 그것은 전에도 몇 번 거듭해서 양해를 구한 부분입니다. 오일렌베르크 씨는 분명 훌륭한 가정의 좋은 남편, 좋은 아버지, 그리고 평범한 시민으로 생활하며 험난한 예술의 길에 한평생을 바치신 분이리라고 저는 믿습니다. 전에도 말씀드렸듯이 '존경하기 때문에 안심하고 어리광도 부릴 수 있는 것이다.'라는, 일본의 한 별 볼 일 없는 무명 작가의 무책임한 변명의 말로 용서를 구하고자 합니다. 아무리 농담이라 하더라도, 다른 사람의 작품을 재료로 삼아 그 작가의 성품에 흠집을 내는 스캔들까지 날조한 죄는 결코 가볍지 않습니다. 하지만 상대가 1876년생, 즉 아주 오래전 인물인데다 외국의 대작가이기 때문에 저도 그 점에 기대어 이런 시도를 해볼 수 있었던 것인데, 일본의 현대 작가에게는 이유 불문하고 절대로 용서받지 못할 행동이겠지요. 게다가 2장에서 자세히 설명해 드린 바와 같이, 원작은 작가가 육체적으로 지쳐있었던 탓인지 무성의한 부분이 무척 많고 그저 소재만 툭 꺼내놓은 느낌이기 때문에 제가 생각하는 '소설'이라는 것과는 거리가 멉니다. 요즘 일본에서도 다듬어지지 않은 소재를 그대로 쓴 작품이 '소설'로 크게 유행하는 모양인데, 저는 그런 작품을 읽을 때마다 아깝다는 생각을 지울 수가 없습니다. 건방진 말이긴 하지만, 만약 내게 이런 소재를 준다면 더 좋은 작품을 쓸 수 있을 텐데, 하는 생각이 듭니다. 소재는 소설이 아닙니다. 소재는 공상을 뒷받침해줄 뿐입니다. 제가 지금까지 부끄러움을 무릅쓰고 여섯 회에 걸쳐 노력해온 이유는, 저의 그런 미흡한 생각의 증거를 독자분들에게 보여드리고 싶었기 때문입니다. 제가 틀린 걸까요?

이 글은 매우 복잡한 소설입니다. 일부러 그렇게 쓰려고 노력했지요.

그러기 위해 글 속에 여러 가지로 장치를 심어두기도 했으니 여유가 있는 독자들은 천천히 그것을 찾아가며 읽어봐 주십시오. 진짜 작가가 도대체 어디에 있는지 모르도록 해버리자는 생각도 했습니다. 하지만 신이 나서 천박한 재능을 남용하다가는 화를 입을지도 모를 일입니다. 신께 벌을 받지요. 그런 부분에서는 어느 정도 선을 지켰다고 생각합니다. 어쨌든 독자분들이 저의 「여자의 결투」를 읽고 원작 속의 아내, 여학생, 남편, 이 세 사람의 마음에 원작보다 더 생생하게 공감할 수 있었다면 저는 성공한 것입니다. 정말로 성공인지 그렇지 않은지는 독자 여러분들이 각자 판단해주세요.

지인 중에 마흔 살의 목사가 한 명 있습니다. 천성이 따뜻한 사람으로, 성서에 대해 아주 깊이 연구하시는 분이지요. 함부로 신의 이름을 입에 담지 않고, 저같이 악덕한 사람의 집에도 가끔 찾아와 주는데, 제가 그분 앞에서 만취할 정도로 술을 마셔도 저를 꾸짖는 일은 없습니다. 저는 교회를 싫어하지만, 그분의 설교는 가끔 들으러 갑니다. 며칠 전 그 목사분이 딸기 모종을 잔뜩 들고 찾아와서는 그걸 저희 집의 좁은 정원에 직접 심어주셨습니다. 저는 그 목사분께 예의 그 아내의 유서를 보여드리고 감상을 물었습니다.

"당신이라면 이 아내에게 무어라 대답하겠습니까? 작품 속 목사가 아내에게 무척 경멸을 당하고 혼쭐이 난 듯한데, 이건 이것대로 괜찮은 것일까요? 당신은 이 유서를 어떻게 생각합니까?"

목사분은 얼굴을 붉히며 웃다가 이윽고 웃음기를 거두고 맑은 눈으로 저를 똑바로 바라보며 말했습니다.

"여자는 일단 사랑에 빠지면 그걸로 끝입니다. 그저 지켜보는 수밖에 없지요."

우리는 겸연쩍은 듯 마주 보고 미소 지었습니다.

駈込み訴え

유다의 고백

太宰治

「유다의 고백」

1940년 2월, 잡지 『중앙공론中央公論』에 발표됐다. 문단에서 여전히 신인 취급을 받고 있던 다자이가 당시의 유력 잡지 중 하나인 『중앙공론』에 처음으로 발표한 작품으로, 이는 「황금풍경」, 「여학생」 등의 작품을 발표해 문단의 주목을 받기 시작한 다자이가 작가로서 안정적인 위치에 올라서기 시작했음을 말해주는 단적인 증거라고 할 수 있다.

이 작품의 전문은 다자이 오사무가 구술口述한 것을 아내인 쓰시마 미치코가 그대로 기록한 것이며, 후에 문장 수정은 거의 이루어지지 않았다.

「유다의 고백」은 신약성서를 바탕으로 하여 다자이가 재구성한 이야기로, 다자이가 성서와 기독교를 어떻게 이해하고 있는지 엿볼 수 있는 중요한 작품으로 평가받으며 활발히 연구되어왔다. 주로 '예수와 유다'를 이항 대립적으로 놓고 분석한 연구가 지배적인데, 쇼와시대의 주요 문예평론가인 가메이 가쓰이치로는 '청년시절 좌익운동에서 이탈한 다자이의 심리적 체험이 작품의 배경이 되었다'고 지적하기도 했다.

말씀드리겠습니다. 다 말씀드리지요. 나리. 그 사람은 지독합니다. 지독해. 예. 불쾌한 녀석입니다. 나쁜 인간이지요. 아아, 참을 수가 없군요. 살려둘 수가 없습니다.

예, 예. 진정하고 말씀드리겠습니다. 그 사람을 살려두어서는 안 됩니다. 세상의 적입니다. 예. 모든 일을 다 말씀드리겠습니다. 저는 그 사람이 있는 곳을 압니다. 바로 안내해 드리지요. 갈기갈기 난도질하여 죽여주세요. 그 사람은 저의 스승입니다. 주인님입니다. 하지만 나이는 저와 같습니다. 서른넷이지요. 저는 그 사람보다 겨우 두 달 늦게 태어났을 뿐입니다. 대단한 차이도 없지요. 사람과 사람 사이에 그처럼 심한 차별은 없을 것입니다. 그럼에도 불구하고 그 사람은 지금까지 저를 얼마나 심술궂게 부려 먹었는지. 얼마나 조롱해왔는지. 아아, 이제 정말 싫다. 참을 만큼 참았어요. 화가 날 때 화를 낼 수 없다면 인간으로 태어난 보람이 없습니다. 제가 지금껏 남몰래 얼마나 그 사람을 감싸주었는지. 아무도 모릅니다. 그 사람도 깨닫지 못한 듯해요. 아니, 그 사람은 알고 있어요. 아주 잘 알고 있지요. 알고 있기 때문에 더더욱 짓궂게 나를 경멸하는 것이야. 그 사람은 거만합니다. 제 보살핌을 받는다는 사실이 스스로 너무 분한 것입니다. 그 사람은 멍청한 나르시시스트입니다. 저 같은 놈에게 보살핌을 받는 것이 자신의 수치스러운 약점이라도 되는 양 착각하고 있습니다. 그 사람은 뭐든 자기 힘으로 할 수 있다는 것을 남들에게 보이고 싶어 안달이 난 것입니다. 바보 같으니. 세상은 그런 곳이 아닌데 말입니다. 이 세상을 살아가기 위해서는 어쩔 수 없이 누군가에게 굽신굽신 머리를 숙여야 하고, 그렇게 한 걸음 한 걸음 고생스럽게 나아가며 다른 이들을 누르는 수밖에 없지요. 그 사람이 과연 무얼 할 수 있을까요. 아무것도 할 수 없습니다. 제가 봤을 땐 풋내기에 지나지 않아요. 만약 제가 없었더라면 그 사람은 이미 한참 전에 그 무능력한 얼간이 제자들과 함께 들판 한구석 어딘가에 늘어져 죽고 말았을 겁니다. '여우도 굴이 있고 공중의 새도 집이 있으나 사람의 아들은 머리 둘 곳이 없도다.'[1] 그것, 그것, 바로 그것입니다. 제대로 자백하고 있는 것입니다. 베드로가 뭘 할 수 있겠습니까? 야고보, 요한, 안드레, 도마 같은 얼간이들 집단은 그 사람의 뒤를 졸졸 뒤따라 걸으면서 소름 끼치는 달콤한 아부를 늘어놓고, 천국이네 어쩌네 하는 그 어리석은 말을 믿고 열광합니다. 그 천국이라는 곳이 가까워지면 다 같이 한 자리씩 꿰차기라도 할 셈인 건지. 멍청한 놈들. 당장 그날 먹을 빵도 부족해 내가 도와주지 않으면 곧 굶어 죽을 것이 뻔한데. 저는 그 사람에게 설교를 시키고, 군중들에게 몰래 헌금을 걷고, 마을 유지들에게서 공물을 얻어, 잠자리에서부터 먹을 것, 입을 것까지 번거로움을 마다치 않고 돌봐주었습니다. 그런데도 그 사람은 물론이고 그 얼간이 제자들까지 제게 고맙다는 인사 한마디가 없더군요. 감사 인사는커녕, 그 사람은

1_ 누가복음 9:58. 사람의 아들人子(Son of Man)은 복음서에서 예수가 스스로를 가리켜 일컬은 용어이다.

저의 이런 숨은 고생을 모르는 척하고 줄곧 사치스러운 말만 늘어놓곤 했습니다. 먹을 거라고는 빵 다섯 개와 생선 두 마리가 전부였을 때도 그 사람은 눈앞의 군중에게 먹을 것을 나누어주라는 둥 말도 안 되는 명령을 내렸고, 그러면 제가 뒤에서 고생스럽게 변통을 해서 명령받은 만큼의 음식을 겨우 구해오곤 하는 식이었습니다. 말하자면 저는 그 사람의 기적을 도우면서, 그 위험한 마술의 조수 노릇을 몇 번이나 해온 것입니다. 저는 이래 봬도 절대 인색한 남자는 아닙니다. 오히려 제법 풍류가라 할 수 있지요. 저는 그 사람이 아름답다고 생각합니다. 제 입장에서 보면 마치 어린아이처럼 욕심이 없지요. 제가 빵을 사기 위해 열심히 모아둔 돈을 한 푼도 남김없이 쓸데없는 일에 낭비하곤 하는걸요. 하지만 저는 그것을 원망하지는 않습니다. 그는 아름다운 사람이니까요. 저는 원래 가난한 상인이지만, 정신가精神家라는 존재를 이해는 합니다. 그렇기 때문에 그 사람이 제가 애써 모아둔 돈을 바보 같은 일에 다 써버려도 아무렇지도 않습니다. 아무렇지도 않기는 한데, 그렇다면 가끔 제게 따뜻한 말 한마디 정도는 해줄 수 있었을 텐데. 그 사람은 항상 제게 차갑고 짓궂더군요. 한번은 그 사람이 봄날의 해변을 거닐다가 갑자기 제 이름을 부르시더니, "너에게 폐를 끼치는구나. 너의 외로움은 잘 알고 있다. 그렇다고 해서 항상 그렇게 볼멘 얼굴만 하고 있어서야 되겠느냐. 외로울 때 외로운 얼굴을 하는 것은 위선자나 하는 행동이다. 일부러 더 낯빛을 바꾸어 자신의 외로움을 알아달라고 호소하는 것이지. 네가 진정으로 신을 믿는다면, 외로울 때도 그렇지 않은 척 얼굴을 깨끗하게 씻고 머리에 기름을 발라 정돈하고 항상 웃고 있어야 하느니라. 모르겠느냐. 다른 이들이 너의 외로움을 몰라주어도, 눈에 보이지 않는 어딘가에 계신 너의 진정한 아버지가 그것을 알아준다면 그걸로 충분하다는 것을. 그렇지 않느냐? 외로움은 누구에게나 있는 것이니라."라고 말씀하셨고, 그 말을 들은 저는 왠지 소리 내어 울고 싶어졌습니다. 아니요. 저는 하느님 아버지가 몰라주신다 해도, 세상 사람들에게 알려지지 못한다 해도, 오로지 당신 한 분만이 알아주신다면 그걸로 충분합니다. 저는 당신을 사랑합니다. 다른 제자들이 아무리 당신을 깊이 사랑한다 해도, 그것과는 비교도 되지 않을 만큼 사랑합니다. 그 누구보다 사랑합니다. 베드로와 야고보 무리들은 단지 당신 뒤를 따라다니다 보면 무언가 좋은 일이 생기지 않을까, 오직 그것만 생각하고 있습니다. 그러나 저는 압니다. 당신 뒤를 따라다녀 봤자 아무런 득도 없다는 것을 잘 알고 있지요. 그걸 알면서도 저는 당신 곁을 떠날 수가 없습니다. 왜일까요. 당신이 이 세상에서 사라진다면 저는 곧 죽게 될 것입니다. 살 수가 없습니다. 제가 늘 남몰래 하는 생각이 하나 있습니다. 바로, 당신이 그 쓸모없는 제자들의 곁을 떠나 하느님 아버지의 가르침을 전하는 일도 그만두시고, 그저 평범한 시민의 한 사람이 되어 어머니이신 마리아 님과 저와 함께 영원히 조용한 일생을 보내시는 것입니다. 제가 살던 마을에는 아직도 저의 작은 집이 남아 있습니다. 연로한 어머니와 아버지도 계십니다. 제법 넓은 복숭아밭도 있습니다. 지금 이맘때쯤의 봄날이면 복사꽃이 피어 장관을 이루지요. 평생 안락하게 살 수 있습니다. 제가 언제나 곁에서 모시겠습니다. 좋은 부인도 얻으시고요. 제가 그렇게 말했더니 그 사람은 엷게 웃으시며, "베드로와 시몬은 어부다. 아름다운 복숭아밭도 없지. 야고보와 요한도 가난한 어부다. 그들에게는 그렇게 안락한 일생을 보낼 만한 땅이 그 어디에도 없다."라고 조용히 혼잣말처럼 중얼거리고는 다시 조용히 해변을 걸으셨습니다. 제가 그 사람과 차분하게 대화를 나눈

건 오로지 그때뿐이었고, 그 후로는 결코 저에게 그렇게 허물없이 대해주신 적이 없습니다. 저는 그 사람을 사랑합니다. 그 사람이 죽으면 저도 함께 죽을 것입니다. 그 사람은 그 누구의 것도 아니야. 내 것이야. 그 사람을 다른 누군가에게 넘겨야 한다면, 넘기기 전에 제 손으로 그 사람을 죽일 겁니다. 아버지도 버리고, 어머니도 버리고, 태어난 땅도 버리고, 지금까지 그 사람만을 따라왔습니다. 저는 천국을 믿지 않습니다. 신도 믿지 않습니다. 그 사람의 부활도 믿지 않습니다. 어찌 그 사람이 이스라엘의 왕이라는 말입니까? 멍청한 제자들은 그 사람이 신의 아들이라 믿고, 신의 왕국의 복음이니 뭐니 하는 그 사람의 가르침을 듣고 볼꼴사납게 기뻐 날뜁니다. 머지않아 실망하게 될 것을, 저는 알고 있습니다. 무릇 자기를 높이는 자는 낮아지고 자기를 낮추는 자는 높아지리라[누가복음 14:11],라고 그 사람은 약속하셨지만, 이 세상은 그렇게 만만한 곳이 아닙니다. 그 사람은 거짓말쟁이입니다. 말 한마디 한마디가 하나부터 열까지 다 엉터리지요. 저는 어느 것 하나 믿지 않습니다. 그렇지만 저는 그 사람의 아름다움만큼은 믿습니다. 그렇게 아름다운 사람은 이 세상 어디에도 없습니다. 저는 그 사람의 아름다움만을 순수하게 사랑합니다. 그뿐입니다. 저는 그 어떤 보답도 바라지 않습니다. 그 사람의 뒤를 따라 걷다가 이윽고 천국이 가까워지는 때가 오면 기다렸다는 듯 한자리를 꿰차보겠다는 그런 야비한 생각은 한 적이 없습니다. 다만 저는 그 사람의 곁을 떠나고 싶지 않을 뿐입니다. 그 사람의 곁에서 그 사람의 목소리를 듣고 그 사람의 모습을 바라볼 수 있다면 그것만으로 충분합니다. 그리고 가능하다면 그 사람이 설교 같은 건 그만두고 저와 단둘이서 일생을 보내주기를 바랍니다. 아아, 그렇게 되기만 한다면! 저는 얼마나 행복할까요. 저는 오직 현세의 기쁨만을 믿습니다. 다음 생의 심판 따위, 전혀 두렵지 않습니다. 그 사람은 아무런 보답도 바라지 않는 저의 이 순수한 애정을 어째서 받아주시지 않는 것일까요. 아아, 그 사람을 죽여주세요. 나리. 저는 그 사람이 있는 곳을 압니다. 제가 안내하지요. 그 사람은 저를 멸시하고 증오합니다. 그 사람은 저를 미워합니다. 저는 그 사람과 그의 제자들에게 매일같이 빵을 구해주며 그들이 굶주리지 않게 도왔는데, 어째서 저를 그렇게나 차갑게 경멸하는 것인지요. 들어주세요. 엿새 전의 일입니다. 그 사람이 베다니아에 있는 시몬의 집에서 식사를 하고 있을 때, 그 마을에 살고 있는 마르타의 여동생인 마리아가 나르드 향유가 가득 든 돌 항아리를 안고 향연장으로 몰래 들어와서는 갑자기 그 기름을 그 사람의 머리에 쏟아부어 그 사람의 발끝까지 젖고 말았습니다. 그런데 그 무례를 사죄하기는커녕, 침착하게 웅크리고 앉아 자신의 머리칼로 그 사람의 젖은 발을 정성스럽게 닦더군요. 향유 냄새가 방 안 가득 흘렀습니다. 참으로 묘한 광경이었기에 저는 왠지 너무 화가 나서, '무례를 범하지 말거라!' 하고 그 자매에게 소리쳤습니다. 이걸 보아라. 옷이 다 젖지 않았느냐. 더군다나 이렇게 비싼 기름을 쏟아버리다니, 아깝다는 생각은 들지도 않더냐. 정말 멍청한 녀석이로구나. 이 정도 기름이라면 삼백 데나리온[2]은 할 터인데, 기름을 팔아서 삼백 데나리온을 벌어 그 돈을 가난한 이들에게 나누어준다면 가난한 이들이 얼마나 기뻐하겠느냐. 이렇게 쓸데없는 짓을 하다니. 제가 이렇게 호되게 꾸짖자, 그 사람은 저를 똑바로 바라보시며 말씀하셨습니다.

"이 여인을 꾸짖어서는 안 된다. 이 여인은 아주 좋은 일을 해주었다.

2_ 로마의 은화. 신약성서에서 많이 언급된 은화로, 1데나리온은 노동자들의 하루 품삯이었다.

가난한 이에게 돈을 베푸는 것은 앞으로 너희들이 얼마든지 할 수 있는 일이 아니더냐. 나는 더 이상 베풀 수가 없다. 그 이유는 말하지 않겠다. 이 여인만이 알고 있다. 이 여인이 내 몸에 향유를 부은 것은 내 장례를 위한 준비이다. 너희들도 기억해두어라. 전 세계 그 어느 땅이라도 나의 짧은 일생에 대한 이야기가 전해지는 곳에는, 반드시 이 여인이 오늘 한 행동에 대한 이야기 또한 기념으로 함께 전해질 것이니라."

그렇게 말을 맺는 그 사람의 창백한 뺨이 다소 붉게 상기되어 있었습니다. 저는 그 사람의 말을 믿지 않았습니다. 매번 하는 과장된 연극이라 생각하고 대충 흘려들었지만, 그보다는 그때 그 사람의 목소리와 눈동자 색에서 이제껏 한 번도 본 적 없는 묘한 기운이 느껴져서 저는 순간 당황했고, 그 사람의 불그스름한 뺨과 살짝 눈물을 머금은 눈동자를 뚫어지게 바라보다 문득 한 가지 생각이 뇌리를 스쳤습니다. 아아, 너무도 꺼림칙해서 입에 담을 수도 없을 정도입니다. 그 사람은 이토록 가난한 백성인 여인에게 사랑, 아니 설마 그런 일은 절대로 없겠지만, 그것과 비슷한 위험한 감정을 품은 것은 아닐까요? 그렇게나 대단한 사람이 말입니다. 그토록 무지한 여인 따위에게 아주 잠깐이라도 특별한 사랑을 느꼈다면, 그것은 더할 나위 없는 추태. 돌이킬 수 없는 추문. 저는 다른 이의 수치스러운 감정을 냄새로 알아낼 수 있는 재주를 타고난 사내입니다. 천박한 후각 같아서 스스로도 싫지만, 저는 슬쩍 한번 보기만 해도 다른 이의 약점을 정확히 알아챌 수 있는 예민한 재주를 가졌습니다. 그 사람이 배운 것 없는 백성인 그 여인에게 아주 미약하게나마 특별한 감정을 가졌던 것은 정말 틀림이 없습니다. 제가 잘못 본 것이 아닙니다. 분명 그렇습니다. 아아, 참을 수가 없습니다.

도무지 견딜 수가 없습니다. 그런 꼴을 보이다니, 그 사람도 이제 끝이라고 생각했습니다. 추태의 극치라고 생각했지요. 그 사람은 지금까지 여인에게 아무리 사랑을 받아도 항상 아름답게, 마치 물처럼 차분했습니다. 조금도 흐트러진 적이 없지요. 머리가 이상해진 거야. 한심한 꼴하고는. 그 사람도 아직 젊으니 충분히 있을 법한 일이라고 할 수도 있지만, 그렇게 치면 저도 그 사람과 같은 나이입니다. 그 사람보다 두 달 늦게 태어났지요. 똑같이 젊습니다. 그럼에도 불구하고 저는 견디고 있습니다. 오로지 그 사람 하나에게만 마음을 바치며, 이제껏 그 어떤 여자에게도 마음이 동한 적이 없어요. 마리아의 언니인 마르타가 골격이 우람하고 덩치가 소처럼 큰데다 거친 성격에 억세게 일을 잘하는 것이 유일한 장점인 매력 없는 여인이라면, 마리아는 언니와 달리 뼈대가 가늘고 피부는 속이 비칠 정도로 창백한데다 손발에는 부드럽게 살이 올라 아담하고, 호수처럼 맑고 깊은 커다란 눈망울은 언제나 꿈꾸듯 황홀하게 먼 곳을 바라보고 있는, 그 마을 사람들 모두가 신기하게 여길 정도로 고상한 여인이었습니다. 저 역시 마음이 있었습니다. 마을에 나가면 그 여인에게 몰래 흰 명주 천이라도 사다 주려고 했지요. 아아, 이제 뭐가 뭔지 모르겠습니다. 내가 지금 무슨 말을 지껄이는 건지. 그렇지, 저는 분한 것입니다. 이유는 잘 모르겠습니다. 발을 동동 구르고 싶을 만큼 원통합니다. 그 사람이 젊다면, 저도 젊습니다. 저는 재능도 있을뿐더러 집과 밭도 있는 훌륭한 청년입니다. 그럼에도 저는 그 사람을 위해서 제가 가진 특권을 다 버렸습니다. 속았어요. 그 사람은 거짓말쟁이입니다. 나리. 그 사람은 제 여인을 빼앗아갔습니다. 아니, 아니지! 그 여인이 제게서 그 사람을 빼앗아간 것입니다. 아아, 그것도 아니야. 제 말은 죄다 엉터리입니다. 한마디도 믿지 마세요. 뭐가 뭔지 정말 모르겠습니다. 부디 용서해주십시오. 제가 그만 당치도 않은 말을 했습니다. 그런 천박한 일은 결코 없었습니다. 제가 불결한 말을 지껄였네요. 그렇지만 저는 정말 분합니다. 가슴을 쥐어뜯고 싶을 정도로 분합니다. 이유는 모르겠습니다. 아아, 질투란, 이 얼마나 견디기 힘든 악덕인지. 저는 목숨도 버릴 각오로 이제까지 오롯이 그 사람만을 사모하며 뒤따라왔는데, 그런 제게는 따뜻한 말 한마디 건네주신 적도 없으면서 그깟 천한 백성 신분의 여인을 뺨까지 붉혀가며 감싸시다니요. 아아, 역시 한심한 사람입니다. 머리가 이상해진 것이지요. 그 사람은 이제 틀렸다. 평범하기 짝이 없다. 한낱 인간이다. 죽는다고 해도 아쉬운 것이 없다. 거기까지 생각이 미치자, 저는 문득 무시무시한 생각을 하게 되었습니다. 악마에게 홀린 것일지도 모르지요. 그날 이후, 저는 차라리 내 손으로 그 사람을 죽여야겠다고 생각하기 시작했습니다. 언젠가 분명 죽임을 당할 분이다. 게다가 그 사람도 이따금씩 죽음을 바라는 듯한 모습을 살짝살짝 보이시기도 한다. 내 손으로 죽이자. 다른 이의 손에 죽는 것은 원치 않아. 그 사람을 죽이고 나도 따라 죽자. 나리, 눈물을 보여 부끄럽습니다. 예. 이제 울지 않겠습니다. 예, 예. 침착하게 말씀드리겠습니다. 그다음 날 드디어 저희는 그렇게나 동경하던 예루살렘을 향해 출발했습니다. 수많은 군중, 늙은 사람도, 젊은이도 모두 그 사람 뒤를 따랐습니다. 이윽고 예루살렘 궁전에 가까워졌을 때 그 사람은 길가에서 노쇠한 당나귀 한 마리를 발견하고는 미소를 머금은 채 당나귀에 올라타고서 "시온의 딸이여. 무서워 말거라. 보라. 네 왕은 나귀 새끼를 타고 오신다."[3]라며 예언[4]이 그대로 이루어졌

3_ 마태복음 21장. 여기서 시온의 딸은 예루살렘 시민을 뜻함.
4_ 예수가 어린 나귀를 타고 입성할 것이라는 이스라엘의 예언자 스가랴의 예언을 가리킴.

다고 영광스러운 얼굴로 제자들에게 말했지만, 저는 왠지 시큰둥한 기분이었습니다. 어찌나 초라한 모습이든지요. 이것이 기다리고 기다리던 유월절[5]에 예루살렘 궁전에 들어가는 다윗의 자손이 보여줄 모습이라니. 노쇠한 당나귀에 올라타 따각따각 힘없이 나아가는 이 볼품없는 광경이 그 사람이 평생토록 염원하던 영광스러운 모습이란 말인가. 저는 연민 이상의 감정을 느낄 수가 없었습니다. 실로 비참한, 어리석고 우스꽝스러운 한 편의 연극을 보는 기분이었지요. 아아, 이 사람도 이제 끝이구나. 앞으로 살아갈 날만큼의 천박한 추태를 더 보일 뿐이다. 꽃은 시들기 전까지만 꽃인 것이다. 아름답게 피어 있을 때 잘라내야 한다. 그 사람을 가장 사랑하는 것은 나다. 사람들에게 미움을 받아도 상관없다. 하루빨리 그 사람을 죽여야 한다는 저의 괴로운 결심은 더욱 견고해질 뿐이었습니다. 군중들은 점점 더 불어났고, 그 사람이 지나는 길마다 빨강, 파랑, 노랑, 형형색색의 옷을 던지거나 종려나무 가지를 꺾어서 그 길 위에 빽빽이 깔아주며 떠들썩한 환호로 그 사람을 맞았습니다. 그 사람의 앞뒤 양옆에 달라붙은 군중들은 이윽고 큰 파도처럼 그 사람과 당나귀를 뒤흔들며 "호산나. 다윗의 자손이여. 찬송하리로다. 주의 이름으로 오시는 이여, 가장 높은 곳에서 호산나!"[6] 하고 저마다 열광하며 찬송했습니다. 베드로와 요한, 바돌로메를 포함한 그의 모든 제자들은 멍청하게도 이미 눈앞에서 천국이라도 본 것처럼, 마치 개선장군의 뒤를 따르듯이 기쁨과 환희에 젖어 서로를 얼싸안고 눈물 젖은 입맞춤을 나누었습니다. 완고한 성격의 베드로도 요한을 껴안고서 엉엉 큰 소리로 목 놓아 울더군요. 그런 광경을 지켜보고 있자니, 저 또한

5_ 유대민족의 삼대 축일의 하나.

6_ 마태복음 21:9. 여기서 호산나는 '구하옵나니 이제 구원하옵소서'라는 뜻을 가진 헤브라이어.

그 제자들과 함께 고난을 견디며 전도의 길을 걸어온 인고의 날들이 떠올라 저도 모르게 눈시울이 붉어지더군요. 그리하여 그 사람은 궁으로 들어갔고, 무슨 생각을 한 건지 갑자기 당나귀에서 내려서는 밧줄을 집어 들고 휘두르며 경내 환전소의 탁자와 비둘기 장수의 의자 같은 것들을 마구 넘어뜨렸습니다. 사람들이 팔려고 데려온 소와 양까지도 그 밧줄 채찍을 휘둘러 전부 궁에서 쫓아냈지요. 그러고는 경내의 상인들을 향해 "네 녀석들은 모두 여기서 썩 꺼져라. 내 아버지의 집을 장사치의 집으로 만들 수는 없다." 하고 날카롭게 호통을 치셨습니다. 그 상냥하신 분이 주정뱅이처럼 그런 난동을 부리시다니, 조금 정신이 이상해졌다고밖에 생각할 수 없었습니다. 옆에서 지켜보던 이들도 모두 놀라 하며 그 사람에게 이유를 물었습니다. 그 사람은 거친 숨을 몰아쉬며 "너희는 얼른 이 궁을 부숴버리도록 해라. 내가 사흘 안에 그것을 다시 지어 보이겠다."라고 대답했고, 그의 우직한 제자들마저도 너무 무모한 그 말을 믿을 수 없어 넋을 놓고 있을 뿐이었습니다. 그렇지만 저는 알고 있었습니다. 그 사람은 그저 철없이 큰소리를 치는 것일 뿐이었습니다. 그 사람은 신앙이니 뭐니 하는 것으로 모든 일이 다 가능하다는 그 기개를 사람들에게 보이고 싶었던 것입니다. 그래도 그렇지, 밧줄을 채찍 삼아 휘둘러 힘없는 상인들을 쫓아내다니. 이 무슨 치사한 허세란 말입니까? 당신이 할 수 있는 최선의 반항이 고작 그런 것입니까? 고작 비둘기 장수의 의자를 걷어차 쓰러뜨리는 게 전부란 말입니까? 하고 비웃으며 묻고 싶은 심정이었습니다. 이미 그 사람은 가망이 없습니다. 엉망진창이지요. 자신을 사랑하는 마음을 잃었습니다. 자기 힘으로는 더 이상 할 수 있는 일이 없다는 것을 슬슬 깨닫기 시작해서, 허술한 모습을 더 보이기 전에 일부러 제사장에게 붙잡혀 이 세상을 떠나고 싫어진 것이겠지요. 그런 생각이 들자, 저는 그 사람을 깔끔하게 포기할 수 있었습니다. 지금까지 그런 철없는 도련님을 한결같이 사랑해 온 제 자신의 어리석음도 그냥 웃어넘길 수 있게 되었지요. 이윽고 그 사람은 궁에 모인 수많은 백성들을 앞에 두고 이제껏 해온 말들 중 가장 무례하고 거만한 폭언들을 멋대로 떠들어대기 시작했습니다. 그렇습니다, 될 대로 되라는 심정이었던 겁니다. 저는 그 모습이 지저분해 보이기까지 했습니다. 죽고 싶어서 안달이 난 모습이었지요.

"불행하여라, 위선자 율법학자들과 바리사이들아. 너희가 잔과 접시의 겉은 깨끗하지만, 그 안은 탐욕과 방종으로 가득 차 있기 때문이다. 불행하여라, 위선자 율법학자들과 바리사이들아. 너희가 겉은 아름답게 보이지만, 속은 죽은 이들의 뼈와 온갖 더러운 것으로 가득 차 있는 회칠한 무덤 같기 때문이다. 이처럼 너희도 겉은 아름다워 보이지만, 속은 위선과 불법으로 가득하다. 너희 뱀들아. 독사의 자식들아. 너희는 지옥 형 판결을 어떻게 피하려느냐. 예루살렘아, 예루살렘아. 예언자들을 죽이고 하느님이 보내신 이들에게 돌을 던져 죽이기까지 하는 자여. 암탉이 제 병아리들을 날개 밑으로 모으듯, 내가 몇 번이나 너희를 모으려고 하였던가. 그러나 너희는 마다하였다."[7]

멍청한 말입니다. 웃음거리지요. 흉내 내기조차 싫군요. 참으로 터무니없는 말을 하는 녀석입니다. 그 사람은 미쳐버린 겁니다. 그 외에도, 기근이 닥치고 지진이 일어나고, 하늘에서 별이 떨어지고 달이 빛을 잃을 것이다, 땅에 넘쳐나는 인간의 시체 주변에 그것을 쪼아 먹으려는

7_ 마태복음 23장. 여기서 바리사이는 B.C. 1세기~A.D. 1세기에 사두가이파와 함께 세력이 컸던 유대교의 일파를 일컬음. 예루살렘이 파괴되고 이스라엘이 망한 후에 유대인들 사이에서 영향력 있는 집단으로 남았으나, 그 율법적인 전통으로 인해 세례자 요한이나 예수의 비난을 받았다.

독수리가 모여들고, 그때 사람들은 한탄하고 이를 갈며 분해할 일이 생길 것이다, 따위의 어처구니없는 폭언들을 되는대로 떠들어대더군요. 이 얼마나 생각 없는 말들입니까? 거만함이 하늘을 찌르더군요. 멍청이. 제 분수도 모르고. 혼자 신이 난 꼴이라니. 이미 그 사람은 죄를 용서받을 수 없습니다. 반드시, 십자가. 그것으로 정해졌다.

제사장과 장로들이 몰래 대제사장 가야바의 집 안뜰에 모여 그 사람을 죽이기로 결의했다는 이야기를 어제 마을 상인에게 들었습니다. 군중들 앞에서 그 사람을 붙잡았다가는 군중들이 폭동을 일으킬지도 모르니, 그 사람과 제자들만 있을 때 관청에 신고하는 자에게는 은화 삼십 냥을 준다는 이야기도 들었지요. 이제 유예기간은 끝났다. 어차피 그 사람은 죽을 거야. 다른 이의 손에, 하급 관리의 손에 넘겨줄 바에야 내가 하자. 그것이 지금까지 내가 그 사람에게 바쳐온 일편단심의 애정에서 우러나온 마지막 인사가 될 것이다. 나의 의무다. 내가 저 사람을 팔아버리겠어. 괴로운 입장이로구나. 한결같은 사랑에서 비롯된 나의 이런 행동을 누가 제대로 이해해줄까. 아니, 다른 이들이 이해해주지 않는다고 해도 상관없다. 내 사랑은 순수하다. 사람들의 이해를 얻기 위한 사랑이 아니다. 그런 천박한 사랑이 아니다. 나는 영원히 사람들에게 미움을 받겠지. 그렇지만 이 순수한 사랑의 탐욕 앞에서는 그 어떤 형벌도, 지옥불도 문제가 되지 않는다. 나는 내 방식대로 살아갈 것이다. 저는 몸이 부들부들 떨릴 정도로 굳게 결심했습니다. 그리고 은밀하게 적당한 때를 엿보며 기다렸지요. 이윽고 축제 당일이 되었습니다. 저희들 사제師弟 열세 명은 언덕 위 오래된 식당의 어스름한 2층 객실을 빌려 축제의 연회를 열기로 했지요. 모두 식탁 앞에 모여 식사를 시작하려던 찰나 그 사람이 갑자기 일어서서는 말없이 웃옷을 벗기 시작했고,

저희들은 그 사람이 대체 무엇을 하고자 하는 것인지 몰라 의아하게 바라보기만 했지요. 그 사람은 식탁 위의 물병을 집어 물병 안의 물을 방 한구석에 놓여 있던 대야에 따르더니, 새하얀 수건을 자신의 허리에 걸치고 대야에 담긴 물로 제자들의 발을 차례차례 씻겨주셨습니다. 제자들은 그 이유를 몰라 당황스러워하며 어쩔 줄 몰라 했지만, 저는 왠지 그 사람의 숨은 마음을 알 것 같았습니다. 저 사람은 쓸쓸한 것이다. 극도로 심약해져서 무지몽매한 제자들에게라도 매달리려 하는 것이 분명하다. 불쌍하게도. 그 사람은 피할 수 없는 자신의 운명을 잘 알고 있었던 것입니다. 저는 그 광경을 지켜보며 갑자기 강한 울음이 목 끝까지 치밀어 오르는 것을 느꼈습니다. 당장이라도 그 사람을 끌어안고 함께 울고 싶어졌지요. 아아, 불쌍한 당신을 어찌 벌할 수 있을까요. 당신은 항상 따뜻했습니다. 항상 옳았습니다. 언제나 가난한 자들의 편이었지요. 또한 당신은 늘 빛이 날 정도로 아름다웠습니다. 당신은 틀림없는 신의 아들입니다. 저는 알고 있습니다. 부디 용서해주세요. 저는 당신을 팔아넘길 작정으로 요 며칠간 기회를 엿보고 있었습니다. 하지만 이제는 싫습니다. 당신을 배신하다니, 그런 무도한 생각을 하다니요. 안심하세요. 이제부터는 관리 오백 명과 군사 천 명이 몰려온다고 해도 결코 당신의 몸에는 손끝 하나 건드리지 못하게 할 것입니다. 지금 당신을 노리는 자들이 있습니다. 위험합니다. 얼른 여기서 도망쳐야 합니다. 베드로, 야곱, 요한, 너희들도 모두 어서 오거라. 우리의 따뜻한 주인을 지키며 평생 오래도록 함께 살자. 입 밖으로는 꺼낼 수 없는 진심 어린 사랑의 말이 가슴속에서 끓어올랐습니다. 저는 지금껏 한 번도 느껴보지 못한 일종의 숭고한 영감에 휩싸였고, 뜨거운 사죄의 눈물이 기분 좋게 볼을 타고 흘러내렸습니다. 이윽고 그 사람은 저의 발을 조용히 정성스럽게 씻겨주시고는 허리에 두르고 있던 수건으로 부드럽게 닦아주셨습니다. 아아, 그때의 감촉이란. 그렇습니다. 저는 그때 천국을 본 것인지도 모릅니다. 제 다음에는 빌립의 발을, 그리고 그 다음에는 안드레와 베드로의 발을 씻을 차례였습니다. 지나치게 우직한 성격의 베드로는 미심쩍은 기분을 감추지 못하고, 주여, 당신은 왜 저희들의 발을 씻겨주시는 것입니까, 하고 다소 불만이 섞인 말투로 시큰둥하게 물었지요. 그 사람은 "아아, 지금 너희들은 내가 하는 일을 이해하지 못하겠지. 훗날 알게 될 것이다."라고 차분하게 타이르며 베드로의 발치에 앉았지만, 베드로는 여전히 그것을 완강히 거부하며 아니요, 안 됩니다, 제 발 따위를 씻어주시다니, 너무 과분합니다,라며 발을 움츠리고 고집을 부렸습니다. 그러자 그 사람이 조금 언성을 높이며 "만약 내가 너의 발을 씻겨주지 않는다면, 너와 나는 이제 더 이상 아무런 관계도 없는 것이 된다."라고 단호하게 말했고, 베드로는 몹시 당황했습니다. 아아, 죄송합니다, 그렇다면 저의 발뿐만 아니라 손과 머리까지도 마음껏 씻겨주십시오,라며 간절히 부탁하는 모습을 보고, 저는 그만 웃음이 터졌습니다. 다른 제자들도 조용히 미소를 지었고, 방 분위기도 조금 밝아졌지요. 그 사람도 살며시 웃으며 말했습니다. "베드로. 발만 씻고 나면 그걸로 너의 온몸이 맑고 깨끗해질 것이다. 아아, 너뿐만 아니라 야곱과 요한, 그리고 모두가 더러움이 없는 깨끗한 몸이 되었다. 그렇지만." 그 사람은 말을 하다가 허리를 펴더니 갑자기 고통을 견디기 힘들다는 듯 한없이 슬픈 눈빛을 보이다가 이내 눈을 질끈 감았고, 그 상태로 말을 이었습니다. "모두가 깨끗하다면 좋으련만." 정신이 번쩍 들었습니다. 당했구나! 내 얘기를 하는 것이다. 제가 그 사람을 팔아넘기려고 계획한, 방금 전까지 품었던 어두운 마음을 간파한 것입니다. 하지만 그때는 그렇지 않았습니다. 정말로, 저는 달라져 있었습니다! 저는 깨끗해진 상태였습니다. 저는 그때 이미 생각을 고쳐먹은 후였습니다. 아아, 그 사람은 그걸 모릅니다. 정말 모릅니다. 아니야! 아닙니다,라고 목 끝까지 치미는 절규를, 저의 약하고 비굴한 마음이 침 삼키듯 삼켜버렸습니다. 말할 수 없다. 아무 말도 할 수가 없다. 그 사람의 말을 듣고 나니, 어쩌면 나는 깨끗해진 게 아닐지도 모른다,라고 나약하게 긍정하는 비뚤어진 마음이 고개를 들기 시작했습니다. 그리고 그 비굴한 반성의 마음이 추접하고 검게 부풀어 올라 저의 오장육부를 헤집기 시작하더니, 반대로 분노가 불끈 솟아올라 불꽃처럼 뿜어져 나왔습니다. 에잇, 이제 틀렸다. 나는 이제 다 틀렸다. 저 사람은 진심으로 나를 미워하고 있다. 팔자. 팔아버리자. 저 사람을 죽이자. 그리고 나도 함께 죽자. 그런 결심이 다시 눈을 떴고, 저는 완전히 복수의 화신이 되었습니다. 그 사람은 끊임없이 오락가락하는 제 마음의 동요를 눈치채지 못한 듯, 곧 웃옷을 걸쳐 입고 복장을 단정히 한 후 느긋하게 자리에 앉더니 몹시 창백한 얼굴로 말했습니다.

"내가 너희들의 발을 씻겨준 이유를 알겠느냐. 너희들은 나를 주라고 칭하기도 하고 스승이라 칭하기도 하는 모양인데, 그건 틀림없는 사실이다. 나는 너희들의 주이자 스승임에도 너희들의 발을 씻겨주었으니, 이제부터는 너희들 또한 서로의 발을 사이좋게 씻겨주어야 한다. 나는 너희들과 영원히 함께 할 수 없을지도 모른다. 그래서 지금 이 기회에 너희들에게 모범을 보인 것이다. 내가 한 대로 너희들도 행하도록 하여라. 스승은 반드시 제자보다 뛰어난 법이니, 내 말을 새겨듣고 잊지 말도록 하여라."

그 사람은 몹시 울적한 말투로 그렇게 말하고는 조용히 식사를 시작했습니다. 그러나 이내 다시 고개를 숙이고 신음하며 흐느끼는 듯한 고통스러운 목소리로 "너희 중 한 명이 나를 배신할 것이다."라고 말씀하셨습니다. 제자들은 소스라치게 놀라며 일제히 자리를 박차고 일어나 그 사람 주위에 몰려들었습니다. 주여, 그것이 저입니까. 주여, 저를 두고 하시는 말씀이십니까, 하고 저마다 소란을 떨었지요. 그 사람은 마치 죽은 사람처럼 힘없이 고개를 저으며 "내가 지금 그에게 빵 한 조각을 줄 것이다. 그는 아주 불행한 사내야. 차라리 태어나지 않는 편이 나았다."라고 예상외의 단호한 말투로 그렇게 말하고는 빵 한 조각을 집어 들더니, 그대로 팔을 뻗어 정확히 제 입 앞에 가져다 댔습니다. 저도 이미 각오하고 있었지요. 수치스럽기보다 원망스러웠습니다. 그 사람의 고약한 심술이 새삼 원망스러웠습니다. 이렇듯 제자들 모두가 보는 앞에서 버젓이 저를 욕보인 일이 한두 번이 아니니까요. 물과 불. 영원히 하나로 녹아들 수 없는 숙명이, 저와 그놈 사이에 존재하는 것입니다. 개나 고양이에게 주듯 빵 부스러기를 내 입에 밀어 넣는 게 그놈이 할 수 있는 최선의 분풀이란 말인가. 하하, 멍청한 놈. 나리. 그 녀석은 저에게 '어서 네가 하려던 일을 하여라.'라고 말하더군요. 저는 곧장 식당에서 뛰쳐나와 밤길을 쉬지 않고 달려서 지금 여기에 왔습니다. 그리고 이렇듯 다급하게 그를 고발하는 것입니다. 자, 어서 그 사람을 벌해주세요. 원하시는 대로 마음껏 벌해주십시오. 그를 붙잡아 몽둥이로 때린 다음 옷을 홀딱 벗겨 죽여버리는 것이 좋겠군요. 저는 이제 더 이상 참을 수가 없습니다. 아주 불쾌한 놈입니다. 지독한 놈이지요. 지금까지 저를 이렇게나 괴롭혀 왔습니다. 하하하하. 빌어먹을 놈 같으니라고. 그 사람은 지금 기드론 골짜기 저편의 겟세마네 동산[8]에 있습니다. 지금쯤이면 2층 객실에서 식사도 끝내고 제자들과 함께 겟세마네 동산에서 하늘에 기도를 올리고 있을 시간입니다. 제자들 외에는 아무도 없습니다. 지금이라면 별 어려움 없이 그 사람을 잡을 수 있습니다. 아아, 새 울음소리가 시끄럽군요. 오늘 밤은 새들의 울음소리가 어찌 이리 귀에 거슬리는지요. 여기로 달려오면서 지나온 숲에서도 작은 새들이 시끄럽게 울어대고 있더군요. 밤에 우는 새는 드문데 말입니다. 저는 순간 아이 같은 호기심이 일어 그 작은 새를 직접 보고 싶어졌습니다. 발걸음을 멈추고 고개를 갸웃거리며 나뭇가지 사이를 살폈습니다. 아아, 제가 쓸데없는 말을 떠들어댔군요. 죄송합니다. 나리. 준비는 다 되셨습니까. 아아, 즐거워라. 기분이 아주 좋군요. 오늘 밤은 제게도 마지막 밤이 될 것입니다. 나리, 나리. 오늘 밤 그 사람과 제가 멋지게 어깨를 나란히 하고 서 있는 광경을 꼭 지켜봐 주십시오. 저는 오늘 밤 반드시 그 사람과 나란히 서 보일 것입니다. 그 사람을 두려워하지 않을 것입니다. 비하하지도 않을 것입니다. 저는 그 사람과 동갑입니다. 그 사람과 마찬가지로 훌륭한 젊은이지요. 아아, 새가 시끄럽게 울어대는군요. 너무 시끄러워 귀에 거슬립니다. 왜 이리도 소란스럽게 울어대는지. 짹짹짹짹, 대체 왜 이리 소란일까요. 아니, 그 돈은? 저에게 주시는 것입니까? 은화 삼십 냥을. 그렇군요. 하하하하. 아니요. 거절하겠습니다. 얻어맞기 전에 집어넣으시는 게 좋으실 겁니다. 돈 욕심이 나서 고발하러 온 게 아니니 썩 집어넣으시오! 아니, 죄송합니다. 받겠습니다. 그렇지, 전 상인이니까요. 아름다운 그 사람에게 항상 멸시를 받아온 것도 바로 그 돈 때문이었지. 받겠습니다. 어차피 전 상인입니다. 그 사람이 그토록 경멸하는 그 돈으로 훌륭히 복수해줄 것입니다. 이것이 제게 가장 잘 어울리는 복수 방법이니까요. 꼴좋다!

8_ 예루살렘의 감람산의 서쪽 기슭에 있는 동산으로, 예수가 십자가에 못 박히기 전날 밤 최후의 기도를 올린 곳이다.

은화 삼십 냥에 그 녀석은 팔려나간다. 나는 전혀 울지 않는다. 나는 그 사람을 사랑하지 않는다. 처음부터 단 한 순간도 사랑한 적이 없어. 예, 나리. 제가 이제껏 말씀드린 것은 다 거짓입니다. 저는 돈이 탐나서 그 사람을 따랐습니다. 아아, 분명 그런 것입니다. 그 사람이 결코 제게 돈이 되지 않으리란 사실을 오늘 밤 확실히 깨달았고, 그래서 상인인 제가 주저 없이 돌아선 것이지요. 돈. 결국 세상은 돈이 전부야. 은화 삼십 냥이라니, 이 얼마나 훌륭한가. 받겠습니다. 저는 인색한 상인입니다. 너무 탐나는군요. 예, 감사합니다. 예, 예. 말씀드리는 것이 늦었네요. 제 이름은 상인 유다. 헤헤. 이스가리옷 유다입니다.

太宰治

「늙은 하이델베르크」

1940년 3월, 잡지 『부인화보』에 발표됐다.

다자이는 이 작품의 제목을 독일의 작가 W. 마이어푀르스터의 희곡 「알트 하이델베르크」(한국에는 『황태자의 첫사랑』이라는 제목으로 번역됨)에서 따왔다. '알트 하이델베르크'는 독일 남서부에 위치한 도시로, '알트'는 독일어로 '오래 된' '늙은'이라는 뜻이다. 다자이는 알트 대신 한자로 늙을 노老를 쓰고 그 위에 알트라고 음을 달았는데, 이러한 제목의 변형도 이 작품의 주목할 만한 특징이라고 할 수 있다.

다자이는 실제로 이 작품에 등장하는 미시마의 한 여관에서 「로마네스크」(1934년)라는 작품을 집필한 바 있다.

팔 년 전 일입니다. 그 당시 저는 극도로 나태한 제국대학[1] 학생이었습니다. 저는 그해 여름을 도카이도 미시마에 있는 여관에서 보냈습니다. 고향의 누나가 이게 마지막이라는 말과 함께 용돈 오십 엔을 보내주었지요. 저는 학생 가방에 갈아입을 유카타와 셔츠 같은 것들을 꾹꾹 채워 넣고 훌쩍 여관을 나섰습니다. 그런 다음 곧장 역으로 가서 기차에 올라탔으면 좋았을 것을, 실수로 길을 잘못 들어 단골 어묵 가게에 들어가게 되었습니다. 그곳에는 때마침 친구 두세 명이 모여 있었습니다. 이야, 그렇게 차려입고 어딜 가는 거야? 이미 술에 잔뜩 취한 친구들이 저를 놀렸지요. 저는 소심하게 당황해서 '아니, 뭐 꼭 어디를 가려던 건 아닌데. 혹시 너희들도 함께 가지 않겠어?'라는 마음에도 없는 말을 해버렸지요. 게다가 거기서 멈추지 못하고 '내게 오십 엔이 있거든. 고향에 있는 누나에게 받았어. 다 같이 여행 가지 않을래? 뭐 준비 같은 건 필요 없어. 그냥 몸만 가면 된다고. 가자, 가자.'라며 될 대로 되라는 심정으로 친구들을 가게에서 끌고 나와 버렸습니다. 그다음

1_ 현재의 도쿄대, 교토대 등의 전신으로, 1886년에 공포된 일본의 제국대학령에 의하여 설립된 대학이다.

일이 어떻게 될지는 저도 알 수가 없었습니다. 그즈음에는 저도 상당히 태평한 구석이 있는 아이였습니다. 저희가 태평하게 어리광이나 부릴 수 있게끔 해주는 세상이기도 했고요.

저는 미시마에 가서 소설을 쓸 생각이었습니다. 미시마에는 다카베 사키치라는, 저보다 두 살 어린 청년이 운영하는 술집이 있었습니다. 사키치 씨의 형은 누마즈시에서 큰 양조장을 운영하고 있는데, 사키치 씨는 그 집의 막내였습니다. 저와는 우연한 기회에 알게 되었는데, 저도 사키치 씨와 마찬가지로 막내인데다 일찍 아버지를 여읜지라 사키치 씨와는 이야기가 잘 통했습니다. 저는 사키치 씨의 형과도 만난 적이 있는데, 제법 배짱이 두둑하고 훌륭한 분이었습니다. 사키치 씨는 가족들의 사랑을 독차지하고 있음에도 불구하고 이것저것 불만이 많아서, 고향집을 뛰쳐나와 도쿄에 있는 저의 하숙집으로 싱글싱글 웃으며 찾아온 적도 있지요. 집에서 온갖 어리광을 부리고 떼를 쓰곤 했던 모양입니다. 지금은 어찌어찌 성격이 차분해져서 미시마 변두리에 있는 아담한 집에 살면서, 형의 양조장에서 만드는 술통을 가게 앞에 진열해두고 술을 팔기 시작했습니다. 사키치 씨는 스무 살이 된 여동생과 함께 살고 있었습니다. 저는 그 집에 머무를 생각이었습니다. 하지만 사키치 씨의 집에 대해서는 편지로 대충 설명을 들었을 뿐 집을 본 적은 없었기에, 일단 가서 직접 보고 머물러도 괜찮을 듯하면 여름 동안 신세를 지면서 소설을 한 편 쓰려고 했는데, 본의 아니게 친구 세 명을 초대해버렸습니다. 일단 미시마까지 가는 기차표 네 장을 사서 친구들을 자신만만하게 기차에 태우긴 했지만, 이렇게 여러 사람이 사키치 씨의 좁은 가게에 몰려가서 민폐를 끼쳐도 될지 걱정이 됐고, 기차가 앞으로 달려나가면 갈수록 저의 불안감은 더욱 커졌습니다. 그러는 중에 해가 저물었습니다. 미시마역이 가까워지자 너무 불안한 나머지 온몸이 조금씩 떨려오기 시작했고, 심지어는 눈물까지 글썽였습니다. 저는 불안한 마음을 친구들에게 들키고 싶지 않아서, 일부러 더 열심히 사키치 씨가 얼마나 좋은 사람인지에 대한 이야기를 늘어놓았습니다. 미시마에 도착하기만 하면 정말 굉장할 거야, 미시마에 도착하기만 하면 정말 굉장할 거야,라는 멍청하고 무의미한 말을 몇 번이나 반복했지요. 미리 사키치 씨에게 전보를 쳐두긴 했지만 과연 사키치 씨가 역으로 마중을 나와 줄지는 알 수 없는 일이었습니다. 혹시 마중을 나와 주지 않는다면 친구 세 명을 떠맡은 채로 도대체 뭘 어떻게 해야 할지. 제 체면이 구겨지고 말겠지요. 미시마역에 내려서 개찰구를 빠져나오니, 대합실 안은 사람 하나 없이 텅 비어있었습니다. 아아, 역시 틀렸어. 저는 울상이 되었습니다. 역이 논밭 한가운데에 있어 미시마 시내의 불빛도 보이질 않았고, 주위 어느 쪽을 둘러봐도 칠흑같이 어둡기만 했지요. 논을 어루만지는 바람 소리가 사각사각 들려오고, 개구리 울음소리가 가슴 깊이 스며들었습니다. 저는 눈앞이 캄캄했습니다. 사키치 씨 없이 저 혼자서는 도무지 수습이 불가능했던 것입니다. 기차표며 뭐며 이것저것 사느라 누나에게 받은 오십 엔도 제법 많이 줄었고, 친구들에게 가진 돈이 있을 리도 없었습니다. 하지만 처음부터 그것을 알고서 어묵 가게에 있던 친구들을 끌고 나온 것이었고 친구들도 저를 무척이나 믿고 있는 눈치였기 때문에, 저는 억지로 자신감 넘치는 태도를 보여야만 하는 괴로운 입장이었습니다. 저는 애써 웃어 보이며 큰 소리로 말했습니다.

"사키치 씨도 참 태평하군. 시간을 착각한 게 분명해. 걸을 수밖에 없겠어. 원래 이 역에는 버스고 뭐고 없어." 저는 이 주변에 대해 다 아는 척 연기를 하며 가방을 고쳐 들고 빠른 걸음으로 걷기 시작했습니다.

그때였습니다. 어둠 속에서 노란 헤드라이트 불빛이 두둥실 떠오르더니 흔들흔들 이쪽으로 다가오기 시작했습니다.

"엇, 버스다. 이제는 버스도 다니는군." 저는 겸연쩍게 중얼거리며, "어이, 버스가 온 것 같아. 저걸 타자!"하고 친구들에게 소리쳤습니다. 모두들 길가에 줄지어 서서 느릿느릿 다가오는 버스를 기다렸지요. 얼마 지나지 않아 버스가 역 앞 광장에 멈추어 섰고, 사람들이 줄지어서 내리기 시작했습니다. 그런데 그 틈에 하얀색 유카타를 입은 사키치 씨가 보이는 게 아니겠습니까? 저는 신음소리가 새어 나올 정도로 안심했습니다.

사키치 씨가 저를 살렸습니다. 그날 밤에는 사키치 씨의 안내를 받아 미시마에서 차로 30분 거리에 있는 고나 온천에 갔습니다. 친구 셋과 사키치 씨 그리고 저, 이렇게 다섯 명이 고나에서도 가장 좋은 축에 속하는 방에 자리를 잡았습니다. 그러고는 이것저것 실컷 먹고 마시며 신나게 놀았지요. 친구들도 아주 만족한 모양인지, 다음날 아주 유쾌하게 고맙다고 몇 번이나 인사를 하고 돌아갔습니다. 사키치 씨의 소개로 특별히 여관비도 할인을 받은 덕분에 저의 빈곤한 주머니 사정으로도 충분히 돈을 지불할 수 있었습니다. 하지만 친구들에게 돌아갈 기차표를 사주고 나니 남은 건 오십 전도 안 되더군요.

"사키치 씨. 나 빈털터리가 됐지 뭐야. 사키치 씨네 집에 내가 신세질 만한 방이 있을까?"

사키치 씨는 아무 말 없이 제 등을 힘껏 두드려주었습니다. 그리하여 저는 여름 동안 사키치 씨의 집에 머무르게 되었습니다. 미시마는 때 묻지 않은 아름다운 곳이었습니다. 물이 풍부하고, 윤택한 실개천이 시내 한복판을 거미줄처럼 종횡무진 빈틈없이 흐르고 있었지요. 그

맑은 흐름의 바닥에는 푸르디푸른 마름풀이 가득했습니다. 실개천은 모든 집들의 정원 앞과 툇마루 아래를 지나 부엌 앞을 찰랑찰랑 씻어 내리며 흘렀기 때문에, 미시마에 사는 사람들은 부엌에 앉은 채로 깨끗하게 옷을 세탁할 수 있었습니다. 옛날에는 도카이도에서도 꽤 유명한 역참 마을이었다가 차차 쇠퇴했다고 하는데, 마을의 오랜 주민들만이 외고집으로 전통을 뽐내며 쇠퇴한 후에도 화려한 풍습은 잃지 않았습니다. 말하자면, 멸망한 나라의 백성들이 명예로운 나태함에 빠져 사는 것과 비슷합니다. 일을 하지 않는 사람이 상당히 많았지요. 사키치 씨 집 뒤에 가끔 경매 시장이 서곤 했는데, 그것을 구경하러 갔다가 그만 눈살을 찌푸리고 말았습니다. 사람들이 뭐든 가리지 않고 닥치는 대로 내다 팔아버리는 것입니다. 타고 온 자전거를 그대로 팔아버리는 건 그나마 나은 편이고, 어느 할아버지 한 분은 품속에서 하모니카를 꺼내어 단돈 오 전에 팔아버리더군요. 정말 기괴한 광경이었습니다. 심지어 오래된 달마 족자, 은도금이 된 시곗줄, 옷깃에 때가 묻은 여성용 겉옷, 장난감 기차, 모기장, 페인트 그림, 바둑돌, 대패, 아이의 배냇저고리까지. 웃음기 하나 없는 얼굴로 십칠 전이네, 이십 전이네, 흥정을 하며 사고팔았습니다. 그곳에 모이는 사람들은 거의 다 사십 대에서 오륙십 대에 이르는 남자였는데, 주색에 빠져서 술을 살 돈을 구하기 위해 바짓가랑이에 매달리는 처자식을 호되게 뿌리치고는 집에 있는 물건을 모조리 가지고 나와 팔고 있는 듯한 느낌이었습니다. 혹은 할아버지가 손자에게 하모니카를 잠시 빌리겠다고 거짓말을 한 후 몰래 뒷문으로 빠져나와 허둥지둥 경매 시장으로 달려온 듯한 느낌도 들었지요. 염주를 단돈 이 전에 팔아버린 할아버지도 있었습니다. 그중에서도 특히 심했던 것은 반쯤 입다 만 여성용 겹옷을 그대로 돌돌 말아 품에 넣어온, 머리가 벗어진 고상한 인상의 노인이었습니다. 너덜너덜해진 그 천 뭉치(그건 이미 옷이 아니었습니다)를 펼쳐놓고 얼굴에 자조적인 웃음을 띤 채로 자, 얼마, 얼마, 하며 가격을 부풀리고 있었지요. 참으로 퇴폐한 마을이었습니다. 시내에 있는 술집도 여전히 옛날 역참 마을 시절의 모습 그대로였습니다. 낮은 처마와 기름을 바른 장지문이 그대로 남아있는 지저분한 가게에서는, 술을 시키면 반드시 늙은 주인이 직접 술을 데워주곤 했습니다. 오십 년간 직접 손님들에게 술을 데워준 것에 대한 자부심이 대단했지요. 술을 어떻게 데우느냐에 따라 술의 맛이 결정된다며, 아주 의욕적인 모습이었습니다. 나이 든 사람이 그 모양이니 젊은 사람들도 덩달아 노는 생활에 익숙해져서는 아주 약해빠진 꼴을 하고 있었습니다. 매일 아침 제각기 다양한 몸집의 게으름뱅이들이 사키치 씨의 집에 모여들었습니다. 사키치 씨는 겉보기와는 다르게 꽤 싸움이 센 모양인지 모두 사키치 씨를 따르는 듯했습니다. 제가 2층에서 소설을 쓰고 있으면 모두들 아래층 가게에 모여 아침부터 시끄럽게 소란을 피우곤 했는데, 어느 날 사키치 씨가 아주 새된 목소리로,

"여하튼 2층에 와 있는 손님은 대단한 사람이야. 도쿄 긴자를 돌아다녀 봐도 저 정도로 남자다운 사람은 찾아볼 수 없지. 싸움도 잘하고 심지어는 감옥에 들어간 적도 있다니까. 가라테도 배운 사람이야. 여기 기둥이 움푹 들어간 것 보이지. 이게 2층 손님이 주먹으로 살짝 친 흔적이야."라고 터무니없는 거짓말을 하더군요. 저는 마음이 너무 불편해서 1층으로 내려가 사다리 계단 뒤에 서서 작은 목소리로 사키치 씨를 불러 말했습니다.

"그렇게 되는 대로 막 말하면 안 돼. 내가 얼굴도 못 내밀게 되잖아."

제가 퉁명스럽게 볼멘소리를 하자, 사키치 씨는 생글생글 웃으며 말하더군요.

"아무도 진지하게 듣지 않아요. 처음부터 거짓말인 줄 알고 듣는 거라니까요? 저 녀석들은 이야기가 재미있기만 하면 그저 기쁜 겁니다."

"그런가? 예술가들만 모였나 보군. 그래도 이제부터 그런 거짓말은 하지 말도록 해. 내가 마음이 불편하다고."

저는 그렇게 말하고 2층으로 올라가, 「로마네스크」라는 소설을 계속 써 내려갔습니다. 하지만 얼마 지나지 않아 또 사키치 씨의 새된 목소리가 들리더군요.

"술이 센 걸로 치면 누가 뭐래도 2층 손님을 이길 사람이 없지. 두 홉 술병으로 세 병을 마시고도 볼이 조금 붉어지는 정도라니까? 그렇게 마시고도 가볍게 자리에서 일어서서는 나보고 목욕탕이나 가자는 거야. 대단하지? 욕탕에 들어가서 면도칼로 느긋하게 수염을 깎는데 상처 한 번 난 적이 없고, 가끔 내 수염까지 깎아준다니까? 그리고 돌아와서 또 열심히 일하는 거야. 참 점잖은 사람이야."

이것 또한 거짓말입니다. 매일 저녁 밥상에 부탁하지도 않은 커다란 두 홉짜리 술병이 딸려 올라오는데, 호의를 무시하기도 좀 그래서 그냥 급하게 마셔버리곤 합니다. 제조된 곳에서 바로 가져온 술이라 물이 섞여 있지도 않고 순도 수가 굉장히 높아서, 보통 술 다섯 홉 정도를 마신 것만큼 취하지요. 사키치 씨는 자기 집에 있는 술은 마시지 않습니다. 형이 속여 만들어서 부당한 이익을 취하는 것을 이 눈으로 본 이상 그런 술은 결코 마실 수 없어요. 토악질이 날 것 같아요. 그렇게 말하며 술은 꼭 다른 가게에 가서 마시곤 했지요. 그런 이유로 사키치 씨가 술을 마시지 않기 때문에 늘 저 혼자만 취해 있는 것이 참 멋쩍었습니다.

머리가 빙글빙글 돌아도 꾹 참고 두 홉을 후딱 마셔버리고 재빨리 식사를 하는데, 식사를 끝내기가 무섭게 사키치 씨는 제게 목욕탕에 가자고 합니다. 거절하면 너무 무례하게 보일까 싶어서 결국 함께 가게 되지요. 욕탕에 들어가면 숨쉬기가 힘들어서 곧 죽을 것 같은 상태가 됩니다. 제가 비틀대며 욕탕에서 탈의실로 도망가려고 하면, 사키치 씨는 저를 붙잡고 수염이 자랐으니 깎아주겠다고 친절하게 말합니다. 그러면 저는 또 그것을 거절하지 못하고, 그럼 부탁할게요, 하고 맡겨버리게 되지요. 녹초가 되어 비틀비틀 집으로 돌아와서, 일을 좀 해볼까,라고 중얼대며 2층으로 올라갔다가 결국 그대로 뻗어 잠들어버리기 일쑤였습니다. 사키치 씨도 분명 그걸 다 알고 있었을 텐데, 도대체 왜 그런 거짓말을 자랑스럽게 늘어놓은 걸까요? 미시마에는 아주 유명한 미시마 다이샤[2]라는 곳이 있습니다. 그 무렵 1년에 한 번 있는 축제가 점점 가까워지고 있었지요. 늘 사키치 씨의 가게 앞에 모여드는 젊은이들도 제각기 그 축제의 임원을 맡고 있었는데, 함께 여러 가지 계획을 세우며 들떠서 이야기를 나누곤 했습니다. 오도리 야타이, 데고마이, 다시, 하나비[3] 같은 것들이 있었지요. 미시마의 하나비는 전통이 깊다고 하는데, 미즈하나비라는 것도 있었습니다. 미즈하나비는 신사에 있는 연못 한가운데에서 시카케하나비[4]를 쏘아 올리는 것으로, 그 불꽃이 연못의 수면에 비쳐서 마치 불꽃이 연못 바닥에서 뭉게뭉게 피어오르는 것처럼 보인다고 합니다. 대략 백 종류 정도가 되는 시카케하나비의 명칭이

2_ 일본 전국에 있는 약 700여 개의 미시마 신사의 본사本社.

3_ 오도리 야타이는 지붕이 달린 이동 무대, 데고마이는 에도시대 제례 때 여흥으로 추던 춤, 다시는 축제 때 끌고 다니는 장식 수레, 하나비는 불꽃놀이를 뜻한다.

4_ 여러 가지 모양이 나타나도록 장치한 규모가 큰 불꽃.

순서대로 적혀 있는 목록이 각 집에 배부되기 시작했고, 날이 갈수록 고조되는 축제 분위기가 적막한 마을 구석구석을 묘하게 슬픈 느낌으로 달아오르게 만들었습니다.

축제 당일은 아침부터 날씨가 맑았습니다. 제가 세수를 하러 우물가로 나가자 사키치 씨의 여동생이 머리에 쓰고 있던 수건을 벗고는 축하해요, 라며 제게 인사를 하더군요. 아아, 축하해. 저도 자연스럽게 축하의 말을 건넸습니다. 사키치 씨는 하레기[5]가 아닌 평상복을 입은 채 무덤덤한 얼굴로 가게 일을 보고 있었습니다. 잠시 후 젊은이들이 몰려왔는데, 모두 화려한 큰 물결무늬 유카타 차림에 허리에는 부채를 꽂고 함께 맞춘 수건을 목에 걸고서, 야아, 축하해요. 안녕하세요, 축하해요, 하며 밝게 웃는 얼굴로 저와 사키치 씨에게 인사를 하더군요. 그날은 저도 아침부터 왠지 기분이 들떴지만, 그렇다고 해서 그 젊은이들 속에 끼어 함께 돌아다니며 놀지는 못했습니다. 그저 잠시 일을 하다가 자리에서 일어나 2층 방을 어슬렁대기만 했지요. 창문에 기대어 정원을 내려다보니 무화과나무 그늘 아래에서 사키치 씨의 여동생이 평소와 다름없이 사키치 씨의 바지와 저의 셔츠 같은 것들을 빨고 있었습니다.

"사이! 축제 보러 안 가?"

하고 제가 큰 소리로 말을 걸자 사이가 웃으며 제 쪽을 돌아보더니,

"전 남자를 싫어해서요." 하고 역시 큰 소리로 대답하고는 다시 철벙철벙 빨래를 하며,

"술을 좋아하는 사람들은 술집 앞을 지날 때 소름이 돋을 만큼 이상한 느낌이 들곤 하잖아요? 그것과 마찬가지죠."라고 조금 목소리를 낮추어

5_ 축제나 성인식 등의 경사스러운 날에 입는 외출복.

말하더군요. 웃고 있는 것인지 조금 치켜 올라간 어깨가 작게 들썩거렸습니다. 사키치 씨의 여동생은 이제 겨우 스무 살인데도 스물두 살인 사키치 씨보다, 그리고 스물네 살인 저보다 오히려 더 어른스럽고 시원시원한 성격이라 마치 저희들의 감독관 같은 느낌이었습니다. 사키치 씨는 그날 짜증이 난 듯 보였습니다. 젊은 친구들과 함께 섞여 놀고 싶어도 화려한 물결무늬의 유카타를 입는 것은 자존심이 도저히 허락하지 않았던 것입니다. 사키치 씨는 '아아, 따분하군. 오늘 가게는 쉴 거야. 오늘은 더 이상 술을 팔지 않을 거야.' 하고 혼자 비뚤어져서는 자전거를 타고 어딘가로 가버렸습니다. 얼마 지나지 않아 사키치 씨에게 전화가 걸려왔는데, 제게 예전의 그곳으로 오라고 하더군요. 저는 마치 구원받기라도 한 기분으로 새 유타카를 입고 집을 뛰쳐나갔습니다. 예전의 그곳이란 오십 년 동안 술을 데워온 것을 자랑스럽게 여기는 할아버지의 술집이었습니다. 그곳에 도착해보니 사키치 씨는 에시마라는 청년과 함께 무척 언짢은 얼굴로 술을 마시고 있었습니다. 에시마 씨와는 그전에도 두세 번 함께 어울린 일이 있었는데, 에시마 씨도 사키치 씨와 마찬가지로 부잣집에서 자란 것에 불만을 품고 하는 일 없이 그저 세상에 화만 내는 청년이었습니다. 사키치 씨에게 뒤지지 않을 정도로 아름다운 외모의 소유자이기도 했지요. 에시마 씨 역시 떠들썩한 축제 분위기에 대한 비뚤어진 반항심으로 괜히 때가 탄 평상복을 입고 어둑어둑한 술집에 처박혀 술을 홀짝이고 있는 것이었습니다. 저도 거기에 끼어서 잠시 술을 마셨지요. 밖은 줄지어 지나가는 사람들의 발소리, 폭죽 터지는 소리, 장사하는 이들의 목소리로 떠들썩하더군요.

에시마 씨는 더는 못 참겠다는 듯 갑자기 자리에서 벌떡 일어서더니, 갑시다, 가노가와강으로 가자고요,라고 말하고는 저희의 대답도 기다리지 않고 가게 밖으로 나가버렸습니다. 우리는 일부러 마을의 뒷골목만을 골라서 걸으며 칫, 저런 게 다 무슨 소용이야! 하고 저마다 이유도 없이 축제를 경멸하는 말을 내뱉었습니다. 그러고는 미시마의 시내에서 벗어나 누마즈시를 향해 성큼성큼 걸었고, 해 질 무렵이 되어서야 가노가와강 근처에 있는 에시마 씨네 별장에 도착할 수 있었습니다. 뒷문으로 별장에 들어갔더니 손님방에 웬 할아버지 한 분이 셔츠 한 장 차림으로 드러누워 있더군요. 에시마 씨가 할아버지를 향해 큰 목소리로 말했습니다.

"뭐야, 언제 온 거야. 어제 또 밤새 도박한 거지? 돌아가, 돌아가. 손님을 데려왔다고."

노인이 자리에서 일어나 저희 눈치를 보며 슬쩍 웃자, 사키치 씨가 그 노인에게 아주 정중하게 인사를 했습니다. 에시마 씨는 노인에게 태연하게 말하더군요.

"감기 걸리니까 빨리 옷이나 좀 걸쳐. 아, 그리고 돌아가는 길에 전화를 넣어서 맥주와 요리 같은 것 좀 여기로 보내줘. 축제가 너무 따분해서 여기서 죽도록 마셔볼 참이거든."

"원 녀석도." 노인은 장난스럽게 대답하고는 허둥지둥 옷을 껴입고 금세 사라져버렸습니다. 그러자 사키치 씨가 갑자기 큰 소리로 웃으며 말하더군요.

"에시마의 아버지예요. 에시마가 귀여워서 어쩔 줄 몰라 하지요. 원 녀석도, 하고 말씀하시는 거 보셨죠?"

얼마 지나지 않아 맥주와 이런저런 요리들이 도착했고, 저희 셋은 함께 웬 정체불명의 노래를 합창했던 것으로 기억합니다. 저녁 안개가 내린 눈앞의 가노가와강은 흘러넘칠 듯 넘실댔고, 강물이 물가의 푸른 잎을 핥으며 느릿느릿 흘렀습니다. 무서울 정도로 깊고 푸른 강이어서 라인강이 바로 이런 모습이 아닐까, 하는 매우 당돌한 생각을 하기도 했습니다. 맥주가 다 떨어지자 우리는 다시 미시마의 시내로 돌아왔습니다. 상당히 먼 거리였기 때문에 걸으면서 몇 번이나 꾸벅꾸벅 졸았지요. 허둥지둥 억지로 눈을 뜨면 반딧불이 휙 이마 위를 스쳐 지나갔습니다. 사키치 씨의 집에 도착하니, 누마즈시의 본가에서 어머니가 와 계셨습니다. 저는 양해를 구하고 2층으로 올라가 모기장을 치고 잠들었습니다. 문득 말다툼을 하는 듯한 소리가 들려와 잠에서 깨어 창문 쪽을 보니, 사키치 씨가 긴 사다리를 지붕에 걸쳐놓고 다리 아래에서 어머니와 아름다운 말다툼을 하고 있었습니다.

그날 밤, 니샤쿠다마가 불꽃놀이의 마지막을 장식할 예정이었는데, 마을의 젊은 청년들도 예전부터 직경이 두 척[약 60cm]이나 되는 그 불꽃에 대해서 흥분하며 이야기를 나누곤 했습니다. 슬슬 그 니샤쿠다마를 쏘아 올릴 시간이어서, 사키치 씨가 꼭 어머니께 그것을 보여드리겠다며 고집을 부리고 있었던 것입니다. 사키치 씨도 제법 취한 상태였습니다.

"보여주겠다니까? 안 볼 거야? 지붕에 올라가면 잘 보여. 내가 업어주겠다고 하잖아. 자, 얼른 업혀. 꾸물거리지 말고 업히라니까?"

어머니는 주저하는 듯했습니다. 여동생도 그 옆에 서서 키득키득 웃고 있었지요. 어머니는 슬쩍 주변을 살피더니 결심을 한 듯 사키치 씨에게 업혔습니다.

"으쌰."

꽤 무거운 모양이었습니다. 어머니는 일흔에 가까운 연세로, 몸무게가 열다섯 관[약 55kg] 혹은 그 이상 나가시는 무척 살찐 분이셨습니다.

"괜찮아요. 괜찮아."

사키치 씨는 그렇게 말하며 사다리를 오르기 시작했고, 저는 그 모자의 모습을 보며 생각했습니다. 아아, 저러니까 어머니가 사키치 씨를 애지중지하시는 거다. 사키치 씨가 아무리 버릇없고 단정치 못하게 굴어도, 형과 싸워서라도 막내인 사키치 씨를 감싸는 거야. 저는 하나비의 니샤쿠타마보다 더 좋은 것을 본 기분이 들어서 만족스러운 기분으로 다시 잠에 빠져들 수 있었습니다. 미시마에서는 그 외에도 잊지 못할 추억들이 수없이 많았지만 그건 또 기회가 되면 말씀드리겠습니다. 그때 미시마에서 쓴 「로마네스크」라는 소설이 몇몇 사람들에게 칭찬을 받았고, 그 덕분에 저는 지금까지 자신감도 없는 채로 이것저것 서투른 소설을 써야만 하는 운명에 놓이게 되었지요. 저에게 있어 미시마는 절대로 잊을 수 없는 곳입니다. 제가 그 이후 팔 년간 써온 작품들은 모두 미시마의 사상을 바탕으로 한 것이라고 해도 과언이 아닐 정도로, 미시마는 저에게 매우 중요한 곳입니다.

팔 년이 지난 지금은 누나에게 돈을 달라고 조를 수도 없고, 고향과도 소식이 두절되었습니다. 그저 가난하고 여윈 작가인 저는 얼마 전 제법 목돈이 들어온 덕에 아내와 아내의 어머니, 아내의 여동생을 데리고 이즈에 1박으로 여행을 갔습니다. 시미즈에 내려서 미호에 갔다가 슈젠지를 둘러본 후, 거기서 하룻밤을 자고 집으로 돌아오는 길에 아주 오랜만에 미시마에 들렀습니다. 좋은 곳이야, 정말 좋은 곳이야. 그렇게 말하며 모두를 데리고 미시마에서 내렸지요. 저는 억지로 들뜬 척하며 미시마 시내 이곳저곳을 안내했고, 미시마에서의 추억 이야기를 애써 우스꽝스럽게 들려주기도 했습니다. 그런데 이상하게 점점 기운이 빠지기 시작하더니, 결국에는 입도 벙긋하기 싫을 정도로 심하게 우울해졌습니다. 다시 본 미시마는 황량하기만 한, 완벽한 타인의 마을이었습니다.

여기에는 이제 더 이상 사키치 씨가 없다. 사키치 씨의 여동생도, 에시마 씨도 없겠지. 매일 사키치 씨의 가게에 모여들던 청년들도 이제는 점잔을 빼며 아내에게 호통이나 치고 있을 것이다. 어디를 걸어 봐도 예전의 향기가 나질 않는다. 미시마가 퇴색한 것이 아니라, 내 마음이 늙고 메말라버린 탓일지도 모른다. 지난 팔 년은 왕년의 태평스럽던 제국대학생에게도 아주 고생스럽고 궁핍한 시간이었습니다. 팔 년 사이에 저는 스무 살이나 나이를 먹어버렸습니다. 그렇게 풀이 죽어 있던 차에 비까지 내리기 시작했습니다. 아내와 아내의 여동생, 그리고 어머니까지 모두 좋은 곳이네요, 차분하고 좋은 곳이네요,라며 말로는 칭찬을 했지만 역시 당혹스러운 얼굴을 감추지는 못했습니다. 저는 참다못해 예전에 자주 가던 술집으로 모두를 안내했습니다. 무척 지저분한 가게였던 탓에 모두 입구에서 주저하더군요. 저는 무심결에 언성을 높여 말했습니다.

"가게는 더러워도 술은 맛있는 곳이야. 오십 년 동안 술만 데워 온 영감님이 있는 곳이지. 미시마에서는 유서 깊은 가게라고."

저는 그렇게 말하며 억지로 모두를 가게 안으로 밀어 넣었지만, 가게에 들어가 보니 빨간 셔츠를 입고 있던 그 할아버지는 안 계셨습니다. 볼품없는 여종업원이 나와서 주문을 받더군요. 가게의 식탁과 의자는 모두 예전 그대로였지만, 가게 구석에는 전기축음기가 놓여 있고 벽에는 여배우의 조악한 포스터가 붙어 있어서 아주 저급하고 삭막한 느낌이었습니다. 저는 요리라도 많이 주문해서 이 우울한 분위기를 무마시켜보려고 했습니다.

"장어와 새우 구운 것, 그리고 차완무시[6]를 네 개씩. 혹시 여기서 준비가 다 안 되면 다른 곳에 전화를 걸어서라도 꼭 가져와 주세요.

그리고 술도."

옆에서 듣던 장모님이 조바심을 내며 "그렇게 많이는 필요 없어. 쓸데없는 낭비는 하지 마시게."라고 저의 괴로운 심정도 몰라주고 아주 진지하게 말씀하셨고, 결국 저는 아주 낙담하여 지독하게 풀이 죽었습니다.

6_ 가다랑어포 등을 우린 국물에 달걀을 풀고, 고기나 버섯 등의 고명과 함께 공기에 넣어 뚜껑을 닫고 찐 일본 음식.

太宰治

誰も知らぬ

아무도 모른다

「아무도 모른다」

1940년 4월, 잡지 『어린 풀』에 발표됐다.

마흔한 살의 야스이 부인이 자신이 여학교시절 경험했던, '아무도 모르는' 하룻밤 꿈같은 사건에 대해 이야기하는 여성 일인칭 독백체 작품이다. 작품 속 화자인 야스이 부인은 모리 오가이의 역사 소설 「야스이 부인安井夫人」의 여주인공을 모델로 한 것으로 보이는데, 이 작품 속 주인공 사요佐代는 못생긴 남편과 결혼해 아무런 대가도 바라지 않고 한평생 지고지순하게 남편을 따르며 사는 여성이다.

이건 아무도 모르는 일인데요—하고 마흔한 살의 야스이 부인은 살짝 웃으며 이야기를 시작했다—이상한 일이 있었어요. 제가 스물셋 되던 해 봄에 있었던 일이니 벌써 이래저래 이십 년 가까이 된 이야기네요. 대지진이 일어나기 얼마 전의 일이었습니다. 예나 지금이나 우시고메[현 신주쿠구의 일부] 부근은 별로 변함이 없습니다. 하지만 길이 확장되면서 저희 집 정원의 절반 정도가 도로로 바뀌고 말았지요. 뭐 변한 것이 있다면 원래 있던 연못이 메워진 정도이고, 지금도 여전히 2층 툇마루에서는 후지산이 정면으로 보이고 아침저녁으로 군대에서 부는 나팔 소리가 들려옵니다. 아버지는 나가사키현 지사 자리에 있었을 때 제의를 받아 이쪽 구청장으로 취임했습니다. 그게 제가 열두 살이 되던 해 여름의 일로, 그때는 아직 어머니도 살아계셨지요. 아버지는 이곳 도쿄 우시고메에서 태어나셨고, 할아버지는 리쿠주[1] 모리오카 출신이십니다. 할아버지는 젊었을 적 혈혈단신 훌쩍 도쿄로 와서 반은 정치가 반은 장사치라는, 어쩐지 조금 위험한 일을 하셨습니다. 뭐, 품위 있는 상인이

1_ 현재 이와테현의 대부분과 아키타현의 일부분을 가리켜 부르던 옛 지명.

라고나 할까요. 어쨌든 그럭저럭 성공을 하셨고, 중년 즈음에 우시고메에 있는 지금의 저택을 사들여 정착했다고 합니다. 이건 진짜인지 아닌지 알 수 없지만, 할아버지는 아주 오래전 도쿄역에서 사고를 당한 하라 다카시[2]와 같은 고향 출신으로, 할아버지가 나이로 따지나 정치 경력으로 따지나 훨씬 선배였기에 하라 다카시에게 이것저것 일을 시키기도 했다고 합니다. 하라 다카시가 매년 정초, 심지어는 대신이 되고 난 후에도 이곳 우시고메의 집에 새해 인사를 하러 왔었다고 할아버지는 늘 말씀하셨지만, 별로 믿을 만한 이야기는 아닙니다. 제가 이렇게 말하는 데는 그럴 만한 이유가 있습니다. 할아버지가 그런 말씀을 하신 건 제가 열두 살이 됐을 즈음인데, 저는 그 무렵 부모님과 함께 처음으로 이 집에 들어와 살기 시작했습니다. 할아버지는 그때까지 혼자서 우시고메에 남아계셨고, 이미 여든이 넘은 꾀죄죄한 노인이 되어 있었지요. 저는 당시 관리였던 아버지가 우라와에서 고베로, 또 와카야마에서 나가사키로 여러 부임지를 전전하는 것을 따라 이사를 다녀야 했고, 태어난 곳도 우라와의 관사官舍인데다 도쿄의 집에 놀러 온 일도 거의 없었기 때문에 할아버지에게는 그다지 친근감을 느끼지 못했습니다. 열두 살이 되어 처음으로 이 집에 정착해 할아버지와 함께 살게 된 뒤로도 왠지 할아버지가 남처럼 느껴지기만 했습니다. 그저 꾀죄죄해 보였죠. 더군다나 할아버지의 심한 도호쿠 사투리 때문에 무슨 말을 하는 건지 알아듣기조차 힘들어서 친근감은 점점 더 떨어지기만 했습니다. 제가 할아버지를 전혀 따르지 않자, 할아버지는 온갖 방법을 다 동원해 제 기분을 맞춰주려고 했습니다. 하라 다카시 이야기도 그런

2_ 原敬(1856~1921). 일본의 19대 총리. 1921년에 좌익 청년에게 척살되었다.

것입니다. 그 이야기는 여름날 밤 정원에 있는 평상에서 책상다리하고 앉아 부채를 부치면서 아주 자랑스럽게 들려주셨습니다. 금세 따분해져서 일부러 크게 하품을 했더니, 할아버지는 흘깃 저를 곁눈질하시고는 갑자기 말투를 확 바꾸어서, '하라 다카시 이야기는 재미가 없구나. 좋아. 그럼 우시고메의 7대 불가사의에 대해서 얘기해주마. 아주 옛날에……' 하고 조용한 목소리로 다른 이야기를 들려주시더군요. 왠지 조금 약삭빠른 느낌의 할아버지였죠. 하라 다카시의 이야기도 믿을 게 못 됩니다. 후에 아버지에게 그 이야기를 묻자 아버지는 약간 씁쓸하게 웃으면서, '한 번 정도는 이 집에 왔을지도 모르지. 할아버지는 거짓말을 하지 않으신단다.'라고 따뜻하게 말씀하시며 제 머리를 쓰다듬어주셨습니다. 할아버지는 제가 열여섯 살 되던 해에 돌아가셨습니다. 할아버지를 그다지 좋아하지는 않았지만, 그래도 장례식 날에는 아주 많이 울었습니다. 장례식이 너무 화려했기 때문에 흥분을 해서 더 운 것일지도 모릅니다. 장례식 다음 날 학교에 나가자 선생님들께서 모두 제게 따뜻하게 조의를 표해주셨고, 저는 그때마다 울었습니다. 친구들도 생각보다 훨씬 더 많이 저를 동정해주어서, 저는 주뼛거리기만 했습니다. 저는 이치가야에 있는 여학교에 도보로 통학했는데, 그때 저는 마치 작은 여왕 같은 존재였고, 분에 넘칠 정도로 행복했습니다. 저는 마흔이 된 아버지가 우라와에서 학무부장 직을 맡고 있었을 때 태어났는데, 집에 아이라고는 저 하나뿐이었기에 아버지와 어머니, 그리고 주위 사람들 모두가 저를 소중히 여겨주었습니다. 저는 스스로를 아주 소심하고 외로움을 잘 타는 가여운 아이라고 생각했지만, 지금 생각해보면 그저 버릇없고 거만한 꼬마 아이에 지나지 않았습니다. 이치가야의 여학교에 들어가서 얼마 지나지 않아 제게는 세리카와라는 친구가 생겼습니다. 그 당시에는 나름대로 세리카와에게 상냥하고 친절하게 대해주려고 했던 것인데, 그것도 지금 생각해보면 저는 그저 늘 우쭐대기만 했을 뿐이고, 남들 눈에는 귀찮지만 친절하게 대해주는 정도로 보였을지도 모릅니다. 세리카와도 아주 온순하게 제 말에 따라주었기 때문에, 우리 둘은 마치 권력을 쥔 주인과 부하 같은 모양새가 되고는 했지요. 세리카와의 집은 저희 집 바로 맞은편이었습니다. 혹시 아시려나요? 가게쓰도우라는 과자점이 있었잖아요. 예. 지금도 예전 그대로 번창하고 있어요. 옛날부터 이자요이 모나카[3]라는, 밤으로 만든 소를 넣은 모나카가 유명합니다. 지금은 이미 대가 바뀌어 세리카와의 오라버니가 주인이 되었습니다. 오라버니는 밤낮으로 아주 열심히 일하십니다. 안주인분도 상당히 열심히 일하시는 분으로, 항상 계산대에 앉아서 전화로 주문을 받기도 하고, 점원에게 시원시원하게 이것저것 일을 시키기도 합니다. 제 친구였던 세리카와는 여학교를 졸업한 지 3년째 되던 해에 좋은 사람을 만나 시집을 갔습니다. 듣자 하니, 지금은 조선의 경성인지 어딘지 하는 곳에서 살고 있다고 합니다. 벌써 20년 정도 만나지 못했지요. 세리카와의 남편은 미타에 있는 대학[게이오대학]을 나온 용모단정하신 분으로, 지금은 조선의 경성에서 꽤 큰 신문사를 경영하고 있다는 이야기를 들었습니다. 세리카와와 저는 여학교를 졸업한 후에도 계속 친하게 지냈는데, 친하게 지냈다고는 해도 제가 세리카와의 집에 놀러 간 적은 없고, 항상 세리카와가 저를 찾아오는 식이었지요. 대화의 화제는 대부분이 소설에 대한 것이었습니다. 세리카와는 학창 시절부터 소세키나 로카[4]의 애독자였는데, 때때로 제법 어른스럽고 그럴듯한 작문을 하기도

3_ 찹쌀로 만든 얇게 구운 과자 껍질 사이에 팥소를 넣어서 만드는 화과자.
4_ 도쿠토미 로카[德富蘆花](1868~1927). 일본의 소설가. 대표작으로 「호토토기스」(1898)가 있다.

했습니다. 하지만 저는 그쪽 방면으로는 전혀 재주가 없었습니다. 조금도 흥미를 못 느꼈지요. 그러던 것이 학교를 졸업하고 난 후부터 세리카와가 이따금씩 들고 오는 소설책을 빌려 심심풀이로 읽으면서 조금씩 소설의 묘미를 알게 되었습니다. 하지만 제가 재미있다고 생각한 책은 세리카와가 별로 좋아하지 않았고, 세리카와가 좋다고 한 책은 제가 도무지 이해할 수 없더군요. 저는 오가이의 역사소설을 좋아했지만 세리카와는 그게 낡아빠진 취미라며 저를 비웃었고, 오가이보다는 아리시마 다케오[5]가 더 깊이가 있다며 그분의 책을 두세 권 가져다주었습니다. 하지만 아무리 읽어봐도 저는 도무지 그 책들을 이해할 수가 없었습니다. 지금 다시 읽어본다면 또 다른 느낌을 받을지도 모르지만, 그 아리시마라고 하는 분의 책에는 허울 좋은 논의만 가득해서 전혀 재밌지가 않더군요. 분명 제가 속물인 것이겠지요. 그 당시 무샤노코지나 시가, 다니자키 준이치로, 기쿠치 간, 아쿠타가와 같은 신인 작가들이 많았는데, 저는 그중에서는 시가 나오야와 기쿠치 간의 단편소설을 좋아했습니다. 그 때문에 또 세리카와에게 사상이 빈약하다는 핀잔을 듣고 비웃음을 사기도 했지만, 저는 이런저런 억지 이론만 가득한 작품은 읽을 수 없었습니다. 세리카와는 저를 찾아올 때마다 신간 잡지나 소설집을 들고 와서 소설의 줄거리나 작가들에 대한 소문을 이야기해주곤 했는데, 너무 푹 빠져 있는 모습이 어쩐지 조금 이상하다 싶더군요. 그러던 어느 날 세리카와는 결국 그 원인으로 짐작되는 것을 제게 들켰습니다. 여자들은 조금이라도 친해지면 금세 사진 앨범을 서로에게 보여주곤 하는데, 언젠가 세리카와가 아주 큰 사진첩을 가지고 와서 제게 보여준

5_ 有島武郎(1878~1923). 일본의 소설가. 인도주의에 입각한 작품을 다수 남겼다.

적이 있습니다. 저는 성가실 정도로 자세한 세리카와의 설명에 건성건성 맞장구를 쳐가며 사진을 한 장 한 장 보다가, 아주 잘생긴 학생이 장미 화원 앞에서 책을 들고 서 있는 사진을 발견했습니다. 무심결에 어머, 잘생긴 분이네,라는 말이 튀어나와 왠지 모르게 얼굴이 뜨거워졌습니다. 그러자 세리카와가 갑자기 안 돼,라며 말하면서 앨범을 낚아채 가버리더군요. 저는 곧 눈치챘습니다. 벌써 봤으니까 괜찮아,라고 제가 차분하게 말하자 세리카와는 갑자기 기쁜 듯한 얼굴로 생글생글 웃기 시작하더니, 눈치챘어? 이래서 방심할 수가 없다니까. 보고 바로 알아챈 거야? 여학교 시절부터 만나기 시작했어. 알고 있었구나?라며 신나서 말을 하기 시작했고, 아무것도 모르는 제게 이런저런 이야기들을 모조리 다 들려주었습니다. 정말 솔직하고 순진한 사람이었죠. 그 사진 속의 잘생긴 학생과 세리카와는 무슨 투고 잡지의 애독자 통신란이라고 할까요. 왜 그런 것 있잖아요. 그 통신란에서 이야기를 주고받으며 서로에게 공감했다고 할까, 속물인 저는 잘 모르겠지만, 어쨌든 그렇게 시작한 것이 발전해서 직접 편지를 주고받게 되었고, 여학교를 졸업하고 난 후로 세리카와의 마음도 급속히 깊어져서, 어찌하다 보니 두 사람은 앞날에 대한 결정을 내리게 되었다고 합니다. 세리카와는 상대방이 요코하마에 있는 선박회사 집안의 차남에 게이오대학을 졸업한 수재라는 둥, 앞으로 훌륭한 작가가 될 분이라는 둥 이런저런 이야기를 해주었습니다. 하지만 제게는 그것이 그저 굉장히 무시무시한 일처럼 느껴졌고, 심지어 추잡한 느낌마저 들었습니다. 한편으로는 샘이 나서 마음이 동요하기도 했지만 내색하지 않으려 노력하며, '잘된 일이야. 하지만 세리카와. 정신 똑바로 차리고 행동해야 해.'라고 말했습니다. 세리카와는 제 말을 듣더니 갑자기 정색을 하면서, '너 정말 심술궂구나. 마음속에 항상 날카로운 칼을 숨기고 있어. 넌 항상 나를 무시하기만 하잖아. 여왕이라도 되는 모양이지?'라고 전에 없이 심하게 저를 몰아붙이더군요. 저는, '미안해. 하지만 널 무시한 건 아니야. 차가워 보이는 성격 탓에 나도 손해를 많이 봐. 항상 사람들이 오해하거든. 나는 그저 네 이야기에 왠지 겁이 난 것뿐이야. 어쩌면 상대분이 너무 잘생겨서 네게 샘이 난 걸지도 몰라' 하고 마음속에 있는 생각들을 솔직히 다 털어놓았습니다. 그러자 세리카와도 금세 기분이 좋아져서는, '바로 그거야. 오빠에게 이 일을 털어놓았더니 오빠도 너랑 같은 말을 하면서 한사코 반대하지 뭐야. 좀 더 평범하고 정상적인 결혼을 하라는 거지. 오빠는 철저한 현실주의자니까 그렇게 말하는 것도 무리는 아니야. 그렇지만 난 오빠의 반대 같은 건 별로 신경 안 써. 내년 봄에 그 사람이 학교를 졸업하면 우리끼리 확실히 결정을 내릴 거야.'라며 의욕으로 가득 차 있었습니다. 저는 억지 미소를 띠고 고개를 끄덕이며 그 이야기를 가만히 듣고만 있었습니다. 세리카와의 그 천진난만함이 너무 아름다워서 부럽기도 하고, 저의 낡아빠진 속물 기질이 참을 수 없이 추하게 느껴지기도 했지요. 세리카와의 그런 고백 이후, 저와 세리카와의 관계는 예전만큼 원만하지 못했습니다. 여자들이란 참 이상하지요. 사이에 남자가 끼게 되면 아주 서먹서먹해져 버리니까요. 저희 사이는 그렇게 심하게 변하지는 않았지만, 서로 조금씩 서먹서먹해지기 시작하더니 인사가 정중해지기도 하고, 말수도 줄어들고 점차 서로에게 점잖게 굴기 시작했지요. 둘 다 그 사진에 대한 이야기는 피했습니다. 그러는 사이에 한 해가 저물고 저도 세리카와도 스물셋의 봄을 맞이했습니다. 정확히 그해 3월 말에 있었던 일입니다. 밤 10시쯤 제가 어머니와 함께 방에서 아버지의 옷을 꿰매고 있을 때, 하녀가 조용히 장지문을 열더니 손짓으로 저를 불렀습니다. 나? 하고 눈으로 물으니 하녀가 진지한 얼굴로 두어 번 작게 고개를 끄덕이더군요. 뭐지? 하고 어머니가 안경을 이마로 치켜올리며 하녀에게 물었고, 하녀는 가볍게 기침을 하고는 저…… 세리카와 씨의 오라버님이 아가씨를 잠시……,라고 머뭇머뭇 말하더니 다시 두어 번 기침을 했습니다. 저는 바로 자리에서 일어나 복도로 나갔습니다. 이미 무슨 일인지 알 것 같은 기분이었습니다. 분명 세리카와가 무슨 문제를 일으킨 거야. 분명해. 그렇게 확신하면서 응접실로 가려고 하자, 하녀가 거기가 아니라 부엌 쪽이에요, 하고 나지막하게 말하더군요. 그러고는 아주 중대한 일이라도 일어난 양 바싹 긴장을 해서는, 어깨를 움츠리고 잰걸음으로 서둘러 앞장서 걷기 시작하더군요. 세리카와의 오라버니는 어슴푸레한 부엌 쪽 입구에 서서 생글생글 웃고 있었습니다. 저는 여학교에 다니던 시절, 세리카와의 오라버니와 거의 매일 인사를 나누곤 했었습니다. 오라버니는 항상 가게에서 어린 점원들과 함께 성실하고 바지런하게 일을 하고 있었습니다. 여학교를 졸업하고 난 후에도 오라버니가 과자를 배달하러 일주일에 한 번꼴로 저희 집에 오시곤 했기 때문에, 저는 그분을 허물없이 오라버니, 오라버니, 하고 불렀지요. 하지만 그렇게 늦은 시간에 저희 집에 오신 적은 한 번도 없었고, 게다가 일부러 저만 살짝 불러낸 것도 너무 이상했지요. 전에 말한 그 일로 세리카와에게 문제가 터진 게 분명해. 틀림없어. 그런 생각을 하니 가슴이 뛰기 시작했고, 무심결에 제가 먼저,

"요즘 세리카와가 잘 보이질 않더군요." 하고 오라버니가 묻기도 전에 말을 꺼내버렸습니다.

"아가씨. 알고 계셨나요?" 오라버니는 순간 의아하다는 표정으로 말했습니다.

"아니요."

"그렇군요. 그 녀석이 사라져버렸어요. 바보 같으니. 문학이니 뭐니 변변치 않은 말만 해대더니. 아가씨도 얘기를 들으신 거죠?"

"예. 그건……." 목소리가 제대로 나오지 않아서 무척 난감했습니다. "그건 알고 있어요."

"도망을 쳤더군요. 하지만 어디 있는지 대충 짐작은 갑니다. 그 녀석 최근에 아가씨에게 아무 말도 안 하던가요?"

"예. 요즘 제게도 조금 서먹서먹하게 굴어서. 정말 어떻게 된 건지. 그나저나 좀 들어오지 않으시겠어요? 이것저것 여쭤보고 싶은 것도 많은데."

"고마워요. 하지만 그럴 때가 아닌 듯해서요. 지금 바로 그 녀석을 찾으러 가야 하거든요." 봤더니, 오라버니는 양복을 갖춰 입고 여행 가방을 들고 있었습니다.

"짐작 가는 곳이 있으신 거예요?"

"예. 있습니다. 찾아내서 둘 다 두들겨 패주어야죠."

오라버니는 조금 진력이 난 얼굴로 웃으며 그렇게 말씀하시곤 곧 돌아가셨고, 저는 입구에 선 채로 멍하니 오라버니의 뒷모습을 보다가 방으로 돌아왔습니다. 수상하다는 듯한 표정을 한 어머니를 모른 척하고 조용히 자리에 앉아, 꿰매던 소매에 다시 한 땀 한 땀 바느질을 시작했습니다. 그러다가 조용히 일어나 잰걸음으로 복도를 달려 부엌 쪽 출입구로 나가서 급하게 신발을 신었습니다. 그러고는 차림새도 신경 쓰지 않고 그대로 달리기 시작했지요. 어떤 기분이었던 걸까요? 저는 아직도 잘 모르겠습니다. 오라버니의 뒤를 따라가 죽을 때까지 떨어지지 않겠다고, 저는 각오했습니다. 세리카와의 일 같은 건 어떻게 되든 상관없었습니다.

오라버니와 한 번 더 만나고 싶어. 무슨 일이든 다 할 거야. 오라버니와 함께라면 어디라도 갈 수 있어. 이대로 저를 데리고 도망쳐주세요, 부디 저를 망가뜨려 주세요, 하는 혼자만의 일방적인 감정이 그날 밤 갑작스럽게 활활 불타올랐고, 저는 마치 한 마리 개처럼 말없이 맹렬하게 어두운 골목길을 달렸습니다. 도중에 발이 걸려 넘어질 뻔하기도 했지만 옷을 여미며 다시 묵묵히 달렸고, 울컥 눈물이 솟구쳤습니다. 지금 생각해보면, 그때 저는 지옥 밑바닥에 떨어진 심정이었던 것 같습니다. 이치가야의 외곽에 있는 역에 도착했을 때는 호흡이 힘들 정도로 몸이 고통스럽고 눈앞이 몽롱하게 어두웠는데, 분명 기절하기 일보 직전의 상태였던 겁니다. 분명 기절하기 직전의 상태였던 것입니다. 역에는 사람 그림자 하나 보이지 않았습니다. 막 전차가 지나간 모양이었습니다. 저는 최후의 염원을 담아 오라버니! 하고 최대한 큰 목소리로 불러보았습니다. 주위는 조용했습니다. 저는 두 소매를 가슴에 모은 채 집으로 돌아왔습니다. 옷을 가지런히 정리하며 집으로 돌아와 조용히 방의 장지문을 열었더니, 어머니가 무슨 일 있었어?라고 하시며 의심쩍은 눈초리로 저를 보시더군요. 그래서 저는 네, 세리카와가 사라졌다더군요. 큰일이에요,라고 아무렇지 않게 대답한 후 다시 바느질을 시작했습니다. 어머니는 무언가 더 묻고 싶은 듯했지만, 생각을 바꾼 듯 다시 바느질을 이어나갔습니다. 이야기는 이게 전부입니다. 세리카와는 앞서 말했다시피 미타의 그분과 경사스럽게 결혼식을 올렸고, 지금은 조선에 있다고 합니다. 저도 그다음 해에 지금의 남편을 맞았습니다. 그 뒤로는 세리카와의 오라버니를 만나도 아무런 느낌이 없더군요. 오라버니는 지금 가게쓰도우의 주인으로 있는데, 아주 아름답고 아담한 분을 안주인으로 맞으셨고, 가게도 매우 번창하고 있습니다. 지금도 오라버니는 여전히 일주일에 한 번 정도 남편이 주문한 과자를 배달하러 오십니다. 별로 달라진 것도 없지요. 저는 그날 밤 바느질을 하면서 꾸벅꾸벅 졸다가 꿈이라도 꾸었던 걸까요. 꿈치고는 너무 선명하지만요. 당신이 이해 할 수 있을까요? 거짓말 같은 이야기지요. 하지만 이 이야기는 비밀로 해주세요. 왜냐하면, 제 딸이 벌써 여학교 3학년생이 되니까요.

善蔵を思う
젠조를 그리며

太宰治

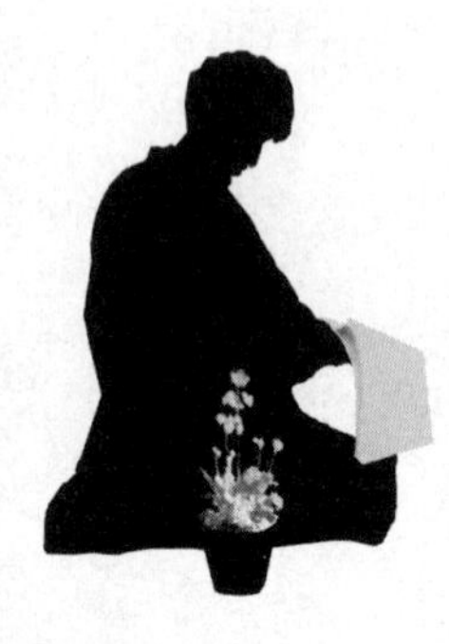

「젠조를 그리며」

1940년 4월, 잡지 『문예』에 발표됐다.

제목의 젠조는 일본의 소설가 가사이 젠조를 가리킨다(자세한 설명은 해설 참조). 고향과 문학에 대해 심리적 갈등을 겪고 있던 당시 다자이의 심경을 이해하는 데 중요한 역할을 하는 작품이다.

—똑똑히 말해봐. 얼버무리지 말고 말해봐. 농담도, 히죽거리며 웃는 것도 관둬. 단 한 번이라도 좋으니까 거짓이 아닌 것을 말해봐.

—너의 말대로 하자면, 나는 다시 한번 감옥에 들어갔다 나와야만 해. 다시 한번 물속에 뛰어들어야만 해. 다시 한번 미치광이가 되지 않으면 안 돼. 그렇게 되어도 너는 도망치지 않을 텐가? 나는 늘 거짓말만 하고 있다. 하지만 단 한 번도 너를 기만한 적은 없어. 내 거짓말은 항상 너에게 쉽사리 간파당하지 않았는가. 정말로 흉악한 거짓말쟁이는 오히려 네가 존경하는 사람 속에 있을지도 모른다. 그런 사람은 싫다. 그 사람처럼 되고 싶지 않다고 반발을 하다가 나는 결국 사실마저도 거짓말처럼 말하게 되어버렸다. 조금 탁해진 물. 하지만 너를 기만하지는 않는다. 밑바닥까지 투명하지는 않지만, 나는 오늘도 거짓말 같은 진실을 너에게 이야기하겠다.[1]

새벽녘 구름, 그것은 저녁노을에서 태어난 아이이다. 석양이 없으면

1_ 다자이 오사무는 절친한 친구였던 야마기시 가이시山岸外史와 실제로 이 같은 내용의 대화를 나눈 일이 있다. 여기서 다자이가 '다시 한번'이라고 말한 것은, 다자이가 1930년에 다나베 아쓰미와 동반자살을 꾀했다가 자살 방조죄로 잡혀 들어갔던 적이 있기 때문이다.

새벽녘 구름은 태어나지 않는다. 석양은 항상 생각한다. '저는 지쳤습니다. 저를 그렇게 바라보시면 안 됩니다. 저를 사랑하시면 안 됩니다. 저는 머지않아 죽게 될 몸입니다. 하지만 내일 아침 동쪽 하늘에서 태어날 태양을 반드시 당신의 벗으로 삼아주세요. 그것은 제가 손수 돌보아온 아이입니다. 포동포동 살이 오른 좋은 아이지요.' 석양은 여러분에게 그렇게 호소하며 슬픈 미소를 짓는다. 그때 여러분은 석양을 불건전, 퇴폐,라는 폭언으로 욕하고 비웃을 수 있는가? 그럴 수 있다고 단박에 대답하며 소매를 걷어붙이고 한발 앞으로 나온 덩치 좋은 사내는, 이 세상 제일가는 멍청이다. 너 같은 멍청이가 있기 때문에 이 세상이 점점 더 살기 힘들어지는 것이다.

용서 바란다. 말이 조금 지나쳤다. 나는 인생의 검사도 아니고, 판사도 아니다. 내게는 다른 사람을 비난할 자격이 없다. 나는 나쁜 아이다. 나는 업業이 깊어 아마도 너의 오십 배, 백 배 이상 나쁜 짓을 저질러왔을 것이다. 그리고 지금도 나쁜 짓을 저지르고 있다. 아무리 조심을 해도 막을 수가 없다. 단 하루도 나쁜 짓을 저지르지 않는 날이 없다. 신께 기도를 올리며 스스로 두 손을 줄로 꽁꽁 묶고 땅에 넙죽 엎드리고 있어도, 문득 정신을 차려보면 나는 이미 중대한 악행을 저지르고 있다. 나는 채찍질을 당해 마땅한 남자이다. 피를 토할 만큼 맞더라도, 나는 묵묵히 견뎌야 한다.

석양도 처음부터 흉하고 부끄러운 웃음을 가지고 태어난 것은 아니다. 보기 좋게 살이 올라 천진난만한 패기를 뽐내면서, 의욕만 있다면 만사를 다 이룰 수 있다고 믿고 활활 불타오르며 하늘을 가로지르던 멋진 날들도 있었다. 지금은, 약자. 애초부터 열등하게 태어난 것은 아니었다. 악함, 자신의 악함을 자각했기에 약해진 것이다. '나는 일찍이 왕좌에 있었다. 하지만 지금은 정원에 핀 장미꽃을 바라보고 있다.' 이것은 내 친구인 야마카시 군이 지은 말이다.

우리 집 정원에도 장미가 있다. 여덟 송이다. 꽃은 피지 않았다. 불안 불안해 보이는 작은 잎만이 움찔대며 차가운 바람에 흔들리고 있다. 이 장미는 속아서 산 것이다. 그 속임수가 천박한데다 거의 폭력적인 것에 가까웠기 때문에, 나는 그때 뭐라 말로 표현할 수 없을 만큼 불쾌했다. 9월 초, 내가 고후에서 미타카의 논밭 한복판에 있는 집으로 이사를 온 지 나흘째 되는 날 낮 즈음, 농사꾼으로 보이는 웬 여자 하나가 불쑥 정원에 나타나서는 실례합니다,라고 비굴하고 간사한 목소리로 말했다. 나는 방에서 편지를 쓰다가 잠시 손을 멈추고 여자를 자세히 보았다. 서른대여섯 정도 되어 보이는 살이 찐 여자였다. 마치 밤처럼 아랫볼이 통통하고 검푸른색 얼굴에 바늘처럼 가느다란 눈을 음흉하게 빛내며 웃고 있었고, 이는 새하얬다. 나는 불쾌한 느낌이 들어 말없이 잠자코 있었다. 그런데도 여자는 내 쪽을 향해 정중하게 인사를 하고는 내 얼굴을 비스듬히 들여다보더니 실례합니다,라고 다시 한번 말했다. 저는 여기 밭에서 농사를 짓는 사람인데, 이번에 밭에 집이 들어서게 되어서요. 장미를요, 이만큼이나 심어서 키웠는데, 글쎄 집이 들어서는 바람에 불쌍하게도 뽑아버리게 됐지 뭐예요. 너무 아까우니 이곳 정원에 옮겨 심어주시면 안 될까요? 심은 지 육 년이 되었는데, 이것 좀 보세요, 이렇게 그루터기가 굵어서 해마다 예쁜 꽃이 핀다니까요? 저야 뭐 저 밭에서 매일 일을 하고 있는 사람이니, 이따금 들러서 손질해드릴게요. 나리. 저희 밭에는 달리아도 있고 튤립도 있고 화초들도 많이 있답니다. 다음번에 마음에 드시는 걸로 가져와서 심어드리지요. 저도 마음에 들지 않는 댁에는 부탁을 드리지 않아요. 집이 좋고 마음에 드니까 이렇게 부탁드리는 거지. 장미를 딱 요만큼만 심게 해주세요. 여자는 조금 목소리를 낮춘 채로 열심히 부탁했다. 나는 여자의 말이 거짓인 것을 알고 있었다. 이 주변 논밭은 내가 살고 있는 집주인의 소유다. 집을 빌릴 때 집주인에게 들어서 알고 있었다. 나는 집주인의 가족까지 정확히 알고 있다. 노인과 노인의 아들, 아들의 아내, 그리고 손자가 하나 있다. 이런 불결하고 되바라진 여자는 없었다. 내가 이곳 미타카로 이사 온 지 아직 나흘밖에 안 되었으니 아무것도 모를 거라고 생각하고 우습게 여겨 엉터리 거짓말을 하고 있는 것이었다. 일단 복장부터가 엉성했다. 때 묻지 않은 시루시반텐에 연보랏빛의 다테마키[2]를 말끔히 묶고, 머리에는 수건을 쓰고 감색 손등 토시에 감색 각반, 거기다 완전 새것인 짚신에 누비질이 된 내의까지. 아무리 봐도 지나치게 완벽했다. 마치 연극에 나오는 듯한, 대단히 개념적인 농민의 모습이었다. 분명 가짜다. 아주 악질적으로 강매를 하려는 것이다. 그 태도와 목소리에 한심한 교태까지 느껴져서 몹시 불쾌했다. 하지만 나는 그 자를 꾸짖어 내쫓을 수가 없었다.

"고생이 많으셨군요. 장미를 좀 봅시다."

스스로도 어라, 하는 생각이 들 만큼 정중한 말이 나왔다. 운 나쁘게 걸려들었다는 무력하고 나른한 체념마저 느꼈지만, 일단은 어쩔 수 없이 자리에서 일어나 억지로 얼굴에 미소를 띤 채 툇마루 쪽으로 나갔다. 나 역시 천박하고 나약한 사람이라 다른 사람을 비난할 입장이 아닌 것이다. 장미는 거적에 쌓여 있었는데, 전부 다 한 자[약 30cm]가 조금 넘어 보이는 길이에, 총 여덟 송이였다. 꽃은 피지 않은 상태였다.

2_ 오비(허리끈) 밑에 묶는 좁은 속 띠.

“앞으로 꽃이 피나요?” 꽃봉오리조차 없었다.

“피지요, 피고말고요.” 여자는 내 말이 채 끝나기도 전에 재빨리 낚아채듯 대답하고는, 눈물을 글썽이는 듯한 가느다란 눈을 최대한 크게 떴다. 틀림없이 사기꾼의 눈이었다. 거짓말을 하는 사람의 눈은 늘 예외 없이 이처럼 눈물로 살짝 젖어있다.

“좋은 향기가 물씬 나지요. 이게 크림색. 이게 담홍색. 이게 흰색.” 혼자 무어라 떠들어 댄다. 거짓말쟁이에게는 잠시도 입을 다물지 못하는 습성이 있다.

“이 주변의 밭은 모두 당신 것인가요?” 도리어 내가 심하게 눈치를 보며 조마조마한 기분으로 물었다.

“맞아요. 그렇습니다.” 여자는 조금 흥분한 말투로 대답하며 몇 번이나 고개를 끄덕였다.

“집이 들어선다고요? 언제쯤인가요?”

“이제 얼마 안 남았어요. 멋지고 큰 저택이 들어선다고 하더군요. 하하하.” 남자처럼 화통하게 웃었다.

“그건 당신 집이 아닌 거죠? 그럼 밭을 팔아버리신 거로군요.”

“예. 맞아요. 팔아버린 거죠.”

“이 주변은 평당 얼마나 하나요? 가격이 꽤 괜찮지요?”

“뭐, 평당 이삼십 엔 정도 하려나요. 헤헷.” 낮게 웃고 있었지만 이마에는 땀이 배어 나오고 있었다. 필사적인 것이다.

나의 패배였다. 더 이상 괴롭히지 말자는 생각이 들었다. 나도 예전에 이처럼 뻔히 보이는 거짓말을, 상대방이 눈치챘다는 것을 알면서도 열심히 우겨대며 한 적이 있다. 그때의 나 역시 불가사의한 눈물로 눈시울이 뜨거웠던 것을 기억한다.

"심어주고 가세요. 얼만가요?" 빨리 여자가 돌아가 주었으면 했다.

"어머, 팔러 온 게 아니어요. 장미가 너무 불쌍해서 부탁을 드리는 거지요." 여자는 만면에 미소를 띠고 그렇게 말하더니, 불쑥 내 쪽으로 얼굴을 가까이 대며 목소리를 낮추어 말했다.

"그럼, 한 송이 당 오십 전씩 쳐주셔요."

"이봐." 나는 집 안쪽의 작은방에서 바느질을 하고 있는 아내를 불렀다.

"이분께 돈을 드리도록 해. 장미를 샀거든."

가짜 농사꾼은 침착하게 여덟 송이의 장미를 심은 후 천연덕스럽게 감사의 말을 늘어놓고 돌아갔다. 나는 툇마루에 선 채로 장미 여덟 송이를 멍하니 바라보며 아내에게 말했다.

"어이, 지금 그거 가짜야." 나는 얼굴이 새빨갛게 달아오르는 것을 느꼈다. 귓불까지 뜨거워졌다.

"알고 있어요." 아내는 태연했다. "제가 나가서 거절하려고 했는데, 당신이 좀 보자는 둥 하면서 나가셨잖아요. 당신만 착한 사람이고 저는 마귀할멈처럼 보이는 게 싫어서 그냥 모르는 척하고 있었던 거예요."

"돈이 너무 아까워. 사 엔은 너무 심하잖아. 골탕 먹었어. 사기라고. 구역질이 다 나는군."

"뭐 어때요. 어쨌든 장미는 남아 있는걸요."

장미는 남아 있다. 그런 당연한 생각이 묘하게 내게 용기를 북돋아 주었다. 그 후로 사오 일간 나는 장미에 열중했다. 쌀뜨물을 주고, 억새로 버팀목을 만들어 주었다. 시든 잎을 한 장 한 장 뜯어주고 가지도 잘라주었다. 멸구처럼 생긴 작은 녹색 벌레가 득실득실 붙어 있기에 전부 다 떼어내 주었다. 시들지 마, 시들지 마, 뿌리를 내리렴. 가슴 설레하며 마음속으로 빌었다. 장미는 시들지 않고 그럭저럭 잘 자랐다.

나는 쉽게 미련을 버리지 못하고 아침, 점심, 저녁으로 툇마루에 서서 울타리 너머의 밭을 바라보았다. 그 중년 여자는 가짜가 아니었고, 그래서 정말로 불쑥 밭에 나온다면 얼마나 기쁠까. '죄송합니다. 저는 당신이 가짜라고만 생각했어요. 사람을 의심하는 건 나쁜 일이지요.' 나는 진심으로 기뻐하며 그렇게 사과를 하고, 신께 감사드리며 눈물을 흘릴지도 모른다. 튤립도, 달리아도 필요 없다. 그런 것 따위 갖고 싶지 않다. 그저 어느 날 밭에서 일하는 모습을 보여주기만 하면 된다. 나는 그걸로 구원을 받는 것이다. 나와, 나와. 얼굴을 보여줘. 그런 생각으로 오랜 시간 툇마루 위에 멍하니 선 채로 밭을 둘러보았지만, 밭에는 감자 잎이 가을바람을 맞아 일제히 흔들흔들 소란스럽게 머리를 흔들고 있을 뿐이었다. 가끔 집주인 할아버지가 느긋하게 뒷짐을 지고 밭을 둘러보며 걷고 있었다.

나는 속았다. 확실해졌다. 이제는 그 초라한 장미가 어떤 꽃을 피울지에만 모든 희망을 걸어야 한다. 보아라, 무저항주의의 성과를. 나는 어차피 별로 대단한 꽃이 피지도 않으리라 생각하고 반쯤 포기하고 있었다. 그런데 열흘 정도가 지난 후 그다지 유명하지 않은 서양화가인 친구가 우리 집에 놀러 와서 의외의 사실 하나를 알려주었다.

그때 나는 고향의 제법 유명한 신문사의 도쿄지국에서 초대장을 받은 상태였다.

—평안히 잘 지내고 계시는지요. 가을에 접어든 고향에서는 황금빛 논과 새빨간 사과가 사 년 연속 풍작을 이루었습니다. 이번에 우리 현 출신 분들 중에 예술 방면과 관계가 있는 분들을 모시고, 하룻밤 느긋하게 도쿄에 대한 이야기, 고향인 쓰가루와 난부에 대한 이야기를

듣고자 합니다. 바쁘신 중에 대단히 실례입니다만 꼭 참석……, 이라는 친절한 초대의 말이 왕복엽서에 인쇄되어 있었고 일시와 장소도 적혀 있었다. 나는 참석이라고 적어 답장을 보냈다. 예전부터 고향을 그렇게나 두려워했음에도 왜 참석이라는 답장을 보냈는가 하면. 거기엔 세 가지 이유가 있다. 우선, 나는 어릴 때부터 사람들 앞에 나서는 것을 꺼렸다. 나이가 들고 나서도 그 나쁜 버릇을 고치기는커녕 더 심해져서 꼭 참석해야 하는 모임에도 이런저런 변명을 하며 주저하다가 빠지는 일이 잦아 의리를 지키지 못하는 일이 많았다. 결국에는 사람들에게 거만하다는 오해를 사서 손해를 입는 일도 상당히 많았기 때문에, 앞으로는 되도록 사람들 앞에 자주 얼굴을 내밀고 성실하게 인사도 하면서 시민으로서의 의무를 다하자고 남몰래 결심한 직후에 그 엽서를 받았다. 두 번째는, 오 년 전 병에 걸렸을 때 예의 그 신문사 본사에서 간부로 일하고 있는 가와우치 씨에게 걱정을 끼쳤기 때문이다. 가와우치 씨는 내가 고등학생 때부터 알던 분이다. 항상 보이지 않는 곳에서 평판이 나쁜 내 소설을 지지해주곤 했다. 육 년 전 병에 걸렸을 때, 나는 여기저기에서 엄청나게 돈을 빌렸다. 조금씩 갚아나가고는 있지만 아직 전부를 돌려주지는 못한 상태인데, 그때 가와우치 씨에게도 반미치광이처럼 돈을 빌려달라는 편지를 썼다. 가와우치 씨에게서 답장이 왔는데, 돈을 빌려주기를 거절하는 내용의 편지였다. 비록 거절을 당하긴 했지만, 나는 가와우치 씨가 고마웠다. 가와우치 씨는 나같이 한낱 가난한 서생에게 집 사정을 전부 솔직하게 털어놓으셨다. 사정이 이러해서 너의 희망에 부응할 수 없을 것이 분명한데 계속 머뭇거리고 있는 것도 면목이 없으므로 이번에 확실히 거절하겠다,라는 그 말속에 남자다운 고귀함이 느껴져서 괴로운 중에도 감사했다. 나는 그 일을 잊지 않았다. 신문사의 이번 초대는 분명 가와우치 씨와 그 동료들이 계획한 일일 것이다. 만일 내가 변명거리를 만들어 참석하지 않는다면 돈을 빌려주지 않았기 때문에 나오지 않는 것이라고, 설마 그런 일은 없겠지만, 혹 조금이라도 그런 식의 의심을 산다면, 나는 죽기보다 괴로울 것이다. 결코 그래서가 아니다. 그때 일은 오히려 진심으로 감사하게 생각한다. 그러므로 이번에는 무슨 일이 있어도 꼭 참석해야만 한다. 그게 두 번째 이유. 세 번째는 초대장의 글 때문이었다.—황금빛 논과 새빨간 사과가 사 년 연속 풍작을 이루었습니다,라는 글을 보고, 나 역시 어쩔 수 없는 쓰가루 출신인지라 무심결에 참석이라고 써버렸다. 눈앞에 떠오른다. 고향의 산천이 떠오르는 것이다. 나는 벌써 십 년째 고향을 보지 못했다. 팔 년 전 겨울. 생각해보면 그때도 참 괴로웠다. 그해 겨울, 나는 아오모리의 검사국에서 부름을 받고 남몰래 혼자 우에노에서 아오모리 행 급행열차를 탄 적이 있다. 아사무시 온천 근처에 다다랐을 무렵 날이 밝았고, 창밖에는 나풀나풀 눈이 내렸다. 아사무시의 진회색 바다는 무겁게 너울대고 있었는데, 파도가 유리 파편처럼 삼각 모양으로 굽이치며 흩날렸고, 먹물을 흘려 넣은 것처럼 새까만 구름이 바다를 으깰 듯이 낮게 드리워져 있었다. 나는 그것을 보면서 아아, 두 번 다시 오지 말자! 하고 결심을 굳혔다. 아오모리에 도착하자마자 곧바로 검사국[illegible] 가서 이것저것 조사를 받았고, 한밤중이 되어서야 집으로 [illegible]가도 된다는 허가를 받았다. 재판소 뒷문에서 한 걸음 밖으로 나[illegible]보라가 수백 개의 화살처럼 순식간에 양 볼로 날아들었고, [illegible] 옷자락이 확 젖혀져 올라가는 바람에 온몸이 엉망이 되었다. [illegible]에 있으면서도 마치 고독한 유랑극단 배우가 된 듯한, 성[illegible]녀가 된 듯한 불안함을 느끼면서, 오가는 사람 하나 없는 [illegible] 도로 위에 꼼짝

못 하고 서서, 이것이 고향인가, 이것이 그 고향이란 말인가, 하고 부아가 끓어오르는 자문자답을 시도해보기도 했다. 야심한 밤, 지나는 사람 하나 없는 거리에는, 시끄러운 눈보라만이 하얗게 소용돌이치며 사납게 몰아치고 있었고, 나는 어깨를 움츠려 몸을 비스듬히 굽히고 역 쪽으로 걸음을 재촉했다. 나는 아오모리역 앞의 노점상에서 중국식 국수 한 그릇을 먹은 후 곧장 우에노행 기차에 올라탔다. 고향 사람 그 누구와도 만나지 않고 그냥 도쿄로 돌아온 것이다. 10년이라는 세월 동안 딱 한 번 힐끗 본 것이 전부인 내 고향은, 나에게는 이렇게나 괴로운 곳이다. 이제 어쩐지 그 괴로움에 둔해지고 너무 약해져서, '황금물결, 사과의 빰'이라는 달콤한 말에 넘어가 고향에 대한 예전의 증오도 다 잊고 무심코 참석이라고 적어버리고 말았다. 그것이 세 번째 이유.

참석이라고 적어 답장을 보낸 후, 나는 날이 갈수록 불안해졌다. '출세'라고 하는 상념 때문이었다. 고향의 신문사로부터 그 지역 출신의 예술가로서 초대를 받았다는 것은 일종의 금의환향이 아닌가? 상당히 명예로운 일이 아닌가? 어쩌면 명사名士라는 뜻일지도 모른다. 그런 생각을 하면 갑자기 당황하게 되는 것이다. 질 나쁜 장난을 하려는 생각으로 수많은 오명을 가진 나를 일부러 극진하게 명사 취급한 후에, [illegible]에서 서로 눈짓을 주고받으며 킥킥거리고 비웃을 자들이 문 너머에 득[illegible]리고 있으리라는 생각이 들어 도무지 진정되지 않았다. 고향 사람[illegible] 내 작품을 읽지 않는다. 읽는다고 해도 주인공이 추태를 부리는 부분만[illegible]라내어 비웃으면서 읽고는, 무척 어이없다는 듯 다른 사람에게 이야기[illegible]서 고향의 수치라고 매도하고 조롱하는 정도이리라. 사[illegible]년 전 도쿄[illegible]형과 잠시 만났을 때 큰형은 '네 녀석의 책을 친척들에게 보내지 말[illegible]라. 나도 읽고 싶지 않다. 친척들이 네가 쓴 책을 읽고 무슨 생각을……' 하고 말을 하다가 갑자기 입을 꾹 다물고 고개를 숙였을 뿐이지만 나는 모든 상황을 정확히 알 수 있었다. 이제 죽을 때까지 고향 사람들에게는 책을 보내지 않을 생각이다. 고향 출신의 문학자들도, 고노 가이치[3]를 제외하고는 모두들 나를 비웃고 있다. 심지어는 문학과 연이 없는 화가나 조각가들까지 가끔 신문에 실리는 내 작품에 대한 혹평만을 믿고 코웃음 치고 있을 것이다. 나는 피해망상증 환자가 아니다. 결코 일부러 나쁘게 생각하는 게 아니다. 어쩌면 더 가혹한 상태일지도 모른다. 같은 예술가 동료들 사이에서조차 그런 상태다. 하물며 고향 사람들은 화롯가 앞에 앉아 쓰시마 집안(D라고 하는 것은 내 필명이고 쓰시마가 진짜 성이다)의 막내아들이 도쿄에서 망신거리가 되고 있다고 하더군, 하고 나를 화젯거리로 삼았다가 금세 잊고는 불을 다시 지피고 잔에 차를 따르며 가을 축제 준비에 대한 얘기로 화제를 바꾸는, 그런 상태가 아닐까 생각한다. 그런 비참한 상태인지도 모르고, 어리석고 가난한 작가가 고향의 신문사로부터 초대를 받고 곧장 참석하겠다는 답장을 보내고는 나도 출세했는걸, 하고 싱글거리는 그림은 너무 가엾지 않은가? 무엇이 출세란 말인가. 금의환향이고 뭐고 없다. 내 경우에는 그야말로 마부의 옷이다.[4] 놀림거리다. 거기까지 생각한 후 나는 너무 부끄러운 나머지 이리저리 날뛰었다. 아뿔싸! 역시 불참이라고 써서 보내야 했다. 아니지, 아니야, 참석이건 불참이건 일단 답장을 보내는 것 자체가 비열하고 저급하다. 초대를 받더라도 답장을 보내지 않고, 살짝 얼굴을 붉히며 소심하게 떠는 것이

3_ 고노 가이치는 다자이가 파비날 중독으로 정신병원에 입원했을 때 다자이의 주치의 겸 시인이었던 나카노 가이치中野嘉一의 이름을 변형시킨 것이다.

4_ 볼품없는 사람이 화려한 옷을 입었다는 의미.

지금 내 상황에 어울리는 방법이었다.

스스로의 나약함이—무심코 참석하겠다고 답장을 쓰고만 스스로의 칠칠치 못함이 너무나도 원망스러웠다. 하지만 후회해도 소용없는 일이었다. 모든 것은 나의 어리석음에서 비롯되었다. 어차피 이렇게 된 바에야 배짱 좋게 하카마[5]를 입고 당당하게 참석해서, 사람들이 비웃든 말든 태연하게 명사 흉내를 내며 일장 연설이라도 해줄까, 하는 자포자기에 가까운 사나운 근성이 고개를 들었다. 이 세상은 어차피 힘이다. 끝까지 강하게 밀어붙이면 결국 그 사람을 비웃을 수 없게 된다. 아아, 천박하군. 부끄러운 줄 알아라! 손바닥 뒤집듯이 그 사람을 칭찬하고 존경하는 척하면서, 슬쩍 아첨을 하고 뇌물을 보내는 짓 따위나 하는 것이다. 당당하게 하카마를 입고 참석해서 일장 연설을, 하고 격분해봤지만 역시 무리였다. 다른 사람에게 민폐를 끼치고 있다. 좋은 작품을 쓴 적도 없다. 전부 속임수다. 정직하지 못하다. 비굴하다. 거짓말쟁이다. 호색한이다. 겁쟁이다. 신의 심판대 위에 설 것까지도 없이, 나는 항상 횡설수설한다. 솔직하게 고백하겠다. 나는 역시 하카마를 입고 싶었던 것이다. 일장 연설 어쩌고 하며 격분해서 천지를 뒤흔들 공상으로 혼자 가슴 두근거려 하다가, 문득 정신을 차리고 자신의 시시함을 깨닫고는 몸을 움츠리고 어디론가 사라져버리고 싶다가도, 그래도 하카마는 입고 싶은데, 하는 생각이 다시 뭉게뭉게 피어오른다. 속세에 대한 미련을 다 버릴 수가 없다. 어차피 나가는 거 말쑥하게 하카마를 차려입고 가서, 이가 빠져 보기 흉하니 되도록 웃지 말고 계속 입을 꾹 다문 채로 모두에게 오랫동안 찾아뵙지 못한 것을 사죄하자. 그러면 혹 고향

5_ 품이 넓은 하의로, 격식을 차려야 하는 자리에서 주로 입는다.

사람들도 쓰시마의 막내아들이 소문으로 듣던 것보다는 괜찮잖아, 하고 생각해줄지도 모른다. 나가자. 하카마를 입고 나가자. 모두에게 시원시원하게 인사를 하고 맨 끝자리에 얌전하게 앉아 있으면 분명 나에 대한 평판도 좋아질 것이고, 그 이야기가 전해지고 전해져서 이천 리 떨어진 고향 마을까지 희미하게 울려 퍼지면 병들고 늙은 어머니도 조용히 웃을 수 있게 될 것이다. 절호의 찬스이지 않은가. 가자. 하카마를 입고 가자. 나는 또다시 가슴이 터질 정도로 흥분했다. 역시 완전히 버릴 수가 없다. 고향을, 나를 그렇게나 비웃은 고향을, 나는 버리지 못했다. 병이 나은 후 사 년 동안 내가 바란 것은 오직 한 가지로, 그것은 점점 더 치열해지고 있었다. 나도 마음 한구석에서는 금의환향이라는 것을 생각하고 있었다. 나는 고향을 사랑한다. 나는 고향 사람들 모두를 사랑한다!

초대받은 날이 왔다. 그날은 아침부터 폭우가 쏟아졌다. 그래도 나는 모임에 참석할 생각이었다. 나는 하카마를 가지고 있다. 제법 좋은 하카마다. 명주로 된 것이다. 결혼식 때 딱 한 번 입었는데, 아내는 유난스럽게 그것을 기름종이에 싸서 고리짝 깊숙한 곳에 넣어 두었다. 아내는 그것이 센다이히라[6]라고 믿고 있다. 결혼식 때 입었으니 센다이히라가 분명하다고 단정 지은 모양이다. 하지만 나는 가난해서 센다이히라 같은 건 준비할 수 없는 상황이었기 때문에 결혼식 때도 급한 대로 명주로 된 이 하카마로 때웠다. 그런데 어찌 된 일인지 아내는 그걸 센다이히라라고 굳게 믿고 있었기 때문에, 뒤늦게 그 환상을 깨트리는 게 좀 딱하기도 해서 아직까지 사실대로 말하지 못했다. 그 하마키를

6_ 센다이仙台의 특산물로, 하카마를 만들 때 쓰이는 최상품의 견직물.

입고 가고 싶었다. 내게는 그게 최소한의 금의錦衣였던 것이다.

"어이, 그, 좋은 하카마를 좀 꺼내줘." 역시나 센다이히라를 달라고는 말할 수 없었다.

"센다이히라를요? 관두세요. 곤가스리[7] 기모노 위에 센다이히라를 입는 건 좀 이상해요."

아내는 반대했다. 외출용 홑옷은 곤가스리로 된 것 하나밖에 없었기 때문이다. 여름용 하오리[8]가 한 장 있었는데 온데간데없이 사라졌다.

"이상할 거 없어. 가져와." 센다이히라가 아니야, 하고 사실을 털어놓을까 하다가 참았다.

"우스꽝스럽지 않을까요?"

"상관없어. 입고 가고 싶어."

"안 돼요." 아내는 완고했다. 그 센다이히라에 담긴 추억이 소중하기 때문에 함부로 꺼내 더럽히고 싶지 않다는 에고이즘도 있는 듯했다.

"세루모직물의 한 종류로 된 것이 있어요."

"그건 안 돼. 그걸 입고 가면 영화 변사처럼 보인다고. 그리고 이미 더러워져서 쓸 수가 없어."

"오늘 아침에 다림질해두었는걸요. 곤가스리에는 그게 더 어울려요."

내가 그때 얼마나 골똘히 생각한 끝에 결심을 내린 것인지 아내가 알 리 없었다. 자세히 설명해줄까 싶기도 했지만 귀찮았다.

"센다이히라." 드디어 나까지 거짓말을 하기 시작했다. "센다이히라가 나아. 이렇게 비가 오는 날에 세루로 된 것을 입으면 금세 구깃구깃해진다고." 어떻게든 그걸 입고 가고 싶었다.

7_ 감색 바탕에 희게 나타낸 비백 무늬. 또는 그런 무늬의 직물

8_ 기모노 위에 입는 짧은 겉옷.

"세루가 나아요." 아내는 사정하는 듯한 말투였다.

"젖지 않게 보자기에 싸서 가져가면 어때요? 그쪽에 도착해서 갈아입으면 되잖아요."

"그럼 그렇게 하지." 나는 포기했다.

아내가 보자기에 버선과 세루로 된 하카마를 싸주었고, 나는 옷자락을 뒤로 걷은 채 우산을 받치고 빗속으로 나갔다. 왠지 나쁜 예감이 들었다.

연회 장소는 히비야 공원 안에 있는 유명한 서양 요릿집이었다. 모임 시간은 오후 다섯 시 반이었는데, 도중에 버스를 갈아타는 데 시간이 걸려서 여섯 시가 조금 넘어서야 도착했다. 신발 정리를 담당하는 청년에게 살짝 부탁해서 현관 옆의 작은 방을 빌려 옷차림을 정돈했다. 그 방에는 고급스러운 옷을 입은, 열 살 정도 되어 보이는 파리한 얼굴을 한 남자아이가 단정치 못하게 앉아서 우물우물 과자를 먹으며 가정교사에게 산수를 배우고 있었다. 이 요릿집 주인의 소중한 아들인지도 모른다. 가정교사는 스물일고여덟 정도 되는 차분한 분위기의 여자로, 피부가 희고 통통했으며 로이드안경을 쓰고 있었다. 내가 방 한구석에서 허리끈을 다시 묶은 후 보자기를 풀어 버선을 꺼내어 신고 세루로 된 하카마를 만지작대자, 그런 나를 불쌍히 여겼는지 말없이 다가와서는 하카마 입는 것을 도와주었다. 그녀는 하카마의 끈을 앞으로 해서 나비 모양으로 묶어주었다. 나는 간단하게 감사 인사를 하고 종종걸음으로 그 방에서 나와 정면에 있는 계단을 일부러 느릿느릿 올라가다가 나비 모양의 끈을 풀어버렸다. 때가 타고 구겨진 끈을 나비 모양으로 묶는 건 너무 부끄럽고 비참해서 싫었던 것이다.

연회장으로 한 발자국 들어설 때, 나는 머쓱할 정도로 긴장한 상태였다. 지금이다. 바로 지금, 고향에서의 십 년간의 불명예를 만회하는 것이다. 명사인 척해, 명사. 그때 누군가가 내 어깨를 가볍게 두드렸다. 돌아보니, 고노 가이치 군이었다. 나는 내 이가 더럽다는 것도 잊고 씩 웃어버렸다. 고노 가이치 군은 나의 십년지기 벗이다. 동향이라는 이유로 친구가 된 것이 아니다. 고노 군이 무척 성실한 예술가라는 것을 알고 내가 먼저 청해서 친구가 된 것이다. 고노 가이치 군도 웃었다. 나는 더 밝게 웃었다. 얌전하게 있어야 한다는 것을 잊고 말았다.

연회의 자리가 정해졌다. 나는 정말 말 그대로 말석이었다. 혼잡한 사람들 틈에서 우왕좌왕하고 있는 사이에 말석에 앉게 되었다. 하지만 10분의 3 정도는 일부러 말석을 고른 것도 있었다. 그것은 이 모임에 대한 존경 때문이 아니라 오히려 반발심 때문이었던 것 같기도 하다. 반발 정도가 아니라 불손한 멸시의 감정까지 느꼈던 듯하다. 하지만 나 역시 정확한 이유는 알 수 없다. 어쨌든 나는 말석에 앉았다. 그리고 나는 정말로 마음이 편했다. 잘 됐어, 이제 명예를 회복할 수 있을 거야, 하고 순진하게 기뻐했다. 하지만 그때부터가 문제였다. 그 후 내 태도는 최악이었다. 정말 엉망진창이었다.

나는 지독하게 형편없는 남자다. 전혀 훌륭하지 않다. 나는 고향에 어리광을 부리고 있다. 고향 분위기를 접하면 절로 몸이 나른해져서 제멋대로 굴기 시작하다가 결국 자제심을 잃고 만다. 스스로도 이런 이런, 하고 생각할 정도로 엉망이 되어서 의지의 브레이크가 녹아 사라져 버린다. 가슴에서 불쾌하게 덜거덕 소리가 나고, 전신의 나사가 느슨해져서 도무지 점잖게 있을 수가 없다. 차례차례 산해진미가 나오는데도, 가슴이 벅차서 먹을 수가 없었다. 아무것도 먹지 않고 술만 마셨다. 벌컥벌컥 마셔버렸다. 비가 내리고 있는 탓에 창문을 죄다 닫아놓아서 방 안은 후텁지근했고, 나는 온몸에 술기운이 돌아 헉헉거려졌다. 아마 얼굴이 데친 낙지처럼 보였을 것이다. 이래서는 안 된다, 이런 상태로는 고향에서의 평판이 더욱 나빠질 것이다, 이런 한심한 모습을 어머니나 형이 본다면 얼마나 안타까워할까, 발을 동동 구르며 분해하겠지, 하는 생각으로 끊임없이 슬퍼하면서도, 그럼에도 나는 이미 의지의 브레이크를 잃은 상태였다. 그래서 계속 술만 들이부었다. 내 태도는 치졸했다. 서른한 살이나 먹고 귀여운 구석이라곤 없는 주제에 헤실헤실 어리광이나 부리다니, 추태의 극치였다. 점점 더 취기가 오르자, 나는 혼자 비통해하며 이 모임 전체를 부정하기도 하고, 꼴같잖게 이단자임을 과시하려는 생각도 해보다가 곧 마음을 고쳐먹고는, 아니, 아니, 여기에 참석한 사람들은 모두 뛰어난 인물이다, 상냥하고 겸손한 예술가다, 모두 성실하게 고생하며 살아온 사람들이다, 비열한 사람은 나 하나뿐이다, 아아, 나는 겁쟁이다, 썩은 여자 같다, 그렇게 이 모임이 싫다면 하카마 같은 건 왜 입고 온 것이냐, 너의 천박한 초조함은 그 속이 빤히 다 들여다보인다, 하고 스스로를 꾸짖기도 하고, 어쨌든 그때의 내 마음은 정말이지 꼴같잖은 것이었다. 안절부절못하며 마음을 가라앉히지 못하고 끊임없이 몸을 좌우로 흔들며 술만 마셨다. 술이 온몸 구석구석으로 퍼져 확확 열이 오르다가 어느새 머리에서 수증기가 피어오르는 지경에 이르렀다.

자기소개가 시작되었다. 모두 유명한 사람들뿐이었다. 일본화가, 서양화가, 조각가, 희곡가, 무용가, 유행가수, 작곡가, 만화가, 모두 다 관록 있는 일류인사답게 자신의 이름을 거리낌 없이 시원스럽게 말한 다음 가벼운 농담도 덧붙였다. 나는 자포자기의 심정으로 생뚱맞게 박수를 쳐보기도 하고, 제대로 듣지도 않는 주제에 옳소 하고 쓸데없는 맞장구를 쳐보기도 했다. 모두들 저 구석에 있는 주정뱅이는 기분 나쁜 놈이라고 생각하며 내심 불쾌해하고 혐오스러워하면서 눈살을 찌푸릴 게 분명했다. 그걸 알면서도 도무지 의지의 브레이크가 듣질 않았다. 자기소개가 돌고 돌아 점점 순서가 뒷자리 쪽으로 넘어오기 시작했다. 곧 내 차례가 되면 이런 상태로 도대체 뭐라고 인사해야 할 것인가. 이렇게 흐트러진 채로 일장 연설을 늘어놓는 일 같은 건 상상도 할 수 없었다. 여차하면 주정뱅이의 헛소리라고 비웃음을 살 것이었다. 느닷없이 눈 녹은 실개천이 눈앞에 떠올랐다. 물가의 푸르디푸른 미나리가. 아아아, 나는 하고 싶은 말이 있다. 산더미처럼 많았다. 하지만 갑자기 하기 싫어졌다. 왠지, 싫어졌다. 괜찮다. 나는 영원히 고향에서 이해받지 못한 채로 끝나도 상관없다. 포기했다. 금의환향을 포기하기로 했다. 술기운으로 엉망이 된 머리를 굴려 이것저것 고민을 하다가, 오늘은 정말 잘 먹었다고 신문사 사람에게 인사를 하고 곧장 집으로 돌아가자고 결심했다. 그때의 내가 가장 솔직하고 꾸밈없이 말할 수 있는 건 그저 그 감사의 말뿐이었다. 하지만 조금 더 생각해보니 그게 아니었다. 잘 먹었다는 말만 하고 그냥 돌아가는 건 왠지 평소에 내 돈으로는 술을 마실 수 없는 처지라는 걸 광고하는 것 같아 너무 초라하지 않은가, 관둬, 관둬,라는 마음속 목소리가 들려오기 시작했고, 나는 눈앞이 캄캄해졌다. 내 차례가 왔다. 나는 한 대 때려주고 싶을 정도로 불결한 추녀가 아양을 떠는 듯한 모습으로 흐느적흐느적 자리에서 일어서며 순간 생각했다. D라는 이름은 말하고 싶지 않다. 모두들 분명 D가 누구야, 하고 듣는 둥 마는 둥 하면서 나를 무시할 것이다. 내 작품이 너무 불쌍하다. 독자들에게 면목이 없다. K 마을의 쓰시마 집안 막내입니다,라고 말하면 어머니나 형에게 큰 창피를 주게 된다. 게다가 나는 큰형이 지금 고향에서의 어떤 사건으로 무척 힘든 상태라는 것을 알고 있었다. 우리 집은 최근 오륙 년간 나의 불효 말고도 불행한 일이 계속되고 있는 모양이었다. 부디 용서해주세요.

"K 마을의 쓰시마……."라고 말했지만 목소리가 제대로 나오지 않아서 사람들이 제대로 알아듣지 못한 모양이었다.

"한 번 더!"하고 상석 쪽에서 누군가가 탁한 목소리로 외치자, 나는 상석의 그 탁한 목소리를 향해 갈 곳 잃은 내 마음을 한꺼번에 폭발시켰다.

"시끄러워. 닥쳐!" 작은 목소리로 말했다고 생각했는데, 자리에 앉고 나서 주위를 둘러보니 분위기가 싸늘했다. 이제 다 끝났다. 나는 분명 구제 불능 무뢰한으로 고향에 널리 알려질 것이다.

그 후에 내가 한 추잡한 행동에 대해서는 더 이상 말하지 않겠다. 그것을 뻔뻔스럽게 자백하는 건 오히려 독자에게 어리광을 부리는 일이기도 하고, 내 죄를 조금이라도 덜어보려는 비열한 행동일지도 모르니, 나는 말없이 참으며 신의 엄격한 재판을 기다려야만 한다. 내가 나쁜 것이다. 가지고 있는 모든 악덕을 속속들이 드러내 보였다. 나는 기치조지역 앞에서 인력거를 타고 억수같이 쏟아지는 빗속을 뚫고 집으로 돌아왔다. 인력거꾼은 쇠약한 노인이었다. 노인은 흠뻑 젖은 채로 비틀비틀 달리며 음, 음, 하고 괴로운 듯 신음했다. 나는 그저 노인을 나무랐다.

"뭐야. 힘들지도 않은 주제에 과장해서 신음소리를 내다니. 근성이 천박하군! 더 빨리 달려!" 나는 악마 본성을 남김없이 드러냈다.

나는 그날 밤 가까스로 깨달았다. 나는 출세할 타입이 아니다. 포기해야 한다. 금의환향에 대한 동경을 깔끔히 버려야 한다. 고향에만 뼈를 묻을 수 있는 건 아니다. 그렇게 느긋하게 생각하고 차분해져야만 한다.

나는 평생을 길거리 음악가로 살다 끝날지도 모른다. 어리석고 융통성이 없는 이 음악은 듣고 싶은 이만 들으면 된다. 예술은 명령할 수 없다. 예술은 권력을 얻음과 동시에 사멸한다.

그다음 날 서양화를 공부하는 친구 하나가 미타카의 집으로 찾아왔다. 나는 어젯밤의 볼썽사나운 실수에 대해 대충 이야기하고 내 각오에 대해서도 털어놓았다. 이 친구 또한 고향인 세토나이카이의 섬에서 거의 추방을 당한 상태다.

"고향이라는 건 눈 밑에 난 사마귀와 비슷한 거야. 신경 쓰기 시작하면 끝이 없어. 수술해도 흔적이 남지." 이 친구의 오른쪽 눈 밑에는 팥알 정도 되는 크기의 검정 사마귀가 있다.

나는 건성으로 하는 그런 말로는 기분이 나아지지 않아서, 갑갑한 마음에 고개를 들고 담배만 피워댔다.

그때였다. 친구가 정원의 장미에 눈길을 주더니 의외의 사실을 알려주었다. 이건 꽤 좋은 장미다,라는 것이다.

"정말인가?"

"그래. 이건 벌써 육 년 정도는 된 거야. 장미농원 쪽에서는 한 송이에 일 엔 이상은 줘야 하지." 친구는 장미에 대해서는 꽤 일가견이 있는 사람이다. 오쿠보에 있는 자택의 좁은 정원에 사오십 송이 정도의 장미꽃을 심어두고 기르고 있다.

"하지만 이걸 팔러 온 여자는 가짜였다고." 나는 곧바로 사기를 당한 자초지종을 들려주었다.

"상인이라는 놈들은 늘 불필요한 거짓말까지 하곤 하지. 꼭 사줬으면 했던 걸 거야. 사모님, 가위 좀 빌려주세요." 친구는 정원으로 내려가 장미의 불필요한 가지를 열심히 툭툭 잘라내 주었다.

"같은 고향 사람이었을까? 그 여자." 왠지 볼이 뜨거워졌다. "순 거짓말쟁이는 아니잖아."

나는 툇마루에 앉아 담배를 피우며 만족을 느꼈다. 신은 있다. 분명 존재한다. 고향에만 뼈를 묻을 수 있는 건 아니다. 보아라, 무저항주의의 성과를. 나는 스스로를 행복한 남자라고 생각했다. 슬픔은 돈을 내고서라도 사라는 말이 있다. 푸른 하늘은 감옥의 창문을 통해 바라볼 때 가장 아름답다고 하던가. 감사한 일이다. 이 장미가 살아있는 한 나는 마음의 왕자라고, 짧은 순간 생각했다.

走れメロス

달려라 메로스

太宰治

「달려라 메로스」

1940년 5월, 잡지 『신조』에 발표됐다.

이 작품은 프리드리히 실러Johann Christoph Friedrich von Schiller의 「인질Die Burgschaft」을 소재로 한 것으로 보이며, 다자이가 본문 끝에 또 하나의 소재로 밝히고 있는 고대 전설에 대해서는 아직까지 정확히 알려진 바가 없고, 여러 연구자들에 의해 다양한 의견이 제시되고 있다.

이 작품과 관련해서는 다자이의 친구인 단 가즈오檀一雄와의 유명한 일화가 전해진다. 아타미熱海에 있는 여관에서 작품을 집필하던 다자이는 여관비를 지불할 수 없게 되어 단 가즈오와 함께 발이 묶이는데, 결국 다자이는 단 가즈오를 '인질'로 여관에 남겨두고 혼자 돈을 가지러 도쿄에 가게 된다. 아무리 기다려도 다자이는 돌아오지 않았고, 겨우 도쿄로 돌아온 단 가즈오가 스승 이부세 마스지의 집에서 태평하게 장기를 두고 있는 다자이에게 화를 내며 따지자, 다자이는 다음과 같이 대답한다.

"기다리는 사람과 기다리게 만드는 사람, 어느 쪽이 더 괴로울 것 같나?"

메로스는 격노했다. 반드시 그 간사하고 포악한 왕을 없애버리겠다고 결심했다. 메로스는 정치에 대해서 잘 모른다. 메로스는 마을의 목동이다. 피리를 불며 양과 함께 지내왔다. 그러나 사악한 것에 대해서는 남들의 두 배로 민감했다. 오늘 새벽 메로스는 마을을 출발해, 들판을 지나고 산을 넘어 백 리 밖 시라크스라는 도시에 도착했다. 메로스에게는 아버지도, 어머니도 없다. 부인도 없다. 열여섯 살 난 내성적인 여동생과 단둘이서 지내왔다. 여동생은 곧 마을의 한 성실한 목동을 신랑으로 맞을 것이다. 결혼식도 머지않았다. 그래서 메로스는 신부의 의상과 축하연에 쓸 접대 음식을 사러 먼 도시까지 온 것이다. 먼저 물건을 다 사고 난 후, 그는 도시의 큰길을 어슬렁어슬렁 걸었다. 메로스에게는 죽마고우가 있다. 세리눈티우스다. 지금은 이곳 시라크스에서 석공으로 일하고 있다. 메로스는 그 친구를 방문할 생각이었다. 오랫동안 만나지 못했던 터라 친구를 만나러 가는 것이 무척 설레었다. 그런데 걷다 보니 마을의 분위기가 이상했다. 쥐 죽은 듯이 고요했다. 이미 해도 저물어 마을이 어두운 것은 당연한 일이었지만, 밤이 된 탓만은 아닌 듯했다. 도시 전체가 몹시 적막했다. 태평한 성격의 메로스도 조금씩 불안해지기 시작했다. 메로스는 지나가는 젊은 행인을 붙잡고, 이 년 전 이곳에 왔을 때는 밤중에도 모두 노래를 부르고 길에는 활기가 넘쳤었는데 그동안 무슨 일이 있었냐고 물었다. 젊은 행인은 고개를 저을 뿐 대답하지 않았다. 잠시 더 걷다가 마주친 한 노인에게, 이번에는 조금 더 강하게 물었다. 노인은 대답하지 않았다. 메로스는 두 손으로 노인의 몸을 잡고 흔들며 거듭 질문했다. 노인은 주위를 살피며 낮은 목소리로 겨우 대답했다.

"왕이 사람들을 죽입니다."

"왜 죽이는 것이냐."

"악의를 품고 있기 때문이라고 하는데, 그런 나쁜 마음을 가진 사람은 아무도 없어요."

"사람들을 많이 죽였는가?"

"예. 처음에는 왕의 매제를 죽이고 그다음에는 왕세자를 죽였지요. 그 후에는 왕의 여동생까지 죽였습니다."

"놀라운 일이구나. 왕의 정신이 이상해진 것이냐."

"그런 것은 아닙니다. 단지 사람을 믿지 못한다고 합니다. 요즘에는 신하들의 마음까지도 의심하기 시작해, 조금이라도 호사스러운 생활을 하는 자에게는 인질을 한 명씩 보내라고 명령하고 있습니다. 명령을 어기면 십자가에 매달아 죽여버린다고 합니다. 오늘은 여섯 명이 죽었습니다."

그 말을 들은 메로스는 격노했다. "몹쓸 왕이로구나. 살려둬서는 안 되겠군."

메로스는 단순한 사내였다. 장을 본 물건들을 등에 진 채로 어슬렁어슬렁 성으로 들어갔다. 그리고 곧 성을 지키는 병사에게 포박을 당했다.

몸수색을 받던 중에 메로스의 주머니에서 단도가 발견되어 소란이 커졌다. 메로스는 왕 앞에 끌려 나갔다.

"이 칼로 무엇을 하고자 했느냐. 말해라!" 왕의 얼굴은 창백했고, 미간의 주름은 새겨 넣은 것처럼 깊었다. 폭군 디오니스는 조용하지만 위엄 있는 말투로 메로스를 추궁했다.

"이 도시를 폭군의 손에서 구하고자 했소." 메로스는 주눅 들지 않고 대답했다.

"너 따위가 말이냐?" 왕은 코웃음을 쳤다. "구제 불능인 놈이로구나. 네 녀석이 짐의 고독에 대해 알 턱이 없지."

"입을 다무시오!" 메로스는 격분하여 왕에게 반박했다. "사람의 마음을 의심하는 것은 가장 수치스러워해야 할 악덕이오. 당신은 백성의 충성심까지 의심하고 있소."

"의심하는 것이 정당한 마음가짐이라는 걸 가르쳐준 건 너희들이 아니냐? 사람의 마음은 믿을 수 없지. 인간은 원래 사욕으로 똘똘 뭉쳐 있거든. 믿어서는 안 된다." 왕은 차분하게 중얼거리며 한숨을 내쉬었다. "짐 역시 평화를 바라고 있다."

"무엇을 위한 평화인가. 당신의 지위를 지키기 위함인가?" 이번에는 메로스가 비웃었다. "죄 없는 사람을 죽이면서 평화는 무슨 놈의 평화."

"닥쳐라, 이 미천한 것." 왕은 재빨리 고개를 들고 반박했다. "말로 하기는 쉽지. 짐에게는 인간의 시커먼 뱃속이 다 들여다보여 견딜 수가 없다. 네 녀석이 책형[1]에 처해 지고 나서 울며 사죄한다 해도 나는 듣지 않겠다."

1_ 옛날 죄인을 기둥이나 판자에 묶고 창으로 찔러 죽이던 형벌.

"아아, 똑똑한 왕이로군. 마음껏 자만하시오. 나는 죽을 각오로 이곳에 왔소. 목숨을 구걸하는 일은 결코 없을 것이오. 다만……." 메로스는 말을 흐리며 바닥으로 시선을 떨군 채로 잠시 주저했다.

"다만, 나를 가엾이 여긴다면 사형까지 사흘의 기한을 주시오. 하나뿐인 여동생이 남편을 맞게 해주고 싶소. 사흘 안에 마을로 돌아가 결혼식을 올려주고 반드시 이곳에 돌아오겠소."

"말도 안 되는 소리." 폭군은 쉰 목소리로 낮게 웃었다. "터무니없는 거짓말을 하는구나. 한 번 놓아준 새가 돌아오기라도 한다는 말이냐."

"그렇소. 꼭 돌아오겠소." 메로스는 필사적으로 주장했다. "나는 약속을 지킵니다. 내게 사흘만 허락해주시오. 여동생이 내가 돌아오길 기다리고 있소. 그렇게 나를 믿지 못하겠다면, 좋소, 이 도시에 세리눈티우스라는 석공이 살고 있소. 내 둘도 없는 친구요. 그를 인질로 이 성에 두고 가겠소. 내가 사흘째 되는 날의 해 질 무렵까지 돌아오지 않고 도망친다면, 그 친구를 목매달아 죽여도 좋소. 부탁이니 그렇게 해주시오."

그 이야기를 들은 왕은 잔학한 마음을 품고 슬그머니 웃었다. 건방진 말을 하는군. 어차피 절대로 돌아오지 않을 거야. 이 거짓말쟁이에게 속아주는 척하고 풀어주는 것도 재미있겠군. 사흘 후에 인질을 목매달아 죽이면 아주 볼만하겠어. 이래서 사람은 믿을 수가 없다고 하면서 슬픈 얼굴로 그 인질 녀석을 처형시켜버리는 거야. 정직한 사람이니 뭐니 하는 놈들에게 본보기로 보여줄 테다.

"네 청을 들어주마. 너를 대신할 자를 불러라. 사흘 후 해 질 녘까지 돌아오너라. 만약 늦는다면 반드시 그 친구를 죽일 것이다. 조금 늦게 오는 것이 좋아. 너의 죄는 영원히 용서할 테니."

“무슨 말을 하는 거요.”

“하하. 목숨이 소중하다면 늦게 돌아오너라. 네 놈의 속셈은 이미 다 알고 있다.”

메로스는 분한 마음에 발을 동동 굴렀다. 더 이상 아무 말도 하고 싶지 않았다.

죽마고우인 세리눈티우스는 그날 밤 성에서 부름을 받았다. 폭군 디오니스의 앞에서, 막역한 지기 두 사람은 이 년 만에 조우했다. 메로스는 친구에게 모든 사정을 설명했다. 세리눈티우스는 아무 말 없이 고개를 끄덕이며 메로스를 꼭 끌어안았다. 친구 사이에는 그것만으로도 충분했다. 세리눈티우스는 포박을 당했다. 메로스는 곧바로 출발했다. 초여름의 하늘은 별로 가득했다.

메로스는 그날 밤 한숨도 자지 않고 서둘러서 백 리 길을 걸었고, 이튿날 오전 마을에 도착했다. 해는 이미 중천에 떠 있었고, 마을 사람들은 들판에 나와 일을 시작하고 있었다. 메로스의 열여섯 살 난 여동생도 오늘은 오빠를 대신해서 양 떼를 돌보고 있었다. 여동생은 비틀거리며 걸어오는 오빠의 지친 모습을 보고 깜짝 놀랐다. 그래서 오빠에게 끈질기게 질문을 퍼부었다.

“아무것도 아니야.” 메로스는 억지로 웃어 보이려 애썼다. “도시에 아직 일이 좀 남았어. 곧 다시 도시로 돌아가야 해. 내일 네 결혼식을 열어주마. 빠르면 빠를수록 더 좋겠지.”

여동생이 볼을 붉혔다.

“기쁘지? 예쁜 옷도 사왔단다. 자, 이제 마을 사람들에게 알리고 오렴. 내일이 결혼식이라고.”

메로스는 다시 비틀거리며 집으로 돌아와, 신들의 제단을 장식하고 축하연을 위해 자리를 정돈한 후 곧바로 바닥에 쓰러져 죽은 듯이 깊은 잠에 빠졌다.

눈을 떴을 때는 밤이었다. 메로스는 일어나자마자 신랑의 집을 방문했다. 그리고 사정이 있으니 결혼식을 내일로 앞당겨달라고 부탁했다. 신랑은 몹시 놀라며 그건 안 됩니다, 아직 아무런 준비도 되어 있지 않으니 포도가 열리는 계절까지 기다려주십시오, 하고 대답했다. 메로스는 기다리는 건 불가능하니 제발 내일로 해주게나, 하고 거듭 청했다. 신랑도 완고했다. 좀처럼 승낙하지 않았다. 새벽까지 계속 이야기를 나누며 간신히 신랑을 구슬리고 달래어 설득시켰다. 결혼식은 대낮에 열렸다. 신들에 대한 신랑 신부의 선서가 끝날 즈음 먹구름이 하늘을 뒤덮었고, 한 방울 두 방울 내리기 시작한 비는 이내 장대비로 바뀌었다. 결혼식에 참석한 마을 사람들은 불길한 징조를 느꼈지만, 그래도 마음을 다잡고 좁은 집 안에서 후덥지근한 더위를 견디며 밝게 노래를 부르고 박수를 쳤다. 메로스도 만면의 희색을 띠고 잠시 동안 왕과의 약속마저 잊었다. 밤이 되어 축하연이 무르익자, 사람들은 더 이상 밖에 내리고 있는 폭우를 신경 쓰지 않았다. 메로스는 이대로 한평생 이곳에 머물고 싶었다. 이 아름다운 사람들과 평생을 함께 하고 싶었지만, 지금 자신의 몸은 자신의 것이 아니다. 메로스의 뜻대로 할 수 있는 일이 아니었다. 메로스는 굳게 마음을 다잡고 마침내 출발을 결심했다. 내일 해가 질 무렵까지는 아직 충분한 시간이 있었다. 조금 눈을 붙인 후에 바로 출발하자고 생각했다. 그때는 비도 잦아들겠지. 조금이라도 이 집에 더 머물러 있고 싶었다. 메로스 정도 되는 남자에게도 미련의 정은 있다. 그는 오늘 밤 그저 기쁨에 취해 있는 신부에게 다가가서 말했다.

"결혼 축하한다. 나는 너무 피곤하니 가서 잠을 좀 자고 싶구나.

일어나면 바로 도시로 갈 거야. 중요한 볼일이 있거든. 내가 없어도 네게는 이미 훌륭한 남편이 있으니 외롭지 않을 거야. 오빠가 가장 싫어하는 건 사람을 의심하는 것과 거짓말을 하는 거란다. 너도 그건 잘 알고 있겠지? 남편에게 절대로 비밀을 만들어서는 안 돼. 네게 말하고 싶은 것은 그것뿐이다. 이 오빠는 훌륭한 남자이니, 너도 그걸 자랑스럽게 여겨다오."

신부는 꿈꾸는 듯한 기분으로 고개를 끄덕였다. 그런 다음 메로스는 신랑의 어깨를 두드리며 말했다.

"아무런 준비가 되어 있지 않은 건 서로 마찬가지야. 우리 집에도 보물이라고는 여동생과 양뿐이다. 그것 말고는 아무것도 없어. 가진 것은 전부 주마. 그리고 한 가지 더, 메로스의 매제가 된 것을 자랑스럽게 여겨주게나."

신랑은 두 손을 비비며 부끄러워했다. 메로스는 웃으며 마을 사람들에게 인사를 하고 그곳을 나와 양 오두막으로 들어가서 죽은 듯이 깊은 잠을 잤다.

눈을 뜨니 다음날 새벽 해 뜰 무렵이었다. 메로스는 벌떡 일어났다. 아뿔싸, 늦잠을 자버렸나? 아니야, 아직 괜찮아. 지금 바로 출발하면 약속 시간까지는 충분히 도착할 거야. 오늘은 반드시 그 왕에게 사람의 진심을 보여주자. 그리고 웃으며 처형대 위로 올라가 줄 테다. 메로스는 유유히 떠날 채비를 시작했다. 이제 비도 거의 잦아든 듯했다. 떠날 채비는 끝났다. 메로스는 양팔을 크게 휘두르며 씩씩하게 빗속을 화살처럼 달려 나갔다.

나는 오늘 밤 죽는다. 죽기 위해 달린다. 인질로 붙잡힌 친구를 구하기 위해 달린다. 왕의 그 간악함을 무찌르기 위해 달리는 것이다. 달려야만

한다. 그리하여 나는 죽게 되리라. 젊은 시절의 명예를 지키자. 안녕히, 내 고향아. 젊은 메로스는 괴로웠다. 몇 번이나 멈추어 설 뻔했다. 에잇, 에잇, 하고 큰 소리로 스스로를 꾸짖으며 달렸다. 마을을 나와서 들판을 지나 숲을 헤치고 옆 마을에 도착했을 때는 비도 그치고 해가 높이 떠올라서 조금씩 더워지기 시작했다. 메로스는 이마에 흥건한 땀을 닦아내며 생각했다. 여기까지 왔으니 이제 괜찮아. 이제 고향에 대한 미련은 없어. 여동생과 매제는 분명 아름다운 부부가 될 거야. 내게는 더 이상 아무런 걱정거리도 없어. 곧장 성으로 가기만 하면 되는 거야. 너무 서두를 필요도 없다. 천천히 걷자. 메로스는 평상시의 태평함을 되찾고 좋아하는 노래를 부르기 시작했다. 어슬렁어슬렁 이십 리, 삼십 리를 걸어 어느덧 절반 정도에 다다랐을 즈음 메로스에게 들이닥친 예상치 못한 재난. 메로스는 우뚝 걸음을 멈추었다. 보라, 눈앞에 펼쳐진 강을. 어제의 호우로 산의 수원지가 범람했다. 탁류가 힘차게 하류에 모여들어 맹렬한 기세로 다리를 파괴하고, 쏴아아 진동하는 격류가 다리 위 널빤지를 산산조각 내어 날려버렸다. 그는 넋을 잃고 그 자리에 멈추어 섰다. 사방을 둘러보며 힘껏 고함도 질러보았지만, 물가에 매어 둔 배들은 물살에 휩쓸려 떠내려가 그림자조차 보이지 않았고, 뱃사공들의 모습도 찾아볼 수 없었다. 강물은 점점 더 불어나 마치 바다 같았다. 메로스는 강기슭에 웅크리고 앉아 눈물을 흘리며 제우스신에게 손을 뻗어 애원했다. "아아, 미쳐 날뛰는 이 물살을 잠재워주소서! 시간은 시시각각 흘러가고 있습니다. 태양은 높이 떠서 이미 대낮입니다. 태양이 지기 전에 성에 도착하지 못한다면 제 소중한 친구가 저로 인해 목숨을 잃습니다."

탁류는 메로스의 외침을 비웃기라도 하듯 점점 더 거세어졌다. 물살은 물살을 집어삼키며 세차게 소용돌이쳤고, 시간은 쉬지 않고 흘렀다. 마침내 메로스도 각오를 굳혔다. 헤엄쳐 건널 수밖에 없겠군. 아아, 신들이시여, 굽어살피소서! 지금이야말로 거친 물살에도 지지 않을 위대한 사랑과 진실의 힘을 발휘해 보일 때다. 메로스는 물속으로 첨벙 뛰어들어, 수백 마리의 구렁이가 몸부림치듯 날뛰는 물살을 상대로 필사적인 투쟁을 시작했다. 온몸의 힘을 팔에 실어 밀려드는 소용돌이와 잡아끄는 물살을 헤치며 나아갔고, 신도 겁 없이 용맹한 사투를 벌이는 인간의 모습을 가련히 여긴 듯 그에게 연민을 베풀었다. 조금씩 떠내려가면서도 멋지게 맞은편 기슭의 나뭇가지에 매달릴 수 있었다. 천만다행이었다. 메로스는 말처럼 몸을 크게 한번 흔들어 털어내고 곧장 걸음을 서둘렀다. 한시도 낭비할 수 없었다. 태양은 이미 서쪽으로 기울기 시작했다. 숨을 헐떡이며 서둘러 고개의 정상까지 올라 안도하고 있을 때 갑자기 눈앞에 산적 한 무리가 나타났다.

"멈추어라."

"무슨 짓이냐. 나는 해가 저물기 전에 성으로 가야 한다. 놓아라."

"어딜, 그렇게는 안 되지. 가지고 있는 것을 전부 내놓아라."

"내가 가진 것은 목숨뿐이다. 그 하나뿐인 목숨 또한 왕에게 바쳐야 한다."

"바로 그 목숨을 원한다."

"그렇다면 왕의 명령으로 여기서 잠복하고 있었던 게로구나."

산적 무리는 대답도 없이 일제히 몽둥이를 휘두르기 시작했다. 메로스는 몸을 구부렸다가 새처럼 산적 하나를 덮쳐 그 몽둥이를 빼앗고는,

"미안하지만, 정의를 위해서다!" 하고 맹렬히 공격, 곧 산적 셋을 쓰러트렸고, 남은 자들이 떨고 있는 사이를 틈타 재빨리 언덕 아래로

내달렸다. 단숨에 언덕을 달려 내려왔지만 이미 몸은 지쳤다. 때마침 작열하는 오후 태양이 내리쬐기 시작한 탓에 몇 번이나 현기증을 느꼈지만 이래선 안 돼, 하고 마음을 다잡고는 비틀비틀 두세 걸음 더 걸어가다가 결국 무릎을 꿇었다. 일어설 힘조차 없었다. 그는 하늘을 올려보며 분한 마음에 눈물을 흘리기 시작했다. 아아, 탁류를 가르며 헤엄을 치고, 산적을 셋이나 쓰러뜨리며 번개처럼 달려 여기까지 온 메로스여. 진정한 용자, 메로스여. 지금 여기서 지쳐 움직일 수도 없게 되다니 한심하구나. 사랑하는 친구는 너를 믿은 탓에 목숨을 잃어야 한다. 네 녀석은 희대 불신의 인간. 결국 왕이 생각한 대로 되고 마는구나. 메로스는 자신을 질책했지만, 이미 온몸에 힘이 다 빠져 꼼짝달싹할 수 없었다. 그는 길가의 초원에 털썩 쓰러져 누웠다. 육체가 지치면, 정신 또한 지치고 만다. 이제 될 대로 되라지. 용감한 자에게 어울리지 않는 그런 반항적인 근성이 마음 한구석에 둥지를 틀었다. 나는 이렇게나 노력했다. 약속을 깰 생각은 추호도 없었다. 신도 굽어살피셨고, 나 또한 있는 힘껏 노력했다. 힘이 바닥날 때까지 달렸다. 나는 불신의 무리가 아니다. 아아, 가능하다면 내 가슴을 열어 새빨간 심장을 보여주고 싶다. 오직 사랑과 믿음의 피만으로 뛰고 있는 이 심장을 보여주고 싶다. 하지만 나는 이런 중요한 때 탈진해버렸다. 나는 몹시 불행한 남자다. 분명 웃음거리가 되겠지. 내 가족 또한 비웃음을 살 것이다. 나는 친구를 기만했다. 도중에 쓰러지는 건 처음부터 아무것도 하지 않는 것과 다를 바가 없다. 아아, 이제 정말 아무래도 좋다. 이것이 나의 정해진 운명일지도 모른다. 세리눈티우스여, 용서해주게나. 너는 언제나 나를 믿었다. 나 또한 너를 속인 적이 없다. 우리들은 정말 아름다운 친구였다. 서로의 가슴에 단 한 번도 의심이라는 어두운 구름을 품어본 적이 없다. 지금도 너는 나를 의심치 않고 기다리고 있겠지. 아아, 기다리고 있을 것이다. 고마워, 세리눈티우스. 용케도 나를 믿어주었어. 그걸 생각하면 견딜 수가 없다. 친구 사이의 신뢰는 이 세상에서 가장 자랑스러운 보물이니까. 세리눈티우스, 나는 달렸다. 너를 기만할 생각은 추호도 없었다. 믿어다오! 나는 서두르고 또 서둘러 여기까지 왔다. 탁류를 건넜다. 산적들에게서 빠져나와 단숨에 언덕을 달려 내려왔다. 나였기에 가능한 일이다. 아아, 더 이상 내게 희망을 걸지 마라. 내버려 둬다오. 이제 아무래도 좋다. 나는 진 것이다. 한심하군. 나를 비웃어라. 왕은 내게 조금 늦게 오라고 귓속말을 했다. 늦으면 인질을 죽이고 나를 살려주겠다고 약속했다. 나는 왕의 비열함을 증오했다. 하지만 지금 나는 왕이 말한 대로 되어버렸다. 나는 늦을 것이다. 왕은 혼자 지레짐작으로 코웃음을 치며 나를 무사히 풀어줄 것이다. 그렇게 된다면 나는 죽음보다 더한 고통을 맛보겠지. 나는 영원한 배신자다. 지상에서 가장 불명예스러운 인종이다. 세리눈티우스여, 나도 죽겠다. 너와 함께 죽을 수 있게 해다오. 너만은 나를 믿어주겠지. 아니, 이것도 나의 독선적인 생각인가? 아아, 차라리 악덕한 자가 되어 목숨을 연명해볼까. 마을에는 나의 집이 있다. 양도 있다. 여동생 부부가 나를 마을에서 내쫓지는 않을 것이다. 정의니 신뢰니 사랑이니, 생각해보면 다 부질없다. 다른 이를 죽이고 내가 사는 것. 그게 인간세계의 정해진 법칙 아니었던가. 아아, 모든 것들이 다 시시하구나. 나는 추악한 배신자다. 될 대로 되라지. 이제 어쩔 도리가 없다.—메로스는 사지를 뻗고 졸기 시작했다.

문득 귀에 졸졸 물 흐르는 소리가 들렸다. 메로스는 살짝 머리를 들고 숨을 멈춘 채 귀를 기울였다. 발밑 근처에서 물이 흐르고 있는 듯했다. 힘없이 일어나 앉아 그곳을 보니 바위 틈새에서 나지막한 소리를 내며 맑은 물이 솟아나고 있었다. 메로스는 그 샘에 빨려 들어갈 듯이 몸을 구부렸다. 양손으로 물을 떠 한 입 마셨다. 휴우 하고 긴 한숨이 나왔고, 꿈에서 깨어난 듯한 느낌이 들었다. 걸을 수 있어. 가자. 육체의 피로가 회복되자, 곧 희미한 희망도 생겨났다. 의무를 다하려는 희망이었다. 목숨을 버리고 명예를 지키려는 희망이었다. 저무는 해가 나뭇잎에 붉은빛을 비추어 잎과 가지가 불타오르듯 빛나고 있었다. 일몰까지는 아직 시간이 있다. 나를 기다리는 사람이 있다. 조금도 의심치 않고 조용히 기다려주고 있는 사람이 있는 것이다. 나는 신뢰받고 있다. 내 목숨 따위는 문제 될 것이 아니다. 죽어서 사죄하겠다는 거만한 말이나 하고 있을 때가 아니다. 나는 신뢰에 보답하지 않으면 안 된다. 지금은 그것 하나만 생각하자. 달려라! 메로스.

나를 믿고 있다. 나를 믿고 있다. 방금 전 그 악마의 속삭임은, 그건 꿈이다. 나쁜 꿈이다. 잊어버리자. 온몸이 지쳤을 때는 그런 나쁜 꿈을 꾸기도 하는 법이다. 메로스, 네가 부끄러워할 일이 아니다. 역시 너는 진정한 용자다. 다시 일어나 달릴 수 있게 되지 않았는가. 다행이다! 나는 정의롭게 죽을 수 있을 것이다. 아아, 해가 저문다. 거침없이 저문다. 기다려주소서, 제우스여. 저는 태어났을 때부터 정직한 사내였습니다. 정직한 사내로 죽게 해주십시오.

행인들을 밀어제치며, 메로스는 검은 바람처럼 달렸다. 들판 연회의 좌석 한복판을 가로질러 달려서 술자리를 즐기던 사람들을 기겁하게 만들고, 개를 걷어차고 작은 강을 뛰어넘어가며 조금씩 저물어가고 있는 태양보다 열 배는 더 빠르게 달렸다. 나그네 한 무리와 스쳐 지나가는 순간 불길한 대화를 엿들었다.

"지금쯤엔 벌써 그 사내도 처형대에 묶였을 거야."

아아, 그 사내, 그 사내를 위해 나는 지금 이렇게 달리고 있는 것이다. 그 사내를 죽게 내버려 둘 수 없다. 서둘러, 메로스. 늦어서는 안 된다. 반드시 사랑과 신뢰의 힘을 보여주어야 한다. 내 꼴이 어찌 되든 그런 건 이제 상관없다. 메로스는 거의 벌거숭이가 되어 있었다. 호흡도 할 수 없어 두세 번 입에서 피를 토했다. 보인다. 저편 멀리 작게 시라크스 시의 탑이 보인다. 탑은 석양빛을 받아 반짝반짝 빛났다.

"아아, 메로스 님." 탄식하는 듯한 목소리가 바람 소리에 섞여 들려왔다.

"누구냐." 메로스는 달리면서 물었다.

"피로스토라토스입니다. 당신의 친구인 세리눈티우스 님의 제자입니다." 젊은 석공도 메로스의 뒤를 쫓아 달리며 소리쳤다.

"이미 늦었습니다. 다 소용없어요. 그만 멈추세요. 이제 그분을 구할 방법은 없습니다."

"아니, 아직 해가 지지 않았다."

"이제 곧 그분이 사형을 당하게 될 것입니다. 아아, 당신은 늦었어요. 원망스럽습니다. 조금만, 조금만 더 빨랐더라면!"

"아직 해가 지지 않았다."

메로스는 가슴이 미어지는 심정으로 크고 붉은 석양만을 바라보았다. 달리는 것 외에는 방법이 없었다.

"그만두십시오. 멈추세요. 지금은 당신의 목숨이 더 소중합니다. 그분은 당신을 믿었습니다. 사형장에 끌려 나가면서도 평온한 모습이었지요. 왕이 아무리 조롱해도 메로스는 온다고만 대답하시며 강한 신념을 버리지 않으셨습니다."

"그렇기 때문에 달리는 것이다. 믿어주었기에 달리는 것이야. 제시간에 도착하고 말고는 중요치 않다. 인간의 목숨이 문제가 아니다. 나는 그것보다 훨씬 더 큰 무언가를 위해 달리는 것이다. 나를 따라 오너라! 피로스토라토스."

"아아, 제정신이 아니시군요. 그렇다면 힘껏 달리십시오. 어쩌면 제시간에 도착할지도 모릅니다. 어서 달리세요."

더는 말이 필요 없었다. 아직 해는 저물지 않았다. 마지막까지 사력을 다해, 메로스는 달렸다. 메로스의 머릿속은 텅 비어있었다. 아무런 생각도 나지 않았다. 다만 알 수 없는 거대한 힘에 이끌려 달릴 뿐이었다. 태양이 느릿느릿 지평선 너머로 저물고 최후의 빛 한 자락조차도 사라지려 할 즈음에, 메로스는 바람처럼 달려 형장에 들어섰다. 제시간에 도착했다.

"기다려라. 그 사람을 죽여서는 안 된다. 메로스가 돌아왔다. 약속대로 지금 돌아왔다."

사형장에 모인 사람들을 향해 크게 외쳤지만, 목이 잠긴 탓에 작고 갈라진 목소리가 나올 뿐이었다. 사람들은 아무도 그가 도착한 것을 알아채지 못했다. 이미 처형대의 기둥이 세워지고, 줄에 묶인 세리눈티우스가 천천히 끌어올려지고 있었다. 그것을 본 메로스는 최후의 용기를 내어, 방금 전 탁류를 헤치고 헤엄쳤을 때처럼 사람들 사이를 비집고 들어가며,

"나다! 죽어야 할 것은 나 메로스다. 그를 인질로 삼은 내가 여기에 있다!" 하고 쉰 목소리로 있는 힘껏 외치며 처형대 위로 올라가, 매달려 올라가는 친구의 양 다리를 붙잡고 늘어졌다. 사람들은 술렁거렸다. 잘한다, 용서해라, 하고 저마다 큰소리로 외치기 시작했다. 세리눈티우

스를 묶은 밧줄이 풀린 것이다.

"세리눈티우스." 메로스는 눈물을 글썽이며 말했다. "부디 나를 때려주게나. 있는 힘껏 내 뺨을 때려줘. 나는 오는 중에 딱 한번 나쁜 꿈을 꿨다네. 자네가 나를 때려주지 않는다면 나는 자네를 안을 자격조차 없게 되네. 때려주게."

세리눈티우스는 모든 것을 이해한다는 표정으로 고개를 끄덕이고는, 사형장 안이 울릴 정도로 큰 소리가 날 만큼 세게 메로스의 오른쪽 뺨을 때렸다. 때린 후 따뜻하게 웃으며 말했다.

"메로스, 나를 때려주게. 내가 한 것처럼 세게 때려주게나. 나도 사흘 동안 딱 한 번 자네를 의심했다네. 난생처음으로 자네를 의심했단 말일세. 자네가 나를 때려주지 않으면 나 또한 자네를 안을 수가 없네."

메로스는 있는 힘껏 세리눈티우스의 뺨을 쳤다.

"고맙네, 친구."

두 사람은 동시에 그렇게 말한 후 서로 꼭 껴안고 기쁨에 겨워 엉엉 소리 내어 울었다.

군중 속에서도 흐느끼는 소리가 들리기 시작했다. 폭군 디오니스는 사람들 뒤에서 두 사람의 모습을 가만히 지켜보다가, 이윽고 두 사람에게 조용히 다가와 얼굴을 붉히며 이렇게 말했다.

"너희 둘의 소원은 이루어졌다. 너희들이 내 마음을 이겼다. 신뢰란 결코 공허한 망상이 아니로구나. 부디 나를 너희들의 친구로 받아들여다오. 부디 짐의 부탁을 받아들여 너희들의 친구가 되게 해다오."

군중들 사이에서 환호성이 터져 나왔다.

"만세. 임금님 만세."

한 소녀가 다가와 메로스에게 비단 망토를 건넸다. 메로스는 주저했다. 그의 좋은 친구가 친절하게 설명해주었다.

"메로스, 자네 지금 벌거벗고 있지 않은가. 어서 그 망토를 걸치게. 이 귀여운 아가씨는 자네의 벌거벗은 모습을 모두에게 보이기 싫은 것이야."

용감한 메로스는 잔뜩 얼굴을 붉혔다.

(—고대전설과 실러의 시에서)[2]

2_ 여기서 말하는 실러는 프리드리히 실러(Johann Christoph Friedrich von Schiller)이다.

太宰治

古典風
고전풍

「고전풍」

1940년 6월, 잡지 『지성』에 발표됐다.

당시 밀려드는 원고 청탁을 감당하지 못한 다자이가, 미발표 원고 「귀족풍」에 약간의 수정을 더 하여 발표한 작품이다.

귀족으로 태어난 자신의 숙명에 대해 저항을 시도하는 주로의 이야기를 그려낸 작품으로, 중간중간 인용되는 네로의 이야기와 이반 골의 시, KR여사가 보낸 편지가 유기적으로 움직이며 작품에 매력을 더한다.

이런 소설도, 나는 읽고 싶다.

—지은이

A

미노 주로는 미노 히데키 백작의 대를 이을 자식이다. 스물여덟 살이다.

어느 날 밤, 미노가 술에 잔뜩 취해 집에 돌아와 보니 집안이 술렁거리고 있었다. 대수롭지 않게 복도를 지나 어머니의 방 앞에 다다르자 방 안에서 누구지? 하는 소리가 들렸다. 어머니의 목소리였다. 접니다, 하고 명확하게 대답하고 방의 미닫이문을 열었다. 방에는 어머니 혼자 떨어져 앉아 있고, 그 맞은편에 하인 대여섯이 방 한구석에 뭉쳐 앉아 있었다.

"무슨 일입니까?"

미노는 그 자리에 선 채로 물었다.

어머니는 주저하며 입을 열었다.

"혹시 너 내 페이퍼 나이프가 어디 있는지 알고 있니? 은으로 된 게 없어져서 말이야."

미노는 불쾌한 얼굴을 했다.

"알고 있습니다. 제가 가지고 있지요."

미노는 방문도 닫지 않고 나와 비틀비틀 복도를 지나서 자신의 침실에 들어갔다. 만취 상태였다. 웃옷만 벗고 침대 위에 쓰러져 그대로 잠들어 버렸다.

목이 말라서 잠에서 깼다. 날이 밝아오고 있었다. 머리맡에 작은 여자아이가 고개를 숙이고 서 있었다. 미노는 아무런 말도 하지 않았다. 어젯밤의 취기가 아직 그대로 남아 있었다. 입을 열기조차 귀찮았다. 여자아이는 낯이 익은 얼굴이었다. 틀림없이 최근에 집에 새롭게 들인 하녀였다. 이름은 기억나지 않았다.

멍하니 그 하녀를 보고 있는 사이에 짜증이 치밀기 시작했다.

"거기서 뭘 하는 거야." 불쾌한 느낌까지 들었다.

여자아이가 갑자기 고개를 들었다. 얼굴이 창백했다. 볼이 묘한 긴장으로 딱딱하게 굳어 일그러져 있었다. 못생기지는 않았지만 왠지 모르게 어딘가 불쌍한 생물 같은 느낌이 나는 얼굴이었고, 미노는 가벼운 분노를 느꼈다.

"바보 같은 녀석이로군." 하고 의미 없이 질타했다.

"저……." 여자는 다시 고개를 숙이고 떨리는 목소리로 말했다. "저는 주로 님을 나쁜 분이라고만 생각했어요." 거기까지 말하고 힘없이 주저앉았다.

"페이퍼 나이프 말인가?" 미노는 웃었다.

여자는 말없이 몇 번이나 고개를 끄덕였다. 그러고는 앞치마 아래로 은으로 된 작은 페이퍼 나이프를 슬쩍 보여주었다.

"페이퍼 나이프를 훔치다니 이상한 녀석이로군. 하지만 예쁘다고 생각했다면 어쩔 수 없지."

여자아이는 소리 없이 서글프게 울기 시작했다. 미노는 조금씩 유쾌해졌다. 기분 좋은 아침이라고 생각했다.

"어머니가 나쁘신 거야. 제대로 읽지도 못하는 양서 같은 걸 사들여다가 그냥 그 페이지를 자르는 것만으로 흐뭇해하시지. 아주 대단한 취미셔." 미노는 누운 채로 과장스럽게 기지개를 켰다.

"아니요." 여자아이는 상반신을 일으키며 흘러내린 머리를 쓸어 넘겼다. "사모님은 훌륭한 분이세요. 전 가족 험담을 하시는 분은 싫어요."

미노는 느릿느릿 일어나 침대 위에 책상다리를 하고 앉았다. 그는 엷게 쓴웃음을 짓고 있었다.

"몇 살이지?"

"열아홉입니다." 얌전하게 대답하며 고개를 숙였다. 기뻐 보였다.

"이제 그만 가봐." 미노는 하녀의 나이 같은 걸 물어본 자신을 천박하다고 생각했다.

여자는 한쪽 손으로 매트를 짚고 비스듬히 앉은 채 움직이지 않았다.

"아무에게도 말하지 않으마. 이제 됐으니까 빨리 나가주지 않겠나?"

여자아이는 그 무엇보다 나이프가 갖고 싶었다. 빛나는 수리검이 갖고 싶었다. 하지만 달라는 말을 할 수는 없는 노릇이었다. 땀으로 흠뻑 젖을 만큼 손에 꼭 쥐고 있던 나이프를 힘껏 매트 위로 내던지고, 달아나는 토끼처럼 방에서 뛰쳐나갔다.

B

오노에 데루는 수줍어 보이는 미소와 부드러운 팔다리를 가진 기가 센 아가씨였다. 아사쿠사의 어느 샤미센[1] 제작가의 장녀로 태어났다. 제법 큰 가게였지만, 데루가 열세 살이 되던 해, 아버지가 술 때문에 손을 떨기 시작하면서 일을 제대로 할 수 없게 되었고, 다른 직공을 구해도 뜻대로 되지 않아 가게가 망하기 직전에 이르렀다. 데루는 센주에 있는 국수 가게에 살면서 일하게 되었다. 센주에서 이 년을 일하고 쓰키시마에 있는 밀크홀[2]에 잠시 있다가 또 우에노에 있는 요네큐[3]로 옮겼다. 거기에서 삼 년을 지냈다. 얼마 안 되는 급여 중의 이삼 엔을 매달 거르지 않고 집으로 보냈다. 열여덟이 되고부터는 무코우지마에 있는 요릿집에서 하녀로 일했는데, 그곳의 신파극 배우인 할아버지에게 사기를 치려다가 도리어 사기를 당하게 되었고, 너무 부끄러운 나머지 나프탈렌을 먹고 죽은 척했다. 요릿집에서 해고를 당해 오 년 만에 고향집으로 돌아가게 되었다. 아버지는 삼 년 전부터 간조라는, 실력 좋고 성실한 청년에게 가게 일을 모두 맡긴 상태였고, 가게의 상황도 그럭저럭 많이 호전되어 있었다. 데루가 무리해서 남의 집에서 일할 필요가 없었다. 데루는 기특하게 집안일을 도우며 바느질 같은 것을 배우기 시작했다. 데루에게는 남동생이 하나 있었다. 데루와는 달리 말수가 적고 소심한 아이였다. 남동생은 간조의 가르침을 받아 열심히 가게 일을 하고 있었다. 데루의 노부모는 간조를 데루와 결혼시켜 앞으로 계속 남동생의 뒷바라지를 하게 할 속셈이었다. 데루와 간조 둘 다

1_ 일본의 가장 대표적인 현악기로 민요의 반주나 근세 일본 음악의 대부분에 사용된다. 3현의 발현악기.

2_ 메이지시대(1868~1912) 말기부터 쇼와시대(1926~1989) 초기에 걸쳐 유행한 우유와 빵 과자 등을 파는 간이음식점.

3_ 스키야키(쇠고기와 파 등 여러 가지 재료를 간장으로 맛을 내어 먹는 냄비 음식)를 전문으로 하는 음식점.

부모님의 계획을 어렴풋이 눈치채고 있었지만, 서로 싫지는 않았다. 열아홉이 되었다. 어머니는 데루에게 이제 시집을 갈 나이가 가까워졌으니 예의범절을 배울 겸 어디 좋은 집안의 하녀로 들어가 일해보지 않겠냐고 권유했고, 부모님의 말을 온순하게 잘 따르는 데루는 매일 이렇게 집에서 놀고 있는 것보다야 낫지, 하는 마음으로 기분 좋게 승낙했다. 가게의 단골손님인 한 지체 높은 영감님의 소개로 일할 곳이 정해졌다. 바로 미노 백작 가문이었다.

미노 백작의 저택은 아주 적막했다. 데루는 마치 절에 온 듯한 기분이었다. 일을 시작한 지 이틀째 되는 날 아침, 데루는 뜰에서 수첩 하나를 주웠다. 거기에는 의미를 알 수 없는 말이 한가득 적혀 있었다. 미노 주로의 수첩이었다.

○ 이것도 아니고, 저것도 아니다.

○ 아무것도 없다.

○ FN에 팁 오 엔을 잊지 말 것. 장미 꽃다발, 흰색과 연분홍이 좋겠다. 수요일. 건넬 때의 몸짓이 문제.

○ 네로의 고독에 대해서.

○ 좋은 사람이 건네주는 따뜻한 인사 속에도 사실은 다 계산이 존재하는 거라고 생각하면 괴롭다.

○ 누가 날 좀 죽여줘.

○ 앞으로 양복은 월부로 할 것. 실행하자.

○ 진지해질 수가 없다.

○ 어젯밤 점을 봤다. 장수한다고 함. 아이를 많이 낳는다고 함.

○ 가이고로시.[4]

○ 모차르트. Mozart.

○ 다른 누군가를 위해 죽고 싶다.

○ 커피 여덟 잔을 마셔본다. 아무렇지도 않다.

○ 문화의 적. 라디오. 확성기.

○ 자전거 한 대를 구입. 그다지 쓸 일은 없음.

○ 모리타야 여주인에게 육백 엔 갚음. 빚은 인생의 의무인가?

○ 낙타가 바늘구멍을 통과하다니, 그건 무리. 불가능하다.

○ 나를 매장하는 일은 참 쉽구나.

○ 공후백자남[公侯伯子男]. 공, 후, 백, 자, 남.

○ 목욕탕은 참 좋군.

○ 미노 주로. 미노 주로. 미노 주로. 커다란 활자로 찍어서 명함이라도 만들어 볼까나?

○ H, 바보. D, 저능아. 골프 트로피는 턱받이. S, 얼간이. 학교는 어찌어찌 졸업했다. U, 반쯤 죽어있다. 그 젊은 나이에 수전노라니. O군은 좋은 사람이다. 그 남자다움만으로도.

○ 낮에는 영혼이 닳아 없어질 정도로 그대를 생각하네.[5]

○ 미토 고몬[6], 세계 일주는 내 일생의 염원이네.

○ 나는 존경이 두렵다.

○ 몰락 만세.

4_ 쓸모가 없게 된 가축을 죽을 때까지 돌보아준다는 뜻으로 능력을 발휘할 기회도 주지 않고 그저 고용만 해둔다는 것을 비유적으로 표현한 말.

5_ 오오나카토미노 요시노부[大中臣 能宣](헤이안시대 중기의 시인)의 시구절 중 일부분을 인용한 것. <궁중 문을 지키는 / 경비병이 피우는 화톳불처럼 / 내 사랑도 밤에는 뜨겁게 불타오르고 / 낮에는 영혼이 닳아 없어질 정도로 그대를 생각하네.>

6_ 도쿠가와 이에야스[德川家康]의 손자. 본명은 도쿠가와 미츠구니[德川家康]. 미토 고몬이 세상을 바로잡기 위해 일본 각지를 유랑했다는 이야기의 제목이기도 하다.

○ 파스칼을 잊지 말자.

○ 예기와 창기의 칠 할은 정신병자라고. '어쩐지 말이 잘 통하더라니.'

○ 누군가가 보고 있다.

○ 모두들 좋은 사람이라고 생각해.

○ 담배를 먹으면 죽는 걸까?

○ 책상 앞에 정좌를 하고 앉아 십 엔짜리 지폐를 골똘히 응시했다. 불가사의한 물건이었다.

○ 육친지옥.

○ 싼 술일수록 빨리 취한다.

○ 거울을 들여다보고 웃음이 터졌다. 연애 이야기를 할 얼굴이 아님.

○ 그 근원을 따져보면 산과 들의 참억새풀이니.[7]

○ 평범한 사람이 되고자 노력.

○ 결국은 말이다. 역시, 말이다. 전부가 다, 말이다.

○ KR여사에게 귀걸이를 선물하기로 약속.

○ 인간에게는 하나의 얼굴밖에 없었다.

○ 성욕을 증오한다.

○ 내일.

수첩을 읽은 데루는 기분이 매우 이상해졌다. 정원을 쓸면서 몇 번이나 고개를 저으며 생각에 잠겼다. 이 악마의 경문經文이 곧 시집을 가게 될 데루의 소중한 몸에 나쁜 숙명의 그림자를 드리웠다.

7_ 다나부 마쓰리(아오모리현 무쓰시에서 행해지는 축제, 제사) 때에 와오도리(일본 춤의 일종)를 추면서 부르는 노래 가사 중 '말의 똥이라도 가벼이 여기지 말라. 그 근원을 따져보면 산과 들의 참억새풀이니.'라는 구절에서 인용한 것.

C

저를 비웃어주세요. 매일 밤, 매일 밤, 저는 오로지 꽃만을 말동무 삼아 대화를 나눕니다. 당신을 포함한 모든 사람이 다 싫어졌습니다. 꽃은 그게 아무리 흐드러지게 피어 있는 벚꽃이라 해도 한 송이, 한 송이, 제각각 무서울 정도의 개성을 가지고 있습니다. 저는 지금 침대에 엎드려 연필심을 핥아가면서 생각에 생각을 거듭하여 한 글자, 한 글자, 글을 써 내려가다가, 죽을 것처럼 괴로워져서 머리맡의 수선화를 바라보고 있습니다. 전기스탠드 아래에 수선화가 세 송이. 하나는 오른쪽을, 하나는 왼쪽을 바라보며, 그리고 나머지 하나는 고개를 숙인 채로 제각기 제게 말을 걸어옵니다. 오른쪽을 보고 있는 진지한 꽃은 '다 알아. 그래도 살아가야만 하는 거야.'라고, 왼쪽을 보고 있는 활발한 꽃은 '어차피 세상이 다 이런 거야.'라고, 고개를 숙이고 있는 조금 시든 꽃은 '아가씨, 당신은 꽃만도 못하군요.'라고 말하더군요. 태어날 때부터 이미 고전인古典人, 가만히 있어도 역사적인, 마치 도코노마에 올려둔 장식품 같은 우리들의 숙명을 꽃마저 비웃으며 바라보고 있습니다. 도코노마 위에 놓인 근사한 석조 장식품은 후지산 모양인데, 사람들은 그저 멀리서 찬탄의 말을 보낼 뿐, 아무래도 이건 먹는 것도, 만지는 것도 아닌 듯합니다. 후지산 모양의 그 장식품이 혼자서 얼마나 춥고 괴로운지 아무도 모르는 것입니다. 우스꽝스러움의 극치지요. 문화의 끝에는 항상 우스꽝스러운 난센스가 출현하는 듯합니다. 교양의 모든 길은 아무런 목적도 없는 포복절도로 이어져 있다는 느낌마저 듭니다. 저는 이 세상에서 가장 불건전하고 어두운 여자일지도 모르지만, 그렇기 때문에 비로소 가장 훌륭하고 참된 건강함, 또 보여주기 위함이 아닌 진실된 밝은 아침을 알고 있다고 생각합니다.

왜 살아야만 하는가. 그 물음으로 고민하고 있는 동안에는 아침의 빛을 볼 수가 없습니다. 그리고 우리의 괴로움은 결국 다 이 물음 하나에서 비롯되는 듯합니다. 아아, 인간은 한 번 한숨을 쉴 때마다 백 보 후퇴한다고 하던가요. 저는 최근에 아주 혹독한 결론 하나를 발견했습니다. 귀족은 에고이스트다,라는 부동의 결론이지요. 아니, 아무런 말씀도 마세요. 역시 자기 일밖에는 생각하지 않습니다. 자신의 모습, 그 하나만을 위해 죽도록 괴로워하지요. 알고 계시겠지만, 제 머리맡에는 수선화 세 송이 외에 작은 경대 하나가 더 놓여 있습니다. 저는 꽃을 바라보다가 거울에 얼굴을 비춰보며 저의 아름다운 얼굴을 향해 말을 겁니다. 예, 아름답다,라고 말씀드렸습니다. 저는 제 얼굴을 사랑합니다. 아니, 애석하게 여기고 있습니다. 고백하세요. 당신께서도 저와 같은 밤을 보내신 적이 있다고. 우리의 불행과 고뇌는 모두 여기, 이 거울 속에서 솟아나오는 게 아닐까요. 다른 사람을 위해, 아주 별 볼 일 없는 육친 한 사람을 위해 스스로를 진흙탕 속에 밀어 넣어버리는 그런 맹목적인 행동을 왜 우리는 할 수 없는 걸까요. 그렇게 할 수 있다면. 흔들림 없는 신앙을 가지고 그렇게 할 수만 있다면. 제가 너무 건방진 말만 하고 있네요. 부디 저를 경멸해주세요. 저는 이미 모든 것을 포기했습니다. 저는 지금 볼이 붉어진 채로 이 글을 쓰고 있습니다. 저는 당신을 사랑합니다.

연필을 입에 물고서 아주 오랜 시간 생각했습니다. 사랑합니다,라는 말을 쓰고 나서 지워버릴까 하다가 그래도 역시 이건 지우지 말고 남겨두자, 하고 마음을 바꾸었습니다. 아아, 이제 뭐든 맘대로 하시길. 하지만 역시 저는 당신을 사랑합니다. 말이 나쁜 것입니다. 사랑합니다, 라는 말은 말로 해버리고 나면 어찌나 뻔하고 불쾌한 말이 되는지. 저는 말을 증오합니다.

사랑은, 사랑은, 손으로 잡을 수 없는 우주적인, 아니 선험적인 누멘[본질]입니다. 아무리 훌륭한 페노멘[현상]도 사랑에 대한 극히 부분적인 설명에 지나지 않지요. 아아, 또다시 철없는 말을 했군요. 저를 비웃어주세요. 사랑은 사람을 무능하게 만듭니다. 저는 졌습니다.

교양과 이지와 심미. 이러한 것들이 우리를, 저를, 번민의 저 밑바닥으로 내동댕이쳤습니다. 주로 님. 이번에 어린 애인이 새로 생기신 것 축하해요. 어느 날 아침 그녀가 '저를 비웃으셔도 좋고 죽이셔도 좋아요. 생에 한 번뿐인 소원이니 제발 병원에 다녀오세요. 저는 지저분한 남자에게 안긴 일이 있습니다.'라고 말하며 주로 님 앞에서 울며불며 부탁을 했다지요. 그런 어리석은 애인을 얻게 되신 것 축하해요. 용서해주세요. 저는 그걸 하찮다고 생각했습니다. 애인의 그런 우직한 고백에 더없이 기뻐하시며 그것을 대지와도 같은 애정이라 말씀하시는 주로 님마저 한심스럽고 우스꽝스럽습니다. 저도 이제 스물다섯이 되었습니다. 한 해 한 해, 모두가 줄지어 저를 떠나갑니다. 그리고 모두 그 평민적인지 뭔지 하는 군중 속으로 섞여 들어가 버립니다. 저는 오로지 이 아줌마 하나만을 불꽃처럼 허무하고 아름답게 키워갈 생각입니다. 안녕히. 이별의, 아니지, 악수해요. 제가 장담 하나 해도 될까요? 당신은 반드시 제게 돌아오게 됩니다.

부디 건강히 지내시길.

KR.

D

비가 내리는 날, 미노는 서재에서 글을 쓰고 있었다. 의미심장하게 얼굴을 찡그리고 글을 써 내려가는 중이었다.

같이 노는 무리 중 하나인 시인이 불쑥 문 안으로 고개를 디밀었다.

"어이. 뭔가 나쁜 일을 하러 가지 않겠나? 더 후회해보고 싶거든."

미노는 돌아보지도 않고 말했다.

"오늘은 싫어."

"이런, 이런." 시인이 방 안으로 들어왔다. "설마 죽으려는 건 아니겠지."

"읽어줄 테니 잘 들어봐." 미노는 책상 앞에 앉은 채로 자신이 공들여 쓴 글을 큰 소리로 읽기 시작했다.

"아그리피나는 로마의 왕 칼리굴라의 여동생으로 태어났다. 그녀는 칠흑 같은 머리칼과 연한 갈색 볼, 늘씬하게 뻗은 코를 가진, 몸집이 아담한 부인이었다. 몹시 치켜 올라간 두 눈은 마치 산속의 호수처럼 싸늘하고 투명했다. 순백의 드레스를 즐겨 입었다.

아그리피나에게는 가슴이 없다고, 궁정에 모여드는 남자들이 수군거렸다. 미인은 아니었다. 하지만 그녀의 거만함과 영리함, 마치 5월의 신록 같은 청순함을 자아내는 그 자태는 당시 손에 꼽히던 멋진 남자들에게 어마어마한 매력을 선사했다.

아그리피나는 스스로의 행복을 알아채지 못할 만큼 행복했다. 그녀의 오빠는 몹시 현명한 왕으로, 황제의 고독한 숙명에 목숨을 바치겠다는 치열한 각오를 굳힌 사람이었다. 하지만 적어도 자신의 하나뿐인 여동생 아그리피나에게만은 사람다운 자유를 주기 위해 묵묵히 그녀를 보호했다.

아그리피나의 남성 모욕은 지극히 자연스럽게 행해졌고, 역사에 남을 만한 수준까지 도달했다. 당시의 간사한 신하들은 아그리피나의 그런 점을 그녀가 유례를 찾기 힘든 뛰어난 여자라는 증거라 여기고 점점 더 칭찬과 갈채를 아끼지 않았다.

아그리피나의 불행은 그녀의 육체적 성숙과 함께 찾아왔다. 그녀는 결혼한 후, 이제껏 남성을 비웃어온 것에 대한 처절한 보복을 당했다. 결혼식 축하연이 열린 날 밤, 신랑은 폭음 끝에 문득 즉흥적인 생각을 떠올려 자신이 기르던 몇 마리의 늙은 원숭이를 아그리피나에게 달려들도록 부추겼다. 향연에 참석한 호색가 취객들은 미친 듯이 즐거워했다. 신랑의 이름은 브라젠버트. 그는 원래 전율을 느껴야만 살아있음을 느끼는 체질의 남자였다. 아그리피나는 입술을 깨물고 그러한 능욕을 견뎠다. 언젠가 눈앞의 남자들 모두가 오늘 밤 무례하게 행동한 것을 후회하게 해주겠다며 마음속으로 신에게 맹세했다. 하지만 설욕의 그날은 쉽사리 오지 않았다. 브라젠버트의 폭압은 끝이 없었다. 기분 좋은 애무 대신, 잇몸에서 피가 터질 만큼의 구타가 이어졌다. 물가를 조용히 산책하는 대신, 흙먼지 자욱한 전차戰車의 질주가 있었다.

서로 상극인 둘의 결합은 수치스러운 열매를 맺었다. 아그리피나가 임신을 한 것이다. 브라젠버트는 이 사실을 알고 크게 웃음을 터뜨렸다. 다른 뜻은 없었다. 단지 좀 이상하다고 생각했을 뿐이다.

아그리피나는 복수를 거의 단념한 상태였다. 이 아이만은, 하고 미약한 희망 전부를 뱃속의 아이에게 걸었다. 그 아이는 여름날 대낮에 태어났다. 남자아이였다. 피부가 부드럽고 입술이 붉은 연약한 남자아이였다. 이름은 도미티우스(네로의 어렸을 적 이름)였다.

부군 브라젠버트는 아이를 처음 보고는 그 부드러운 볼을 꽉 꼬집으며, 음, 기이한 놈이군, 히포에게 줄 좋은 장난감이 생겼는걸, 하고 말하며 배를 흔들면서 크게 웃었다. 히포는 브라젠버트가 아끼는 암사자의 이름이었다. 아그리피나는 출산으로 야윈 볼에 차가운 미소를 띠며 대답했다. 이 아이는 당신의 아이가 아닙니다. 이 아이는 분명 히포의 아이입니다.

히포의 아이 네로가 세 살이 되던 해 봄, 브라젠버트는 석류를 씨앗채로 먹고 격렬한 복통을 일으켜 고통스럽게 신음하며 뒹굴던 끝에 사망했다. 아그리피나는 아침 목욕을 하던 중에 그 사망 소식을 전해 들었고, 아무런 말도 없이 욕조에서 뛰쳐나와 젖은 나신에 하얀 천 한 장을 걸쳤다. 그녀가 숨을 거둔 남편의 방 앞을 지나쳐 바람처럼 뛰어 들어간 곳은 네로의 방이었다. 그녀는 세 살 난 네로를 꽉 껴안고는, 살았다, 도미티우스야, 우리는 살았어,라고 신음하듯 중얼거리며 눈물과 입맞춤으로 네로의 아름다운 얼굴을 적셨다.

그 기쁨도 잠시였다. 친오빠인 칼리굴라 왕이 미쳐버린 것이다. 예전의 그 따뜻했던 왕은 하루아침에 로마사에 길이 남을 폭군의 영예를 얻게 되었다. 일찍이 지혜로 빛나던 미간에는 마치 단검으로 깊이 베어놓은 듯한 끔찍하게 깊은 주름이 아로새겨졌고, 가늘고 작은 두 눈에는 의심의 불꽃이 새파랗게 불타올랐다. 칼리굴라는 시녀들의 산들바람과도 같은 가벼운 웃음과 복도를 걷는 장졸들의 발소리조차도 용서치 않고 가혹한 형벌을 내렸다. 그는 음울하고 냉혹한, 소리 없이 달려들어 물어뜯는 한 마리의 미친개로 변했다. 어느 날 밤, 병졸 셋이 아그리피나의 머리맡에 조용히 섰다. 한 사람은 사형 선고서를 가지고, 한 사람은 여기저기에 보석이 박힌 독배를, 한 사람은 단검을 빼 들고서.

"무슨 일이냐." 아그리피나는 엄숙함을 잃지 않고 재빨리 일어나 앉아 병졸들을 꾸짖었다. 대답은 없었다.

선고서가 건네졌다.

아그리피나는 그것을 흘끗 본 후 말했다. "내게는 사형을 선고받을 만한 이유가 없다. 비켜라, 이 미천한 것." 대답은 없었다.

그 이유는 네가 더 잘 알고 있을 텐데? 그렇게 말하며 칼리굴라 왕이 문 앞에서 모습을 드러냈다. 오늘 아침 너는 도미티우스를 안고 정원을 산책하면서, 도미티우스야, 우리는 왜 이리도 불행한 걸까,라며 원망의 말을 늘어놓았다. 나는 그걸 듣고 말았다. 숨길 생각은 하지 마라. 모반의 혐의는 충분하다. 도미티우스와 함께 죽어라.

"도미티우스를 죽여서는 안 됩니다." 필사적으로 항의하는 아그리피나의 목소리가 마치 하늘에서 내려오는 것처럼 엄숙하게 울려 퍼졌다. "도미티우스는 당신의 것이 아닙니다. 또한 저의 것도 아닙니다. 도미티우스는 신의 아이입니다. 아름다운 아이지요. 도미티우스는 로마의 아이입니다. 절대로 도미티우스를 죽여서는 안 됩니다."

의심 많은 칼리굴라는 킬킬거리며 웃었다. 좋아, 좋아. 그럼 죄를 한 등급 낮추어주지. 유배다. 도미티우스를 소중히 보살피는 것이 좋을 게다.

아그리피나는 네로와 함께 배에 태워져 남쪽 바다에 있는 한 외딴 섬으로 보내졌다.

단조로운 날들이 계속되었다. 네로는 섬에 있는 소의 젖을 먹고 포동포동 살이 올랐고, 용맹하고 아름답게 성장했다. 아그리피나는 네로의 손을 잡고 외딴 섬의 물가를 거닐며 수평선 너머를 가리키면서, 도미티우스야, 로마는 분명 저기쯤일 게다, 빨리 로마에 돌아가고 싶구나, 로마는 세상에서 가장 아름다운 도시란다,라고 말하며 눈물을 글썽였다. 네로는 그저 파도와 천진난만하게 장난을 칠 뿐이었다.

그즈음 로마에서는 소동이 일었다. 칼리굴라 왕이 신하의 손에 살해를 당한 것이다. 그는 후사가 없이 혼자였기 때문에, 신하와 백성들은 몹시 흥분하며 누가 다음 왕좌에 오르게 될지 쑥덕쑥덕 이야기를 나누었다. 후계자가 결정되었다. 칼리굴라의 숙부 클라우디우스. 당시 이미 쉰을 넘긴 나이였다. 궁정 내의 모든 세력들에게 공평하도록 각별히 선정된 인물이었다. 클라우디우스는 나무랄 데 없이 훌륭한 성품을 지닌 인물로, 모든 조건에 들어맞는 것처럼 보였다. 그는 로마 제일의 조개껍질 수집가로 알려져 있었다. 검은 장미 재배에도 일가견이 있었다. 클라우디우스는 왕좌가 불편했다. 너무 과분한 자리였다. 클라우디우스는 수많은 죄인들을 특별 사면 시켰다. 특히 외딴 섬에 유배된 아그리피나와 네로의 처지를 염려하여, 너무 불쌍하니 어쩔 수 없지, 하고 혼자 볼을 붉히고 중얼거리며 그 두 사람의 사면장에 서명했다.

사면장을 받은 외딴섬의 아그리피나는 미칠 듯이 기뻐했다. 개선을 하는 여왕처럼 자랑스럽게 가슴을 펴고, 도미티우스야, 너의 세상이 왔구나, 하고 외친 후 네로를 안고 맨발로 밖으로 뛰쳐나갔다. 꽃 한 송이 피지 않은 해안가를 춤추듯 돌아다니다가 이내 멈춰 서서는 오랜 시간 흐느껴 울었다.

아그리피나는 로마로 돌아왔다. 그녀는 이제 더 이상 두려운 사람이 없다고 생각하며 마음 놓고 두 다리를 쭉 뻗었다. 하지만 문득 등 뒤에서 따가운 시선이 느껴졌다. 클라우디우스의 처 메살리나. 메살리나는 아그리피나의 눈동자를 보고 한눈에 위험함을 느꼈다. 격렬한 야망의 불꽃을 간파한 것이다. 메살리나에게는 브리타니쿠스라고 하는 왕자가 있었다. 아버지인 클라우디우스를 닮아 유연한 성격이었다. 네로의 미모를 한여름의 해바라기에 비유한다면, 브리타니쿠스는 가을의 코스모스와도 같았다. 네로는 열한 살. 브리타니쿠스는 아홉 살.

기묘한 사건이 일어났다. 네로가 낮잠을 자고 있을 때, 누구의 것인지 모를 부드러운 손이 물에 젖은 장미꽃잎 두 장으로 네로의 코와 입을 막아 질식시켜 죽이려 한 것이다. 아그리피나는 분노로 창백해져서…….

"잠시, 잠시." 시인은 비명에 가까운 목소리로 외쳤다. "사람의 인내심에도 한계가 있네. 도대체 그게 뭔가?"

"네로의 전기야. 폭군 네로. 그 녀석도 알고 보면 그렇게 나쁜 녀석은 아니었어." 미노의 얼굴이 어느새 창백해져 있었다. 그는 자신의 흥분을 의식하고는 무리해서 히죽히죽 웃기 시작했다. "지금부터가 재밌는 부분이야. 아그리피나는 이렇게 네로를 소중하게 키우는데, 네로를 왕위에 올려주고 싶은 마음에 모든 계략을 총동원하지. 종국엔 자신이 왕후인 양 행세하다가 결국 클라우디우스를 독살해. 그리고 더더욱 나쁜 짓들을 저지르지. 그 덕분에 네로는 왕좌에 오르고, 그리고……."

"네로도 나쁜 짓을 하지." 시인은 차분하게 말했다.

"아니야, 아그리피나는 네로의 사랑을 방해해서……."

"음, 그렇군." 시인은 담배 연기를 내뿜으며 말했다. "네로는 그 때문에 어머니를 잃지. 어머니, 용서해주세요. 저는 어머니의 것이 아닙니다. 어머니는 고통스럽게 숨을 내쉬며 속삭이지. 이 어미를 미워하느냐?"

미노는 흥이 깨진 표정으로 "뭐, 대충 그런 이야기야."라고 말하며 의자에서 일어나 방 안을 걷기 시작했다. “궁지에 몰린 사람은 반드시 자신의 혈족을 해치기 시작하지.”

“관둬. 진부하군. 시대에 뒤떨어진다고.” 시인은 미노의 글재주를 사랑하는 데다 남몰래 혼자 이런 이야기를 쓰고 있는 미노의 처지를 측은히 여기기도 했지만, 최근 미노가 빠져 있는 도리에 어긋난 연애에 대해서는 일부러 모르는 척하기로 했다.

“마치 영화 같은 이야기로군.”

“마실 텐가?” 미노는 책상 위의 위스키병을 들어 올렸다.

“굳이 사양하지는 않겠네.” 시인이 일어섰다.

이걸로 된 것이다.

“로마인을 위하여.” 두 사람이 동시에 말하며 쨍 하고 잔을 맞대었다. “멸망한 계급을 위하여. 건배.”

E

사람의 마음도
진정한 믿음을 얻기 위해서는
십자가에
매달리지 않으면
안 되는 것인가.

—이반 골[8]

8_ Yvan Goll(1891~1950). 독일의 극작가. 표현주의적이고 초현실주의적 시적 이미지를 추구했다. 인용된 작품은 이반 골의 ‘Fatalement’(1936).

F

데루는 해고되었다. 미노와의 관계가 발각되었기 때문은 아니다. 둘은 능수능란하게 사람들의 눈을 속였다. 데루는 태도가 거칠고 말투가 무례하여 높임말 사용법이 엉망이라는 이유로 해고를 당했다.

미노는 모르는 척했다.

그로부터 사흘이 지난날 밤 아홉 시 즈음, 미노 주로는 불현듯 데루의 가게 앞에 찾아갔다.

"데루 있습니까? 저는 미노라고 합니다."

눈매가 날카롭고 몸이 마른 청년이 나왔다. 간조였다.

"아, 네." 간조는 얼굴이 굳어지더니 "데루!" 하고 뒤돌아 소리쳤다.

"이만 실례하겠습니다." 미노는 그대로 가게 앞을 벗어나 비틀거리며 시내로 돌아왔다. 사람들이 줄지어 오가고 있었다.

숨을 헐떡이며 데루가 쫓아왔다. 그녀는 미노의 몸에 좌우로 엉겨 붙듯 걸으며 말했다.

"어? 왜 찾아온 거야? 난 손버릇이 나빠. 쫓겨났다고. 우리 집 너무 더러워서 놀랐지? 부탁인데, 그래도 너무 무시하지는 마. 가족들 모두 얼마나 따뜻한지 몰라. 열심히 살고 있다고. 지금 웃는 거야? 왜 말이 없어?"

"네게는 남편이 있었구나."

"어머, 나 이런 차림으로 꼴사납게." 데루는 갑자기 기운이 빠진 말투로 중얼거리며 고개를 숙였다. "요즘엔 머리도 제대로 안 묶는다니까?”

“그 사람과 헤어질 수는 없나? 내가 뭐든지 다 할게. 아무리 괴로운 일이라도 다 참을 수 있어.”

데루는 대답하지 않았다.

“괜찮아, 괜찮아.” 미노는 도망치듯 발걸음을 재촉했다. “됐어, 괜찮아. 그냥 둘 다 죽지 않기로만 약속하자. 사실 이런 말을 하는 내가 더 위험하지만.”

두 사람은 정면을 응시한 채 부지런히 걸었다. 하염없이 걷고 또 걸었다. 천 리나 걸었다.

G

미노 주로는 실업가 미무라 게이조의 차녀인 히사와 결혼했다. 둘은 제국 호텔에서 화려한 피로연을 열었다. 신랑 신부의 피로연 사진이 신문 두세 곳에 실렸다. 열여덟 신부의 모습은 달맞이꽃처럼 가련했다.

H

모두 행복하게 잘 살았다.

太宰治

乞食学生
거지 학생

「거지 학생」

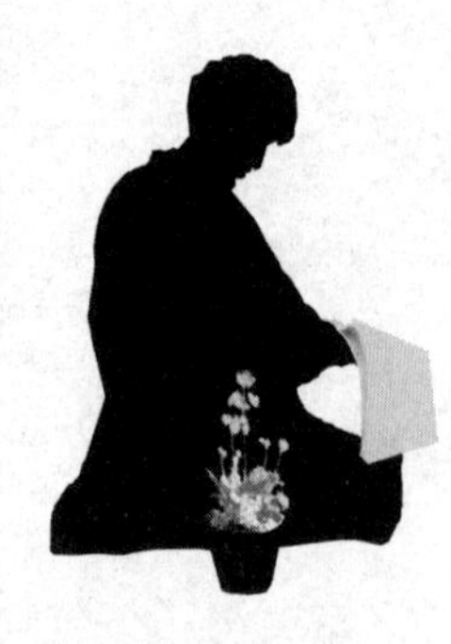

1940년 7월부터 같은 해 11월까지 총 여섯 번에 걸쳐서 잡지 『어린 풀』에 연재되었다.

주인공 '나'에게 하루 동안 벌어진 일을 재치 있는 문체로 그려낸 작품이다. 「봄의 도적」, 「젠조를 그리며」 등과 비슷한 성격을 가진 작품으로 분류되는 것이 일반적이나, 동시에 다자이의 청춘론이 담긴 작품으로 평가받기도 한다. '나'를 포함한 주인공 세 사람이 융화되어 가는 과정을 흥미롭게 풀어내고 있는 작품이다.

가난한 자에게 큰 정의를 바라지 말지어다.

—프랑수와 비용[1]

제1회

어느 한 작품을 부끄러이 여기면서도 이 세상을 살아가는 의무 때문에 잡지사에 보내고 난 후에 작가가 느끼는 번민은 총명한 여러분들도 아마 잘 모를 것이다. 굳은 결심을 한 후 원고가 든 무거운 봉투를 우체통에 넣는다. 우체통 바닥에서 툭 하는 희미한 소리가 난다. 그걸로 끝이다. 형편없는 작품이다. 겉으로는 점잔을 빼며 정직한 척하고 있지만, 그 바닥에는 비굴하게 타협을 꾀하는 더러운 벌레가 우글우글 살고 있는 게 스스로에게도 뻔히 들여다보여서 견디기 힘든 작품이다. 게다가 여자에 대한 그런 엉성한 묘사라니. 악 하고 소리를 지르고 방방거리며 미쳐 날뛰고 싶을 정도로 부끄럽다. 형편없다. 내게는 작가의 자격이 없다. 무지하다. 내게는 깊은 사색이 전혀 없다. 번뜩이는 직감도 없다. 19세기의 파리 문인들은 우둔한 작가를 '천후거사天候居士'라고 부르며 깔봤다고 한다. 딱하고 멍청한 작가가 꼭 나처럼 살롱에서 세련된 말

1_ François Villon(1431~1463). 프랑스 시인.

한마디 하지 못하고 오로지 요즘 날씨에 대해서만 이야기한다,라는 의미이리라. 머리가 나쁜 바보는 아무리 노력해도 그 정도 수준의 이야기밖에 할 수 없는 모양이다. 아무 말도 할 수 없는 것이다. 내가 방금 전에 우체통에 넣은 작품도 그런 수준이다. '어제 눈이 내렸다. 정말, 정말이지, 놀랐습니다. 정말로, 그러니까, 놀랐습니다. 덧문을 열어보니, 이렇게, 그, 뭐 일종의 은색 세계라고나 할까.' 하고 땀을 닦아가며 말하는데, 다 이도 저도 아닌 한심한 내용뿐이다. 어버버 말을 더듬기만 할 뿐 시원시원한 결론이 하나도 나오지 않는다. 나도 부끄러움을 아는 남자다. 할 수만 있다면 그 형편없는 작품을 찢어버린 후 산속 어딘가로 훌쩍 종적을 감춰버리고 싶다. 하지만 소심하고 비굴한 내게는 불가능한 일이다. 오늘 이 작품을 잡지사에 보내지 않으면 나는 편집자에게 거짓말을 한 것이 된다. 오늘까지는 반드시 보내겠다고 굳게 약속했다. 편집자는 나의 이런 형편없는 작품을 위해 일부러 페이지를 비워두고 이제나저제나 하며 작품이 도착하기를 기다리고 있을 것이다. 그것을 알기 때문에 아무리 시시한 작품이라 해도 함부로 찢어버릴 수가 없다. 의무의 수행이라고 표현하면 듣기에는 좋지만 실제로는 그렇지 않다. 소심하고 무력한 나는 그저 편집자의 완력을 두려워하고 있을 뿐이다. 약속을 어기면 얻어맞아도 할 말이 없다는 생각을 하면 너무 겁이 나서, 예술가로서의 자부심이고 뭐고 내팽개치고 두 눈을 질끈 감고 그 창피한 작품을 우체통에 넣게 된다. 참으로 무기력한 남자다. 일단 우체통에 넣고 나면 그걸로 끝이다. 아무리 후회해도 소용없다. 원고는 곧장 편집자의 책상 위로 보내어질 것이고, 편집자는 재빨리 그 원고를 읽고 크게 실망한 다음 인쇄소로 보낼 것이다. 인쇄소에서는 매의 눈을 한 숙련공이 무표정한 얼굴로 재빠르게 활자를 뽑을 것이다. 그 눈이 너무 무섭다.

이 수준 떨어지는 문장은 뭐야, 오자투성이잖아, 하는 생각을 할 것이 분명하다. 아아, 내 무지한 작품은 인쇄소에서 심부름을 다니는 어린 점원에게조차 비웃음을 살 것이다. 그리하여 나의 졸작은 결국 귀중한 종이를 더럽혀 인쇄되어, 천하에 숨을 곳 없이 가게 앞에 진열되리라. 비평가들은 이 작품을 조롱하고, 독자들은 어이없어 할 것이다. 어리석은 작가가 자신의 초라한 작품 목록에 또 한 편의 수치스러운 작품을 더한 꼴이 된다. 바보로 태어나서 더 바보가 된다는 건 바로 이런 걸 두고 하는 말이다. 좋은 점이라고는 없다. 그걸 알면서도 편집자의 완력이 너무 두려운 나머지 와들와들 떨면서 원고가 든 봉투를 우체통에 넣는다. 우체통 바닥에서 툭 하고 희미한 소리가 난다. 그걸로 끝이다. 그 후의 비참한 기분이란, 말로 다 표현할 수가 없다.

나는 그날도 한 편의 훌륭한 졸작을 역 앞의 우체통에 집어넣었고, 갑자기 살아있는 게 끔찍해서, 팔짱을 끼고 고개를 푹 숙인 채로 발치에 있는 돌멩이를 툭툭 차서 굴리며 걷기 시작했다. 곧장 집으로 돌아갈 기력도 없었다. 우리 집은 미타카역에서 몇 번이나 꺾어 들어가며 20분 이상을 걸어야 나오는 밭 한가운데에 있는데, 집에 찾아오는 손님도 없어서 일이 없을 때는 하루 종일 이불을 푹 뒤집어쓰고 툇마루에 누워서 뒹굴곤 한다. 책을 읽다가 지치면 하품을 연발하면서 신문을 펼쳐 어린이란을 본다. 거북이, 고래, 토끼, 개구리, 바다표범, 개미, 펠리컨, 이 일곱 가지 중 알에서 태어나는 것은 무엇일까요, 하는 문제의 답을 고민해보기도 하다가, 그것조차 따분해지면 하품으로 난 눈물을 닦지도 않은 채로 그저 넋을 놓고 정원 건너편의 보리밭을 가만히 바라보는데, 그러다 보면 하루가 저문다. 반 병자 같은 생활이다. 그래서 당장은 즐거운 나의 집으로 돌아갈 마음이 들지 않았다. 나는 집과는 반대 방향인 다마가와 상수원[2] 둑 쪽으로 걸었다.

4월 중순 정오 무렵의 일이었다. 고개를 들어보니 다마가와강물은 깊고 느리게 흐르고 있었고, 양 기슭 벚나무에 돋아난 새잎이 새파랗게 우거져, 푸른 가지와 잎이 양쪽을 뒤덮었다. 꼭 푸른 잎 터널 같았다. 고요했다. 아아, 이런 소설을 쓰고 싶다. 나는 이런 작품을 쓰고 싶은 것이다. 그 어떤 꾸밈도 없는. 걸음을 멈추고 좀 더 자세히 들여다보고픈 충동을 느꼈지만, 이내 칠칠치 못한 감상에 빠진 스스로가 부끄러워져서, 반짝반짝 빛나는 초록 터널에 잠시 눈길을 주었다가 곧 흐르는 강물을 따라 둑 위를 느릿느릿 걷기 시작했다. 발걸음이 점점 빨라진다. 강물의 흐름이 나를 잡아끄는 것이다. 조금 탁한 색의 강물이 여기저기 흩뿌려진 때 묻은 꽃잎과 함께 소리 없이 미끄러지듯 흐르고 있다. 나는 어느새 떠내려가는 벚꽃을 쫓고 있었다. 바보처럼 아주 부지런히 쫓고 있었다. 그 꽃잎들은 속도가 더뎌지기도 하고 빨라지기도 하면서, 그러나 정체하는 일 없이 영악한 모습으로 가볍고 매끄럽게 흐르고 있었다. 만스케 다리를 지나자 곧 이노카시라 공원 뒤편이 나왔다. 나는 계속 강물의 흐름을 따라 열심히 걸었다. 옛날에 이 부근에서 마쓰모토라는 마음씨 따뜻한 선생님 한 분이 제자를 구하려다 물에 빠져 돌아가셨다. 이곳은 강의 폭은 좁지만 그 깊이가 깊고 물살도 세서 이 근방 사람들은 이 강을 식인강이라고 부르며 무서워한다. 나는 조금 지쳤다. 꽃잎 쫓기를 포기하고 천천히 걸었다. 곧 꽃잎 무리는 저 멀리로 흘러내려가 햇빛을 받아 희고 작게 빛나다가 이내 시야에서 사라졌다. 의미 없는 한숨을 내쉬고 손바닥으로 이마의 땀을 닦으려는 순간 발아래에서 앗 차거! 하는 비명소리가 들렸다.

나는 물론 놀랐다. 너무 놀라 엉덩방아를 찧을 뻔했다. 식인강에서

2_ 다마가와강에서 물을 끌어와 무사시노 등을 경유하여 도쿄에 물을 공급하던 상수上水. 다자이 오사무가 자살한 곳이기도 하다.

새하얀 전라의 소년 하나가 헤엄치고 있었다. 아니, 떠내려가고 있었다. 머리를 물 위로 쑥 빼고 생글생글 웃으며, 앗 차거, 너무 차가운데,라고 하면서 내 쪽을 몇 번이나 돌아보더니 순식간에 하류 쪽으로 떠내려가 버렸다. 나는 영문도 모르고 뛰기 시작했다. 큰 사건이다. 저러다간 분명 익사할 거야. 나는 수영을 못하지만 그래도 보고 있을 수만은 없다. 나는 언제 죽어도 아쉬울 게 없는 사람이다. 설령 구하지 못하더라도 뛰어들어 함께 죽어야만 한다. 이로써 죽을 곳을 얻게 된 것일지도 모른다. 그런 비논리적이고 한심한 생각을 하면서 체면 불고하고 뛰었다. 한마디로 말하자면, 나는 극도로 당황한 상태였던 것이다. 나무뿌리에 걸려 넘어질 뻔하기도 했지만 개의치 않고 고꾸라질 듯한 자세 그대로 달려 나갔다. 평소에는 뱀이 나올 것 같다는 이유로 이런 초원은 무조건 피해서 지나다녔다. 하지만 이제 뱀에게 물려도 상관없다. 어차피 곧 죽어야 할 몸이다. 사치스러운 소리를 하고 있을 때가 아니다. 인명구조를 위해 잡초를 헤쳐 가며 쭉 앞만 보고 달리고 있을 때,

"아야야야." 갑자기 등 뒤에서 비명소리가 들렸다. "이봐, 너무하잖아. 내 배를 엄청 세게 밟았다고."

어디선가 들어본 적이 있는 목소리였다. 달리던 힘에 떠밀려 휘청휘청 두세 걸음을 더 나아가다가 겨우 멈추어 서서 뒤를 돌아보니, 소년이 초원 속에서 벌거벗은 채로 하늘을 보고 누워 있었다. 나는 갑자기 화가 치밀어 올랐다.

"위험해, 이 강은. 위험하다고." 지금 상황에 썩 어울리지 않는 질타의 말을 외치곤, 위엄을 되찾기 위해 흐트러진 옷자락을 정돈했다. "나는 널 구하기 위해 온 거야."

소년은 상반신을 일으켜 속눈썹이 길게 자란 촉촉한 눈을 능글맞고

가늘게 뜨고는 나를 올려다보았다.

"멍청하군. 내가 여기 누워있는 것도 모르고 새파랗게 질려서 뛰어가는 꼴이라니. 이것 봐. 내 배에 당신 신발 자국이 선명하게 남아 있잖아. 당신이 여기를 밟은 거라고. 봐."

"보고 싶지 않아. 더럽다고. 그보다 옷이라도 좀 걸치는 게 어때. 넌 어린애가 아니야. 실례라고."

소년은 재빨리 바지를 입고 자리에서 일어났다.

"당신, 공원의 관리인인가?"

나는 못 들은 척했다. 너무 멍청한 질문이었다. 소년은 하얀 이를 드러내며 씩 웃으면서,

"뭐, 그렇게까지 화낼 필요 없잖아."

라고 차분한 말투로 말하고는 바지 주머니에 손을 찔러 넣고 어슬렁어슬렁 내 쪽으로 걸어왔다. 훤히 드러난 오른쪽 어깨에 벚꽃 이파리 한 장이 달라붙어 있었다.

"이 강은 위험해. 여기서 헤엄치면 안 된다고." 나는 방금 전 했던 말을, 이번엔 거의 중얼거림에 가까울 정도로 낮은 목소리로 다시 말했다. "사람들은 여기를 식인강이라고 부르지. 게다가 여기 강물은 도쿄시에서 수돗물로 사용하고 있어. 깨끗한 상태를 유지해야 한다고."

"그 정도는 나도 알고 있어."

소년은 양 볼에 조금 비굴한 웃음을 머금었다. 가까이서 보니 제법 나이가 있어 보이는 얼굴이었다. 코는 높고 뾰족한데 약간 들창코였다. 연한 눈썹에 눈은 둥글고 컸다. 입은 작고 턱도 짧다. 그래도 피부가 흰 덕에 제법 미소년처럼 보였다. 키와 덩치는 보통이었다. 빡빡 깎은 머리에 수염도 없지만, 좁은 이마에 깊은 주름 세 줄이 선명하고, 콧방울

옆에도 주름이 무겁게 늘어져 검은 그림자를 드리웠다. 언뜻 보면 원숭이 처럼 보이기도 했다. 어쩌면 소년이 아닐지도 모른다. 소년은 내 발치에 털썩 주저앉아 나를 올려다보며 말했다.

"당신도 좀 앉지 그래? 그렇게 뾰로통해 있으니 얼굴이 꼭 사무라이 같군. 옛날 사람 같은 얼굴이야. 근데 아시카가시대랑 모모야마시대 중에 어느 쪽이 먼저인지 혹시 알아?"

"몰라." 나는 괜히 머쓱해서 뒷짐을 지고 그 주변을 서성거리며 퉁명스럽게 대답했다.

"그럼 도쿠가와 10대 장군이 누구인지는 알려나?"

"모른다고!" 정말로 몰랐다.

"아는 게 아무것도 없잖아. 당신, 학교 선생 아니야?"

"난 그런 사람 아니야."라고 말하다가 잠시 주저했지만, 주눅 들지 말고 그냥 말해버리자, 하고 다시 용기를 냈다. "소설을 쓰고 있지. 소설가라는 거야." 말해버리고 나니 아주 바보 같은 말을 한 듯한 기분이 들었다.

"그렇군." 상대는 전혀 감흥 없는 얼굴이었다. "소설가라는 사람들은 머리가 나쁜 모양이군. 그럼 갈루아는 알아? 에바리스트 갈루아."[3]

"들어본 적은 있는 것 같군."

"쳇, 외국인 이름이라면 그저 다 들어본 적이 있는 것 같지? 그게 바로 아무것도 모른다는 증거야. 갈루아는 수학자야. 당신은 알 리가 없지만, 상당히 머리가 좋은 사람이었어. 스무 살에 죽었지. 당신도 책을 좀 읽어보는 게 어때? 도대체가 아는 게 없잖아. 그럼 불쌍한

3_ Évariste Galois(1811~1832). '갈루아 이론'으로 유명한 프랑스의 수학자.

아벨의 이야기는 알아? 닐스 헨리크 아벨[4] 말이야."

"그 녀석도 수학자인가?"

"흥. 알고 있군. 갈루아보다 더 머리가 좋았지. 하지만 스물여섯에 죽었어." 나는 갑자기 스스로 생각해도 추하다 싶을 정도로 힘이 빠지고 슬퍼져서, 소년에게서 멀찌감치 떨어진 풀숲에 앉았다가 결국 길게 드러누웠다. 눈을 감으니 종달새 소리가 들린다.

어린 날에는 아주 재치 넘치던 교만한 아이가
이제는 사람들을 즐겁게 하는 말 한마디 할 줄 모른다
그 꼴은 흡사 늙은 원숭이
사랑스러운 구석이라고는 없다
사람들 눈치를 보며 입을 다물면
늙어빠진 패배자라 손가락질 받고
입을 열면
입을 다물라, 부끄러운 줄 알라, 하고
주의를 받는다.

—비용

"자신이 없어, 나는." 눈을 뜨고 소년에게 말을 걸었다.

"흥. 자신이 없다는 둥 그런 말을 할 주제는 되나?" 소년도 바닥에 드러누워 큰 목소리로 경멸에 가득 찬 대답을 했다. "적어도 갈루아 정도는 돼야 그런 멋들어진 말을 할 수 있는 거야."

4_ Niels Henrik Abel(1802~1829). 노르웨이의 수학자. '아벨의 적분', '아벨 방정식' 등 오늘날 사용되고 있는 많은 수학 용어가 그의 이름을 따서 불리고 있다.

무슨 말을 해도 먹히지 않았다. 내게도 이 소년과 비슷한 시기가 있었다. 오늘 아침에 얻은 지식을 곧바로 정열을 다해 실행하지 않으면 곧 죽을 것처럼 괴로웠다. 분명 이 소년은 어젯밤이나 오늘 아침, 젊은 나이에 죽은 대수학자의 전기를 대충 훑었으리라. 어쩌면 그 갈루아라는 천재 소년이 벌거벗은 채로 급류 속을 헤엄친 적이 있는 것일지도 모른다.

"갈루아가 4월에 벌거벗은 채로 강에서 헤엄을 쳤다고 그 책에 적혀 있던가?" 나는 반격하려는 속셈으로 그렇게 말했다.

"무슨 말을 하는 거야. 당신 정말 머리가 나쁘군. 그 정도로 이겼다고 생각하는 거야? 이래서 나는 어른이 싫어. 내가 지금 당신에게 친절하게 가르쳐주고 있잖아. 당신들은 선배의 이기주의를 암묵리에 정의로 둔갑시키지."

나는 무척 불쾌했다. 이번에는 진심으로 이 소년에게 적의를 느꼈다.

제2회

결심했다. 이 소년의 거만함과 무례함을 때려 부숴버리자고 결심했다. 나도 마음만 먹으면 제법 흉악하고 냉정한 남자가 될 수 있다. 나는 바보 같아 보이기는 해도, 타고난 저능아는 아니다. 자신이 없다는 건 다른 측면에서 그렇다는 말이고, 생판 처음 보는 소년에게 이렇게까지 비난받을 이유는 없다.

나는 자리에서 일어나 옷자락에 붙은 먼지를 탁탁 털어내고 턱을 쑥 치켜들며 말했다.

"이봐, 너. 탠탈리제이션[5]도 이제 별거 아니야. 도리어 요즘은 통속적인 것에 속하지. 정말로 머리가 좋은 녀석은 너같이 거만한 말투는 쓰지 않아. 너야말로 정말 머리가 나쁘군. 그냥 거들먹거리고 있을 뿐이잖아. 선배가 대체 뭘 어쨌다는 거지? 아무도 너를 후배라고 생각 안 해. 네가 그냥 혼자 비굴해진 거지."

소년은 풀밭에 드러누워 눈을 감은 채로 엷게 웃으며 내 말을 듣다가, 곧 눈을 가늘게 뜨고 내 얼굴을 흘깃 보며 말했다.

"당신 지금 누구한테 얘기하고 있는 거야? 나한테 그런 말을 해봤자 내가 알아들을 리도 없잖아. 참 난처하군."

"그런가? 내가 실례했군."

나는 무심결에 가볍게 고개를 숙였다가 곧 아뿔싸! 하고 생각했다. 눈앞의 논적에게 고개를 숙이는 것은 절대 해서는 안 되는 큰 실수다. 싸움을 할 때 예의는 금물이다. 나는 대인의 인품을 너무 갖춰서 그게 문제다. 궁지에 몰린 주제에 걸핏하면 여유만만인 척하려 드니 곤란하다. 나는 승패보다는 여유의 유무를 더 문제 삼으려고 하는 경향이 있다. 그렇기 때문에 매번 시합에서 진다. 자랑이 아니다. 나는 마음을 다잡았다.

"일단 좀 일어나봐. 네게 하고 싶은 말이 있어."

마음속에 어떤 계획 하나가 떠올랐다.

"화난 거야? 정말 못 말리겠군. 설마 약한 사람을 괴롭히려는 것은 아니겠지?"

하는 말 한마디 한마디가 다 불쾌했다.

5_ tantalization. 감질나게 함.

"내가 더 약한 사람일지도 모르지. 그건 모르는 일이야. 어쨌든 일단 일어나서 윗옷을 좀 입도록 해."

"흥, 정말로 화가 난 거로군. 으이쌰." 소년은 작은 목소리로 말하며 자리에서 일어났다. "윗옷 같은 건 없어."

"거짓말하지 마. 가난을 자랑거리 삼는 건 싸구려 영웅주의에 불과해. 얼른 신발을 신고 날 따라오도록 해."

"신발도 없어. 팔아버렸거든." 가만히 선 채로 나를 올려다보며 웃는다.

문득 묘한 공포가 엄습했다. 눈앞의 이 소년이 정말 미치광이인 것은 아닐까, 하는 의심이 든 것이다.

"너 설마……." 나는 말을 더듬었다. 너무 무례하고 무서운 질문이어서, 말을 꺼낸 내가 도리어 울상이 되었다.

"어제까지는 있었어. 필요 없어져서 팔아버렸지. 그래도 셔츠는 있어." 소년은 천진난만하게 그렇게 말하고는 발밑의 풀숲에서 꽤 고급스러워 보이는 다갈색 언더셔츠를 주워들었다.

"벌거벗은 채로 여기까지 올 수 있을 리 없잖아. 나는 혼고에 있는 하숙집에서 산다고. 당신 정말 바보구나?"

"맨발로 온 건 아니겠지?" 나는 집요하게 소년을 의심했다. 불안함을 떨칠 수 없었다.

"아아, 땅 위는 너무 불편해." 소년은 언더셔츠를 머리에서부터 뒤집어써서 입고는, "바이런[6]은 헤엄칠 때만큼은 자신이 다리를 저는 걸 의식하지 않을 수 있었어. 그래서 물속에 있는 걸 좋아했지. 정말로,

6_ 조지 고든 바이런George Gordon Byron(1788~1824). 영국의 낭만파 시인. 선천적으로 오른쪽 다리가 기형이었다.

정말로 물속에서는 신발이 필요 없어. 윗옷도 필요 없어. 빈부귀천의 차별이 없는 거지."하고 거들먹거리는 억양으로 말했다.

"네가 바이런이라도 되는 모양이지?" 나는 일부러 분위기를 깨는 말만 골라서 했다. 소년이 계속 의미심장한 척하는 것이 참을 수 없이 불쾌했던 것이다. "넌 절뚝발이도 아니잖아. 게다가 인간이 계속 물속에서만 있을 수 있는 것도 아니고." 내가 생각해도 소름 끼칠 만큼 난폭하고 따분한 말이었다. 독으로 독을 누르는 것이다, 신경 쓸 필요 없어, 하고 마음속으로 슬며시 변명을 했다.

"질투하는 거야. 당신은 샘이 난 거지." 소년은 아랫입술을 슬쩍 핥으며 재빨리 대답했다. "늙어빠진 얼간이가 재능 있는 젊은이와 맞닥뜨리니 견딜 수가 없는 거야. 그걸 부정하고 싶어 참을 수 없는 거지. 그렇게 히스테리를 부려대니 달리 방법이 없군. 할 얘기가 있다면 들어줄게. 당신은 참 한심한 사람이로군. 날 어디로 끌고 가기라도 할 셈이야?"

그는 어느새 이미 신발을 다 신은 후였다. 산 지 얼마 되지 않았는지, 언뜻 보기에는 내 신발보다 훨씬 좋아 보였다. 나는 왠지 모르게 안심했다. 구원을 받은 느낌이었다. 속물 같은 생각이긴 하지만, 너무 튀는 옷차림을 한 인간에게는 나도 어쩔 수 없이 다소 경계심을 품고 만다. 옷차림 같은 건 전혀 중요치 않다는 것이 예부터 일류시인들의 상식이었고, 나 역시 옷에 대해 전혀 관심이 없다. 집사람이 골라주는 것을 군말 없이 입을 뿐이고, 다른 사람들의 옷차림도 전혀 신경 쓰지 않는다. 하지만 거기에도 정도라는 게 있어서, 달랑 바지 하나만 입고 윗옷도 신발도 없는 그런 차림에는 나도 두려움을 느낄 수밖에 없다. 결국 다 나의 비열한 속물근성 탓이다. 나는 소년이 꽤 고급스러워 보이는 셔츠를 입고 내 것보다 더 좋아 보이는 신발을 신고서 단정하게 서 있는 모습을 보고 굉장히 안심했다. 일단은 그럭저럭 평범한 복장이다. 미치광이는 아니리라. 방금 전 마음속에 떠올랐던 계획을 실행에 옮겨도 별문제가 없을 것이다. 상대는 정상적인 사내다. 마주 보고 앉아 논쟁을 벌여도 내게 불명예스러운 일이 되지는 않을 것이다.

"천천히 얘기를 좀 나눠보고 싶은데." 나는 억지 미소를 띠며 말했다. "아까부터 계속 내게 무식하다느니 저능하다느니 그런 말을 하는데, 나도 꽤 이름 있는 남자라고. 사실 지식이 없고 저능한 건 맞지만 그래도 너보다는 낫다고 생각하는데 말이지. 너는 날 모욕할 자격이 없어. 너의 부당한 폭언에 대해 나도 꼭 답례를 해야겠어." 제법 무게를 잡는 데 성공했다. 그런데도 소년은 웃음을 터뜨렸다.

"뭐야, 결국 그냥 나랑 놀고 싶다는 거잖아. 당신도 진짜 한가한가 보군. 그럼 한턱 내. 배가 좀 고프거든."

하마터면 나도 웃음이 터질 뻔했지만 필사적으로 더 인상을 썼다.

"얼렁뚱땅 넘어가려고 하지 마. 넌 지금 겁을 내야 한다고. 어쨌든 일단 나를 따라오도록 해." 자칫 웃음이 터질 것 같아서 허둥대며 뒤도 돌아보지 않고 서둘러 걷기 시작했다.

나의 계획이란, 사실 계획이라는 말조차 과장일 정도로 정말 별것 아닌 즉흥적인 생각에 지나지 않았다. 이노카시라 공원의 연못가 근처에 노부부 단 둘이서 운영하는 작은 찻집이 하나 있다. 나는 아주 드물게 미타카에 있는 우리 집으로 찾아오는 친구들을 항상 그 찻집으로 안내하곤 한다. 나는 왠인지 집에 있을 때는 무척이나 과묵하다. 늘 우물쭈물하기만 한다. 가끔 집을 방문하는 친구들은 모두 재능과 학식을 겸비해서 항상 화려하고 고결한 예술론을 펼치지만, 나는 예의 그 '천후거사'이기 때문에 쓸데없이 저, 저기, 같은 말이나 하면서 다리를 달달 떠는 게 고작이고, 드물게 오오, 하는 비굴한 감탄사마저 튀어 나가고는 하는 지경이니 내가 생각해도 참 딱하다. 이러다가는 문 뒤에서 바느질을 하고 있는 부인마저 나를 업신여길지도 모른다는 소심한 생각에, 일부러 친구를 밖으로 데리고 나가 산책을 한다. 그럼에도 불구하고 상황은 나아질 기미를 보이지 않고, 나는 결국 견디다 못해 이노카시라 공원의 연못 근처에 있는 찻집으로 친구를 데려가게 된다. 이 찻집에 있는 의자에 책상다리를 하고 앉으면, 나는 이상하리만치 생기를 되찾는다. 그 의자에 책상다리를 하고 앉아 연못 수면을 멍하게 바라보며 단팥죽을 먹거나 감주를 마시면 곧 혀끝의 긴장이 조금씩 풀리기 시작하는데, 그러고 나서는 내 의견을 마음껏 펼칠 수 있게 된다. 평소 생각지 않고 있던 것까지 아주 그럴싸하게 줄줄 늘어놓으면서 무아지경에 빠진다. 이 불가사의한 현상의 원인은 아마 친구와 내가 함께 연못 쪽을 바라보며 이야기를 나눈다는 점에 있을 것이다. 즉, 이야기를 나누는 상대와 얼굴을 마주보지 않고 시선을 평행하게 연못 쪽에 두고 있기 때문인 것이다. 여러분도 한번 시도해보길 바란다. 서로의 얼굴을 의식하지 않고 소파에 나란히 앉아 오로지 난롯불에만 시선을 둔 채로, 불꽃을 향해 번갈아 가며 말을 거는 식으로 이야기를 나누는 것이다. 그런 방법이라면 무식한 술집 마담과 세 시간 동안 이야기를 나누어도 결코 지치지 않을 것이다. 단 한 순간이라도 얼굴을 마주 봐서는 안 된다. 나는 그 찻집에 앉아 고집스럽게 연못의 수면을 바라보다 보면 간신히 할 말의 단서를 떠올리게 된다. 그 찻집의 의자는, 말하자면 나의 홈그라운드인 것이다. 이 홈그라운드에서 적을 맞아 싸운다면 디드로나 생트뵈브[7] 같은 독설가들에게도 무참히 참패를 당하지는 않겠지만, 내게는 학문이 부족하니 역시 질지도 모르겠다. 나는 그 사람들만큼 프랑스어를 잘하지 못한다. 나는 그 찻집으로 이 소년을 데려가서 방금 전의 욕설에 대한 복수를 해주려는 속셈이었다. 소년은 나를 너무 우롱했다. 주의를 줘야만 한다.

젊고 재능이 있다고 자부하는 그 어리석은 소년을 등 뒤에 거느리고 공원의 숲속을 느긋하게 걷는 동안, 나는 매우 자신에 차 있었다. 과연 내가 늙어빠진 얼간이일지 어떨지 이제 곧 보여주마. 소년은 내 뒤를 따라오면서 조금씩 불안해진 모양인지 혼자서 무어라 중얼거리기 시작했다.

"내 어머니는 말이야, 돌아가셨어. 아버지는 부끄러운 일을 하지. 들으면 깜짝 놀랄 거야. 난 촌놈이야. 도덕심 같은 건 없어. 총이 있으면 좋을 텐데. 전선을 겨냥해서 탕탕 쏴버리면 전선이 한 줄씩 툭툭 끊어지겠지. 일본은 너무 좁아. 슬플 때는 벌거벗고 맘껏 헤엄치는 게 제일 좋아. 도대체 뭐가 나쁘다는 거야. 무슨 일이 생기는 것도 아니잖아. 누가 뭐라고 하지도 않는다고. 쓸데없는 설교 같은 건 딱 질색이야. 어차피 책에 다 나와 있다고. 그냥 날 좀 내버려 둬 주면 좋잖아. 나는 말이야, 사에키 고이치로라고 해. 수학은 잘 못 하고, 괴담을 제일 좋아해. 근데 말이야. 도깨비가 나타나는 방법은 딱 열세 가지밖에 없어. 아냐, 등불처럼 변해서 나타나는 것도 있으니 열네 가지군. 아, 시시해."

소년이 뜻 모를 말들을 횡설수설 끝없이 늘어놓고 있었지만, 나는 전부 묵살했다. 들리지 않는 척하며 숲을 가로질러 돌계단을 내려온 후 벤텐사마[8]가 계신 경내를 통과해서 동물원 앞을 지나 연못으로 나왔

7_ 드니 디드로(1713~1784)는 18세기 프랑스 유물론을 대표하는 철학자의 한 사람, 샤를 생트뵈브(1804~1869)는 프랑스 근대비평의 아버지라고 불리는 문예비평가 겸 소설가이다.

8_ 인도 힌두교 신화에 나오는 지혜와 음악의 여신. 불교에서는 변설辨舌의 재주와 복재福財를

다. 연못을 돌아서 오십 미터 정도 걷다 보면 목적지인 찻집이 나온다. 나는 잔인한 마음으로 득의양양하게 미소 지었다. 뭐야, 놀고 싶다는 거잖아,라는 소년의 말대로 마음속 깊은 곳에는 분명 그런 가벼운 생각도 있었다. 그리고 또 하나. 다음 세대의 소년 심리를 탐구해보려는 하찮은 작가 의식이 발동해서, 내가 먼저 이 소년에게 접근한 것이기도 하다. 하지만 바보 같은 짓이었다. 덕분에 나는 그때부터 불행과 전율, 그리고 추태의 연속이라는 쓰라린 체험을 해야 했다.

찻집에 도착하자마자 의자에 책상다리를 하고 앉아 차분하게 연못 쪽에 시선을 던진 후 이걸로 됐다고 다시 잔인한 마음을 품고 만족스럽게 웃은 것까지는 아주 순조로웠다. 문제는 그다음부터였다. 내가 단팥죽 둘, 하고 찻집의 노파에게 주문을 하자 소년이 내 옆에 책상다리를 하고 앉아서,

"닭고기덮밥 있어?"라고 차분하게 말한 것이다. 나는 당황했다. 가진 돈이라고는 오십 전짜리 지폐 한 장이 다였다. 게다가 이건 조금 전 집을 나올 때 아내가 이발을 하라고 준 돈이었다. 하지만 형편없는 소설 원고를 우체통에 넣고 나자 갑자기 친구들의 비웃음 소리가 귓가에 들려오기 시작했고, 그 괴로움에 이발하는 것도 잊었다.

"잠깐, 잠깐만." 나는 노파를 불러 세웠다. 온몸이 화끈 달아올랐다. "닭고기덮밥은 얼마지?" 정말 수준 낮은 질문이었다.

"오십 전입니다."

"그럼 닭고기덮밥 하나. 하나면 돼. 그리고 엽차를 한 잔 줘."

"쳇." 소년은 곧바로 코웃음을 쳤다. "약아빠졌군."

············

주는 존재로 숭배되고 있다

나는 한숨을 쉬었다. 무슨 소리를 들어도 할 말이 없는 처지였다. 갑자기 다 싫어졌다. 이렇게 자존심에 상처를 입은 상태로 소년에게 무슨 설교를 하겠단 말인가. 말할 마음이 싹 사라졌다.

"학생인가?"

나는 정말이지 친절한 말투로 아주 진부한 질문을 하고 말았다. 그래도 눈은 습관적으로 연못 수면을 바라보고 있었다. 두 자[약 60cm] 가까이 되어 보이는 비단잉어가 우리가 앉은 의자 아래로 흔들흔들 헤엄쳐 왔다.

"어제까지는 학생이었지. 오늘부터는 아니야. 그런 건 어떻든 상관없잖아." 소년은 기세 좋게 대답했다.

"그렇긴 하지. 나도 다른 사람의 사생활에 관여하는 건 별로 좋아하지 않아. 깊은 속사정을 들어봤자 어차피 내가 도와줄 수 있는 일이 없다는 걸 알고 있거든."

"당신은 정말 속물이군. 계속 변명만 늘어놓잖아. 형편없다고."

"맞아. 형편없어. 사실 하고 싶은 말이 많았는데 그냥 다 싫어졌어. 조용히 풍경이나 보고 있는 게 낫겠군."

"내가 그런 팔자라도 되면 좋겠군. 나 같은 사람은 입을 다물고 있고 싶어도 그럴 수가 없어. 마음에 없는 익살스러운 말이라도 하지 않으면 살아갈 수가 없거든." 어른스럽고 진지한 목소리였다. 나는 무심결에 고개를 돌려 소년의 얼굴을 봤다.

"누구 얘기를 하는 거지?"

소년은 언짢은 듯 얼굴을 찡그렸다.

"내 얘기잖아. 나는 어제까지 좋은 집안의 가정교사였어. 그 집의 멍청한 외동딸에게 수학을 가르쳤지. 나라고 뭐 누굴 가르칠 만큼 많이 알고 있는 건 아니야. 가르치면서 나도 배우는 식이지. 그건 어떻게 얼렁뚱땅 때울 수 있어. 근데 연회 접대까지 시키기에…….” 소년은 갑자기 입을 다물었다.

제3회

찻집의 노파가 닭고기덮밥 하나를 쟁반에 담아 들고 왔다.

“먹어.”

소년은 갑자기 얼굴을 붉히더니 “당신은? 안 먹을 거야?” 하고 마치 다른 사람이 된 양 주뼛주뼛 말하며 내 얼굴을 힐끔거렸다.

“난 됐어.” 나는 최대한 자연스럽게 엽차를 마시며 연못 저편의 숲을 응시했다.

“잘 먹겠습니다.” 하는 소년의 작고 얌전한 목소리가 들렸다.

“어서 들어.” 나는 소년이 부끄럽지 않도록 최대한 담담하게 대답하고 다시 천천히 엽차를 마시며 소년에게는 전혀 관심이 없는 척 연못 저쪽의 숲만 바라보았다. 숲속에는 동물원이 있다. 그쪽에서 캭, 하는 새된 비명소리가 났다.

“공작새. 지금 운 건 공작새야.” 그렇게 말하며 소년 쪽으로 돌아보니, 소년은 책상다리를 하고 앉아 그 위에 덮밥을 올려둔 채 고개를 푹 숙이고, 젓가락을 든 오른손 손등으로 계속 눈을 비비고 있었다. 울고 있는 것이었다.

나는 아주 난처했다. 아무것도 모르는 척 다시 연못 쪽으로 슬쩍 시선을 돌리고, 마음을 안정시키기 위해 소맷자락에서 담배를 하나 꺼내어 물었다.

"내 이름은 말이야." 소년은 흐느낌이 또렷하게 느껴지는 목소리로 띄엄띄엄 말하기 시작했다.

"내 이름은 사에키 고이치로야. 기억해둬. 반드시 은혜를 갚을 테니까. 넌 좋은 사람이야. 이렇게 울기나 하고, 나도 참 한심하군. 난 밥을 먹고 있으면 가끔 뜬금없이 울적해지곤 해. 슬픈 일들이 한꺼번에 떠오르거든. 내 아버지는 부끄러운 일을 해. 시골 소학교의 선생님이지. 20년 넘게 일했는데도 아직 교장이 되질 못 했어. 머리가 나쁜 거지. 아들인 내가 다 부끄러울 정도라니까? 학생들도 다 아버지를 무시해. 우스꽝스러운 별명을 지어서 부르지. 그래서 나는 더욱더 훌륭한 사람이 되어야 해."

"소학교 선생님이 왜 부끄러운 직업이라는 거지?" 나는 무심결에 언성을 높이며 불만스럽게 말했다. "나도 만약 소설을 쓸 수 없게 되면 시골 소학교의 선생님이 될 생각이야. 정말로 양심을 가지고 열정을 쏟아부을 수 있는 일은 세상에 이 두 가지밖에 없다고 생각해."

"넌 아무것도 몰라." 소년도 조금 언성을 높였다. "넌 모른다고. 마을의 부잣집 아이 앞에서는 선생이 눈치를 봐야 해. 교장이나 면장과의 관계도 정말 복잡한 거야. 입에 담기도 싫군. 나는 선생님 같은 건 딱 질색이야. 나는 정말로 공부가 하고 싶었다고."

"하면 되지 않나." 천성적으로 속이 좁은 나는, 방금 전 소년에게 받은 모욕을 잊지 못하고 여전히 짓궂은 말투를 고수했다. "방금 전까지의 그 기세는 어디로 간 거냐. 한심한 녀석이로군. 남자는 울면 안 되는 거야. 자, 코라도 풀고 단정하게 있으라고." 나는 여전히 연못 수면을 바라보면서 주머니에서 휴지를 꺼내어 소년의 무릎 쪽으로 툭 던져 주었다.

소년은 피식 웃으며 순순히 코를 풀었다.

"뭐라고 말하면 좋을까. 이상한 기분이야. 아버지를 기쁘게 하려고 공부를 해도 왠지 집중이 안 되더군. 5차 방정식을 대수적인 방법으로 풀 수 있건 없건 발산급수의 합이 있건 없건, 지금은 그런 쓸모없는 일에 매달려 있을 때가 아니라고 누군가 자꾸 내게 속삭이는 것 같은 거야. 얼마 전에 상급생 하나가 내게 개인적인 사정 같은 건 털어버리라고 말하더군. 하지만 그런 말을 하는 건 대부분 머리가 나쁘고 공부도 게을리하는 놈들이야. 그래서 왠지 기분이 더 이상해지는 거야. 쓸모없는 학문이나 하고 있을 때가 아니다. 직접 몸으로 부딪쳐가며 배워야 하는 시대가 아닌가. 그런 생각을 하면 마음이 불안해지는 거지."

"그걸 게으름을 피울 좋은 구실로 삼아서 학교를 관둔 거로군. 그런 걸 사대주의라고 하는 거야. 대지진이라도 일어나서 세상이 뒤집혔으면 좋겠다는 둥의 망상이나 하는 녀석이로군, 너는." 나는 기분이 좋아져서 설교를 시작했다. "그날 하루의 불안을 마치 한평생의 불안처럼 여기고 방정을 떠는 거지. 너는 질서의 필요성을 믿지 않나? 발레리[9]가 한 말인데." 나는 가볍게 눈을 감고 이것저것 생각을 정리하는 척하다가 이윽고 눈을 뜨고는 거들먹거리며 말했다. "법률과 제도와 풍속은 예부터 세련된 사상가들에게 공격당하고 경멸받아 왔지. 사실 그걸 야유하고 빈정대는 건 기분 좋은 일이야. 하지만 그렇게 빈정거리는 게 얼마나 안이하고 위험한 장난인지를 알아야 해. 책임을 수반하지 않으니까 말이야. 법률, 제도, 풍속, 그게 아무리 하찮아 보여도 그게 없으면

9_ 폴 발레리Ambroise-Paul-Toussaint-Jules Valéry(1871~1945). 20세기 전반 프랑스의 시인, 비평가, 사상가. 상징주의 시인으로 유명하다.

지식이나 자유도 상상할 수가 없어. 배에 타고 있으면서 배에 대한 험담을 하는 것과 마찬가지인 거지. 바다에 뛰어들면 목숨을 잃을 뿐이야. 지식이나 자유사상은 절대로 자연의 산물이 아니야. 자연은 자유롭지도 않고, 자연은 지식의 편을 들지도 않는다고 하지. 지식은 자연과 싸워서 자연을 극복하고 인위를 건설해 나가는 힘이야. 말하자면, 인공적인 질서를 만들기 위한 노력인 거지. 그러니까 질서라는 건 어쩔 수 없이 반자연적인 게 되는 거야. 그럼에도 불구하고 사람은 질서가 없으면 살아남지 못하는 존재지. 네가 시대의 흐름에 따라 공부를 방치하려는 기분은 알겠지만, 질서의 필요성을 믿고 차분하게 공부를 계속해 나가는 것 또한 용기 있는 태도 아닐까? 발산급수의 합이 됐건 타원함수가 됐건 그냥 열심히 연구하는 거야." 나는 조금 우쭐해졌다. 말을 끝마치고 소년 쪽을 슬쩍 돌아보니, 소년은 내 설교를 반쯤 흘려듣고 있었던 모양인지 무덤덤하게 밥을 먹고 있었다. "어때. 알아듣겠어?" 나는 집요하게 동의를 구했다. 소년은 고개를 들고 씹던 밥을 삼킨 후에 말했다.

"발레리는 프랑스 사람이지?"

"그래. 일류 문명비평가지."

"프랑스인은 안 돼."

"왜지?"

"패전국이잖아." 소년의 크고 검은 눈에는 눈물의 흔적도 없었고, 시원스레 웃고 있었다.

"그래봤자 망국의 언사잖아? 넌 사람이 너무 좋은 게 문제야. 그 녀석이 말하는 질서라는 건 어차피 다 옛날 질서잖아. 고전을 옹호하는 거라고. 결국 프랑스의 전통을 자랑하는 것일 뿐이야. 깜빡 속을 뻔했네."

"아니, 아니." 나는 당황하여 자세를 고쳐 앉았다. "그런 게 아니라고."

"하긴, 질서라는 말이 멋있긴 하지." 소년은 내 반응을 무시하고, 한 손으로 밥그릇을 받쳐 든 채 넋 나간 눈을 하고 한탄하듯 말했다.

"나는 프랑스인이 말하는 질서는 믿지 않지만 강한 군대의 질서는 믿지. 내게는 가혹한 질서가 필요해. 나를 강하게 속박해줬으면 하거든. 우리는 모두 전쟁에 나가고 싶어 해. 미적지근한 자유 같은 건 결국 가이고로시[10]나 마찬가지야. 할 수 있는 일이 없잖아. 계속 비굴해지기만 할 뿐이라고. 후방 국민으로 사는 건 참 복잡하고 어려운 일이군."

"무슨 소리를 하는 거냐. 너는 단지 힘든 곳에서 벗어나려는 거잖아. 천 가지 주장보다 한 가지 인내."

"아니, 천 가지 지식보다 한 가지 행동이겠지."

"네가 할 수 있는 행동은 식인 강에서 벌거벗고 헤엄치는 것 정도이지 않나? 자기 분수를 알아야지." 나는 이겼다고 생각했다.

"방금 전 그건 예외야." 소년은 마치 어른처럼 쓴웃음을 지었다. 그리고 "잘 먹었습니다." 하고 얌전히 인사를 한 후 밥그릇을 옆으로 치우며 말했다. "사정이 좀 있었거든. 얘기를 좀 들어줄 수 있어?"

"말해봐." 이제 돌이킬 수도 없게 되었다.

"말해본들 달라지는 것도 없겠지만, 요즘 내 생활은 엉망진창이었어. 집에서 돈을 대줘서 중학교까지는 어찌어찌 졸업을 했는데, 그다음이 문제였지. 집이 가난했거든. 수학을 더 공부하고 싶어서 아버지에게 허락도 받지 않고 고등학교 시험을 보고 입학했어. 하야마 씨라고 알아?

10_ 쓸모가 없어진 동물을 죽을 때까지 돌봐준다는 뜻으로, 능력을 발휘할 기회를 주지 않고 방치 해두기만 한다는 의미.

하야마 게이조. 예전에 철도청의 참여관인가 뭔가를 했었던. 지금은 국회의원이야."

"몰라." 나는 왠지 모르게 짜증이 나기 시작했다. 아무래도 나는 다른 사람의 신상 이야기를 듣는 일에 서투른 모양이다. 그게 나랑 무슨 상관이라는 거야, 하는 생각이 드는 것이다. 묵묵히 이야기를 듣고 있는 사이에 뜻밖의 책임감이 내 어깨를 짓눌러 오기 시작하고, 불안감과 불쾌감이 겹쳐서 견디기 힘들어진다. 아무리 그 사람을 불쌍하다 느껴도 결국 내가 해줄 수 있는 일은 하나도 없다는 잔인한 현실을 너무 잘 알고 있기 때문에 더 싫은 것이다.

"국회의원 같은 건 잘 몰라. 부자인가?"

"뭐, 그렇지." 소년은 아주 차분한 말투였다.

"내 고향 선배야. 고향 선배니 뭐니 하는 것도 참 이상한 거야. 같은 사투리를 쓸 뿐이잖아. 나는 그 사람에게 돈을 받아서, 아니, 공짜로 받은 건 아니야. 가르치기도 했으니까."

"가르치면서 또 가르침을 받은 거로군." 나는 소년이 빨리 이 이야기를 끝내주었으면 했다. 전혀 흥미롭지 않았다.

"그 집에 여학교 3학년생인 딸이 하나 있어. 경단처럼 생겼지. 돼먹지 못한 녀석이야."

"아련한 연애 이야긴가?" 나는 건성건성 대꾸했다.

"멍청한 소리 하지 마." 소년은 정색했다. "나한테도 프라이드라는 게 있다고. 요즘 들어 그 녀석이 점점 나를 심부름꾼 취급하기 시작하더군. 사모님도 글러 먹었고. 결국 어제 더 이상 참을 수가 없어서……."

"그런 이야기는 다 따분해. 세상의 개념일 뿐이잖아. 걸으면 피곤해지는 것과 똑같은 거라고." 나는 이 소년과 함께 지금껏 시간을 낭비한 것을 후회했다.

“너는 부잣집 도련님으로 자란 거로군. 다른 사람에게 돈을 받는 게 얼마나 괴로운지 알리가 없지.” 소년은 지지 않았다. “개념적이라고 해도 좋아. 그런 평범한 괴로움을 너는 모르는 거야.”

“나도 그 정도는 안다고 생각하는데? 어차피 다 빤한 거잖아. 그냥 마음속에 담아두고 말하지 않는 것뿐이야.”

“그럼 너는 영화 설명을 할 수 있겠어?” 소년과 나는 아까부터 나란히 앉은 채로 연못만 바라보고 있었다.

“영화 설명?”

“그래. 그 집 딸이 이번 방학에 홋카이도에 여행을 가서 16밀리인가 뭔가 하는 걸로 홋카이도 풍경을 잔뜩 촬영해왔거든. 엄청나게 긴 필름이지. 나도 조금 봤는데 도무지 종잡을 수 없는 것들이야. 이번에 그걸 하야마 씨의 사교 모임에서 공개한다더군. 소위 그 친구들을 모아서 말이지. 그런데 그 형편없는 영화의 변사 노릇을 하면서 손님들 비위나 맞춰주는 게 내 임무라는 거야.”

“그거 괜찮은데?” 나는 크게 웃음을 터뜨렸다. “좋잖아. 이제 막 찾아온 홋카이도의 봄은―.”

“제정신으로 하는 말이야?” 소년의 목소리는 분노로 떨리고 있는 듯했다.

나는 급하게 얼굴을 굳히고 다시 진지한 말투로 말하기 시작했다.

“나라면 아무렇지 않게 할 수 있어. 자기가 우월하다고 느끼는 사람만이 진정한 광대 노릇을 할 수 있는 법이지. 그 정도 일로 분개해서 교복을 헐값에 팔아치우다니 그건 의미 없는 짓이야. 히스테릭한 짓이지. 해결책이 없다고 해서 강에 뛰어들어 헤엄이나 치고. 너무 센티멘털한 행동 아닌가?”

“방관자는 무슨 말이든 할 수 있겠지. 난 할 수 없어. 넌 거짓말쟁이야.”

나는 불끈 화가 치밀었다.

“그럼 너는 지금부터 어떻게 할 생각이지? 어차피 다 빤하잖아. 평생을 강에서 헤엄이나 치며 살 생각이야? 돌아가는 것 말고는 방법이 없어. 그러니 얼른 원래 생활로 돌아가도록 해. 내가 충고하지. 너는 자신의 유치한 정의감에 응석을 부리고 있어. 영화 설명, 그까짓 거 그냥 해버려. 딱 하룻밤만 굴욕을 견디면 되잖아? 당당하게 해버리면 그만이라고. 내가 대신해주고 싶을 정도로군.” 마지막 한마디가 문제였다. 터무니없는 일이 벌어진 것이다. 나는 소년의 거짓말쟁이,라는 말 한마디에 뜨끔해서 이성을 잃고 엉뚱한 말을 지껄였고, 이제 물러설 수도 없게 되었다.

“네가 할 수 있을 리 없잖아.” 소년은 힘없이 웃었다.

“물론 할 수 있어. 할 수 있다고.” 나는 정색을 하며 단언했다.

그리하여 한 시간 뒤, 나는 소년과 함께 시부야의 진구 거리를 걷게 되었다. 한심한 짓이다. 나는 올해 서른두 살이다. 자중해야만 한다. 하지만 나는 이 소년이 나를 말뿐인 사람이라고 생각하는 것이 싫다는 이유로 이렇게 함께 걷고 있다. 결국 나도 스스로의 철없는 결벽증에 어리광을 부렸던 것일지도 모른다. 나는 나의 이런 불안한 행동에 소년구제라는 그럴싸한 이름을 붙이고 나서야 그나마 조금 구원받았다. 물에 빠진 소년을 눈앞에서 보면 수영을 못해도 일단 뛰어들어 구해야만 한다, 그게 시민으로서의 의무다,라고 억지로 믿기 위해 노력했다. 그리고 어쩌다 보니 하룻밤 동안 소년을 대신해서 고등학교 교복에 학생모까지 쓰고 하야마 저택에 가야 하는 처지가 되었다. 사에키 고이치로의 친구인데 오늘은 사에키 고이치로가 아파서 대신 제가 왔습니다,라고 인사를 하고 '초봄의 홋카이도'라는 그 얼토당토않은 영화를 우스꽝스럽게 설명해야 하는 상황이 된 것이다.

내게는 교복이나 모자가 없다. 사에키에게도 없다. 어제까지는 있었지만 신발과 함께 팔아버렸다고 했다. 빌려야만 한다. 사에키는 내 행동력을 의심하며 주저하는 듯했지만, 나는 소년이 망설이는 모습을 보고 오히려 더 흥분해서 사에키의 손을 잡아끌고 이노카시라 공원의 찻집을 나섰다. 도중에 미타카에 있는 우리 집에 들러 재빨리 수염을 깎아 젊어 보이게 한 후 제법 많은 돈을 품에 챙겼다. 그런데 네 친구는 어디에 있지? 교복과 모자를 빌려줄 만한 친한 친구는 없어?라고 소년에게 물어 시부야에 한 명이 있다는 대답을 듣고는, 곧바로 기치조지역에서 전차를 타고 시부야에 왔다. 나는 반쯤 미쳐 있었던 듯하다.

진구 거리를 부리나케 걸었다. 하야마 저택의 영화 모임은 오늘 밤이라고 했다. 서둘러야만 한다.

"여기야." 소년이 멈춰 섰다.

낡은 판자 울타리 위로 하얀 목련꽃이 보였다. 여염집 하숙인 듯했다.

"구마모토!" 소년이 2층 장지문을 향해 외쳤다.

"구마모토 군!" 나도 덩달아 학생이 된 기분으로 친근하게 큰소리로 외쳤다.

제4회

와그너 군.

정직하게 외치고
성공하도록 해.
정말 하고 싶은 말이 있으면
그걸 그대로 말해버리면 그만이야.

—파우스트

"예." 2층 장지문 안쪽에서 여자처럼 상냥하고 조신한 대답이 들려왔다. 나는 왠지 김이 빠졌다. 이름이 구마모토쯤이나 되는 사람이 이런 상냥한 대답을 하리라고는 생각지 못했다. 아오모토 메노스케青本女之助라고 개명이라도 해야 할 것 같은 느낌이었다.

"나 사에키야. 올라가도 괜찮아?" 소년 사에키가 훨씬 더 구마모토스러운 거친 목소리로 외쳤다.

"그러세요."

정말 상냥했다.

나는 어이가 없어서 웃음을 터뜨렸다. 사에키도 내 생각을 예리하게 알아차리고는,

"딜레탕트[11]거든" 하고 낮게 소곤대며 짓궂게 한쪽 눈을 찡긋 감아 보였다. "부르주아인 거지."

우리는 주저 없이 하숙집 문을 열고 들어가 2층으로 소란스럽게 올라갔다.

사에키가 방의 장지문을 열려고 하자,

"잠시만요."라는 몹시 떨리는 목소리가 들렸다. 여전히 여자처럼

11_ 프랑스어로 예술애호가를 뜻함.

새되고 얇은 목소리였지만, 다급해진 모양인지 다시 힘이 실렸다. "한 분이세요? 두 분?"

"둘이야." 무심결에 내가 대답해버렸다.

"누구시죠? 사에키 군, 함께 오신 분은 누구신가요?"

"몰라." 사에키는 당황한 모습이었다.

나는 아직 사에키에게 내 이름조차 가르쳐주지 않은 것이다.

"기무라 다케오야, 기무라 다케오."

나는 사에키에게 속삭이듯 말했다. 다자이라는 이름은 펜네임이고, 진짜 이름은 기무라 다케오다. 이 이름이 너무 부끄러워서, 비쩍 마른 주제에 다자이라는 왠지 싸움이 셀 것 같은 이름을 골라서 사용하고 있다. 하지만 막상 이렇게 다급해지면 나도 모르게 부모님이 지어준 이름이 먼저 툭 튀어나온다. "기무라 다케오라고 부르도록 해."하고 덧붙여 말해보았지만 역시 왠지 부끄러웠다.

"기무라 다케오." 사에키는 고개를 끄덕이고는 말했다. "기무라 다케오 군과 함께 왔어."

"기무라 다케오? 기무라, 다케오 군입니까?"

장지문 너머에서 의심스럽다는 듯 중얼거렸다. 나는 견디기 힘들어졌다. 기무라 다케오라는 이름이 세상에서 제일 한심한 이름처럼 느껴졌다.

"기무라 다케오라고 합니다." 나는 될 대로 되라는 심정으로 재빨리 말했다. "부탁드릴 것이 있어서 왔습니다만."

"죄송합니다." 의외의 대답이 돌아왔다. "초면인 분과 만나는 것은 조금 불편하군요."

"무슨 말을 지껄이는 거야. 정말 쓸데없이 콧대만 높아서는." 사에키의 작은 중얼거림이 장지문 너머까지 들린 모양이었다.

"바로 그 코 때문입니다. 벌레에게 코를 물렸거든요. 이런 볼꼴사나운 모습으로 초면인 분을 뵙는 것은 너무 괴롭습니다. 사람은 첫인상이 중요하니까요."

우리들은 박장대소했다.

"어처구니가 없군." 사에키는 드르륵 장지문을 열고 재빨리 방으로 들어갔다. 나도 배를 잡고 눈물이 쏙 빠질 정도로 웃으며 비틀비틀 방 안으로 들어갔다.

어둑어둑한 다다미 8장 크기의 방구석에 곤가스리 기모노를 입은 빡빡머리 소년 하나가 단정하게 무릎을 꿇고 앉아 있었다. 얼굴은 더더욱 아오모토 메노스케스러웠다. 구마모토라는 억센 느낌의 이름과는 전혀 어울리지 않았다. 희고 둥근 얼굴에, 로이드안경 너머로 보이는 눈은 작고 가슴츠레했고, 문제의 그 코는, 그러고 보니 조금 붉긴 했지만 특별히 흉해 보일 정도는 아니었다. 몸은 심하게 뚱뚱했고, 키는 사에키보다 조금 작은 정도였다. 멋에 신경을 쓰는 모양인지 옷깃 언저리를 몇 번이나 고치며,

"사에키 군. 이건 좀 난폭한 행동 아닙니까?"라고 진지하게 말했다. "저는 부모님께도 이런 흉한 모습을 보인 적이 없어요." 아주 새침한 표정이었다.

사에키는 곧 웃음을 진정시키고 구마모토 쪽으로 다가가서, "독서하는 중이야?"라고 놀리는 듯한 말투로 말하고는 구마모토 옆에 있는 책상 아래를 더듬어 문고본 한 권을 주워 올렸다. 책상 위에는 횡서로 된 커다란 양서洋書가 펼쳐져 있었지만, 사에키는 그것에 눈길 한 번 주지 않았다. "사토미 핫켄덴[12]이군. 재밌겠는데." 하고 중얼거리며 꼿꼿이 선 채로 그 작은 문고본의 페이지를 팔랑팔랑 뒤적였다.

"너는 항상 읽지도 않는 책을 책상 위에 펼쳐 두고, 진짜 읽고 있는 책은 밑에 숨겨두는군. 참 이상한 버릇이야."

사에키는 웃음기 없는 얼굴로 그렇게 말하고는 그 문고본을 구마모토의 무릎 위로 툭 던졌다.

구마모토는 가엾을 만큼 노골적으로 당황하여 얼굴이 새빨개져서는 무릎 위의 그 책을 두 손으로 가렸다. "무시하지 말라고." 하고 들릴 듯 말 듯 한 목소리로 중얼거리더니, 원망스럽다는 눈빛으로 사에키의 얼굴을 올려다보았다.

나는 방 한구석에 책상다리를 하고 앉아 두 사람의 모습을 웃으며 지켜보았는데, 왠지 점점 구마모토가 불쌍하게 느껴지기 시작했다.

"사토미 핫켄덴은 훌륭한 고전이에요. 일본 장편소설의……." 비조鼻祖라고 말하려다가 지금 구마모토가 코에 민감하다는 사실을 떠올리고, "원조元祖지요." 하고 바로 고쳐 말했다.

구마모토는 구원을 받은 듯한 모습이었다. 갑자기 다시 새침해져서는,

"확실히 그런 점도 있지요."라고 말하며 붉은 입술을 앙다물었다. "요즘 조금씩 다시 읽어보는 중이에요."

"헤헤." 사에키는 책상 옆에 벌렁 드러누워 이상하게 웃었다. "왜 다시 읽어보는 중이네 마네 거짓말만 하는 거지? 항상 그렇게 말하잖아. 이제 막 읽기 시작했다고 말해도 좋을 것 같은데 말이지."

"무시하지 말라고." 구마모토는 그 신사적이고 고상한 말을, 방금

12_ 교쿠테이 바킨曲亭馬琴(1767~1848)의 작품으로 일본 무로마치시대를 배경으로 한 장편소설. 분카 11년 (1814년)에 간행이 시작되어 완결까지 28년이 걸렸다. 일본의 대표적인 장편 전기傳奇소설로 오랜 시간 대중적인 인기를 누렸으나, 문학적인 평가는 낮았다.

전보다 좀 더 소리 높여 말하며 항의했는데, 얼굴은 거의 울상이었다.

"사토미 핫켄덴을 처음 읽는 사람은 없을 거야. 분명 다시 읽고 있는 거겠지." 나는 둘 사이를 중재했다. 두 소년이 싸우는 모습을 지켜보는 것도 즐거웠지만, 지금 내게는 그것보다 더 중요한 일이 있었다.

"구마모토 군." 나는 말투를 바꾸어 차분하게 구마모토를 부르고는, 너무 황당한 부탁이지만 오늘 하룻밤만 교복과 모자를 빌려주지 않겠나? 하고 진지하게 부탁했다.

"교복과 모자요? 저……, 제 교복과 모자 말입니까?" 구마모토는 언짢은 듯 눈썹을 찌푸리며 바닥에 드러누워 있는 사에키 쪽을 돌아보았다.

"사에키 군. 저는 좀 불쾌하군요. 저를 너무 무시하지 마세요. 도대체 이 사람은 뭡니까?"

"싫으면 관둬." 사에키는 누운 채로 호통을 쳤다. "억지로 부탁하려는 게 아니야. 너야말로 무례하군. 거기 있는 사람은 좋은 사람이야. 너 같은 에고이스트가 아니라고."

"아니, 아니." 나는 좋은 사람이라는 말에 당황했다.

"저 또한 에고이스트입니다. 사에키가 싫다고 하는 걸 제가 억지를 부려서 여기까지 데려와 달라고 했으니까요. 사정을 다 말씀드릴 수도 있겠지만 일단은 그냥 제가 부탁을 드리지요. 하룻밤만 빌려주십시오. 내일 아침 일찍 반드시 돌려드리겠습니다."

"맘대로 쓰세요. 저는 이제 모르겠습니다." 구마모토는 울먹이는 목소리로 말하며 휙 나를 등지고 돌아앉아 책상 위에 놓여 있는 양서의 책장을 거칠게 넘겨댔다.

"그냥 다 관두자고. 나는 어떻게 되든 상관도 없어." 사에키가 몸을 반쯤 일으키며 내게 말했다.

"그건 안 돼." 나는 단호하게 고개를 가로저었다. "네가 이제 와서 그런 말을 하는 건 비겁해. 그럼 내가 네게 놀아나서 여기까지 온 게 되잖아."

"무슨 일이죠?" 구마모토는 우리가 언쟁을 시작하자 묘한 기쁨을 느낀 듯 다시 이쪽으로 홱 몸을 돌렸다.

"사에키 군이 또 무슨 일을 벌인 겁니까? 무슨 깊은 사정이라도 있는 모양이군요." 하고 거만한 말투로 말하며 생각이 깊어 보이는 듯한 얼굴로 팔짱을 꼈다.

"이제 됐어. 나는 구마모토 따위에게 부탁하고 싶지 않아."

사에키가 갑자기 자리에서 일어섰다.

"난 돌아가겠어."

"잠시, 잠시만." 나도 따라 일어서서 사에키를 붙잡았다. "네게는 돌아갈 곳이 없을 텐데. 구마모토 군이 교복을 빌려주지 않겠다는 말을 한 것도 아니잖아. 너는 떼쟁이 소리를 들어도 할 말이 없는 녀석이군."

내가 사에키를 몰아붙이자 구마모토 군은 어쩐지 아주 기뻐 보였다. 득의양양한 얼굴을 하고 일어서더니, "그렇고말고요. 떼쟁이라는 소리를 들어도 싸지요. 저는 빌려주지 않겠다는 말은 하지 않았으니까요. 저는 에고이스트가 아니에요."라고 말하며 벽에 걸려있는 교복과 모자를 가져와서는, 백만 엔이라도 빌려주는 사람처럼 거들먹거리는 손놀림으로 내게 내밀었다.

"마음에 드십니까? 어떠세요?"

"훌륭하네요." 나는 무심결에 꾸벅 인사를 하고 말했다. "실례지만 여기서 좀 갈아입겠습니다."

옷을 다 갈아입었다. 전혀 훌륭하지 않았다. 훌륭하기는커녕 괴상했다. 소매는 너무 짧아서 팔이 삐져나왔고, 바지는 쓸데없이 통만 넓고 길이는 짧았다. 무릎이 겨우 가려질 정도라 털이 무성한 정강이가 무참히 드러났다. 골프바지 같았다. 쓴웃음이 났다.

"관둬." 사에키도 곧바로 코웃음을 쳤다. "하나도 그럴싸하지가 않잖아."

"그러네요." 구마모토도 뒷짐을 진 채로 내 모습을 위아래로 훑어보더니 "당신의 신분은 잘 모르겠지만, 이 상태라면 제 옷의 평판까지 떨어집니다."라고 말하며 깊은 한숨을 쉬었다.

"상관없어. 괜찮아." 나는 억지를 부렸다. "나는 전에 고향에서 이런 학생을 본 적이 있어. 수재들은 대부분 이런 모습으로 다닌다고."

"모자가 머리에 들어가지도 않잖아." 사에키가 또다시 트집을 잡았다. "차라리 벌거벗고 걷는 게 나을 정도로군."

"제 모자는 결코 작은 편이 아닙니다." 구마모토는 오로지 자기 물건에만 신경을 썼다. "제 머리 사이즈는 보통입니다. 소크라테스와 같은 크기지요."

구마모토의 예상치 못한 말에 나와 사에키가 동시에 웃음을 터뜨렸다. 구마모토도 분위기에 휩쓸려 덩달아 웃었다. 덕분에 방 안 분위기가 부드러워졌고, 우리 셋은 왠지 모를 친근감을 느끼기 시작했다. 나는 셋이 함께 나가서 시부야 거리를 걸어보고 싶다는 생각을 했다. 날이 저물기까지는 아직 꽤 시간이 있었다. 나는 구마모토에게 보따리를 빌려 거기에 벗은 옷을 싼 후에 사에키에게 건넸다.

"자, 가자. 구마모토 군도 근처까지 어떠세요. 같이 차라도 한잔합시다." "구마모토는 공부 중이잖아." 사에키는 왠인지 구마모토를 데리고 나가기를 꺼려하는 듯했다. "지금부터 또 틈틈이 핫켄덴을 다시 읽어봐야 하니까 말이야."

"저는 상관없어요." 구마모토도 우리와 함께 나가고 싶은 눈치였다. "왠지 재밌어질 것 같군요. 당신은 청춘을 되찾은 파우스트 박사 같아요."

"그럼 사에키 군이 메피스토펠레스가 되는 셈이군요." 나는 나이도 잊고서 조금 들떴다. "이것이 삽살개의 정체인가. 방랑하는 학생이라니, 우습기 그지없구나."[13]

그렇게 농담을 하며 사에키의 얼굴을 봤더니, 사에키의 눈 주위가 붉었다. 눈물을 글썽이고 있는 것이었다. 갑자기 오늘 밤일이 걱정되기 시작한 모양이었다. 말없이 소년 사에키의 어깨를 툭툭 두드려주고 방에서 나왔다. 반드시 구해주겠노라고 마음속으로 결심을 굳혔다.

우리 세 사람은 하숙집을 나와 시부야역 쪽으로 쭉 내려갔다. 길을 지나는 사람들도 내 모습을 그렇게 의심스러운 눈초리로 보지는 않았다. 구마모토는 곤가스리로 된 겹옷에 펠트 조리를 신고 지팡이를 들었다. 상당히 점잔을 뺀 옷차림이었다. 사에키는 예의 그 복장에 내 옷이 든 보따리 꾸러미를 안고 있었고, 나는 꽉 끼는 교복과 교모에 게다를 신은 고학생차림이었다. 우리는 봄날 오후의 따스한 햇살을 받으며 어슬렁어슬렁 걸었다.

"어디 들어가서 차라도 마실까요?" 나는 구마모토에게 물었다.

"그렇게 해요. 모처럼 친한 사이가 되었으니까요." 구마모토는 무게를 잡으면서, "그래도 여자가 있는 곳은 좀 피하도록 하죠. 오늘은

13_ 괴테의 희곡 「파우스트」 속에서 악마 메피스토펠레스가 파우스트 박사에게 삽살개의 모습을 하고 접근했다.

코가 이렇게 붉으니까요. 사람의 첫인상은 정말 중요해요. 저를 처음 본 여자아이는 제가 태어날 때부터 이렇게 빨간 코를 가졌고 거기다 앞으로도 영원히 그럴 거라 생각하겠지요."라고 아주 진지하게 말했다.

정말 어처구니없었지만, 나는 열심히 웃음을 참으며 말했다.

"그럼 밀크홀은 어떨까요?"

"뭐, 어디든 상관없잖아." 사에키는 아까부터 의기소침한 상태였다. 마치 의욕 없는 개처럼 어슬렁어슬렁 야무지지 못한 걸음걸이로 우리와 조금 거리를 두고 따라오기만 했다. "차를 마시자고 하는 건 서로 빨리 헤어지고 싶을 때 쓰는 방법이야. 사람들은 날 쫓아버리기 전에 항상 차를 마시게 하더군."

"그게 무슨 뜻이죠?" 구마모토는 재빨리 사에키를 돌아보며 따졌다. "이상한 말 그만해. 나와 이분이 함께 차를 마시는 건 서로 친해졌기 때문이야. 아주 순수한 거지. 우리는 사토미 핫켄덴에 대해 서로 공감한 거라고."

두 사람이 길거리에서 싸움이라도 할 기세여서, 나는 난처해졌다.

"그만둬. 그만두라고. 너희들은 왜 이렇게 사이가 나쁜 거지? 사에키의 태도도 좋지 않아. 구마모토 군은 신사야. 열심이라고. 열심히 사는 사람을 비웃는 건 잘못된 거야."

"너야말로 비웃고 있는 주제에." 사에키가 내게 덤벼들었다. "넌 단지 교활한 거지."

말다툼을 하고 있자니 끝이 없었다. 나는 앞쪽에서 작은 식당 하나를 발견했다.

"들어가자. 저기서 천천히 얘기하자고." 나는 흥분으로 얼굴이 창백해진 구마모토의 한쪽 팔을 잡아끌며 성큼성큼 걷기 시작했다. 사에키도 우리 뒤를 느릿느릿 따라왔다.

"사에키 군은 나빠요. 악마예요." 구마모토는 울먹이는 목소리로 호소했다. "혹시 알고 계신가요? 사에키 군은 어제 막 유치장에서 나온 거예요."

나는 너무 놀라 입이 떡 벌어졌다.

"몰랐어요. 전혀 몰랐습니다."

우리는 이미 그 어둑어둑한 식당에 들어선 후였다.

제5회

나는 잠시 동안 아무 말도 할 수 없었다. 배신을 당하고 바보 취급을 당한 사실을 알게 된 찰나의, 몸이 고꾸라질 듯한 그 쓰디쓴 추락을 맛본 기분으로 식당 구석 자리에 털썩 주저앉았다. 구마모토도 내 맞은편 자리에 앉았다. 조금 뒤에 소년 사에키가 식당 입구에 모습을 드러내는가 싶더니, 갑자기 내 쪽으로 보따리 꾸러미를 던지고 뒤돌아 도망치기 시작했다. 나는 벌떡 일어나 식당에서 뛰쳐나가 두세 걸음을 쫓아서 곧바로 사에키의 왼쪽 어깨를 낚아챘다. 그대로 사에키를 식당으로 질질 끌고 들어왔다. 너 같은 놈 따위에게 바보 취급을 당하고 참을 것 같으냐. 이런 놈에게 바보 취급을 당하고 참을 것 같으냐, 하는 야만적이고 동물적인 격투 본능이 돌연 눈을 떠서는 겁 많고 약한 나를 그토록 민첩하게, 거의 기적에 가까울 정도로 단호하게 행동하도록 만들었다. 사에키는 계속 도망치려고 버둥거렸다.

"앉아." 나는 그를 억지로 의자에 앉히려고 했다.

사에키는 말없이 크게 온몸을 뒤틀어서 내 손에서 벗어났다. 그리고 재빨리 주머니에서 반짝하고 빛나는 무언가를 꺼내 들고는,

"찌를 거야." 하고 갑자기 돌변하여 걸걸한 목소리로 말했다. 나는 섬뜩해졌다. 나를 죽일지도 모른다는 생각이 뇌리를 스쳤다. 내게는 극도의 공포에 빠지면 저절로 의미 없는 헛웃음이 나오는 버릇이 있다. 오싹오싹 기분이 이상해서 견디기 힘들어지는 것이다. 대담해서가 아니라, 극도로 소심한 성격 탓에 이런 경우 곧바로 미쳐버리기 때문이라는 해석이 더 정확할 것이다.

"하하하하." 나는 허탈한 소리를 내며 웃었다. "너무 부끄러우면 결국 그런 살벌한 태도를 취하는 법이지. 나도 잘 알아. 칼이라도 휘두르지 않고서야 도무지 수습이 안 되는 거지?"

사에키는 말없이 내 쪽으로 한발 다가왔다. 나는 더욱더 크게 웃었다. 사에키가 칼을 고쳐 잡았다. 그때 구마모토가 사에키의 등 뒤로 달려들었다.

"잠시만요!" 하고 날카로운 목소리로 외치고는 "그 나이프는 제 거예요."라는 예상치 못한 말을 했다. "사에키 군. 정말 너무한 것 아닙니까? 그 나이프, 제 책상 왼쪽 서랍에 들어있던 거죠? 제 허락도 없이 가져온 것이로군요. 저는 인간의 명예를 아주 중요시하니 군이 훔쳤다고는 표현하지 않겠습니다. 빨리 돌려주세요. 제게는 아주 소중한 것입니다. 저는 이 사람에게 모자와 교복을 빌려주기는 했지만, 사에키 군에게 나이프를 빌려준 기억은 없습니다. 돌려주십시오. 누나에게 받은 소중한 칼입니다. 어서 돌려주세요. 그렇게 거칠게 다루면 곤란해요. 그 나이프에는 조그만 가위와 깡통따개뿐만 아니라 세 종류나 되는 소도구들도 붙어 있어요. 아주 섬세한 물건이지요. 제발 부탁이니 이만 돌려주세요."

구마모토는 거의 울먹이는 목소리로 부르짖었다.

악당 사에키도 이 필사적인 항의에는 항복한 모양이었다. 갑자기 힘이 쭉 빠진 듯한 모습으로 두 팔을 늘어뜨리고 창백한 얼굴에 쓴웃음을 띠고는,

"돌려줄게. 돌려준다고. 돌려주면 되잖아."라고 자조적인 말투로 말했다. 그러고는 구마모토와 눈도 마주치지 않고 나이프를 건네준 후에 털썩 의자에 앉았다.

"자, 무슨 말이든 해보시지." 사에키가 진짜 악당 같은 천박한 말을 하기에, 나는 맥이 풀리고 슬퍼졌다. 곧 사에키의 옆자리에 앉아 깊이 한숨을 쉬며, "고이치로 군."하고 처음으로 사에키의 이름을 불렀다. "그런 반항적인 말투를 쓰면 안 돼. 너답지 않잖아."

"그런 간살스러운 목소리 집어치워. 토할 것 같으니까. 하긴. 패배한 놈을 붙잡고 따뜻한 설교를 늘어놓는 게 꽤 기분 좋은 일이긴 하지." 사에키는 얼굴을 찡그린 채로 내뱉듯이 말하면서 양팔을 테이블 위에 힘없이 늘어뜨렸다. 극도로 반항적인 태도였다. 나는 점점 따분해졌다.

"넌 정말 별 볼 일 없는 녀석이로군." 나는 생각하고 있던 것을 무심코 그대로 말해버렸다.

"응, 맞아." 사에키가 곧바로 되받아치며 대답했다. "그러니까 내가 애초부터 설교 같은 건 딱 질색이라고 말했잖아. 그냥 가만히 내버려 두라고." 식당 벽을 바라보며 말했지만, 눈에는 옅게 눈물이 어려 있었다. 그 모습을 보자 왠지 또 입을 열고 싶은 마음이 싹 사라졌다. 구마모토는 우리의 맞은편에 앉아 조금 전 필사적으로 덤벼들어 돌려받은 섬세한 나이프가 상하지는 않았는지 세심하게 살폈다. 나이프가 무사한 것을 확인한 후 손수건에 싸서 오른쪽 소맷자락에 넣고는, 그제야 안심이라는

얼굴로 우리 두 사람을 흘금흘금 번갈아 바라보았다.

"뭔가요? 도대체 무슨 일입니까. 당신 말씀에도, 또 사에키 군의 말에도 일리가 있는 듯한데, 좀 더 자세한 얘기를 들어봐야 알겠군요." 구마모토는 끝까지 진지한 얼굴을 유지했다. "커피로 하시겠어요? 아니면 뭘 좀 드시겠어요? 일단 주문을 합시다. 천천히 얘기를 나누다 보면 합의점에 도달할 수 있을지도 모르니까요." 구마모토는 우리 두 사람을 더 크게 싸우게 만든 다음에 옆에서 어른스러운 얼굴로 지켜보며 양쪽에 공평하게 맞장구를 쳐주는, 그 더할 나위 없는 즐거움을 맛보려는 심산인 듯했다. 사에키는 잽싸게 구마모토의 그 교활한 마음을 간파하고는,

"너는 이만 돌아가는 게 어때. 나이프도 돌려줬고 교복과 모자도 이 사람이 곧 돌려준다고 하잖아. 지팡이 챙겨가는 것 잊지 마."하고 웃음기 없는 표정으로 차분하게 말했다.

구마모토는 거의 울상이 되었다.

"그렇게까지 저를 경멸할 필요는 없잖아요? 저는 사에키 군에게 힘이 되어주려는 것뿐이에요."

나는 구마모토의 그런 필사적인 모습이 귀엽게 느껴졌다.

"그래, 그래. 구마모토 군은 이렇게 내게 교복이며 모자를 빌려주기도 했잖아. 아주 중요한 사람이라고. 여기 있어야 해. 저, 여기 커피 세 잔!" 나는 식당 안쪽을 향해 큰 소리로 커피를 주문했다. 어둑어둑한 식당의 안쪽에서 아까부터 열서너 살 정도 되어 보이는 남자아이가 멍하니 서서 우리를 바라보고 있었다.

"엄마가 목욕탕에 가서요." 아직 소학교 학생으로 보이는 남자아이가 느릿느릿 대답했다. "곧 돌아올 거예요."

"아아, 그렇군." 나는 순간 당황해서, "어떻게 할까요?" 하고 작은

목소리로 구마모토에게 물었다.

"기다리죠." 구마모토는 태연한 모습이었다. "여기는 여자아이가 없어서 아주 편안하군요." 여전히 자기 코에 신경을 쓰고 있었다.

"맥주를 마시면 되잖아." 사에키가 불쑥 입을 열었다. "저기에 진열돼 있어."

안쪽 찬장에 맥주병이 줄지어 놓여 있는 것이 보였다. 나는 유혹을 느꼈다. 맥주를 한 잔 마시면 지금의 이 짜증스럽고 불쾌한 기분을 진정시킬 수 있을지도 모른다는 생각이 들었다.

"어이." 나는 가게를 보는 남자아이를 불렀다. "맥주라면 어머니가 안 계셔도 괜찮겠지? 병따개와 컵 세 개만 가져오면 되니까."

남자아이는 마지못해 고개를 끄덕였다.

"저는 안 마실 겁니다." 구마모토가 또 한 번 새침하게 점잔을 떨었다. "알코올은 죄악이에요. 저는 아카데믹 한 태도를 취할 생각입니다."

"아무도 너한테." 사에키가 다소 퉁명스럽게 말했다. "마시라고 말한 적 없어. 이상한 말 하지 말고 술을 마시면 누나에게 혼이 난다고 솔직하게 말하는 게 어때."

"사에키 군은 마실 겁니까?" 이번에는 구마모토도 쉽게 지지 않았다. "관두세요. 내가 충고를 하지요. 사에키 군은 그저께도 맥주를 마셨다고 하던데. 유치장에 들어갔다 나왔다고 학교에 소문이 자자해요."

남자아이가 맥주를 들고 와서 세 사람 앞에 컵을 내려놓기가 무섭게, 구마모토가 컵 하나를 들어 탁 하고 탁자 위에 엎었다. 나는 내심 난처했다.

"좋아. 그럼 사에키 군도 마시지 마. 나 혼자 마시도록 하지. 알코올은 정말 죄악이야. 웬만하면 안 마시는 게 좋아." 그렇게 말하면서 맥주병의 뚜껑을 따서 컵에 따르고 단숨에 다 들이켰다. 맛있었지만, "아아, 맛이 정말 형편없군." 하고 어색한 거짓말을 했다. "나도 알코올은 싫어해. 하지만 맥주는 많이 취하지 않아서 좋지." 나는 줄줄 변명만 늘어놓으면서, "아카데믹한 태도만은 잃고 싶지 않으니까요." 하고 구마모토에게까지 입에 발린 말을 했다.

"그렇고말고요." 구마모토는 기분이 좋아졌는지 거만한 말투로 맞장구를 쳤다. "우리들은 파르나시앵[14]이니까요."

"파르나시앵." 사에키가 낮은 목소리로 가만히 중얼거렸다. "상아탑인가."

사에키가 문득 중얼거린 그 두 마디에는 묘하게 안타까운 울림이 있었다. 그 울림이 내 가슴을 찌르는 듯 아프게 파고들었다. 나는 맥주 한 잔을 더 마셨다.

"고이치로 군." 나는 친근하게 사에키를 불렀다. "나는 다 알고 있어. 방금 전 내게 보따리를 던지고 도망가려고 했을 때 퍼뜩 다 알아챘지. 너는 나를 속인 거야. 아니, 너를 꾸짖으려는 게 아니야. 사람을 꾸짖는 건 어려운 일이지. 나는 다 알고 있었지만 아무 말도 할 수 없었어. 말하는 게 너무 괴로워서 일부러 모르는 척할까 하다가, 지금 술기운을 빌려서 겨우 말을 꺼내는 거야. 아니, 생각해보니 네가 나에게 말을 꺼낼 기회를 마련해준 것인지도 모르겠군. 맥주를 발견한 건 너니까 말이야."

"과연." 구마모토는 작은 목소리로 중얼거리더니, "사에키 군은 그런 원대한 배려에서 맥주를 마시자고 한 것이로군요. 과연 그렇군요."

14_ 프랑스 시 문학의 한 유파인 고답파를 일컫는 말. 1800년대 중후반에 걸쳐 유행했으며, 반反낭만주의의 성격을 띠었다.

하고 열심히 고개를 끄덕이며 팔짱을 꼈다.

"그런 멍청한 배려심 같은 게 있을 것 같아?" 사에키는 엷게 웃으며, "나는, 그저, 그, 그게……."라고 머뭇머뭇 말하면서 괜스레 양손으로 탁자 위를 쓸었다.

"다 알고 있어. 사에키는 내 기분을 맞춰주려던 거야. 아니, 그렇게 말하면 안 되지. 분위기를 밝게 만들려고 노력한 거야. 사에키는 이제껏 고생을 많이 했기 때문에 그런 부분에 민감한 거지. 눈치가 빠른 거야. 반대로 구마모토 군은 항상 자기 생각만 하는 것 같은데." 나는 술기운을 빌어 따끔하게 구마모토를 공격했다.

"아니, 그건……." 구마모토는 예상치 못한 공격에 쩔쩔매며, "그런 건 주관의 문제입니다."라고 말하고는 고개를 숙이고 무어라 계속 중얼댔지만 전혀 알아들을 수가 없었다.

나는 점점 유쾌해졌다. 마음이 개운해지기 시작한 것이다. 맥주를 또 한 병 주문했다.

"고이치로 군." 나는 다시 사에키 쪽을 보며 말했다. "나는 너를 꾸짖으려는 게 아니야. 나는 다른 사람을 꾸짖을 자격이 없거든."

"꾸짖어도 괜찮잖아." 사에키도 조금씩 기운을 회복하는 듯했다. "넌 항상 자기변호만 하는군. 우리는 어른들의 자기변호에는 진절머리가 난다고. 다들 무서워서 벌벌 떨고만 있잖아? 이러니저러니 긴말할 것 없이 그냥 우리를 호되게 꾸짖으면 될 텐데. 어른인 주제에 사랑이니 이해니 하는 그런 칠칠치 못한 말이나 늘어놓으면서 아이들 비위나 맞춰주려는 거잖아. 추잡하게." 사에키는 그렇게 딱 잘라 말하고는 얼굴을 홱 돌렸다.

"그건 뭐, 그렇지만." 나는 흉하게 웃으며 내심 아뿔싸! 하고 당황했지만 그걸 교활하게 감추고 말했다. "그렇게 주장할 수밖에 없는 너의 마음속 분노에는 동감하지만, 네 주장에는 잘못된 점이 있어. 알지 모르겠군. 어른이나 아이나 결국 다 똑같아. 육체가 좀 더 지저분해졌다 뿐이지. 아이가 어른에게 기대는 것처럼 어른도 똑같이 너희에게 의지하고 있어. 한심한 얘기긴 하지만. 그래도 진짜야. 힘이 되어주기를 바라고 있다고."

"믿을 수 없군요." 구마모토는 굉장히 득의양양한 표정을 하고, 내가 가엾다는 듯 곁눈질로 깔보며 말했다.

"너희도 마찬가지로 비겁해. 한심하다고." 나는 꿀꺽꿀꺽 맥주를 들이켰다. "조금만 잘해주면 곧바로 정도를 넘어서 우쭐해 하고, 조금만 몰아붙이려고 하면 말을 꺼내기도 전부터 울상을 하고 도망치려고 하잖아. 너희가 자신감을 가졌으면 하는 마음에 사랑이니 이해니 하는 식으로 돌려서 말하고 있는 건데 너희는 그걸 경멸하지. 너희가 조금만 더 강하다면 우리도 물론 안심하고 호되게 꾸짖을 수 있겠지. 너희만……."

"끝이 안 나는 논쟁이야." 사에키는 그렇게 단정 지었다. "시시해. 우리는 그런 낡아빠진 생각을 하고 있는 게 아니야. 그저 제대로 된 인간이라는 게 어떤 건지 보여줬으면 하는 거라고."

"그렇습니다." 구마모토는 안심한 얼굴로 사에키의 말에 찬성했다. "술을 마시는 사람의 말은 신용할 수가 없으니까요."라며 내가 가엾다는 듯 얇게 웃었다.

"난 이제 틀렸어." 그렇게 말하고 나니 마음속에 무언가가 스미는 것이 느껴졌다. "그래도 나는 절망에 빠져 있진 않아. 술도 아주 가끔씩만 마시지. 냉수마찰도 매일 하고 있고." 나는 스스로도 이해할 수 없는 말을 지껄이고는, 갑자기 눈시울이 뜨거워져서 당황했다.

제6회

'청년들이여, 젊은 시절에 마음껏 즐겨라!'
라고 가르친 어느 현자賢者의 말을 따라
날뛰었던 나의 어리석음이여.
(후회해봤자 이제는 소용이 없네.)
보라! 그다음 페이지에 적힌 그 현자의 말을.
시치미를 뚝 떼고 적어두었다.
'청춘은 허무에 지나지 않고 그리하여
약관弱冠은 무지에 지나지 않는다.'

—프랑수와 비용

옛날에 프랑수와 비용이라는, 파리 출생의 소심하고 나약한 남자가 몹시 분해하며 자신의 유언장에 이런 말을 적었다고 한다. '아아, 유감스럽다! 혼란스럽던 그 청춘 무렵에 나도 학문에 부지런히 힘쓰고 사회의 훌륭한 풍습을 잘 따랐더라면, 지금쯤 집도 있고 쾌적한 잠자리도 얻었을 터인데. 어리석구나. 악동처럼 배움을 내팽개쳐버렸다. 지금 돌이켜 생각하니 가슴이 찢어질 듯하구나!' 나도 이제는 그 절절한 탄식에 두말없이 공감할 수 있다. 고작 구마모토 따위에게 술을 마시는 사람은 신용할 수 없다는 말을 듣고 비웃음을 사도, 내게는 곧바로 되받아칠 말이 없다. 매일 냉수마찰을 하고 있다고 말해봤자 그게 이 상황에서 무슨 의미가 있단 말인가? 쓸데없는 말을 지껄인 것일 뿐이다. 하지만 내게는 그게 최선이었다. 내게는 흔히 말하는 정치적인 수단도 없는가 하면 사람을 호령할 용기도 없고, 남을 가르칠 만한 학식도 없다. 어떻게든 밝은 희망을 품고 살기 위해 궁리한 결과가 고작 매일 아침 냉수마찰 정도인 것이다. 하지만 게을러빠진 내게는 그 정도도 아주 용맹하고 대단한 일이다. 이 두 소년에게 비웃음을 사자, 나는 스스로의 무력함과 나약함을 절실히 깨닫게 되었다. 소년 사에키는 갑자기 입을 다물고 한 손에 맥주 컵을 든 채 생각에 잠긴 나를 보고 있기가 힘들었는지,

"뭘 또 그렇게까지 비하할 필요는 없잖아."라고 낮은 목소리로 타이르듯 말하며 내 얼굴을 가만히 들여다보았다. "미안. 넌 아마 알고 있겠지. 나는 너무 부끄러웠어. 진실을 말할 수가 없었지. 하지만 난 거짓말쟁이는 아니야. 거짓말은 딱 하나만 했으니까. 영화 모임은 그저께 이미 끝났어. 나는 영화 설명을 해버렸지. 그러니까 나는 그저께 밤 그 모임이 끝나고 나서 교복과 신발을 팔아버리고 시내에서 맥주를 마시다가 순경에게 걸린 거야. 그러고 나서……."

"알아." 나는 고개를 들고 마치 사에키의 고백을 뿌리치듯 한쪽 손을 저었다. "너에게는 아무런 죄가 없어. 어쩌다 보니 이렇게 된 거지. 내가 경솔했던 거야. 너는 애초부터 내가 시부야에 오는 걸 내키지 않아 했으니까." 큰 한숨이 나오고 가슴속이 후련해졌다.

"응." 사에키는 부끄러운 듯 작게 고개를 끄덕였다.

"사실을 말할 기회가 없었어. 나는, 아무리 그래도 영화 설명 같은 걸, 그런 한심스러운 일을 했다고는 도무지 말할 수가 없어서, 그래서." 사에키는 또다시 두 손으로 테이블 위를 쓸어가며 말했다. "그래서 그런 거짓말을 한 거야. 미안. 유치장에 들어갔었던 걸 말하면 네가

나를 싫어할 거라고 생각했거든. 나는 글러 먹었어. 하야마 씨에게 지금까지 신세를 많이 졌어. 영화 설명 같은 거 멍청한 짓이라고 생각은 했지만, 그래도 마지막 감사 인사라고 생각하고 그저께 밤에 여자아이들 앞에서 그냥 해버렸어. 하고 나니 이건 아니라는 생각이 들더군. 난 이제 틀렸구나 싶었어. 더 이상 가망이 없는 남자라는 생각이 들었지. 내게도 맥주 한 잔 주겠어? 어쨌든 지금은 기뻐. 왠지 가슴이 설레고 기쁜 걸. 기무라 군. 너는 훌륭한 사람이야. 너처럼 전혀 거들먹대지 않고 우리 일을 같이 걱정해주고 풀 죽어주는 사람이 있으면 왠지 모르게 용기가 나거든. 이러고 있을 때가 아니라는 생각이 들지. 제대로 공부해보자고 진심으로 생각하게 돼. 나는 약한 마음을 감추지 않는 사람을 신뢰하거든." 사에키는 자리에서 일어서서 컵 세 개에 맥주를 가득 따랐다. 아주 결연한 태도였다. "건배다! 구마모토도 일어서. 기뻐서 마시는 맥주 한 잔은 죄악이 아니야. 슬픔과 고통을 지우기 위해서 마시는 술은 수치다!"

"그럼, 정말 딱 한 잔만." 구마모토는 사에키의 급격하게 고조된 기세에 압도당해 마지못해 자리에서 일어났다. "저는 사정을 잘 모르니까 그냥 분위기만 맞출게요."

"사정 같은 건 어떻든 상관없잖아. 내 출발을 기뻐해 주지 않을 셈인가? 넌 역시 에고이스트야."

"아니, 그런 게 아닙니다." 이번에는 구마모토도 단호하게 반박했다.

"저는 모든 걸 꼼꼼히 생각해보고 싶은 거예요. 납득할 수 없는 술자리에는 부화뇌동하지 않죠. 저는 과학적이거든요."

"쳇." 사에키가 곧바로 코웃음을 쳤다. "자기를 과학적이라고 하는 놈일수록 더 과학을 모르는 법이야. 과학에 대한 미신적인 동경일 뿐인 거지. 그게 바로 지식이 없다는 증거야."

"관둬, 관둬." 나도 일어섰다. "구마모토 군은 수줍은 거야. 네가 너무 솔직하게 감격하는 모습에 압도된 거지. 지식인의 델리커시라고나 할까."

"구식이지." 사에키가 작게 덧붙였다.

"건배하겠습니다." 구마모토가 골똘히 생각한 끝에 결심을 내린 듯한 말투로 말했다. "저는 맥주를 마시면 재채기를 합니다. 저는 그것을 과학적이라고 말한 겁니다."

"정확하군." 사에키는 웃음을 터뜨렸고, 나 역시 웃었다.

구마모토는 진지한 얼굴로 맥주잔을 눈높이까지 들어 올린 후에 한 손으로 옷깃을 꼼꼼히 여몄다.

"사에키 군의 출발을 축하합니다. 내일부터는 다시 학교에 나오세요." 가슴이 뭉클해지는 진지한 목소리였다.

"고마워." 사에키도 품위 있게 머리를 숙여 인사했다. "구마모토가 항상 이렇게 따뜻하고 용감하기를 기원합니다."

"사에키 군에게도 구마모토 군에게도 부족한 부분이 있습니다. 물론 제게도 있지요. 서로 도와가며 지내고 싶습니다." 나는 아주 솔직한 마음을 담아 그렇게 말하고는 거품이 가득한 맥주잔을 앞으로 내밀었다.

쨍 하고 컵 세 개가 부딪혔고, 우리 셋은 쉬지 않고 한 번에 맥주를 쭉 들이켰다. 그 순간 구마모토가 엣취 하고 크게 재채기를 했다.

"자, 기쁨을 위한 술은 한 잔으로 끝내도록 하지. 기쁨을 알코올의 구실로 삼아서는 안 돼." 나는 맥주를 더 마시고 싶었지만, 왠지 지금 이 분위기를 소중히 하고 싶은 마음에 힘겹게 그 생각을 억눌렀다.

"너희도 지금부터 되도록 맥주는 마시지 말도록! 카를 힐티[15] 선생이 이렇게 말씀하셨다. 여러분들은 교양이 있는 학생이므로 술을 마셔도 흐트러지지 않기 때문에 무해하다. 아니, 때로는 건강상 유익하기도 하다. 그러나 그대들을 흉내 내어 술을 마시는 중학생이나 노동자들은 자신을 제어할 수 없기 때문에 술에 빠져 몸을 해칠 위험이 크다. 그러므로 여러분은 그들을 위해서! 그들을 위해서 술을 마시지 말도록, 이라고 말이야. 그들을 위해서만은 아니야. 우리 스스로를 위해서라도 술을 마시지 말아야 해. 우리는 나쁜 시대에 태어나 자라면서 나쁜 교육을 받고 어두운 학문을 배웠지. 음주는 자랑이고 정의감의 표현이기까지 했어. 이런 악습을 깔끔하게 뿌리 뽑는 긴 아주 어려운 일이야. 너희에게 부탁하마. 너희가 청결하고 건전한 습관을 만들어 준다면 우리 안에 존재하는 암흑의 벌레들도 머지않아 그것을 따르게 될 거야. 우리에게 지면 안 돼. 꼭 싸워서 이기도록! 이상으로 일반론은 끝이야. 아무래도 나는 이런 진부한 개념론에는 서투른 모양이야. 그 어떤 시시한 책에도 이 정도 내용은 다 나와 있으니까. 난 되도록이면 청결한, 강한, 밝은 같은 그런 형용사는 쓰고 싶지 않아. 나는 내 몸에 상처를 내고 그 상처에서 뿜어져 나오는 말들만 하고 싶어. 서투른 말이라도 좋아. 더듬거리면서, 내 피와 살을 깎아내어 만든 말만 하고 싶어. 일반론은 너무 쑥스러워서 말이지. 어쨌든 연설은 여기서 끝이다."

구마모토는 열렬하게 박수를 쳤다. 사에키는 그 자리에 선 채로 히죽히죽 웃었다. 나는 다시 평소의 말투로 말했다.

"사에키 군. 내게 이십 엔 정도가 있는데, 이걸로 교복과 신발을 다시 사도록 해. 겉모습만이라도 원래의 생활로 돌아가는 거다. 조금만

15_ Carl Hilty(1833~1909). 스위스의 사상가 겸 법률가.

참고 하야마 씨의 집에 돌아가. 쓸쓸할 땐 하숙집에서 이불을 뒤집어쓰고 공부하는 거야. 그거야말로 가장 눈부신 청춘이니까. 그까짓 것, 하는 마음으로 묵묵히 공부하도록 해. 약속할 수 있지?"

"알겠어." 사에키는 얼굴을 붉혔지만, 입심만은 여전했다. "그런 말을 하니까 네 얼굴이 마치 옛날 사무라이처럼 보이는군. 메이지시대의. 정말 낡아빠졌어."

"무사 가문 출신 아니십니까?" 구마모토가 머뭇머뭇 또 엉뚱한 말을 했다.

나는 웃음이 터지려는 것을 참으며 말했다.

"구마모토 군. 여기 이십 엔이 있습니다. 이걸로 사에키의 교복과 모자, 그리고 신발을 사주도록 하세요."

"그런 거 필요 없어." 사에키는 점점 더 얼굴을 붉히며 기어들어 가는 목소리로 말했다.

"아니, 네게 주는 것이 아니야. 구마모토 군의 우정을 믿고 잠시 맡겨두는 것뿐이다."

"알겠습니다." 구마모토는 돈을 받아들고는 안경 너머의 작은 눈을 최대한 크게 뜨고 차렷 자세로 대답했다.

"확실하게 맡아두겠습니다. 훗날 사에키 군이 학업을 끝마치게 되는 때에……."

"아니, 그 정도의 돈은 아니에요." 나는 갑자기 너무 쑥스러워서 견딜 수가 없었다. 돈 같은 건 꺼내지 말 걸 싶었다. "밖으로 나가서 좀 걸어보는 게 어떨까요?"

거리에는 이미 해가 저물어 있었다.

나는 살짝 술에 취한 상태였다. 내가 고학생 차림이라는 것도 잊고 큰 목소리로 이것저것 멍청한 말만 잔뜩 지껄였다.

"어이, 사에키. 그 보따리 무겁지 않아? 내가 대신 들어주지. 괜찮으니까 이리 줘. 으쌰. 아르, 테르, 나, 테, 뷔, 만. 혹시 이 말 알아? 영차, 영차,라는 뜻이지. 플로베르는 이 말 하나를 쓰는 데 삼 개월이나 고민했어."

아아, 생각해보면 참으로 이상한 저녁이었다. 살면서 이런 의외의 경험을 하게 될 줄은 몰랐다. 나는 술에 취한 채로 두 학생과 함께 저녁의 시부야 거리를 걸었다. 마치 잃어버린 청춘을 되찾은 느낌이었다. 나는 한껏 들떴다.

"노래 부르자. 알겠어? 같이 노래 부르는 거야. 아인스, 쯔바이, 드라이! 아인스, 쯔바이, 드라이![16]"

아아, 사라져버린 청춘의
기쁨들은 지금 어디로 갔나.
마음껏 즐거워하던
황금의 시절이여, 아름다운 날들이여.
다시 돌아오지 않을 그 그림자를
찾아 헤매며 나는 탄식할 뿐.
아아, 변해가는 세상이여.
아아, 변해가는 세상이여.
먼지를 뒤집어쓴 젊은이의
모자는 낡고 옷은 찢어져

16_ 독일어로 하나, 둘, 셋을 의미함.

검에는 녹이 슬었네.

싱그럽던 그 빛은 지금 어디로 갔나.

축제의 노랫소리는 이제 들리지 않고

검이 부딪히는 소리도 이제 들리지 않네.

아아, 변해가는 세상이여.

아아, 변해가는 세상이여.

허나 올바른 젊은이의

마음만은 영원히 얼어붙지 않으리.

배움의 날에도 유희의 날에도

항상 빛을 발하네.

오래된 껍질은 사라지고 말지만,

그 열매만은 남아라, 내 가슴에.

그 열매만은 꼭 지키자.

그 열매만은 꼭 지키자.

—알트 하이델베르크[17]

노래를 부르고 있는 건 나밖에 없었다. 음정도 무시하고 탁한 목소리로 호탕하게 소리치며 노래를 부르다가 노래가 끝난 후, "뭐야. 왜 아무도 안 부르는 거야! 한 번 더. 아인스, 쯔바이, 드라이!" 하고 외쳤을 때,

"어이, 어이." 등 뒤에서 누군가가 어깨를 두드렸다. 돌아보니 경관이었다.

17_ 1901년에 독일의 마이어푀르스터(Meyer-Förster, W.)가 쓴 희곡. 자신의 소설 『카를 하인리히 *Karl Heinrich*』를 희곡화한 것이다.

"초저녁부터 그렇게 소란을 피워서야 되겠어? 넌 어느 학교 학생이지? 거짓말하지 말고 다 얘기해."

나는 스스로의 운명을 곧바로 깨달았다. 이런, 아뿔싸. 나는 학생 차림을 하고 있었다. 서른두 살의 술 취한 시인이 아니었던 것이다. 조금 비는 정도로 용서받을 수 있을 것 같지도 않았다. 절체절명. 그냥 도망쳐버릴까.

"어이, 어이."

누군가가 나를 부르는 소리에 퍼뜩 정신이 들었다. 나는 풀숲에 누워 있었다. 해는 아직 환했고, 종달새 울음소리가 들렸다. 이윽고 정신이 들었다. 나는 쭉 이노카시라 공원의 다마가와 상수원 둑 위에 누워 있었던 것이다. 정신을 차리고 보니 소년 사에키는 대학교 교복과 모자 차림에 반짝반짝 광이 나는 구두를 신고 아주 단정한 모습으로 내 머리맡에 서 있었다.

"어이, 난 가볼게." 사에키가 차분한 말투로 말했다. "네가 잠들어버렸잖아. 한심하긴."

"잠들었다고? 내가?"

"그래. 불쌍한 아벨에 대한 이야기를 하는 중에 네가 쿨쿨 곯아떨어졌잖아. 꼭 신선 같더군."

"그럴 리가." 나는 쓸쓸하게 웃었다. "어젯밤부터 한숨도 못 자고 일한 탓에 피곤이 쌓였던 모양이군. 내가 오랫동안 잤나?"

"뭐 10분에서 15분 정도? 아아, 날이 쌀쌀해졌군. 난 먼저 가보지. 그럼."

"잠깐만." 나는 상반신을 일으키며 물었다.

"넌 고등학생이 아니었나?"

"당연하지. 대학교에 들어가기 전까진 고등학교에 다니니까. 넌 정말로 머리가 나쁘군."

"언제 대학생이 된 거지?"

"올해 3월."

"그렇군. 이름이 사에키 고이치로지?"

"무슨 잠꼬대야. 내 이름은 그게 아니야."

"그래? 그럼 왜 이 강에서 벌거벗고 헤엄을 치고 있었던 거지?"

"이 강이 마음에 들었으니까. 그 정도 충동은 눈감아줘도 되잖아."

"이상한 질문처럼 들리겠지만, 네 친구 중에 구마모토라는 사람이 있지 않나? 좀 이렇게 거드름을 피우는 사람인데."

"구마모토? ……없어. 공과工科 학생인가?"

"아니야. 그렇지 않아. 정말 다 꿈이었나? 나는 꼭 그 구마모토 군과 만나고 싶은데."

"무슨 말을 하는 거야. 잠이 덜 깬 거야? 정신 좀 차려. 어쨌든 나는 이만 가볼게."

"아아, 잠시만. 이봐, 이봐." 나는 다시 소년을 불러 세웠다. "공부 열심히 해."

"쓸데없는 참견 마."

소년은 성큼성큼 가버렸다. 홀로 남겨진 나는 쓸쓸한 마음을 견딜 수가 없었다. 그 열매만은 꼭 지키자, 하고 목청껏 노래하던 스스로의 목소리가 여전히 귀에서 맴돌았다. 백일몽. 나는 일어서서 찻집 쪽으로 걸었다. 소맷자락을 뒤져보니 오십 전 지폐가 고스란히 남아 있었다. 사에키 군에게도 구마모토 군에게도 부족한 부분이 있습니다. 제게도 있지요. 서로 도와가며 지내고 싶습니다,라는 나의 축배의 말도 떠올랐다. 지금 바로 시부야로 달려가 확인해보고 싶다는 생각까지 들었지만, 역시 구마모토의 하숙집으로 가는 길이 잘 기억나지 않았다. 분명 꿈이었던 것이다. 나는 공원의 숲을 빠져나와 동물원 앞을 지나서 연못을 뻥 둘러 익숙한 그 찻집에 들어갔다. 곧 찻집 노파가 나왔다.

"어머, 오늘은 혼자야? 별일이네요."

"칼피스를 갖다줘."

나는 젊음을 느끼게 해줄 무언가를 마시고 싶었다.

찻집 의자 위에 책상다리를 하고 앉아서 천천히 칼피스를 마셔보았지만, 나는 역시 서른두 살의 형편없는 소설가일 뿐이었다. 젊음의 열정이 전혀 끓어오르지 않았다. 그 열매만은 꼭 지키자. 나는 쓴웃음을 지으며 그 노래의 한 소절을 몇 번이고 되새길 뿐이었다.

失敗園

실패한 정원

太宰治

「실패한 정원」

1940년 9월, 잡지 『동서東西』에 발표됐다. 첫 발표지면은 전구 회사의 홍보잡지로, 다자이 전집의 16차 편집과정에서 뒤늦게 발견되었다.

실제로 정원 가꾸기를 즐겼지만 늘 그것에 서툴렀던 다자이. 이 작품이 발표된 잡지에는 다자이와 닮은 남자의 그림이 함께 실렸는데, 툇마루에 앉아 정원을 바라보며 그들의 이야기에 귀를 기울이고 있는 다자이의 모습을 상상하며 읽으면 더 재미있는 작품이다.

우리 집에는 여섯 평 정도 되는 정원이 있다. 어리석은 아내는 여기에 질서도 없이 이것저것 무언가를 잔뜩 심어두었는데, 언뜻 보아도 실패작이다. 부끄러운 모습을 한 식물들이 작은 목소리로 속삭이면, 나는 그것을 빠르게 기록한다. 그 목소리가 정말 들린다. 프랑스인 쥘 르나르[1]의 흉내를 내려는 것도 아니다. 그럼.

옥수수와 토마토

"이렇게 계속 키만 커서야 부끄럽기 짝이 없군. 슬슬 열매를 맺어야 하는데. 배에 힘을 줄 수가 없어. 다들 나를 갈대라고 생각하겠지? 아, 될 대로 되라지 뭐. 토마토 씨. 좀 기댈게요."

"뭐야, 대나무잖아?"

"진담이세요?"

"너무 신경 쓰지 마. 넌 더워서 몸이 야윈 것뿐이니까. 그래서 더 멋있는걸? 이 집 주인의 말에 따르면 넌 파초를 닮았다는군. 주인이 꽤 아끼는 모양이던데?"

"자꾸 잎만 자라니까 저를 비웃으시는 거죠. 이 집 주인은 참 무책임한 사람이에요. 부인분이 딱해요. 항상 저를 정성껏 돌봐주시는데, 제가 계속 키만 자라고 살은 오르지 않으니까요. 토마토 씨만 겨우 열매를 맺은 모양이네요."

1_ Jules Renard(1864~1910). 19세기 후반 프랑스의 소설가 겸 극작가. 여기서 쥘 르나르의 흉내란, 쥘 르나르가 동물들을 관찰하여 기록한 작품 『박물지*Histoires naturelles*』를 뜻함.

"흥. 겨우, 말이지. 난 원래 미천하게 자란 몸이라 그냥 놔둬도 열매가 열리는 것뿐이야. 그래도 너무 무시하지는 말게. 이래 봬도 부인은 나를 꽤 예뻐하니까 말이야. 이 열매는 내 알통이나 마찬가지야. 이것 보게, 힘을 주면 열매에 포동포동 살이 오르지. 힘을 조금 더 주면 이 열매들이 붉어지기 시작하는 거야. 아아, 머리칼이 흐트러졌군. 이발을 하고 싶은걸."

호두의 모종

"난 고독해. 그래도 대기만성할 자신이 있지. 아, 어서 벌레들이 기어 올라올 만한 신분이 되고 싶군. 어디, 오늘도 고상하게 명상에 한 번 잠겨볼까? 내가 얼마나 고귀한 출신인지 아무도 모른단 말이지."

자귀나무의 모종

"호두 저 꼬맹이는 뭐라는 거야. 하여간 불평만 많아서는. 어쩌면 불량소년일지도 몰라. 머지않아 내가 꽃을 피우면 추파를 던질 게 분명해. 조심해야지. 어멋, 내 엉덩이를 만지는 건 누구지? 옆에 있는 꼬맹이로군. 정말이지 꼬맹이 주제에 뿌리는 그럴싸하게 뻗었는데? 고상한 명상이니 뭐니 하더니, 정말 어이없는 녀석이야. 그냥 모르는 척하고 있어야지. 어디, 이렇게 잎을 접고 자는 척하는 거야. 지금은 잎이 두 장밖에 없지만, 오 년 후에는 아름다운 꽃을 잔뜩 피우게 될 거야."

당근

"이건 정말 말도 안 되는 일이야. 난 쓰레기가 아니야. 이래 봬도 당근의 싹이라고. 한 달 전부터 눈곱만큼도 자라질 않아. 쭉 이 상태라고. 나는 영원히 이 모양이겠지. 한심해서 견딜 수가 없군. 누가 나를 뽑아주지 않겠어? 이제 다 틀렸어. 아하하하. 헛웃음이 다 나는군."

무

"땅이 안 좋은 거예요. 여기저기 돌멩이투성이라서 저의 하얀 다리를 뻗을 곳이 없는걸요. 아, 왠지 다리가 털투성이가 됐군요. 우엉인 척해야겠네요. 저는 그냥 깔끔하게 포기했답니다."

목화의 모종

"저는 지금은 비록 이렇게 작지만, 언젠가 방석이 된대요. 정말일까요? 왠지 스스로를 비웃고 싶어 견딜 수가 없군요. 무시하지는 말아 주세요."

수세미

"으음, 그러니까, 이렇게 가서 이렇게 감는 거로군. 뭐 이런 엉터리 선반이 다 있어. 감고 올라가기 너무 힘든걸. 그래도 주인 부부는 이 선반을 만들면서 말다툼까지 했었지. 부인이 만들어 달라고 졸랐는지 멍청한 주인이 진지한 얼굴로 이 선반을 만들기 시작했는데, 부인이 주인의 서툰 손놀림을 보고 웃음을 터뜨렸지. 땀범벅이 된 주인이 화를 내며 '그럼 당신이 한번 만들어 보라고. 수세미 선반 같은 건 사치품이야. 나는 살림살이를 늘리고 싶지 않아. 우린 그럴 형편도 아니잖아.'라고 묘하게 분위기를 깨는 소리를 하더군. 부인도 태도를 바꾸어 '그 정도는 저도 알고 있어요. 하지만 수세미 선반 정도는 있어도 된다고 생각해요. 이렇게 가난한 집에도 그런 게 있을 수 있다는 건 기적처럼 멋진 일 아닌가요? 우리 집에도 수세미 선반이 생기다니, 생각만 해도 너무 기쁜걸요.'라는 가여운 말로 반박하더군. 그러자 주인이 마지못해 다시 이 선반을 만들기 시작했지. 아무래도 이 집 주인은 부인에게 약한 모양이야. 어쨌든 남의 친절을 수포로 만들 수는 없지. 어디 보자, 그러니까 이쪽으로 가서 이렇게 감으라는 게로군. 아아, 정말 불편한 선반이야. 당최 감고 올라갈 수가 없잖아. 이래서야 의미가 없어. 나는 불행한 수세미인지도 몰라."

장미와 파

"이 정원에서는 역시 내가 여왕이야. 지금은 비록 몸이 더러워지고 잎의 윤기도 사라졌지만, 이래 봬도 얼마 전까지는 연거푸 열 송이가 넘는 꽃을 피웠다고. 이웃 아주머니들이 어머, 예뻐라 하고 칭찬할 때마다 주인이 방에서 불쑥 튀어나와서 한심하게 굽실거리며 인사를 해대는 통에 얼마나 부끄러웠는지 몰라. 머리가 나쁜 게 아닐까 싶어. 나를 굉장히 아껴주긴 하는데, 항상 엉뚱한 손질만 하거든. 내가 목이 말라 시들어 가고 있을 때도, 주인은 그저 어슬렁거리며 부인에게 화를 내는 것 말고는 할 줄 아는 게 아무것도 없는 거야. 그러다가 결국 미친 사람처럼 내 소중한 새싹을 똑똑 뜯어내더니 음, 이걸로 됐겠지? 같은 말을 진지하게 지껄이지 뭐야. 쓴웃음만 나던걸. 머리가 나쁘니까 어쩔 수 없지 뭐. 그때 내 새싹을 그렇게 잘라내 버리지만 않았다면 꽃을 스무 송이 정도는 피울 수 있었을 텐데. 이제 틀렸어. 너무 필사적으로 꽃을 피웠더니 폭삭 늙어버렸어. 나는 그냥 빨리 죽어버리고 싶어. 어머, 당신은 누구세요?"

"부디 이 몸을 용의 수염이라고 불러주게."

"파 씨 아닌가요?"

"들켰는가? 이거 면목 없군."

"무슨 말씀이세요. 그나저나 정말 가는 파로군요."

"음, 면목 없군. 땅이 엉망이야. 세상이 이 모양이니, 아니지, 패장은 말이 없는 법. 이 몸은 이만 좀 자겠네."

꽃이 피지 않는 도깨비부채[2]

2_ 깊은 산에서 무리 지어 자라는 여러해살이풀로 수레부채라고도 함.

"시생멸법 성자필쇠.[3] 차라리 더 흉하게 피어볼까."

3_ 시생멸법是生滅法: 나고 죽는 생사의 법. 성자필쇠盛者必衰: 한 번 성한 것은 반드시 쇠하게 마련.

一燈
등불 하나

太宰治

「등불 하나」

1940년 10월, 잡지 『문예세기』에 발표됐다.

일본의 125대 천황 아키히토明仁(현재 재위 중)가 태어난 날의 이야기를 그리고 있는 작품. 아키히토는 쇼와 천황과 고준 황후 사이의 첫아들로, 국민들의 성대한 축복을 받으며 태어났다.

짧은 단편이지만, 다자이 문학에서 천황제와 전시戰時체제가 어떤 의미를 가지고 그려지는지 엿볼 수 있는 중요한 작품으로 평가받는다.

예술가라고 하는 이들은 정말 골치 아픈 종족이다. 그들은 새장 하나를 필사적으로 끌어안고 서성댄다. 만약 그 새장을 뺏긴다면 혀를 깨물고 죽을 것이다. 되도록 빼앗지 말았으면 한다.

그거야 누구나 생각은 한다. 어떻게든 밝게 살아가기 위해 필사적으로 애쓰고 있다. 자고로 최고의 예술품이란, 항상 세상 사람들에게 희망을 주고, 또 견디며 살아갈 힘을 줄 수 있어야 한다. 우리는 늘 그런 최고의 작품을 만들기 위해 모든 노력을 쏟아 부어왔다. 지난한 일이다. 하지만 어떻게 해서든 그 수준에 도달하기만을 바란다. 우리는 옴짝달싹할 수 없는 벼랑 끝에 앉아서 그것을 위해 노력해왔다. 그 노력을 계속해 나가는 수밖에 없다. 가진 건 신에게 받은 새장 하나뿐이다. 늘, 그것 하나뿐이다.

대군 곁에서,[1]라는 건 모든 일본인의 은밀한 소망이리라. '비를 막아줄 우산이 없다'[2]는 말을 들으면 꼭 후지와라 스에후사[3]가 아니더라도 분명

1_ 우미 유카바海行かば라는 일본 군가의 한 소절. 여기서 대군은 천황을 가리키며 '대군 곁에서'는 천황을 위해 목숨을 바치겠다는 의미이다.

2_ 고다이고 천황後醍醐天皇(1288~1339)이 적에게 쫓기며 읊은 시의 일부분. 적으로부터 자신의

그 자리에 엎드려 눈물을 흘릴 것이다. 너무 큰 소망이라 수줍어서 말하지 못하는 것뿐이다. 뻔한 일이다. 울지 않는 반딧불이 어쩌고 하는 말[4]도 있지 않은가. 이 정도 말을 하는 것만으로도 왠지 매우 유감스러운 기분이 든다.

하지만 지금은 부끄러워하고 있을 때가 아니다. 입을 다물고 우물쭈물 한다는 이유로 비국민[5] 취급을 받는 것만큼 유감스러운 일은 없다. 그냥 두고 볼 수 없는 일이다. 나는 이번 기회에 내 나름의 방식으로 가난한 자의 등불[6]을 더 환하게 밝혀두고자 한다.

팔 년 전 이야기다. 간다에 있는 한 여관의 어스레한 방에서, 나는 형에게 심하게 혼이 났다. 쇼와 8년1933년 12월 23일 저녁의 일이었다. 나는 이듬해 봄에 대학을 졸업할 예정이었지만, 시험을 보러 가지도, 졸업논문을 제출하지도 않아 졸업 가능성이 전혀 없다는 걸 큰형에게 들켰고, 큰형은 간다의 여관으로 나를 불러서 그야말로 눈물이 쏙 빠질 정도로 따끔하게 혼냈다. 형은 신경질적인 성격이다. 이런 상황이 되면 눈앞에 있는 얼빠진 동생의 일거수일투족이 모조리 다 거슬리는 것이다. 내가 화로에서 멀찌감치 떨어진 곳에 무릎을 가지런히 모으고 앉아서 떨고 있자 형은, "뭐야, 높으신 분 앞에 앉아 있기라도 하는 모양이지?"라며 언짢은 듯 말했다.

몸을 지킬 방법이 없다는 의미이다.

3_ 고다이고 천황이 시를 읊었을 당시 곁에 남아 있던 두 명의 신하 중 한 사람. 고다이고 천황의 시에 답가를 보내기도 했다.

4_ '요란하게 우는 매미 보다 울지 않는 반딧불이 더 속을 태운다'라는 일본의 속담. 말이 많은 사람보다 말을 아끼는 사람의 심정이 더 절실하다는 뜻.

5_ 非國民. 황국 신민으로서의 본분과 의무를 지키지 않는 사람을 비판적으로 일컫는 말.

6_ 貧者一燈. 가난한 사람이 밝힌 등불 하나라는 뜻으로, 가난 속에서 보인 작은 성의가 부귀한 사람들의 많은 보시보다도 가치가 크다는 의미이다.

너무 비굴하게 굴어서도 안 되는 것이다. 그럼 편히 앉겠습니다, 하고 다리를 풀며 고개를 들고 웃어 보이자, 이번에는 뻔뻔하다고 혼이 났다. 뜨끔해서 다시 다리를 가지런히 모으고 고개를 숙였더니 기개가 없다고 혼이 났다. 내가 어떻게 하든 화를 냈다. 나는 안절부절못했다. 형의 화는 더 격해지기만 했다.

뒷골목에서 사람들이 웅성거리는 소리가 희미하게 들려왔다. 잠시 후 여관의 복도가 우당탕 소란스러워졌고, 여종업원들의 소곤거림과 낮은 웃음소리도 들려왔다. 나는 형의 꾸지람보다 그쪽에 더 귀를 기울이고 있었다. 그러던 중 문득 한마디를 알아들을 수 있었다. 나는 과감하게 고개를 들고 형에게 말했다.

"제등행렬입니다."

형은 순간 이상한 표정을 지었다. 그리고 곧 사람들의 만세 소리가 장지문이 찢어질 정도로 크게 울려 퍼지기 시작했다.

황태자 폐하, 쇼와 8년 12월 23일 탄생. 온 나라가 경축해야 할 날에 나 혼자만 형에게 혼나고 있다니, 두 배로 슬프고 견디기 힘들었다. 형은 태연하게 탁상전화를 들더니 계산대에 전화를 걸어 자동차를 불러달라고 했다. 나는 쾌재를 불렀다.

형은 굳은 표정으로 고개를 돌리고 일어서서 도테라를 벗더니 외출준비를 시작했다.

"거리로 나가보자꾸나."

"네." 약삭빠른 동생은 진심으로 기뻤다.

거리에는 땅거미가 지고 있었다. 형은 차창 밖 길거리 봉축행렬을 빨려 들어갈 듯이 바라보았다. 국기의 홍수였다. 억누르고 또 억누르다가 한꺼번에 터져 나온 환희의 감정이 고스란히 전해져 왔다. 만세,

말고는 달리 표현할 말이 없다. 잠시 후 형은,

"다행이다!"라고 작은 목소리로 중얼거리고는 깊은숨을 내뱉었다. 그러고는 조용히 안경을 벗었다.

나는 하마터면 웃음을 터뜨릴 뻔했다. 다이쇼 14년1925년, 그러니까 내가 중학교 3학년이었을 때 데루노미야[7] 님이 태어나셨다. 그때는 학교 성적도 나쁘지 않았기 때문에, 나는 형의 귀여움을 독차지하곤 했다. 아버지가 일찍 돌아가신 탓에, 형과 나는 아버지와 아들 같은 관계였다. 나는 겨울방학이라 고향 집에 돌아갔고 형수와 데루노미야 님의 탄생에 관해 이야기를 나누었는데, 왠지 눈물이 나서 난처했다는 점에서 의견이 일치했다. 그 당시 나는 이발소에서 한창 이발을 하는 중이었는데, 탄생을 알리는 폭죽 소리가 들리자 눈물을 참기 힘들어서 무척 난처했다. 형수는 그때 바느질을 하는 중이었는데, 폭죽 소리가 들리자 더 이상 바느질을 할 수 없는 지경이 되었다고 한다. 옆에서 우리 이야기를 듣던 형은,

"나는 안 울었어."라며 허세를 부렸다.

"정말이에요?"

"진짜?" 형수와 나는 형의 말을 전혀 믿지 않았다.

"정말 안 울었어." 형은 웃으며 주장했다.

그랬던 형이 지금 조용히 안경을 벗은 것이다. 나는 터져 나오는 웃음을 꾹 참고 고개를 돌려 못 본 척했다.

형은 교바시 근처에서 차를 세웠다.

긴자는 사람들로 넘쳐나고 있었다. 스쳐 지나가는 모든 이들이 방긋방

7_ 히가시쿠니 시게코東久邇 成子. 쇼와천황(일본의 124대 천황)의 장녀.

긋 웃었다.

"다행이다. 일본은 이제 이걸로 다 괜찮은 거야. 정말 잘됐어." 형은 한 걸음 뗄 때마다 그렇게 중얼거리며 혼자 고개를 끄덕였고, 방금 전까지의 화는 이미 다 누그러진 듯 보였다. 약삭빠른 동생은 완전히 되살아난 기분으로 사뿐사뿐 형의 뒤를 따라 걸었다.

A신문사 앞에는 많은 사람들이 멈춰 서서 반짝반짝 빛나며 흘러가는 전광판 뉴스의 글자를 한 자 한 자 작은 목소리로 읊고 있었다. 형과 나도 그 사람들 뒤에 서서 계속 반복되고 있는 같은 문장을 지치지도 않고 읽고 또 읽었다.

이윽고 형은 긴자 뒷골목의 어묵 가게에 들어갔다. 형은 내게도 술을 권했다.

"다행이야. 이제 이걸로 된 거야." 형은 그렇게 말하면서, 손수건으로 얼굴에 난 땀을 몇 번이나 닦아냈다.

어묵 가게도 소란스러웠다. 모닝코트를 입은 신사가 아주 기분 좋은 얼굴로 들어와서는,

"여어, 모두들. 축하해." 하고 말했다.

형도 웃는 얼굴로 그 신사를 환영했다. 그 신사는 탄생 소식을 듣자마자 바로 모닝코트를 걸쳐 입고 근처를 돌며 축하 인사를 건넸다고 했다.

"축하 인사를 하면서 돌아다니는 건 좀 이상하지 않나요?" 내가 형에게 작은 목소리로 말하자, 형이 술을 뿜었다.

일본 전국, 심지어 깊은 산속 마을에서도 지금쯤 국기를 걸고 모두 웃는 얼굴로 제등행렬을 하며 만세를 외치고 있으리라고 생각하니, 꼭 그 모습이 눈에 보이는 듯해서, 저 멀리 그 작은 아름다움에 황홀해졌

다.

"황실전범[8]에 따르면." 아까 그 신사가 큰 소리로 말하기 시작했다.

"황실전범이라니, 제법 그럴싸한데?" 이번에는 형이 내게 그렇게 소곤거리고는, 진심으로 기쁜 얼굴로 숨이 넘어가게 웃었다.

우리는 그 어묵 가게를 나와 또 다른 곳으로 갔고, 그날 밤 늦은 시간까지 봉축으로 들떠있는 사람들 사이에 섞여 걸었다. 제등행렬의 물결이 마치 파도처럼 흔들리며 끝없이 우리 앞을 지나갔다. 형은 결국 사람들과 함께 만세를 외쳤다. 나는 그렇게 들뜬 형을 한 번도 본 적이 없다.

그처럼 순수하고 올곧은, 하늘 끝까지 닿을 듯 울려 퍼지는 전 국민의 환희와 감사의 목소리를 들을 일이 이제는 없지 않을까 생각한다. 바라건대, 딱 한 번만 더 듣고 싶다. 하지만 당분간은 자진해서 참아야만 한다.

8_ 일본 황실의 제도와 구성에 대한 일본의 법률.

リイズ
리즈

太宰治

「리즈」

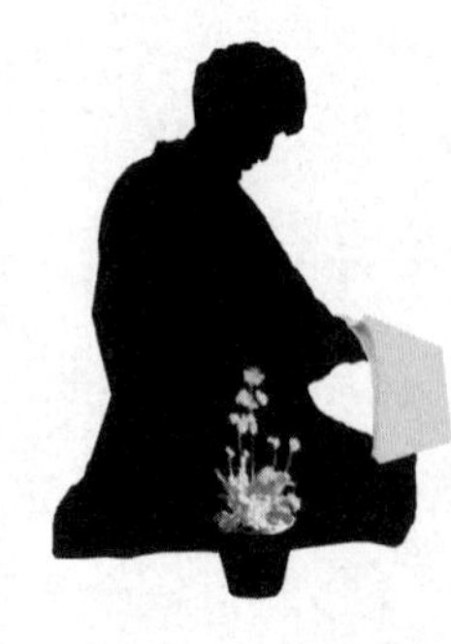

단편 라디오 소설의 대본용 작품이다. 1940년 10월 5일에 「어느 화가의 어머니」라는 제목으로, 오후 9시 30분부터 JOAK에서 방송되었다. 잡지 등에 발표된 적은 없으나 그 방송 대본은 남아있다. 제목의 리즈는 화가 르누아르Auguste Renoir가 1867년에 그린 '양산을 든 리즈'라는 작품의 모델이 된 여인(리즈 트레오Rise Trehot)을 가리킨다.

—라디오 방송용

스기노 군은 서양화가다. 아니, 서양화가라곤 해도 그게 직업은 아니고, 그저 좋은 그림을 그리고 싶다는 생각에 매일 고심하고 있는 청년이다. 아마 아직 그림 한 장을 팔아본 적도, 전람회에서 입선한 적도 없을 것이다. 그런데도 스기노 군은 천하태평이다. 그런 쪽은 일절 신경 쓰지 않는다. 그저 늘 좋은 그림을 그리고 싶다는 생각만 할 뿐이다. 스기노 군은 홀어머니를 모시며 살고 있다. 지금 살고 있는 무사시노의 집은 삼 년 전에 스기노 군이 설계하여 지은 것이다. 그 집에는 아깝다 싶을 정도의 멋진 아틀리에도 딸려있다. 오 년 전 아버지가 돌아가신 뒤부터 스기노 군의 어머니는 무슨 일이든 다 스기노 군의 의견에 따랐다. 스기노 군의 고향은 홋카이도 삿포로 시로, 그 지역 땅도 꽤 소유하고 있는 모양인데, 어머니는 삼 년 전 스기노 군이 시키는 대로 그 땅의 관리를 모두 지배인에게 맡기고 정든 집을 처분한 후 도쿄로 거처를 옮겨 예술가 어머니로서의 생활을 시작했다. 스기노 군은 올해로 스물여덟이다. 그럼에도 불구하고 옆에서 보는 사람이 민망할 정도로 어머니에게 어리광을 부리기도 하고, 어린아이처럼 제멋대로 굴기도 한다. 집안에서는 큰소리치며 살고 있지만, 집 밖으로 한 발짝만 나가면 무척 의기소침해진다. 내가 스기노 군을 알게 된 것은 지금으로부터 오 년 전이다. 그 당시 스기노 군은 히가시나카노의 아파트에 살면서 우에노에 있는 미술학교에 다녔고, 나 역시 같은 아파트에 살았다. 가끔 복도에서 마주치면, 스기노 군은 얼굴을 붉히며 웃는 건지 우는 건지 분간하기 힘든 이상한 표정으로 꼭 헛기침을 했다. 스기노 군 나름의 인사였을지도 모른다. 무척 소심한 학생이라고 생각했다. 나와 스기노 군은 조금씩 친해졌고, 얼마 후 스기노 군의 아버지가 위독하다는 연락이 왔다. 그는 고향에서 온 전보를 손에 꼭 쥐고 우리 집으로 찾아와, 와앙, 하고 마치 혼이 난 어린애처럼 울었다. 나는 스기노 군을 달래어 곧장 고향으로 보냈다. 그 일을 계기로 우리 둘은 더 가까워졌고, 스기노 군이 무사시노에 멋들어진 집을 지어 어머니와 함께 살게 된 후에도 때때로 서로의 집을 오갔다. 나도 지금은 히가시나카노의 아파트에서 나와 미타카 변두리에 작은 집을 빌려 살고 있는데, 그 덕분에 서로 오가기가 더 편해졌다.

며칠 전, 오랜만에 날씨가 좋아서 집 근처 이노카시라 공원에 단풍을 보러 가려다 도중에 마음이 바뀌어 스기노 군의 아틀리에를 방문했다. 스기노 군은 아주 반갑게 나를 맞아주었다.

"마침 잘 왔어요. 오늘부터 모델을 쓸 예정이거든요."

나는 무척 놀랐다. 스기노 군은 극도로 수줍음을 타는 성격 탓에 이제껏 단 한 번도 자신의 아틀리에에 모델을 부른 적이 없다. 인물화라고 해봐야 어머니의 얼굴을 그리거나 자화상을 그리는 정도가 다였고, 대부분이 풍경화나 정물화였다. 우에노에 모델을 주선해주는 가게가 한 곳 있는데, 스기노 군은 항상 그 가게의 코앞까지 갔다가 허무하게 발걸음을 돌리곤 했다고 한다. 너무 부끄러워서 견딜 수가 없는 모양이었다. 나는 현관에 선 채로 스기노 군에게 말했다.

"자네가 직접 가서 부탁한 건가?"

"아니, 그게……." 스기노 군은 얼굴이 새빨개져서는 우물대며 대답했다.

"어머니가 대신 다녀오셨어요. 건강해 보이는 사람으로 골라 달라고 부탁했더니 너무 과하게 건강한 사람을 데려오셔서 그림을 그릴 수 있을지 모르겠네요. 흰 드레스를 입고 정원에 있는 벚나무 아래에 서 있는 모습을 그릴 거예요. 마침 좋은 드레스를 구해서, 르누아르의 리즈 같은 포즈로 그려볼까 생각 중이에요."

"리즈라는 건 어떤 그림이지?"

"그 왜 길고 새하얀 드레스를 입은 아가씨가 왼손에 흰 양산을 들고 벚나무에 기대어있는 그림 있잖아요. 그게 아가씬지 부인인지는 모르겠지만, 어쨌거나 그 그림은 르누아르가 스물일곱 즈음에 그린 걸작이에요. 르누아르 작품의 새 시대를 연 그림이지요. 저도 이제 스물여덟이니 르누아르에게 한번 도전해보려고요. 지금 모델이 준비 중이에요. 아, 준비가 다 된 모양이네요. 와, 저게 뭐야."

모델이 조용히 아틀리에의 문을 열고 현관으로 나왔다. 그 모습을 언뜻 본 나도 이건 좀 너무하다 싶었다. 너무 지나치게 건강했다. 여자의 외모에 대해서 이러쿵저러쿵하는 것은 바람직하지 않지만 그래도 대략적인 인상만 얘기하자면, 이런 말은 정말 입 밖에 꺼내기 힘들지만, 마치 경단이 하얀 봉투를 뒤집어쓴 듯한 모습이었다. 피부색이 검붉고 포동포동 살이 쪘다. 이래서야 그림이 될 리가 없다.

"너무 건강한 거 아닐까?" 내가 작은 목소리로 말하자, 스기노 군이 "음"하고 신음하고는 말했다. "조금 전에 기모노를 입혔을 땐 이 정도까지는 아니었는데. 이건 정말 해도 너무하네요. 아, 울고 싶다. 그래도 일단 정원으로 나가보죠."

우리는 정원에 있는 벚나무 아래에 섰다. 꽃잎이 쉴 새 없이 흩날렸다.

"이쪽으로 좀 서주세요." 스기노 군은 언짢아 보였다.

"예." 여자는 고분고분한 성격인 듯, 고개를 숙인 채 상냥하게 대답을 하고는 긴 드레스 자락을 쥐고 스기노 군이 정해준 자리에 섰다. 그러자 곧 스기노 군이 눈을 동그랗게 떴다.

"어? 왜 맨발이지? 내가 드레스랑 같이 구두도 줬을 텐데."

"그 구두가 저한테 너무 작아서요."

"구두가 작은 게 아니라 네 발이 너무 큰 거겠지. 이래서야 원." 거의 울먹이는 목소리였다.

"맨발로는 안 되나요?"

오히려 모델은 태연하게 웃고 있었다.

"나 원. 이런 리즈가 세상천지 어디 있겠어. 고갱의 타히티의 여인들[1] 수준이로군." 스기노 군은 다 포기한 모양인지 말투가 무척 거칠어졌다. "빛이 중요한 거야. 얼굴을 좀 더 들어보라고. 젠장! 그렇게 천박하게 웃지 말라니까? 나 원 참. 이래서야 내가 만화가가 되는 수밖에 없겠군."

나는 스기노 군과 그 모델이 다 보기 안쓰러워서 더 지켜보지 못하고 슬그머니 집으로 돌아왔다.

그로부터 열흘 정도가 지난 어제 아침, 나는 기치조지의 우체국에 볼일을 보러 외출했다가 돌아오는 길에 다시 스기노 군의 집에 들렀다. 며칠 전 보았던 모델의 후일담을 듣고 싶었기 때문이다. 현관의 벨을

1_ 후기인상주의 작가 폴 고갱이 1891년에 발표한 그림. 폴 고갱은 1891년 원시적인 삶을 찾아 남태평양의 타히티섬으로 가게 되는데, 그곳의 여인들을 모델로 하여 그린 그림이다.

누르자 나온 건 그 사람, 며칠 전 그 모델이었다. 하얀 앞치마를 두르고 있었다.

“당신은…….” 나는 순간 허둥지둥했다.

여자는 “예.”하고 짧게 대답하고는 키득키득 웃으며 집안으로 들어가 버렸다.

“어머, 오셨군요.” 여자가 들어가자 곧바로 스기노 군의 어머니가 현관으로 나왔다.

“스기노는 지금 여행을 가고 집에 없답니다. 기분이 많이 상한 모양이에요. 역시 자기는 풍경을 그리는 게 더 좋다더군요. 무슨 일이 있었던 건지 잔뜩 화가 나서는 그냥 나가버렸어요.”

“그럴 만도 하지요. 그게, 좀 너무 심했거든요. 그나저나 저분은 어떻게 된 건가요? 아직 여기 계시네요.”

“하녀로 쓰기로 했답니다. 꽤 좋은 아이라 덕분에 집안일이 수월해졌지요. 요즘 같은 때 저런 아이는 구하기가 힘드니까요.”

“그럼 어머님은 결국 하녀를 구하러 우에노까지 다녀오신 셈이군요.”

“어머, 그런 건 아니에요.” 아주머니는 웃으며 손을 저었다. “저도 그 애가 좋은 그림을 그렸으면 해서 되도록 예쁜 모델로 골라오려고 했는데, 그 가게에 쭉 앉아 있는 사람들 중에 유독 저 아이가 눈에 띄더군요. 왠지 불쌍하게 느껴져서 처지를 물었더니, 도쿄에 온 지 얼마 안 됐다더군요. 모델 일이 돈이 된다는 얘기를 어디선가 듣고 거기 앉아 있다는 거 아니겠어요? 그건 좀 위험하잖아요. 보슈 출신에, 아버지가 어부라고 하더군요. 그 얘기를 듣고 나니, 아들의 그림을 망치는 일이 있더라도 이 아가씨를 망쳐서는 안 되겠구나 싶었어요. 저 아가씨가 그림 모델 감이 아닌 것 정도는 저도 알고 있답니다. 하지만 아들에게는 또 기회가 있겠지요. 화가가 됐건 뭐가 됐건, 어쨌든 그런 건 한평생 느긋한 직업이니까요."

희망과 절망 사이에서 — 중기의 다자이 오사무

김재원

1

3권에는 다자이 오사무가 1939년 8월부터 1940년 11월에 걸쳐 발표한 작품 24편을 수록했다.

2. '중기'로의 전환

1936년 11월 12일 다자이는 파비날 중독 치료를 위해 입원 중이던 정신병원에서 퇴원한다. 퇴원 전날 다자이는 '쇼와 11년[1936년] 11월 11일 오후 다섯 시, 무사시노 병원에서, 아래 사항을 약속한다.'라는 문장으로 시작하는 형 분지와의 서약서('슈지의 갱생에 대한 서약서')에서, 매달 구십 엔을 송금받는 대신 '지금까지의 생활을 청산하고 매우 성실한 생활을 할 것'을 약속한다. 이는 어쩌면 다자이에게 주어진 마지막 기회와도 같았을 것이다. 수차례의 자살 미수와 약물 중독으로 점철된 어두운 과거를 청산하고 '매우 성실한' 사람이 될 기회. 다자이는 그 후에도 약간의 불안정한 시기를 보내지만, 대략 이 시기를 기점으로 '인간 다자이'와 '소설가 다자이'는 전환기를 맞는다.

1938년. 다자이는 스승이었던 이부세 마스지의 소개로 아내 이시하라 미치코를 만나게 된다. 당시 다자이는 혼담을 성사시키기 위해 전에 없이 적극적인 모습을 보여 주위 사람들을 놀라게 하는데, 이런 다자이의 모습에서 그가 '갱생'을 위해 얼마나 노력했는지를 엿볼 수 있다. 이시하라 미치코와 결혼에 성공하고 야마나시현 고후시에 신혼살림을 차린 다자이는 작품 활동의 중기에 해당하는 시기에 접어들며 평화롭고 안정적인 나날을 보내게 된다. 다자이와는 어울리지 않는 밝고 따뜻한 이야기, 다자이의 작품 중 가장 이질적인 작품으로 평가받기도 하는 「달려라 메로스」는 다자이의 이러한 심리상태가 잘 반영된 작품이라 할 수 있겠다.

> 나는 신뢰에 보답하지 않으면 안 된다. 지금은 그것 하나만 생각하자. 달려라! 메로스 / 서둘러, 메로스. 늦어서는 안 된다. 반드시 사랑과 신뢰의 힘을 보여주어야 한다.
>
> —「달려라 메로스」

이 글에서는 '태어나서 죄송합니다'(「이십세기 기수」, 전집 제2권)라고 절망을 담아 한탄하던 다자이의 흔적을 찾아볼 수 없다. 「달려라 메로스」는 주인공 메로스가 폭군 디오니스에 대항하여 '신뢰와 우정'을 지키기 위해 달리고 또 달리는 한 편의 미담으로, 메로스는 다자이다운 주인공을 기대하고 있던 독자들에게 배신감을 안겨줄 정도로 건전하고 아름다운 인물이다. 이처럼 '다자이답지 않은' 작품이 탄생한 배경에 그 당시 다자이의 안정적인 심리상태가 반영되었다는 것은 부정할 수 없는 사실로 보인다. 당시 '새 출발을 위해 열심히 노력하고' (1939년 이부세 마스지에게 보낸 편지 중에서) 있던 '인간 다자이'는 이렇듯 비교적 밝고 평화로운 나날을 보냈다. 그렇다면 '소설가 다자이'는 과연 어떠했을까.

3. '소설가 다자이'의 고뇌

1939년에 발표된 「팔십팔야」는 '반역적이고 하이칼라풍의 작가'에서 형편없는 '통속소설'을 쓰는 작가로 전락한 가사이 하지메 씨가 '자유'와 '빛' 그리고 '로맨티시즘'을 찾아 여행을 떠나는 이야기를 그려내고 있는 작품이다. 가사이 씨는 오래전 신세를 졌던 유키 씨가 일하는 여관으로 찾아가 다음과 같이 말한다.

> ……어쨌든 고마워. 용케도 아직 여기에 있어 줬구나. 고마워. 눈물이 날 것 같군. / ……온천. 스와코. 일본. 아니, 사는 것, 그 모든 게 다 그리웠어. 이유 같은 건 없어. 모두에게 다 고마워. 그저 한순간의 감정일지도 모르겠지만.

'사는 것'이 그립다고 말하는 가사이 씨의 말에서 느껴지는 과거에 대한 향수. 생활을 위해 현실과 타협하며 사는 사이 문학과 낭만을 잊고만 가사이 씨는 '은거하고 있는 노인'에 지나지 않는다.

과거의 '로맨티시즘'을 되찾기 위해 떠난 가사이 씨의 여행은 유키 씨에게 보여서는 안 될 것을 보이게 됨으로써 '빌어먹을 멋들어진 리얼리즘'으로 끝나고 마는데, 결국 가사이 씨는 이 여행으로 자신을 가로막고 있는 현실의 벽을 재확인한 셈이 되는 것이다.

이러한 가사이 씨의 모습은 당시 '갱생'을 위해 의식적으로 변화를 꾀하고 있던 다자이의 모습과도 겹쳐진다. 제대로 된 성실한 삶을 살기 위해 노력한 대가로 더없이 안정적이고 평화로운 나날을 보내게 되었지만, 글을 쓰는 작가로서의 '언어'는 잊고 만 다자이의 자기비판과 자조가 가장 노골적으로 드러난 작품이 바로 「팔십팔야」라고 할 수 있다. 작품 속에 등장하는 유키 씨는 다자이의 과거를 상징하는 존재라고 해석할 수 있는데, 유키 씨에게 추한 꼴을 보이고 고통스러워하는 가사이 씨의 모습에서, 이상을 추구하던 과거의 자신을 배신하고 로맨티시즘에서 '추방'당한 '작가 다자이'의 괴로운 심경을 엿볼 수 있다. 그러한 다자이의 심경은 「거지 학생」에서도 잘 드러나고 있다.

> 이번에 쓴 작품은 참으로 형편없다. 겉으로는 점잔을 빼며 정직한 척하고 있지만, 그 바닥에는 비굴하게 타협을 꾀하는 더러운 벌레가 득실득실 기어 다니고 있는 것이 스스로에게도 뻔히 보여서 견디기 힘든 작품이다./ 나도 부끄러움을 아는 남자다. 할 수만 있다면 그 형편없는 작품을 찢어버린 후 산속 어딘가로 훌쩍 종적을 감춰버리고 싶다. / 나는 그날도 한 편의 훌륭한 졸작을 역 앞의 우체통에 집어넣었다. 그러자 갑자기 살아있는 것이 끔찍하게 느껴져서, 팔짱을 끼고 고개를 푹 숙인 채로 발치에 있는 돌멩이를 툭툭 차서 굴리며 걷기 시작했다.

하지만 다자이가 거듭 반복해서 강조하고 있는 작가로서의 막다른 골목은 정말 '작가 다자이'의 추락만을 의미했을까. 당시 다자이의 작품에서 현실과 생활의 벽 앞에서 좌절하고 자포자기 상태에 빠진 작가 다자이를 찾는 일은 어렵지 않다. 다자이는 작품 여기저기에서 그러한 자신을 노골적으로 희화하여 거듭 폭로하고 있다. 즉, 다시 말해 다자이는 그러한 자신마저도 하나의 소재로 사용하고 있다. 어쩌면 다자이는 '막다른 골목'을 소재로 하여 앞으로 나아가는 방법을 터득한 것일지도 모른다. 말하자면 당시 다자이가 맞닥뜨린 막다른 골목은 어떤 의미로는 새로운 활로이기도 했던 것이다. 어쩌면 가사이 씨의 여행은 '실패'가 아닌 '실패를 가장한 성공'으로 끝났던 것은 아닐까.

4. 또 한 번의 새 출발

3권 후반부에 수록된 「젠조를 그리며」는 1940년에 발표된 작품으로 여기서 젠조는 일본 소설가 가사이 젠조(1887~1928)를 가리킨다. 가사이 젠조는 다자이와 같은 아오모리현 쓰가루 출신으로, 사소설 작가로 널리 알려져 있다. 하지만 제목과는 달리 정작 작품 속에서는 가사이에 대한 직접적인 언급은 전혀 없으며, 관련된 내용 역시 등장하지 않는다.

다자이가 가사이의 작품을 얼마나 많이 접하고 영향을 받았는지는 명확하지 않다. 하지만 「젠조를 그리며」 속에 가사이의 소설 제목과 동일한 단어가 수차례 등장하는 점 등은 주목할 만하다. '지금은 약자', '분명 가짜다', '나는 내가 가진 악마 본성을 남김없이 드러냈다'라는 문장 속의 '약자', '가짜', '악마'를 그 대표적인 예로 들 수 있다.

또한 가사이는 글 속에서 자신이 '망상 광'이라고 고백하면서, '나는 비굴하고 수동적이며 자기 자신을 실제보다 무력하고 무가치한 존재라고 생각했다. 자신이 저지르지도 않은 죄를 지은 것처럼 느끼기도 했다.' 라고 말하기도 했는데, 작중에서 자신이 고향에서 손가락질을 받고 조롱거리가 되어 있을 것이라고 확신하고 괴로워하는 '나'의 모습과 어느 정도 닮은 부분을 찾을 수 있다.

둘은 개인사적인 면에서도 닮은 부분이 많다. 둘 사이의 공통점은 바로 가족과 고향에서 환영받지 못했다는 점이다. 가사이의 결혼생활은 불행했고, 그것을 견디지 못한 가사이의 아내는 가사이를 떠나 고향으로 돌아갔다. 가사이가 아내의 친정으로 찾아가 난동을 부린 일은 당시 신문에 날 정도로 유명했는데, 이는 오랜만에 참석한 고향 모임에서 술에 취해 소란을 부리는 작중 '나'의 모습과 겹쳐진다. 결국 「젠조를 그리며」라는 제목은, 가사이를 향한 다자이의 동질감의 표현이나 다름 없었던 것이다.

가족과 고향이라는 테마는 다자이의 작품 활동에서 매우 중요한 위치를 차지한다. 수차례의 자살미수와 약물 중독으로 고향과 거의 연을 끊다시피 했던 다자이에게 있어 가족과 고향은 늘 애증의 존재였다. 「젠조를 그리며」는 그렇듯 고향을 미워하고 원망하면서도 끊임없이 향수를 느끼고 마는 다자이의 심정이 잘 드러난 작품이라고 할 수 있는데, 작품의 말미에서 '나'는 다음과 같은 말을 한다.

나는 그날 밤 가까스로 깨달았다. 나는 출세할 타입이 아니다. 포기해야 한다. 금의환향에 대한 동경을 깔끔히 버려야 한다. 고향에만 뼈를 묻을 수 있는 건 아니다. 그렇게 느긋하게 생각하고 차분해져야만 한다. 나는 평생을 길거리 음악가로 살다 끝날지도 모른다. 어리석고 융통성

없는 이 음악은 듣고 싶은 이만 들으면 된다.

늘 자신을 고향의 수치, 망신거리, 놀림거리라 생각하고 괴로워하던 다자이에게 있어 금의환향에 대한 동경을 완전히 버리고 체념하는 것은 그리 간단한 일이 아니었을 것이다. 고향과 출세에 대한 미련을 접고 평생을 '길거리 음악가'로 살겠다는 '나'의 결심은 당시 현실과 문학 사이에서 갈등하고 고뇌하던 다자이의 비장한 선언처럼 들리기도 한다. 자신의 '어리석고 융통성 없는 음악'이 모두에게 이해받지 못하고 놀림거리가 되더라도 그것을 끝까지 고집해 나가며 자신만의 길을 가겠다는 '소설가 다자이'의 이 선언은, 어쩌면 그 후 더없이 안정적인 작풍을 보이며 왕성하게 작품 활동을 이어나갔던 다자이의 또 하나의 전환기, 새로운 출발을 의미하는 것은 아닐까.

5

평화로운 나날을 보내던 '인간 다자이'와 막다른 골목에 내몰린 '소설가 다자이'는 희망과 절망 사이에서 고뇌하고 있었다. 정신병원에서 퇴원하고 막 안정기에 접어들던 다자이는 1939년 발표한 『사랑과 미에 대하여』(전집 제2권)라는 작품집의 머리말에 이렇게 쓰고 있다.

> 저는 지금은 그렇게 불행하지는 않습니다. 모두가 저를 참아주고, 용서해줍니다.

다자이 초기작품들이 가지는 극단적이고 암울한, 그리고 병폐적인 성격에 비추어 볼 때, 다자이의 '불행하지는 않다'라는 짧은 말 한마디가 가지는 의미는 결코 가벼운 것이 아니다. 그러나 다자이가 '행복하다'라는 말 대신 '불행하지는 않다'라고 말할 수밖에 없었던 것은, 이 시기 다자이가 느끼기 시작했던 '소설가'로서의 갈등과 고뇌 때문은 아닐까?

본격적으로 중기에 접어들던 다자이의 안정감과 여유로움, 거기에 다자이 특유의 유머러스함이 더해져 탄생한 이 작품들 속에는, 당시 소설가로서의 새로운 돌파구를 모색하던 다자이의 다양한 시도가 잘 녹아 들어가 있다. 그런 의미에서 제3권에 수록된 작품들은 중기의 다자이를 이해하는 데 있어 빼놓을 수 없는 중요한 열쇠라고 할 수 있을 것이다.

* 참고문헌 *

· 『太宰治 新潮日本文学アルバム<19>』, 新潮社, 1983.

· 神谷忠孝・安藤広 編, 『太宰治全作品研究事典』, 勉誠社, 1995.

· 山内祥史 編, 『太宰 治研究』, 和泉書院, 1999.

· 安藤広, 『太宰治 弱さを演じるということ』, ちくま新書, 2002.

· 相馬正一, 『評伝太宰治 1』, ちくま書房, 1982.

· 山口智司, 『肉声 太宰治』, 彩図社, 2009.

옮긴이 후기

다자이는 술에 취하면 자신의 누나에게 종이를 내어오게 해서 몇 문장을 휘갈겨 쓴 후 이렇게 말했다고 한다.

> 앞으로 20년 정도 지나면 엄청난 가치를 가지게 될 물건이니, 소중히 잘 넣어두도록 해.

다자이의 그 말은 정말로 실현되었다. 다자이가 태어난 지 백여 년, 다자이가 자살로 생을 마감한 지 육십여 년이 지난 지금, 다자이는 일본 내의 젊은 세대 층에 열렬한 지지를 받으며 여전히 건재한 인기를 누리고 있다. '내가 무슨 말을 해도 그저 정신 나간 사람 취급을 할 뿐'(「봄의 도적」)이라고 한탄했던 다자이의 그 말들이 이제는 '다자이 명언'으로 자리 잡아 젊은 세대들의 공감을 불러일으키고 있다.

제3권에 수록된 작품을 집필할 당시 다자이는 혼란스러웠던 초기에서 안정적인 중기로 넘어가는 과도기에 있었다. 당시 작가 다자이가 느꼈을 혼란이 고스란히 반영된 작품들이 주를 이루고 있지만, 다자이 특유의 익살스러움과 유머러스함을 엿볼 수 있는 작품도 적지 않게 수록되어 있다. '단편이라고 하는 건 말이야, 저기 봐, 저기 탁자 위에 붕어 모양 장식품 보이지? 저 붕어의 꼬리처럼 쑥 튀어 올라야 하는 거야.'라고 말하던 다자이의 생각이 고스란히 반영된 듯한 재기발랄한 단편들 또한 제3권이 가지는 매력 중 하나일 것이다. 다자이 오사무의 웃음과 눈물이 공존하는 이 다양한 작품들이 다자이 오사무가 가진 다양하고 새로운 매력을 발견할 수 있는 계기가 되었으면 한다.

우연한 기회에 맡게 된 다자이 전집 번역은 험난한 도전이자 모험과도 같았다. 다자이가 아니면 쓸 수 없는 이야기, 다자이가 아니면 쓸 수 없는 문장들. 누구도 흉내 내기 힘든 독특한 문체와 그 속에 녹아있는 재치와 감성들. 그것을 어떻게 전하면 좋을지 매 순간 고민했고 매 순간 좌절했다. 부족한 점을 메우기 위해 수많은 자료를 뒤지고 논문을 읽으면서 다자이에 대해 공부하고, 그것을 이 전집에 담기 위해 노력했다. 이 노력으로 한국의 독자들이 다자이 오사무라는 작가에게, 그리고 다자이 오사무라는 사람의 매력에 조금이라도 가까이 다가갈 수 있다면 무척 행복할 것이다.

끝으로 다자이 오사무 전집 번역이라는 꿈같은 기회를 주신 도서출판 b, 수차례의 교차 수정작업을 거치며 오랜 시간 함께 고민해준 우리 번역팀에게 감사 인사를 전하고 싶다. 아울러 부족한 능력으로 좌절하던 옮긴이에게 늘 아낌없는 조언과 격려를 주신 박현숙 님과 김수경 님, 그리고 1년간의 열성적인 강의로 다자이 오사무라는 새로운 세계를 열어주신 도쿄대의 안도 히로시 교수님께 깊은 감사의 말씀을 전하고 싶다.

3권에 담겨 있는 다자이의 희망과 고뇌, 웃음과 눈물이 바다 건너 한국에 전해지길 바라며.

2012년 봄 도쿄에서

김재원

다자이 오사무 연표

1909년 출생	• 6월 19일, 아오모리현 북쓰가루 군 가나기에서 아버지 쓰시마 겐에몬津島源右衛門과 어머니 다네タネ의 열 번째 아이이자, 여섯 번째 아들로 태어났다. 호적상 이름은 쓰시마 슈지津島修治.
1916년 7세	1월, 함께 살던 이모이자 숙모인 기에キエ 가족이 고쇼가와라로 이사하면서, 슈지도 2개월가량 그곳에서 함께 산다. 4월, 가나기 제1소학교에 입학한다.
1922년 13세	3월, 가나기 제1소학교 졸업. 4월, 메이지고등소학교 입학. 아버지가 귀족원의원에 당선된다.
1923년 14세	3월, 아버지 사망. 4월, 아오모리중학교 입학. 아쿠타가와 류노스케, 기쿠치 간 등의 소설을 탐독. 이부세 마스지井伏鱒二의 「도롱뇽」을 읽고, '가만히 앉아서 읽을 수 없을 만큼 흥분'한다.
1925년 16세	8월, 친구들과 함께 잡지 『성좌星座』를 창간하나 1호만 발행하고 폐간. 그해 「추억」의 등장인물인 미요의 모델이 된 미야기 도키宮城トキ가 쓰시마 집안에 하녀로 들어온다. 11월, 동인지 『신기루』 창간한다.
1926년 17세	9월, 동인지 『아온보青んぼ』를 창간하나 2호까지 발행하고 폐간. 도키에게 함께 도쿄로 가서 살자고 제안하지만 도키는 신분의 차이가 너무 많이 난다면서 쓰시마 집안을 떠난다.
1927년 18세	2월, 동인지 『신기루』 12호까지 발행하고 폐간. 3월, 아오모리중학교 졸업. 4월, 히로사키고등학교 문과 입학. 7월, 아쿠타가와 류노스케의 자살에 충격을 받는다.
1928년 19세	5월, 동인지 『세포문예』 창간, 9월, 4호까지 발행하고 폐간. 12월, 히로사키고교 신문잡지부 위원에 임명된다.
1929년 20세	• 창작 활동을 하는 한편, 게이샤 오야마 하쓰요小山初代를 만난다. 12월, 수면제 과다복용으로 의식불명 상태에 빠진다.

1930년 21세	3월, 히로사키고등학교 졸업. 4월, 도쿄제국대학교 불문과 입학. 5월, 이부세 마스지를 찾아가 이후 오랫동안 스승으로 삼는다. 적극적으로 사회주의 운동에 가담한다. 10월, 고향에서 하쓰요가 다자이를 만나기 위해 상경. 11월, 하쓰요의 일로 큰형 분지[文治]와 다투다가 호적에서 제적당한다. 11월 26일, 긴자의 술집 여종업원 다나베 시메코[田部シメ子]를 만나 이틀 동안 함께 지내다가, 28일 밤 가마쿠라 고유루기미사키[小動岬] 절벽에서 함께 자살을 시도한다. 시메코는 죽고 슈지는 요양원 게이후엔[恵風園]에서 치료를 받는다. 12월, 자살방조죄로 기소유예. 아오모리 이카리가세키[碇ヶ関] 온천에서 하쓰요와 혼례를 올린다.
1931년	12월, 동료의 하숙집에서 마르크스의 『자본론』 스터디를 시작한다.
1932년 23세	7월, 큰형과 함께 아오모리 경찰서에 출두하여 좌익운동에서 손을 뗄 것을 맹세한다. 창작에 전념하면서 낭독 모임을 갖는다.
1935년 26세	3월, 대학 졸업시험에 낙제. 미야코 신문사 입사시험에도 떨어진다. 가마쿠라에서 목을 매지만 자살미수에 그친다. 4월, 급성맹장염으로 입원, 진통제 파비날에 중독된다. 5월, 잡지 『일본낭만파』에 합류. 8월, 「역행」이 제1회 아쿠타가와 상 후보에 오르나 차석에 그친다. 사토 하루오[佐藤春夫]를 찾아가 가르침을 받는다. 크리스트교 무교회파 학자 쓰카모토 도라지[塚本虎二]와 접촉, 잡지 『성서 지식』을 구독한다. 9월, 수업료 미납으로 학교에서 제적당한다.
1936년 27세	2월, 파비날 중독 치료를 위해 병원에 입원했다가 10일 후 퇴원. 6월, 첫 창작집 『만년』을 출간한다. 8월, 제3회 아쿠타가와 상 낙선. 10월, 중독증세가 심해져 도쿄 무사시노병원에 입원했다가 한 달 뒤 퇴원한다.
1937년 28세	• 다자이와 사돈 관계이자 가족과 다름없이 지냈던 화가 고다테 젠시로[小館善四郎]와 부인 하쓰요의 간통 사실을 알고 분노. 3월, 다니가와다케[谷川岳]산에서 하쓰요와 둘이서 수면제를 먹고 동반자살을 시도하나 미수에 그친 후 이별한다. 6월, 작품집 『허구의 방황』, 7월, 단편집 『이십세기 기수』를 출간한다.

1938년 29세	9월, 후지산 근처에 있는 여관 덴카차야天下茶屋에서 창작 활동을 하던 중, 이부세 마스지의 소개로 이시하라 미치코石原美知子를 만난다.
1939년 30세	1월, 미치코와 혼례를 올린 후 안정적으로 작품 활동에 전념한다. 7월, 『여학생』을 출간한다.
1940년 31세	5월, 「달려라 메로스」 발표. 6월, 작품집 『여자의 결투』 출간. 12월, 『여학생』으로 기타무라 도코쿠 상 부상을 수상한다.
1941년 32세	5월, 『동경 팔경』 출간. 6월, 장녀 소노코園子가 태어난다. 8월, 10년 만에 쓰가루로 귀향한다.
1942년 33세	1월, 사비로 『유다의 고백』 출간. 6월, 『정의와 미소』 출간. 어머니가 위독하다는 소식에 귀향. 12월, 어머니 사망.
1943년	1월, 『후지산 백경』, 9월 『우대신 사네토모』를 출간한다.
1944년	5월, 고야마서방에서 소설 『쓰가루』를 의뢰하여 쓰가루 여행, 11월 출간한다.
1947년 38세	1월, 옛 연인이었던 작가 오타 시즈코太田静子를 찾아가 소설 『사양』의 소재가 될 일기장을 넘겨받는다. 4월, 큰형이 아오모리 지사로 당선. 12월, 『사양』 출간. 몰락한 귀족을 그린 이 작품이 패전 후 혼란에 빠진 젊은이들 사이에서 '사양족'이라는 유행어를 낳을 정도로 큰 호응을 얻으면서 인기작가가 된다.
1948년 39세	6월 13일 밤, 연인인 야마자키 도미에山崎富栄와 함께 무사시노 다마가와 상수원玉川上水에 몸을 던진다. 6월 19일, 만 서른아홉 번째 생일에 사체가 발견된다. 7월, 『인간 실격』, 『앵두』 출간.
1949년	• 6월 19일, 다자이의 친구들이 그의 무덤을 찾아(미타카 젠린지禅林寺) 기일을 앵두기桜桃忌라고 이름 짓고 애도한다. 앵두기는 그를 사랑하는 독자들에 의해 현재까지 매년 행해지고 있다.

『다자이 오사무 전집』 한국어판 목록

제7권 판도라의 상자

판도라의 상자 | 동틀 녘 | 사람을 찾습니다 | 뜰 | 부모라는 두 글자 | 거짓말 | 화폐 | 이를 어쩌나 | 15년간 | 아직 돌아오지 않은 친구에게 | 참새 | 겨울의 불꽃놀이 | 봄의 낙엽 | 옛날이야기

제8권 사양

남녀평등 | 친한 친구 | 타앙탕탕 | 메리 크리스마스 | 비용의 아내 | 어머니 | 아버지 | 여신 | 포스포레센스 | 아침 | 사양 | 새로 읽는 전국 이야기

제9권 인간 실격

오상 | 범인 | 접대 부인 | 술의 추억 | 미남과 담배 | 비잔 | 여류 | 철새 | 앵두 | 인간 실격 | 굿바이 | 가정의 행복 | 철면피 | 진심 | 우대신 사네토모

제10권 생각하는 갈대

에세이

『다자이 오사무 전집』을 펴내며

한 작가를 온전히 이해하기 위해서는 대표작 몇 권을 읽는 것에 그치지 않고 전집을 읽는 것이 필요하다. 일본의 대문호 오에 겐자부로는 평생 2~3년마다 한 작가의 전집을 온전히 읽어왔다고 고백한 바 있는데, 이는 라블레 번역자로 유명한 스승 와타나베 가즈오의 충고 때문이었다고 한다. 한 작가가 쓴 모든 글을 읽는다는 것은 그 작가의 핵심을 들여다보는 작업으로, 이만큼 공부가 되는 것도 없다는 이유에서다.

하지만 이런 이야기는 어디까지나 외국의 이야기일 뿐, 우리는 그렇게 하고 싶어도 그렇게 할 수 있는 형편이 아니다. 우리의 경우 국내 유명작가들조차 변변한 전집을 가지고 있지 못하다. 사정이 이러하니 외국작가는 굳이 말할 필요도 없을 것이다. 물론 몇몇 외국작가의 경우 전집이 나와 있기는 하지만, 대부분 창작물만 싣고 있어서 엄밀한 의미에서 '전집'이라고 보기 어렵다.

이에 도서출판 b는 한 작가의 전모를 만날 수 있는 전집출판에 뛰어들면서 그 첫 결과물로 『다자이 오사무 전집』을 펴낸다. 이 전집은 작가가 쓴 모든 소설은 물론 100여 편에 달하는 주요 에세이까지 빼곡히 수록하여 그야말로 '전집'이라는 이름에 걸맞은 형태를 갖추고 있다.

다자이 오사무는 그동안 우울하고 염세적인 작가나 청춘의 작가 정도로만 알려져 왔다. 하지만 이 전집을 읽으면 때로는 유쾌하고 때로는 전투적인 작가의 모습을 발견할 수 있을 뿐만 아니라, 왜 그가 오늘날까지 그토록 많이 연구되는지, 작고한 지 60년이나 흐른 지금도 매년 독자들이 참여하는 앵두기桜桃忌라는 추모제가 열리는지 알 수 있다.

『다자이 오사무 전집』을 성서로까지 표현한 작가 유미리의 표현을 빌리자면, 이 전집을 읽는 독자들은 매일 작고 아름다운 기적과 만나게 될 것이다.

마지막으로 『다자이 오사무 전집』을 양장본으로 다시 펴내면서 기존의 부족한 점을 모두 수정·보완했음을 덧붙이고 싶다.

— <다자이 오사무 전집> 편집위원회

■ 다자이 오사무 太宰治
1909년 일본 아오모리현 북쓰가루에서 태어났다. 본명은 쓰시마 슈지(津島修治). 1936년 창작집 『만년』으로 문단에 등장하여 많은 주옥같은 작품을 남겼다. 특히 『사양』은 전후 사상적 공허함에 빠진 젊은이들 사이에서 '사양족'이라는 유행어를 낳을 만큼 화제를 모았다. 1948년 다자이 문학의 결정체라 할 수 있는 『인간 실격』을 완성하고, 그해 서른아홉의 나이에 연인과 함께 강에 뛰어들어 생을 마감했다. 일본에서는 지금도 그의 작품들이 베스트셀러에 오르거나 영화화되는 등 시간을 뛰어넘어 많은 사랑을 받고 있다.

■ 김재원
부산대학교 졸업, 일본 와세다대학교 대학원 문학연구과 석사과정을 졸업한 후 현재 번역가로 활동 중이다. 옮긴 책으로 다카하시 도시오의 『호러국가 일본』(공역), 다자이 오사무 전집 중 『유다의 고백』, 『생각하는 갈대』, 우치다 햣켄의 『당신이 나의 고양이를 만났기를』, 『나쓰메 소세키 서한집』 등이 있다.

다자이 오사무 전집 3

유다의 고백

초판 1쇄 발행 2012년 08월 20일
재판 1쇄 발행 2021년 12월 20일

지은이 다자이 오사무
옮긴이 김재원
펴낸이 조기조
인 쇄 주)상지사P&B
펴낸곳 도서출판 b | 등록 2006년 7월 3일 제2006-000054호
주 소 08772 서울특별시 관악구 난곡로 288 남진빌딩 302호
전 화 02-6293-7070(대) | 팩시밀리 6293-8080 | 홈페이지 b-book.co.kr | 이메일 bbooks@naver.com

ISBN 979-11-87036-37-1(세트)
ISBN 979-11-87036-40-1 04830

값 22,000원